U0554864

"十四五"时期国家重点出版物出版专项规划项目

马克思主义理论研究与当代中国书系

文化中国的憧憬

建成社会主义文化强国研究

邹广文 等 著

中国人民大学出版社
·北京·

撰稿人

王纵横　沈丹丹　刘文嘉　华思衡　孙维聪　李旻嫱
尹立蒙　李晓白　杨广明　仝　凌　张　静　邹广文

目　　录

第一章　文化强国：历史与时代的双重呼唤 ⋯⋯⋯⋯⋯⋯ 1
　　第一节　文化强国是中华文化资源的升华与结晶 ⋯⋯⋯⋯ 2
　　第二节　文化强国是社会主义现代化的必然要求 ⋯⋯⋯⋯ 9
　　第三节　文化强国是人民美好生活向往的现实诉求 ⋯⋯⋯ 16
　　第四节　文化强国是中华民族伟大复兴的应有之义 ⋯⋯⋯ 23
　　第五节　文化强国是世界文明图景的中坚力量 ⋯⋯⋯⋯⋯ 30

第二章　建成社会主义文化强国的理论逻辑 ⋯⋯⋯⋯⋯⋯ 38
　　第一节　建成社会主义文化强国的理论逻辑 ⋯⋯⋯⋯⋯⋯ 39
　　第二节　建成社会主义文化强国的基本内涵 ⋯⋯⋯⋯⋯⋯ 53
　　第三节　建成社会主义文化强国的本质特征 ⋯⋯⋯⋯⋯⋯ 65

第三章　建成社会主义文化强国的现实基础 ⋯⋯⋯⋯⋯⋯ 77
　　第一节　建成社会主义文化强国的背景 ⋯⋯⋯⋯⋯⋯⋯⋯ 78
　　第二节　建成社会主义文化强国取得的成就 ⋯⋯⋯⋯⋯⋯ 82
　　第三节　建成社会主义文化强国面临的挑战 ⋯⋯⋯⋯⋯⋯ 97

第四章　建成社会主义文化强国的文化资源 ⋯⋯⋯⋯⋯⋯ 110
　　第一节　中华优秀传统文化的传承 ⋯⋯⋯⋯⋯⋯⋯⋯⋯⋯ 111
　　第二节　革命文化和社会主义先进文化的发扬 ⋯⋯⋯⋯⋯ 118

第三节　外来文化的批判性吸收和借鉴 ················· 128
　　第四节　中外文化资源的整合与提升 ··················· 139
第五章　建成社会主义文化强国的价值原则 ··············· 148
　　第一节　坚持人民性原则 ························· 149
　　第二节　坚持创新性原则 ························· 156
　　第三节　坚持开放性原则 ························· 163
　　第四节　坚持时代性原则 ························· 172
第六章　建成社会主义文化强国的战略布局 ··············· 180
　　第一节　牢牢把握意识形态工作领导权 ················· 180
　　第二节　培育和践行社会主义核心价值观 ················ 194
　　第三节　推动文化事业和文化产业发展 ················· 202
　　第四节　提升中华文化的国际影响力 ··················· 211
第七章　建成社会主义文化强国的评估指标体系 ············· 217
　　第一节　文化评估指标体系的研究意义 ················· 218
　　第二节　文化评估指标体系的研究现状与启示 ·············· 220
　　第三节　构建中国特色文化强国评估指标体系 ·············· 228
　　第四节　在实践中不断完善文化强国评估指标体系 ··········· 260
第八章　建成社会主义文化强国的实践路径 ··············· 264
　　第一节　根本原则：坚持党的领导，坚持人民本位 ··········· 265
　　第二节　中心任务：打造中国特色社会主义文化的价值与信念 ····· 278
　　第三节　战略目标：以文化的现代化发展助推现代化强国建设 ····· 287
　　第四节　全球视野：立足于世界文明多元一体、交流互鉴的
　　　　　　　　　　广阔平台 ······················· 297
　　第五节　网络空间：建成社会主义文化强国的重要阵地 ········· 302
第九章　以文化强国建设助推新时代的现代化实践 ··········· 314
　　第一节　把握中国式现代化道路的文化诉求 ··············· 315
　　第二节　培育新时代现代化实践的文化动力 ··············· 324
　　第三节　承担中国式现代化道路的文明使命 ··············· 334

第十章　建成社会主义文化强国的文明史意义 …… 346
  第一节　拓展人类文明发展的精神与形态 …… 347
  第二节　塑造世界文明图景中的中国景观 …… 359
  第三节　彰显人类命运共同体的和平稳定力量 …… 371

主要参考文献 …… 384
后记 …… 389

第一章　文化强国：历史与时代的双重呼唤

　　文化兴则国运兴，文化强则民族强。党的十九届五中全会明确提出到2035年建成社会主义文化强国的战略目标。习近平总书记在党的二十大报告中也明确提出，要推进文化自信自强，铸就社会主义文化新辉煌。习近平总书记指出，"全面建设社会主义现代化国家，必须坚持中国特色社会主义文化发展道路，增强文化自信，围绕举旗帜、聚民心、育新人、兴文化、展形象建设社会主义文化强国"①。当前，我们正处于"两个一百年"奋斗目标的历史交汇点上，党的二十大报告对建设社会主义文化强国做出了战略部署，这既与新时代中国特色社会主义事业的总体布局相适应，也为我们认识新时代文化建设、以文化强国助推中华民族伟大复兴指明了方向。

　　回望中华民族走过的路，我们之所以能在历史发展过程中形成中华民族共同体，文化发挥了关键作用。站在新时代的历史起点上，我们党提出建成社会主义文化强国的战略目标，这既是历史发展的必然趋势，也是时代前进的内在要求。从国家的角度看，没有文化的现代化不是真正的现代化，文化强国体现了社会主义现代化建设的必然要求；与此同时，中华文

---

　　① 习近平. 高举中国特色社会主义伟大旗帜 为全面建设社会主义现代化国家而团结奋斗：在中国共产党第二十次全国代表大会上的报告. 北京：人民出版社，2022：42-43.

明是人类文明的重要组成部分，文化强国构成了世界文明图景的中坚力量。从民族的角度看，中华民族在漫长的发展中形成了丰富的中华文化资源，民族的复兴必然伴随着文化的繁荣发展，文化强国既是中华文化资源的升华与结晶，也是中华民族伟大复兴的应有之义。从人民的角度看，随着我国社会主要矛盾转化为人民日益增长的美好生活需要和不平衡不充分的发展之间的矛盾，文化强国体现了人民美好生活向往的现实诉求。建成社会主义文化强国，是中华文化发展实现历时性跨越的必然选择，也是中华文化与西方文化、传统文化与现代文化共时性存在的必然要求。建成社会主义文化强国，是历史和时代的双重呼唤。

第一节　文化强国是中华文化资源的升华与结晶

文化是一个国家、一个民族的灵魂。古往今来，文化的发展始终同国家、民族的命运紧紧联系在一起，倘若没有文化的崛起与繁荣，一个国家、一个民族的发展必然是不可持续的。中华民族之所以能在5 000多年的历史长河中历经磨难而依然生机勃勃，重要原因之一就在于其在发展过程中形成了丰富的中华文化资源，尤其是优秀的中华传统文化。习近平总书记强调："要增强文化自信，在传承中华优秀传统文化基础上发展社会主义先进文化，加快建设社会主义文化强国。"[①] 建成社会主义文化强国战略的提出，正是要充分利用中华优秀传统文化这一宝贵资源，提振中华优秀传统文化。这一方面展现出中华文化自身具有的强大感召力与生命力，另一方面也能进一步强化中华文化的现实凝聚力与文化向心力，并在社会主义现代化建设过程中，切实推动中华文化的创造性转化与创新性发展。

一、中华文化的强大感召力与生命力

我们党之所以有底气提出建成社会主义文化强国，正是因为中国特色

---

① 中共中央文献研究室. 习近平关于社会主义文化建设论述摘编. 北京：中央文献出版社，2017：18.

社会主义建设根植于中华文化的肥沃土壤，有丰富的中华文化底蕴。中华文化以其自身所包含的强大感召力与生命力，不仅塑造着每个人的人生态度与文化境界，也深刻影响着人们改造世界的实践活动。具体来说，这种强大的感召力与生命力表现在以下三个方面。

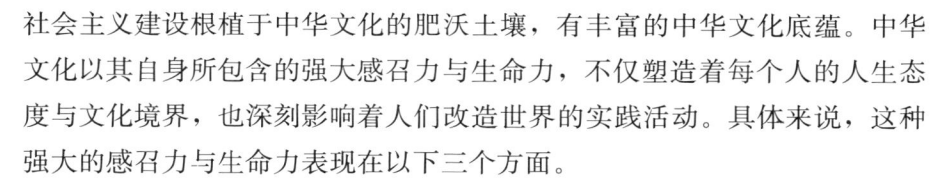

1. 贵和持中、和而不同的人生态度

作为中国人，我们首先应该对"中"字有更加深刻的理解和把握。一方面，它可以被看作一个地理概念。在战国诸子百家的作品中，表示国家的"中国"一词多次出现，如"陈良，楚产也，悦周公、仲尼之道，北学于中国"（《孟子·滕文公上》）、"中国之君子，明乎礼义而陋于知人心"（《庄子·田子方》）等等，当时人们所谓的"中国"指的就是地理方位上的中原地区。另一方面，也是更重要的一方面，"中"这个字本身就蕴含着中国人的中性智慧，即克服一种非此即彼、非黑即白的两极对立思维，为人处世不走极端，追求中庸、中道的人生。这样的精神内涵在一定程度上就内化为中华优秀传统文化的核心价值之一，无论是对于古人还是现代人来说，它都提示人们要以这种贵和持中的中性智慧来涵养人生。

与此同时，正是从中华文化当中的贵和持中这一中性智慧出发，当人们面临具体问题时无须强求自己苟同于对方，而是能够以一种和而不同的人生态度，在"和"的基础上持有自己的观点。事实上，"和"本身就包含了多样性和差异性，因为正是存在差异才有"和"的可能，否则便落入了"绝对同一"，无法做到彼此相和。孔子说"君子和而不同，小人同而不和"（《论语·子路》），正是强调尊重差异、求同存异，既不需要强求自己同他人时时保持一致，也不需要为了顺从他人意见而刻意隐瞒自己的观点。同理，随着人类发展步入全球化时代，各种文化间的交流也在不断增加；倘若我们盲目拒斥这一现实而沉浸在自身文化发展编织的浪漫梦乡中，则是不明智的。当代中国的文化发展必然要融入全球化进程，这就要求我们秉持贵和持中、和而不同的态度，坚持文化发展的多样性，以平常心同各种外来文化进行平等交流。

2. 自强不息、厚德载物的实践精神

中华文化具有鲜活的感召力和旺盛的生命力之又一重要表现，就在于它内含的自强不息、厚德载物的实践精神。如果说贵和持中、和而不同代表的是做人的基本态度，那么自强不息、厚德载物无疑指向人们做事的基本态度。

《周易》作为构建中华传统文化精神的基本框架，被称为万经之首、大道之源，"自强不息，厚德载物"这八个字就出自《周易》。其中，"周"不仅代表周朝，还表示一种周而复始的循环历史观。在中华文化哺育下成长起来的中国人，更注重向内用力、反求诸己，通过内省的方式向内体悟，以求达到和谐与完满的状态。相反，西方文化则更加强烈地表现出一种线性历史观，即以寻根究底的方式，透过现象直达本质，反而缺少了向内的环节。从中国发展变革的历程、尤其是近代以来的发展历程看，尽管中华民族在前进过程中遭受了诸多不平等对待以及各种艰苦磨难，但依然能傲然挺立于世界民族之林，其背后正是有这种自强不息、厚德载物的实践精神作支撑。2020年新冠肺炎疫情席卷全球，世界上几乎没有一个国家幸免于难。直到现在，仍有许多国家和地区的人民难以摆脱疫情的阴霾，甚至连最基本的日常生活都无法得到保障。面对这一突发事件，坚强的中华民族当然不会就此退缩。中国政府在中国共产党的坚强领导下，坚持以人民为中心，举国上下同舟共济，充分发挥自强不息、厚德载物的实践精神，并将这种实践精神凝聚成一股巨大的力量，取得了疫情防控的重要阶段性成效。

值得进一步说明的是，"自强不息"出自"乾卦"象中的"天行健，君子以自强不息"，"厚德载物"出自"坤卦"象中的"地势坤，君子以厚德载物"。一方面，"健"强调事物运行有其客观规律，"坤"则表明君子当以自己宽厚的德行承载万事万物；另一方面，"乾"和"坤"既包含了"阳"和"阴"这两个相对的范畴，也代表了"天"和"地"这对有别于人类社会生活的范畴。因此，这种实践精神最终要谋求的是中华文化所展现出的道法自然、天人合一的文化境界。

3. 道法自然、天人合一的文化境界

在中国哲学的语境中，大自然的运行总是遵循着一定的"道"即规律和周期，人们常说的"天行有常"就是这个道理；与此同时，人类社会也应当效法自然，不断地向前运动和发展。人作为自然的一部分，不仅来源于自然，而且应当努力寻求与自然相统一。这种统一不是亦步亦趋地跟随，而是在漫长的人类发展和与自然互动的过程中，不断地由自发走向自觉。人类只有深切地意识到与自然的相互印证、互养相成，才能够真正达成人与自然的具体的历史的统一①。马克思在谈到未来的共产主义社会时所说的"作为完成了的自然主义，等于人道主义"②，正是体现出了这一价值诉求。人类与自然一次次照面的经历已经向我们表明，人类唯有依天道而行、与自然同道，才能与自然和谐共处；人类一旦违背自然规律、破坏自然，就必定会遭受自然的惩罚。

这种道法自然的精神，同时也反映出了中西文化在对待自然时的不同态度。中国人往往更注重与自然的和谐统一，西方人则强调征服自然以满足自己的目的。尤其是在现代发达的资本主义工业社会中，科学技术的进步、资本主义的扩张加剧了人与自然之间的对立，生活节奏不断加快，生产分工日趋精细，消费主义逐渐泛滥，都使人们越来越迷失在纷繁复杂的外部世界中，丧失了人之为人所应有的尊严。然而，中华文化所倡导的天人合一的境界，其核心就是寻求人与自然的和谐，这种"合一"不仅是天与人相协调，更是天道与人道、天性与人性之间的彼此相合。人类的各种实践活动，无论是物质生产还是精神创造，始终都以"天人合一"这一文化境界为前提。在21世纪的今天，中华民族之所以历经磨难而依然保持昂扬向上的姿态，正是基于中华文化的巨大感召力和生命力，其具体表现可以概括为：在"道法自然、天人合一"的总体理念的引导之下，以"自强不息、厚德载物"的精神作为根本的实践遵循，每一个体在实践过程中始终保持"贵和持中、和而不同"的人生态度。

二、强化中华文化的现实凝聚力与文化向心力

首先，何谓文化的现实凝聚力与文化向心力？文化作为一种深埋在人们内心深处的精神力量，深深镌刻在一个民族的基因当中，对整个民族的生命力、创造力和凝聚力产生广泛而深远的影响。可以说，民族发展过程

---

① 邹广文．中华民族精神所彰显的自然与生命．求是学刊，2021，48（2）.
② 马克思，恩格斯．马克思恩格斯文集：第1卷．北京：人民出版社，2009：185.

中的每一次进步和跃升都同文化的发展紧密联系在一起。一方面，就文化的现实凝聚力来看，一是强调"现实"，二是强调"凝聚"。质言之，任何文化的发展都不是凭空产生的，它背后一定有坚实的现实基础作支撑，而且它一定是时代精神和时代要求的反映，否则只能是虚无缥缈的空中楼阁。此外，文化的凝聚力又集中表现为它可以凝聚共识、鼓舞人心，源源不断地为广大人民群众提供精神力量。透过人类历史发展过程我们不难发现，每逢遭遇战争频仍、社会动荡的时期，人们通常比以往更倾向于诉诸精神的力量，凝聚在某种文化共识当中，以求获得内心的安稳与平静，这种精神上的凝聚力量是任何其他因素都无法替代的。另一方面，当文化的现实凝聚力开始发挥作用时，它就会在一次次地文化传承与重构中不断内化并形成一种坚定的文化向心力，亦即凝聚着一代代人在文化建构的过程中所构筑的文化认同。"向心力"原本是一个物理学名词，指的是物体做圆周运动时指向圆心的合外力作用力。当文化构成一种向心力时，它便能在现实中更好地发挥凝聚力的作用。在凝聚力和向心力这两种力量的共同作用下，文化以其独特的方式为人类发展提供强大的精神支撑，极大地体现出人类的生存智慧。

其次，中华文化为何具有现实凝聚力与文化向心力？2019年12月19日，习近平总书记在视察澳门特别行政区濠江中学附属英才学校时指出，博大精深的中华文化、中华精神就构成了我们文化自信的源泉。博大精深、独树一帜的中华文化是我们最珍贵、最厚重的文化软实力，它一经形成，就始终为中华民族的发展壮大提供源源不断的精神养料。中华民族发展史上的每一时期，都见证了各领域中大量优秀的中华文化成果的诞生：无论是中国古代的"四大发明"，还是绘画、瓷器、音乐等艺术的发展；从先秦的诸子百家，到两汉经学、魏晋玄学、宋明理学；从诗经、楚辞、汉赋，到唐诗、宋词、元曲、明清小说，中华文化在几千年的发展过程中所取得的各种优秀文化成就无一不向我们表明，中华文化并没有、也绝不会随着时间的推移而褪色，相反，它始终以旺盛的生命力和强大的感召力，不断地在现实中凝聚力量、传递共识、鼓舞人心，从而铸就我们党今天提出要建成社会主义文化强国的底气和信心。

最后，建成社会主义文化强国，何以要强化中华文化的现实凝聚力与文化向心力？如今，中国是世界上最大的发展中国家，虽然我们国家的社会生产力已经取得了很大发展，经济总量不断增长，我国已成为仅次于美国的世界第二大经济体，甚至在一些领域已经超越了许多发达国家；但是，相比之下，中国的文化发展速度仍然是相对缓慢的。当前，中国特色社会主义发展进入新时代，我们党提出建成社会主义文化强国这一文化发展战略，无疑要求我们在这一目标的正确引领下坚定前行，为建成社会主义现代化强国提供坚实的文化保障。中华文化的形成并非遵循单一的线性发展路径，它是由各族人民在无数次的文化交流、相互借鉴中逐步创造出来的文化有机体。在各种文化相互融合、渗透甚至彼此激荡、碰撞的过程中，中华文化必定深深地镌刻着历史的印记、时代的印记，它作为一种精神载体，一方面承载着人民的心声、时代的呼唤，另一方面也在不断地自我调整和自我进化，从而使整个文化有机体实现稳定、有序、健康地发展。

建成社会主义文化强国，必然要求我们充分认识到中华文化自身所具有的感召力和生命力，因为这不仅构成了我们中华民族的突出文化优势，也是我们坚定文化自信的坚实文化根基。从某种程度上说，社会主义文化强国的建成过程，是创造中华文化新辉煌的过程，更是强化中华文化的现实凝聚力与文化向心力的过程。

三、推动中华文化的创造性转化与创新性发展

改革开放以来，中国始终坚持和发展中国特色社会主义，创造性地走出了一条中国式现代化新道路。这不仅是人类实现从农业文明向工业文明历史性跨越的必然选择，也是从物质层面到精神层面的社会全面性跃升。在中国式现代化道路的探索过程之中，在中国特色社会主义建设进入新阶段之时，不可回避的一个问题便是如何对待几千年来积淀并传承下来的中华文化。对于这个问题，党的二十大报告明确指出，要使"中华优秀传统文化得到创造性转化、创新性发展"[①]。建成社会主义文化强国，正是要沿

---

① 习近平.高举中国特色社会主义伟大旗帜 为全面建设社会主义现代化国家而团结奋斗：在中国共产党第二十次全国代表大会上的报告.北京：人民出版社，2022：10.

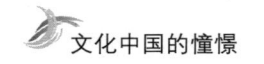

着这个方向，充分利用我们目前所拥有的丰富中华优秀传统文化资源，并结合中国特色社会主义新时代的新特点，推动中华文化的创造性转化与创新性发展，开辟文化发展新境界。

一方面，对于中华文化中不适应新时代发展需要，但经过改造后仍然可以为我们所用的那部分文化，我们需要对其加以修正，使其更加适应新时代的发展方向。在对待这部分文化时，我们的正确态度应该是：既不全盘否定，也不盲目吸收，而是要推陈出新、革故鼎新，实现中华文化的创造性转化。就文化的发展过程看，文化发展具有连续性，任何文化的形成都建立在以往文化传统的基础之上。马克思曾说："人们自己创造自己的历史，但是他们并不是随心所欲地创造，并不是在他们自己选定的条件下创造，而是在直接碰到的、既定的、从过去承继下来的条件下创造。"① 由此看来，在对中华文化进行创造性转化的过程中，首先要对其加以仔细地清理和辨别，对其中仍然具有借鉴意义的旧的内容和形式加以继承和改造，并赋予其新的时代内涵和表达形式。这其中尤其要处理好继承与创造之间的辩证关系，结合现代社会发展的实际情况对其加以甄别和创造，才能使这部分中华文化在新时代展现出全新的活力。例如，中国古代的道家倡导的顺其自然、无为而治的逍遥放达之精神，这对当下焦虑迷茫的现代人来说可谓是大有裨益。但我们决不可将其等同于现代人说的"躺平""摆烂"，而是要结合现实发展状况并清楚地看到，即便是在竞争激烈甚至内卷的现代社会，我们仍然应该守住自己的内心，在任何环境中都经得住历练，以出世之心做入世之事。由此可见，即便是几千年前的古人之所言，仍然能够与现代人的现实境遇相契合，并以其深刻内涵安顿个体的精神世界。

另一方面，对于中华文化中能够适应新时代发展需要的精华部分，我们也不是原封不动地将其照搬过来，而应当在积极继承的基础上实现创新性发展，使中华文化在新时代绽放更加耀眼的光芒。这其中最关键的一点，便是将马克思主义基本原理同中华优秀传统文化相结合，从而源源不

---

① 马克思，恩格斯．马克思恩格斯文集：第2卷．北京：人民出版社，2009：470-471.

断地为中华文化注入精神养料。在改革开放和社会主义现代化建设新时期，中国共产党人以"解放思想、实事求是"为指导思想，不断推进马克思主义基本原理同中华优秀传统文化相结合，使中华文化在新的历史发展阶段具有了更加丰富的内涵。例如人们常常使用的"小康"一词，它最早出现在《诗经》中，其中谈到"民亦劳止，汔可小康。惠此中国，以绥四方"（《诗经·大雅·民劳》），这里的"小康"表示的是安康、安居之意，它在千百年的流传和演变中逐渐成为老百姓表达对政治清明、社会和谐、国泰民安等的向往的通俗表述。邓小平同志对"小康"一词进行了如下解读："所谓小康社会，就是虽不富裕，但日子好过。我们是社会主义国家，国民收入分配要使所有的人都得益"①。可见，他把"小康"具体化为社会主义现代化发展过程中的一个具体目标。2017年10月18日，习近平总书记在党的十九大报告中阐述了中国发展新的历史方位——"中国特色社会主义进入了新时代"②。进入新时代，我们仍然需要继续推动马克思主义与中华文化的价值契合。这要求我们一方面坚持马克思主义的指导思想地位，另一方面也要大力弘扬民族精神与时代精神，在充分挖掘中华文化丰富精神内涵的同时积极融入世界各类文化的交流当中，共建人类命运共同体，开辟中华文化发展新境界。

总而言之，建成社会主义文化强国，要求我们在对中华文化有整体认同的基础上，正确看待其发展过程中形成的不同文化并实现文化的再创造；在激发全民族文化创造创新活力的过程中，推动中华文化的创造性转化与创新性发展。

第二节　文化强国是社会主义现代化的必然要求

经过40多年改革开放的伟大实践，中国已经成功走出了一条中国特

---

① 邓小平. 邓小平文选：第3卷. 北京：人民出版社，1993：161.
② 习近平. 决胜全面建成小康社会 夺取新时代中国特色社会主义伟大胜利：在中国共产党第十九次全国代表大会上的报告. 人民日报，2017-10-28（1）.

色社会主义现代化发展道路，这无疑对中华民族的发展、世界社会主义的发展甚至人类文明的进程都产生了极为深刻的影响。随着现代化实践的不断推进，我国社会主义现代化发展的思路也越来越具体和明晰。1954年，第一届全国人民代表大会首次明确提出了"四个现代化"的社会主义建设宏伟目标；经过我们党几十年的不懈努力，2017年党的十九大报告对全面建设社会主义现代化国家新征程进行了系统部署，并提出要在新中国成立100周年之际建成富强民主文明和谐美丽的社会主义现代化强国。

现代化作为一个系统性工程，需要社会各领域的全面性、均衡性发展，尤其需要进一步彰显物质文明发展与精神文明发展之间的协调性。如果没有高度的精神文明，没有社会主义文化的繁荣发展，就谈不上真正意义上的社会主义现代化①。因此，建成社会主义文化强国战略的提出，能对我国的经济、政治、精神、社会以及生态文明五个方面的建设产生全面、积极的影响。

一、文化强国是经济富强的助推器

当今世界，文化与经济相互交融，文化在综合国力竞争中的地位和作用已经变得越来越突出。唯物史观表明，生产力决定生产关系，经济基础决定上层建筑；文化作为一种精神力量，由整个社会的经济发展水平所决定，它反过来又能对社会发展产生重要影响。一方面，我们始终强调"以经济建设为中心"，正是由于经济发展，尤其是社会主义市场经济的发展能为我国文化事业的进步奠定丰富的物质基础；另一方面，我们必须深刻认识到，物质上的充盈富庶并不是一个社会发展所要达到的最终目标，社会的物质文明不过是实现精神文明的手段，切实提高国家文化软实力，才能更加有力地助推国家经济发展。

经济兴邦，文化立世。近些年来，我国经济建设取得了重大成就，文化建设却同经济社会发展不相适应；从某种程度上说，文化的繁荣兴盛可

---

① 邹广文. 中国式现代化道路的文化解析. 求索，2022（1）.

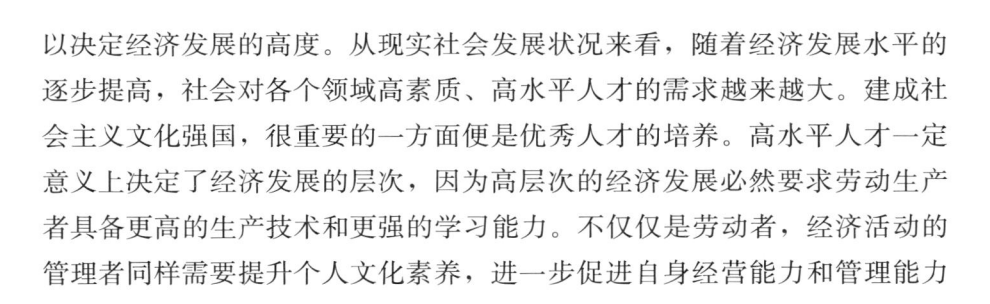

以决定经济发展的高度。从现实社会发展状况来看，随着经济发展水平的逐步提高，社会对各个领域高素质、高水平人才的需求越来越大。建成社会主义文化强国，很重要的一方面便是优秀人才的培养。高水平人才一定意义上决定了经济发展的层次，因为高层次的经济发展必然要求劳动生产者具备更高的生产技术和更强的学习能力。不仅仅是劳动者，经济活动的管理者同样需要提升个人文化素养，进一步促进自身经营能力和管理能力的提高，从而对经济活动产生积极影响。

不仅如此，要建成社会主义文化强国，还需要推动文化经济的高质量发展，这也有利于提升新时代经济发展的质量。近年来，我国文化产业发展迅速，文化消费呈现快速增长趋势。在物质水平相对较低的年代，人们进行消费活动主要是为了满足基本的物质生活需要。随着社会生产力不断进步、经济发展水平逐步提高，我国城镇居民在文化娱乐消费方面的支出越来越多，文化产业也越来越呈现多样化的发展态势，这就为文化经济的发展提供了广阔的市场。马斯洛的需求层次理论认为，人的需求主要包含五种不同的层次，每当某一低层次的需求得到满足，人们往往就会向更高一层的需求迈进。经济的发展使人们更加渴望高质量的文化；而文化经济的发展，则构成了经济建设中的重要一环，文化建设与经济建设密切相关。

因此，我们完全可以说，文化强国是经济富强的助推器，它可以为经济发展提供更深层次的驱动力。

二、文化强国是政治民主的导航仪

建成社会主义文化强国，可以从国家、社会、个人三个主体层面出发，推动我国的民主政治建设。

首先，建成社会主义文化强国的一个重要方面就是要弘扬中华民族优秀传统文化。在众多内涵丰富、思想深邃的中华优秀传统文化中，同国家治理密切相关的主题之一便是中性智慧，即强调中庸之道、执两用中、允执厥中，做事不走极端。这种中性智慧同时也在民主政治建设过程中发挥了重要作用，它要求执政者在治理国家时克服非此即彼的两极对立思维，脚踏实地、扎根实践，用发展的眼光看问题。从中国发展的具体实践来

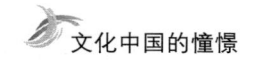

看，正是在中国共产党的坚强领导和艰辛探索下，我们解放思想、改革开放，从而使我国政治建设有了质的飞跃。可以说，弘扬传统文化、增强文化认同，是我们发展民主政治的重要途径。

其次，实施文化强国战略的另一重要举措是要大力发展文化产业，即在社会主义市场经济中，依托人们各式各样的文化消费产品，在推动文化经济繁荣进步的同时，弘扬充满正能量的文化思想和民主政治意识。习近平总书记在党的十九大报告中提出要坚持社会主义核心价值体系，在社会主义核心价值观中，就提到了"民主"概念，它既是一种实际的政治运作程序，也是一种崇高的文化追求，是重要的社会主义核心价值之一。形成恰当的文化产业发展形式，传递社会主义核心价值，能在政治民主建设过程中起到事半功倍的效果。

最后，文化强国战略以全体国民的素质提升作为社会价值旨归，这一过程就包含了对个人政治意识的培养。提高全民文化水平，从而提高国家文化软实力，是文化强国战略所要实现的重要目标之一。这其中尤其应当注意提高人民的文化自觉性，即自发地、主动地提升个人文化素养。在我国，每个公民在拥有公民身份的同时还拥有一个"政治身份"，在这样的环境之下，个人文化素养的提升有助于推动形成一个民主自由的政治环境，这反过来有助于进一步培养公民良好的民主政治意识。对公民自身来说，他们能够以更加积极、理性、文明的政治意识投入政治生活中，做出正确的政治判断，从而推动政治民主化进程。

三、文化强国是精神文明的原动力

精神文明一般是指人类在改造客观世界和主观世界的实践中所取得的精神成果的总和，所彰显的是人类社会生活智慧及道德的进步状态[①]。仅仅是物质文明高度发达的社会，绝不是一个健康的、可持续发展的社会，因为社会主义社会的一个重要特征就是精神文明的高度发达。换句话说，倘若没有繁荣兴盛的社会主义文化，没有高度发达的精神文明，

---

① 邹广文. 中国式现代化道路的文化解析. 求索，2022（1）.

就没有充足的理由证明我们实现了真正意义上的社会主义现代化。正是从这个意义上说，文化强国战略能为精神文明发展提供源源不断的动力和支持。

在社会主义现代化建设过程中，我们党高度重视精神文明建设。早在改革开放初期，邓小平同志就对社会主义国家的建设做出了如下说明："我们要建设的社会主义国家，不但要有高度的物质文明，而且要有高度的精神文明。所谓精神文明，不但是指教育、科学、文化（这是完全必要的），而且是指共产主义的思想、理想、信念、道德、纪律，革命的立场和原则，人与人的同志式关系，等等。"① 正是在这一倡导下，党的十二大报告中就已经出现了"精神文明建设"这一议题。可见，社会主义现代化建设一定是高度的物质文明建设与高度的精神文明建设相统一，文化强国战略正契合了这一基本发展规律。

中华民族优秀传统文化与时代精神的结合，是推动精神文明建设的又一重要动力。中国特色社会主义建设深深根植于中华文化的土壤之中，其在个人身上尤为突出地表现为贵和持中、和而不同的人生态度，在实践活动中体现出自强不息、厚德载物的实践精神，以及在思想境界上呈现出道法自然、天人合一的文化境界。这些内涵丰富的文化资源在不同的时代发展背景下，又可以同具体的时代精神相结合，同人们的现实需要相协调。时代精神代表的是一个时代特有的普遍精神实质，是一种超越某一具体个人的、共同的集体意识。它的形成一方面有赖于社会现实的发展状况，尤其是现实生产力发展水平，另一方面也离不开长久以来形成的文化传统的影响。有关这一点，习近平总书记曾在 2014 年 10 月召开的文艺工作座谈会上予以形象地说明："当高楼大厦在我国大地上遍地林立时，中华民族精神的大厦也应该巍然耸立。"②

随着文化强国战略的不断推进，中华民族几千年形成的丰富文化资源必然会在我国社会主义现代化建设过程中展现出勃勃生机与活力，并在同时代精神相结合的过程中，更好地助力我国的精神文明建设，为其提供源

---

① 邓小平. 邓小平文选：第 2 卷. 2 版. 北京：人民出版社，1994：367.
② 习近平. 在文艺工作座谈会上的讲话. 人民日报，2015-10-15（2）.

源不断的发展动力。

四、文化强国是社会和谐的黏合剂

当我们评判一个社会是不是一个和谐的社会时，绝不能仅仅关注某一具体指标，而应当将经济、政治、文化、生态文明等各个方面综合起来进行考察。当今世界正处于一个前所未有的大变革时期，工业化技术水平的逐步提高和市场经济的加速发展，日益消解着社会中每一个人的文化生活和精神世界。在这样的时代背景下，文化因素更应当发挥自己的独特功能和特殊作用，内在地渗透于人的全部社会生活（包括经济生活、社会活动等），从而凸显其人文教化功能，以便更好地塑造个人、引导社会。

从微观层面来看，社会作为一个共同体由社会中的每一成员共同组成；聚焦到个人身上，人是一种文化的存在，每个人不仅有自然属性，还有文化属性。人类的文化实践体现出人的目的性追求，文化强国战略所内含的时代特征和价值诉求更是要求我们把人当作目的而不是手段。繁荣发展社会主义文化，对培养人的综合文化素养，促进人的全面发展具有基础性的作用[1]。不仅如此，健康向上的文化有助于丰富人的精神世界，提高人的文化修养，促进人的自由全面发展。在《共产党宣言》中，马克思、恩格斯提出了关于未来社会的核心命题——"每个人的自由发展是一切人的自由发展的条件"[2]，这极大地展现出对人类个体的尊重与重视；同理，在建成社会主义文化强国的过程中，更加有必要突出鲜明的人文性、目的性关怀。只有每个人都能在社会生活中广泛地进行各种实践活动，不断增强个人的文化获得感和满足感，才能为和谐社会的构建贡献力量。可以说，以人为本的文化发展宗旨与构建社会主义和谐社会之间有着浑然一体的联系。

从宏观层面来看，文化的发展对于和谐社会的构建也能起到重要的引导作用。社会和谐离不开文化的价值导向作用，强大的文化软实力能为社会整体的和谐发展提供重要的精神保证和思想支撑。尽管中华民族历经千

---

[1] 邹广文.构建体现时代精神的文化哲学.马克思主义哲学，2021（1）.
[2] 马克思，恩格斯.马克思恩格斯文集：第2卷.北京：人民出版社，2009：53.

辛万苦，但它依然能在此过程中形成一个牢固的共同体，这一方面有赖于各族人民之间的血缘、地缘等纽带，另一方面也离不开承载着彼此共同价值认同的"文缘"纽带。正是中华民族相同的历史文化记忆与共通的价值表达方式，使中华儿女在精神和情感上彼此相连，共同凝聚在中华民族共同体之中。

站在新的历史发展起点上，建成社会主义文化强国，就是要通过积极引领全体社会成员形成和增强对中华文化的价值归属、凝聚成员彼此之间的价值互认，坚守全社会共同的价值追求，从而为社会和谐奠定文化认同的心理基础。

五、文化强国是生态美丽的坐标系

社会主义现代化是注重社会发展的平衡性、协调性和可持续性的现代化，正如习近平总书记所说，"在坚持以经济建设为中心的同时，全面推进经济建设、政治建设、文化建设、社会建设、生态文明建设，促进现代化建设各个环节、各个方面协调发展"[①]。建成社会主义文化强国，不仅能对经济富强、政治民主、精神文明、社会和谐产生重要影响，还能为生态文明建设提供必要的精神保障。

新中国成立以来，尤其是改革开放以来，在中国共产党的领导下，我国经济建设取得了举世瞩目的成就，人民群众物质生活水平有了明显提升。与此同时，我国文化发展也取得了显著成效；文化强国战略的提出，更标志着我国文化建设进入新的发展阶段。然而，一个国家如果仅仅有经济的繁荣，还不能称为一个真正强盛的国家。我们应当清醒地认识到，经济的快速发展对生态环境造成的破坏同样是不容忽视的，各种生态问题如水土流失、资源短缺、大气污染等频频发生，对社会的可持续发展日益构成挑战。马克思曾生动地描述了资本主义快速发展、大规模的工业化进程所导致的城市污染、农村土地贫瘠等生态问题："资本主义生产使它汇集在各大中心的城市人口越来越占优势，这样一来，它一方面聚集着社会的

---

① 习近平. 习近平谈治国理政：第2卷. 北京：外文出版社，2017：79.

历史动力，另一方面又破坏着人和土地之间的物质变换，也就是使人以衣食形式消费掉的土地的组成部分不能回归土地，从而破坏土地持久肥力的永恒的自然条件。"① 究其根本，正是资本主义生产方式自身导致了这些问题的产生。因此，思考如何以社会主义的方式、构建何种社会主义发展模式来解决各类生态问题，是摆在我们面前的重要课题。

文化强国的推进、生态文明的建设，是我国进入新时代必须高度重视的问题。生态问题不仅是一个经济问题、技术问题，还是一个同文化发展存在重大关涉的问题。从某种程度上说，人类对自然的态度能够折射出人类的文明程度。中华民族自古以来就秉持着顺应自然的文化理念，注重协调人与自然的关系问题。真正处理好人与自然的关系，这既关涉当代人类的发展，更关涉未来人类的命运②。具体说来，一方面，我们要与自然和谐相处，摒弃功利地看待自然、只知道无尽地向自然索取却不懂得保护自然的态度；另一方面，在面对自然时，我们要懂得居安思危、未雨绸缪，切莫等到生态已经遭到破坏时再寻求补救措施。由此看来，生态文明建设和文化发展的导向是一致的，在进行文化创造和实践活动的过程中，需要对自然予以足够的尊重和保护。习近平总书记在党的二十大报告中深刻指出："大自然是人类赖以生存发展的基本条件。尊重自然、顺应自然、保护自然，是全面建设社会主义现代化国家的内在要求。"③

面对自然，我们既要学习中华民族传统文化中顺应自然、敬畏自然的精神，也要居安思危、增强忧患意识。这既是一种现代生态文明观，又是现代化发展实践中的中国智慧。

第三节　文化强国是人民美好生活向往的现实诉求

习近平总书记在党的十九大报告中指出："中国特色社会主义进入新

---

① 马克思，恩格斯.马克思恩格斯文集：第5卷.北京：人民出版社，2009：579.
② 邹广文.中华民族精神所彰显的自然与生命.求是学刊，2021，48（2）：49-56.
③ 习近平.高举中国特色社会主义伟大旗帜 为全面建设社会主义现代化国家而团结奋斗：在中国共产党第二十次全国代表大会上的报告.北京：人民出版社，2022：49-50.

时代，我国社会主要矛盾已经转化为人民日益增长的美好生活需要和不平衡不充分的发展之间的矛盾。"① 这一关系全局的重大历史性变化不仅为我国的现代化实践提出了诸多新要求，同时也必然会带来许多新挑战。不难预见，人民群众对公平、文化、安全、环境等各方面将提出更高的要求。社会主义文化强国的建设同样需要顺应社会主要矛盾的历史性转变这一现实发展趋势，直面人民群众日益增长的对美好生活的需要，充分尊重人民主体地位，保障人民基本文化权益。在中国特色社会主义文化建设过程中，我们必须紧紧围绕"以人民为中心"的文化价值导向，切实保障人民群众基本文化权益的现实性需要，以此作为文化强国战略必须遵循的发展方向。从这一立场看，文化强国构成了人民美好生活向往的现实诉求中的重要组成部分。

一、社会主要矛盾的历史性转变

党的十九大做出了"中国特色社会主义进入新时代"这一重要判断，并根据时代发展的新特点以及我国国情的新变化，对我国社会主要矛盾做出了新的概括。事实上，党对我国社会主要矛盾的认识并非一成不变，而是随着我国社会发展不同历史时期和不同发展阶段的变化而逐步深化。我们一方面需要大致了解我国社会主要矛盾的历史转变过程；另一方面也需要把握这种转变的基本依据及其在新时代的主要表现，尤其是它反映在文化建设与发展中的显著特征。

所谓社会主要矛盾，指的是在整个社会发展体系中处于支配地位、对其他社会矛盾起决定作用的矛盾。可以说，中国共产党成立以来领导人民不懈奋斗的历史，就是一部不断深入理解和把握社会主要矛盾的历史。新民主主义革命时期，中国社会面临着错综复杂、内忧外患的局面，以毛泽东同志为主要代表的中国共产党人经过长时间地认真分析和不懈努力后判断："帝国主义和中华民族的矛盾，封建主义和人民大众的矛盾，这些就是近代中国社会的主要的矛盾。……而帝国主义和中华民族的矛盾，乃是

---

① 习近平. 决胜全面建成小康社会 夺取新时代中国特色社会主义伟大胜利：在中国共产党第十九次全国代表大会上的报告. 人民日报，2017 - 10 - 28（1）.

各种矛盾中的最主要的矛盾。"① 随着社会主义改造顺利完成，中国社会由新民主主义社会进入社会主义社会，党的八大报告指出："国内的主要矛盾，已经是人民对于建立先进的工业国的要求同落后的农业国的现实之间的矛盾，已经是人民对于经济文化迅速发展的需要同当前经济文化不能满足人民需要的状况之间的矛盾。"② 随着改革开放和社会主义现代化建设新时期的开启，党对社会主要矛盾的界定又产生了新的认识。1981年，《关于建国以来党的若干历史问题的决议》指出："我国所要解决的主要矛盾，是人民日益增长的物质文化需要同落后的社会生产之间的矛盾。"③ 40余年的改革开放之路取得了举世瞩目的发展成就，实现了我国从站起来到富起来的发展过程；站在中国特色社会主义发展新时代的历史起点上，我们又迎来了从富起来到强起来的伟大飞跃。没有对社会发展规律的正确认识，就无法实现中华民族伟大复兴的中国梦。正是党在各个时期对社会主要矛盾的准确把握，构成了实现中华民族伟大复兴的根本保证。

关于我国社会主要矛盾转变的基本依据，我们可以从习近平总书记在党的十九大上所做的报告中得到解答。总书记在报告中指出："我国稳定解决了十几亿人的温饱问题，总体上实现小康，不久将全面建成小康社会，人民美好生活需要日益广泛，不仅对物质文化生活提出了更高要求，而且在民主、法治、公平、正义、安全、环境等方面的要求日益增长。同时，我国社会生产力水平总体上显著提高，社会生产能力在很多方面进入世界前列，更加突出的问题是发展不平衡不充分，这已经成为满足人民日益增长的美好生活需要的主要制约因素。"④ 由之前"日益增长的物质文化需要"到现在"日益增长的美好生活需要"的转变可以看出，人民需要的内容更加丰富、领域更加广泛、层次更加提升。在物质生活方面，人民不

---

① 毛泽东．毛泽东选集：第2卷．2版．北京：人民出版社，1991：631．
② 中共中央文献研究室．建国以来重要文献选编：第9册．北京：中央文献出版社，1994：341．
③ 姜华宣，蔚萍，肖甡．中国共产党重要会议纪事（1921—2006）．北京：中央文献出版社，2006：443．
④ 习近平．决胜全面建成小康社会 夺取新时代中国特色社会主义伟大胜利：在中国共产党第十九次全国代表大会上的报告．人民日报，2017-10-28（1）．

再仅仅满足于过去的吃得饱、穿得暖、有得住等等，而是进一步追求吃得营养、穿得体面、住得舒适，更强调物质生活的多样化和高品质化。在精神生活方面，过去人们往往被迫忙于生计、疲于奔命，根本无暇顾及个人在精神上的需要和享受；随着生活条件的不断改善，基本的温饱问题已经不再成为困扰人们日常生活的主要烦恼，人们才能有余暇静下心来充分体验美好的精神生活。

在新的时代发展背景下，我们提出文化强国战略，正契合了社会主要矛盾的历史性转变这一基本事实。人民对美好生活的向往体现在社会中的各个领域和各个层面，社会主义文化的繁荣发展则能满足人民在精神层面对美好生活的追求，使人民更加充分地体验美好的精神生活。

二、人民主体地位的价值性追求

全心全意为人民服务是中国共产党的根本宗旨。马克思主义认为，人民群众是历史的创造者，他们既是社会物质财富和精神财富的创造者，也是社会变革的决定性力量。在庆祝中国共产党成立 100 周年大会上，习近平总书记发表重要讲话并指出："江山就是人民、人民就是江山，打江山、守江山，守的是人民的心。中国共产党根基在人民、血脉在人民、力量在人民。"[①] 在此基础上，他又进一步阐释了以人民为中心的价值导向所包含的现实意义："新的征程上，我们必须紧紧依靠人民创造历史，坚持全心全意为人民服务的根本宗旨，站稳人民立场，贯彻党的群众路线，尊重人民首创精神，践行以人民为中心的发展思想，发展全过程人民民主，维护社会公平正义，着力解决发展不平衡不充分问题和人民群众急难愁盼问题，推动人的全面发展、全体人民共同富裕取得更为明显的实质性进展！"[②] 在未来的发展道路上，中国将始终坚持以人民为中心这一价值基础不动摇，努力实现每个人的全面发展和整个社会的全面进步。

在建成社会主义文化强国的过程中，我们应当充分尊重人民群众主体地位，发挥人民首创精神。这具体表现在两方面：一是在发展社会主义文

[①②] 习近平. 在庆祝中国共产党成立 100 周年大会上的讲话. 人民日报，2021－07－02(2).

化时，需要充分考虑人民群众的文化诉求和文化需要，尤其是要精准把握人民群众在新时代背景下对现代化文化生活提出的新要求；二是在文化建设方面，需要准确突出人民群众在文化创造中的主体地位，彰显人民群众的文化主体性，更广泛地调动人民群众在文化创造和文化创新过程中的积极性、主动性。

改革开放以来，我国经济建设已经取得丰硕成果，人民物质生活水平得到显著提高；与此同时，人民群众的精神需要也开始快速增长，尤其是对文化繁荣发展的需要变得愈发迫切。但是，与广泛而旺盛的文化需求相比，我国的文化创造与发展动力却稍显不足。因此，若想在文化建设过程中真正做到尊重人民主体地位，尤其应当重点关注并正确处理好以下几对关系。

首先，要正确处理经济效益和社会效益之间的关系。经济的快速发展无疑能为文化发展提供重要的物质保障，但盲目追求经济效益可能会对社会发展带来诸多负面影响。就我国文化产业发展现状来看，近年来，我国文化产业产值不断增加、种类更加丰富，创造了比以往任何时代都要大的经济效益；但是，我们必须始终清醒地认识到，不良文化产业对全社会造成的消极影响是巨大的，尤其是对于判断能力尚未发育成熟的青少年来说，不良文化无疑是一种"精神毒药"，会严重影响青少年健康成长。在文化产业发展中寻求经济效益和社会效益的平衡，有助于营造良好的文化氛围，真正实现文化产业的可持续性发展。

其次，要正确处理效率与公平之间的关系。与其他产业的发展过程相类似，文化产业在发展过程中如果单纯依靠市场发挥调节作用，必定会导致文化资源配置不合理现象的出现。这就意味着在我国一些相对发达的地区，人们可以十分便利地享受到丰富多样的文化资源；而在一些社会发展水平相对落后的地区，人们往往难以获得自己所需要的文化资源。因此，在建设社会主义文化强国的过程中，我们不但要借助市场的作用，还要加强政策的引导作用，促进文化产业均衡发展，使文化发展成果真正惠及最广大人民群众。

最后，要正确处理本国文化与外来文化之间的关系。改革开放以来，大量外来文化如潮水般涌入，这在促进文化发展多样性的同时也对我国文化发展事业造成了一定冲击。要解决这一问题，就要在坚持文化多样性的同时，自觉凝聚本民族文化认同，让各类文化有效对话、相互借鉴、取长补短，才能真正激发人民群众文化创造灵感，促进新时代文化繁荣发展。

进入新时代，我国社会主要矛盾已经发生改变，但人民群众的主体地位不会改变。中国的未来发展依靠人民，中国的发展成果由全体人民共享，人民在追求美好生活的过程中真正成为社会进步的主体力量①。

三、保障文化权益的现实性需要

人民群众既要接受文化，也要消费文化，更要创造文化。若想真正推动社会主义文化大发展大繁荣，重要要求之一便是切实保障人民基本文化权益。"基本文化权益"这一概念与"文化权利"不同，后者是与政治权利、经济权利相并列的人的基本权利。相较之下，"基本文化权益"内涵丰富、外延广泛，它具体表现为以下几个鲜明特征。

一是基础性。"基本文化权益"首先必须突出"基本"二字，文化应当和教育、基本医疗卫生等领域一样，在社会发展各领域中处于基础性地位。维护文化建设的基础性地位既是促进社会公平正义的重要表现之一，也是发展和改善民生的重要举措。二是均等性。当前我国文化发展过程中依然存在文化资源分配不平衡的现象，一些落后地区的人民无法获得与较发达地区人民同等的基本公共文化服务。在社会主义国家，文化发展成果应当由全体人民共享，而不只是成为少数人的专属福利。保障人民基本文化权益，就要做到不论社会成员之间在性别、年龄、职业等各方面存在怎样的差异，都能基本无差别地享受基本公共文化服务。三是时代性。基本文化权益的具体内容并不是一成不变的，而是会随着时代变迁而发生改变。具体说来，当一个社会的经济发展状况、科学技术水平等方面发生改变时，人们对于文化的需要也会因时而变。例如，在互联网技术迅猛发展

---

① 邹广文．伟大复兴的文化底蕴和文化认同．实践（思想理论版），2021（12）．

的今天，过去那种只能在卷帙浩繁的图书馆中查找资料的方式已经难以满足人们获取知识的需要，而利用互联网技术搭建的数字化图书馆则能使人们足不出户就轻松阅读各类书籍。

站在建成社会主义文化强国的高度，要真正做到保障人民基本文化权益，需要不断激发全社会文化创造活力，推动社会主义文化繁荣发展。这为我们提出了如下要求。

第一，着力培养全民族的文化自信，用社会主义核心价值观凝聚人心。文化自信是社会文化实践的坚实基础和重要前提，也是激发人民群众文化创造与创新活力的精神源泉。"自信"即"信自"，简言之就是要相信自己，尤其是在各种不同文化互相对话的今天，更需要对本国文化发展充满信心。在面对外来文化时，一定要以开放而严谨的心态仔细甄别、交流互鉴，真正做到以我为主、为我所用。与此同时，社会主义核心价值观构成了全国各族人民团结奋斗的思想道德基础，它是在全体社会成员共同实践的过程中凝结而成的思想价值体系。二十四字的社会主义核心价值观，分别从国家、社会和个人三方面出发，构建起了整个中华民族共同的价值愿景和理想追求。

第二，始终坚持人民主体地位的价值性追求，准确把握人民群众在新时代文化发展过程中提出的新要求、产生的新变化，坚持以人民群众满意程度作为评判文化发展水平高低的标准，让文化发展成果由人民群众亲自检验。在文化建设过程中，需要充分尊重人民群众主体地位，发挥人民群众首创精神，从而充分调动人民群众在文化创造、创新方面的积极性。文化事业的发展应当是富有目的性的、充满人文关怀的，它必须关注人民群众的精神发展需要。这不仅体现出保障人民基本文化权益的现实性需要，也有助于真正实现人的自由全面发展。

第三，坚持文化发展多样性，尊重文化差异，营造良好的文化发展氛围。中华民族文化的多样性彰显了中华民族生命力的价值底蕴；同理，新时代文化发展也应当坚持文化的多样性，才能在新的历史发展背景下迸发生机与活力。由于各种文明之间的广泛交流已经是不可阻挡的历史发展潮流，因此，我们更加应当以包容开放的心态对待各种不同的文化，以日益增强的文化自信作支撑，坚持文化的多样性发展，不断催生出更多高质量的优秀文化成果，丰富人民群众的文化生活，提升人民群众的文化境界。积极推进基本公共文化服务均等化，健全公共文化服务的政策保障机制。充分发挥政策优势，推进文化产业均衡发展、文化产品均等分配，同样有助于保障人民基本文化权益。

总而言之，随着我国社会主要矛盾发生转变，文化强国战略的提出正反映出了人民美好生活向往的现实诉求，这一方面是对人民主体地位的尊重，另一方面也是为了更好地保障人民的基本文化权益。

第四节　文化强国是中华民族伟大复兴的应有之义

中国特色社会主义进入新时代，意味着我们迎来了实现中华民族伟大复兴的光明前景。早在2012年，习近平总书记就对中国梦的重要性做出了如下定位："实现中华民族伟大复兴，就是中华民族近代以来最伟大的梦想。"① 在党的十九大报告中，总书记又进一步强调了新时代发展的重要特征："这个新时代，是承前启后、继往开来、在新的历史条件下继续夺取中国特色社会主义伟大胜利的时代，是决胜全面建成小康社会、进而全面建设社会主义现代化强国的时代，是全国各族人民团结奋斗、不断创造美好生活、逐步实现全体人民共同富裕的时代，是全体中华儿女勠力同心、奋力实现中华民族伟大复兴中国梦的时代，是我国日益走近世界舞台中央、不断为人类作出更大贡献的时代。"②

"中华民族"这个概念以民族复兴梦想的名义进入中国特色社会主义的宏大叙事中，成为全体中华儿女文化认同的显性时代话语③。可以说，中华民族共同体就是各民族文化认同与价值持守凝聚而成的共同体。一方

---

① 习近平. 习近平谈治国理政. 北京：外文出版社，2014：36.
② 习近平. 决胜全面建成小康社会 夺取新时代中国特色社会主义伟大胜利：在中国共产党第十九次全国代表大会上的报告. 人民日报，2017-10-28 (1).
③ 邹广文. 论中华民族共同体的文化叙事结构. 哲学研究，2021 (11).

面，中华民族伟大复兴对于民族文化振兴具有重要促进作用；另一方面，实现中华文化繁荣兴盛、建成社会主义文化强国构成了实现民族伟大复兴的精神动力和重要环节。站在新时代的新起点上，我们要持续巩固中华民族共同体的文化认同，不断推动社会主义文化繁荣兴盛，从而在建成社会主义文化强国的道路上谱写中华民族伟大复兴的新篇章。

一、中华民族共同体是中华儿女文化认同的共同体

在 2014 年 9 月的中央民族工作会议上，习近平总书记指出："加强中华民族大团结，长远和根本的是增强文化认同，建设各民族共有精神家园，积极培养中华民族共同体意识。"① 党的十八大以来，我们把"实现中华民族伟大复兴的中国梦"作为核心价值目标，从而使中华民族共同体构成了实现中国梦的政治保障。随着这一概念的内涵不断丰富发展，习近平总书记还进一步指出，必须构筑中华民族共有精神家园，使各民族人心归聚、精神相依，形成人心凝聚、团结奋进的强大精神纽带②。可以看出，中华民族共同体并不是一个单一层面的样态，而是涵盖了政治、经济、文化等多个层次的总体性共同体；究其深处而言，它是一个凝聚各民族文化认同与价值取向的文化共同体，是依托共同体而对中华民族进行持续的文化塑造。

在人类历史漫长的演进过程中，形成了各式各样的共同体，例如，从共同体的涵摄领域来看可以划分为经济共同体、政治共同体、文化共同体等，从共同体的聚合范围来看可以划分为家庭共同体、民族共同体、文化共同体乃至人类命运共同体等。尽管划分标准存在差异，但各种不同的共同体都极大地体现出了人类社会的共在生存智慧。马克思将人的本质理解为"一切社会关系的总和"③，可见，人本身就是一种社会性存在，需要在各种社会关系的交往中审视社会、确证自身；与此同时，正是这些社会关系的聚合方式及其发展水平决定了个体看待世界的眼光及存在的方式。

---

① 中共中央文献研究室. 习近平关于社会主义政治建设论述摘编. 北京：中央文献出版社，2017：157.

② 习近平在中央民族工作会议上强调 以铸牢中华民族共同体意识为主线 推动新时代党的民族工作高质量发展. 中国民族，2021（8）.

③ 马克思，恩格斯. 马克思恩格斯文集：第 1 卷. 北京：人民出版社，2009：505.

不仅如此，对共同体价值的探寻也随着各种共同体的形成而成为人们关注的主题。古希腊哲学家亚里士多德深入思考了何种城邦共同体能够实现正义、民主和公共的善的问题，他认为这种城邦共同体形成的条件是"多个村落为了满足生活需要，以及为了生活得美好结合成一个完全的共同体，大到足以自足或近于自足"①。不难看出，亚里士多德对共同体的思考已经带有强烈的价值诉求。马克思所面临的时代则和古希腊时期完全不同，在马克思生活的年代，资本主义的快速发展导致人类异化不断加剧，人类生存环境日益恶化；而在马克思看来，想要帮助人类从根本上摆脱异化状态，就必须推动真正的共同体即"自由人联合体"的实现。可以说，共同体的形式极大地展现出人类努力克服个体局限、寻求共生共存的价值生存方式。如果个体与个体之间缺少共同的精神文化依赖关系，共同体最终将走向解体。

从很大程度上说，中华民族共同体就是要依托共同体对中华民族进行文化方面的塑造，其实质在于借助中华民族共有的文化记忆来释放民族文化的强大生命力，激发中华儿女的文化认同感，助力中华民族伟大复兴的实现。中华民族共同体的文化本质可以从以下三方面加以理解。

首先，中华民族共同体是各民族在长期交往实践中文化认同的结果。工业文明进程的加快在展开殖民强权的同时，也客观上使得中国各民族在救亡图存的过程中团结起来，强化彼此的交往与认同。与此同时，各民族在同一片中华大地上彼此交往所形成的经济依存关系，也促进了民族之间对彼此生活方式、价值观念的理解和认同。

其次，中华民族共同体是以高度的政治觉解和文化认同为基础的"国族共同体"。从政治属性上看，它是以中华人民共和国这一主权国家为载体的政治共同体；从文化属性上看，它是中华儿女基于文化认同构建起来的文化共同体。中华民族在中国共产党的领导下构建起来的共同体，正体现了政治认同与文化认同的有机统一。

最后，中华民族共同体是文化共性与文化个性有机结合的多元共同体。中华文化既包含了各民族文化的共同价值取向，又体现了各民族文化

---

① 亚里士多德. 亚里士多德全集：第 9 卷. 苗力田，主编. 北京：中国人民大学出版社，1994：5-6.

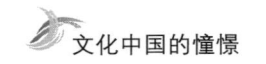

发展的多样性。文化共性与文化个性相互依存、相互建构，二者一道彰显出中华民族共同体的强大生命力。

二、中华民族伟大复兴是民族文化振兴的发展道路

近代以来，中华民族始终有一个最伟大的梦想，那便是要实现中华民族伟大复兴。中国共产党自诞生之日起，就义无反顾地肩负起了实现中华民族伟大复兴的历史使命，并始终围绕着这一主题带领全国各族人民展开奋斗实践。实现中华民族伟大复兴，本质上是与中国特色社会主义事业"五位一体"总体布局相适应的，它涉及经济、政治、文化、社会和生态文明等社会不同领域、不同层次的建设和发展。聚焦于文化建设领域，我们党提出中华民族伟大复兴的中国梦，内含"我们往哪里去"的价值导向，体现了对中华民族共同体发展方向的文化引导。实现中华民族伟大复兴，能够极大地推动民族文化的发展振兴。民族复兴之路在文化发展方面的表现就是一条实现民族文化振兴之路。

中华民族伟大复兴具有深刻的文化内涵，同民族文化振兴之间存在重要关联。

首先，中华民族伟大复兴的中国梦指明了中华民族发展前行的价值方向。中国梦作为全民族梦想的依托，不仅反映出国家与民族相结合的时代构型，而且将人民大众视为中华民族文化成果的追求者和享有者。我们之所以能够自信地宣称中华民族伟大复兴具有深厚的文化底蕴，究其根本是因为中国共产党人探索出了一条振兴民族文化、适合本国文化发展的道路，即中国共产党领导的改革开放伟大实践，这一伟大实践面向现代化、面向世界、面向未来，努力开创了实现中华民族伟大复兴的新时代。

其次，中华民族伟大复兴的实现具有丰厚的民族文化土壤。中华文明上下5 000多年的传承与发展，孕育了底蕴深厚的中华民族优秀传统文化，这些优秀的民族文化资源极大地承载了中华民族共有的历史记忆和价值追求。民族文化在传承过程中还应当肩负起时代的使命，它必须同时代发展、社会现实紧密结合起来。中华民族伟大复兴的中国梦既承载了中华民族共同的文化记忆，又体现了各族人民共同的利益追求。

最后，中华民族伟大复兴有助于个人与民族、各族群与中华民族的生成性统一，从而实现"多元一体"的中华民族共同体的整合。尽管各民族之间存在一定的文化差异，但中华民族伟大复兴的中国梦代表着中华民族的整体利益，它要求在各民族的价值诉求中寻求最大限度的统一，这既是民族内部每一个体与整个民族之间的价值期许的统一，也是每一族群与中华民族整体之间的价值愿景的统一。可以说，中华民族伟大复兴的中国梦塑造了中华民族共同体的整合，加深了各民族对共同体的内在文化认同，推动了民族文化的发展振兴。

中华民族伟大复兴的中国梦归根到底是每个人的中国梦，个人梦、族群梦和国族梦在这一伟大梦想的持续指引中进行多维联动、同构互塑，极大地丰富了中华民族共同体的价值旨趣。实现中华民族伟大复兴，不仅有助于展现出中华民族文化强大的凝聚力和感召力，而且也为民族文化振兴开辟道路。

三、文化繁荣兴盛是实现伟大复兴的精神动力

社会的进步离不开文化的繁荣兴盛，文化作为一种重要的精神力量，构成了实现个体全面发展过程的重要一环；与此同时，文化作为一种软实力，对于提升我国综合国力、推动社会主义现代化建设也有极为重要的影响。在党的十九大报告中，习近平总书记这样阐述文化的繁荣发展同中华民族伟大复兴之间的关系："没有高度的文化自信，没有文化的繁荣兴盛，就没有中华民族伟大复兴。"[①] 实现中华民族伟大复兴的历史使命与文化繁荣兴盛的发展目标是相辅相成的。一方面，中华民族伟大复兴必然伴随着文化的繁荣兴盛，伟大复兴具有深刻的文化底蕴和文化认同；另一方面，文化繁荣兴盛对于党和国家健康发展具有重要意义，它能为实现伟大复兴提供精神动力。

我们之所以判定中华民族伟大复兴是不可逆转的，一方面是基于我国强大的经济实力，另一方面是基于我国坚实的文化基础。具体而言，中华

---

① 习近平. 决胜全面建成小康社会 夺取新时代中国特色社会主义伟大胜利：在中国共产党第十九次全国代表大会上的报告. 人民日报，2017-10-28（1）.

民族伟大复兴的深厚文化底蕴，正体现在中国共产党艰辛探索中华文化发展道路的过程中。中国共产党自成立之初，就始终将文化建设当作奋斗实践的重要课题之一，全心全意为人民服务的根本宗旨构成了中国共产党人在实践过程中始终不变的价值追求。十月革命一声炮响，为中国送来了马克思列宁主义，实现马克思主义与中国优秀传统文化的有机结合是中国共产党的又一伟大创举，这对繁荣社会主义文化意义重大。在马克思主义中国化的过程中，源于西方文明的马克思主义不断被赋予鲜明的民族特色、时代特色；它立足中国国情，分析社会现状，解决现实问题。可以说，当代中国马克思主义作为我们实现中华民族伟大复兴的重要理论武器，就根植于中华文化的土壤中，其自身已经被深深地打上了中华文化的烙印。由中国共产党开启的改革开放伟大实践，为我们找到了一条适合自身文化发展的道路：改革开放既推动了中华文化发展振兴，也开创了中华民族伟大复兴的新时代。

　　文化是一个民族进步的灵魂，文化强国战略的提出，更加赋予了文化繁荣全新的历史意义，即它能为中华民族伟大复兴提供强大精神动力。文化问题始终是关乎中国革命和建设发展全局的重大问题，我们党在文化繁荣发展的实践中形成了一系列有关文化建设的规律性认识。一是在思想意识层面，充分认识到文化建设对于国家发展的重大意义，国家的强大离不开文化软实力的支撑，引领社会主义文化建设、繁荣发展社会主义文化，必定会对中华民族伟大复兴产生深刻影响。二是在文化价值诉求层面，始终坚持以人民为中心，尤其是在文化创造与文化创新过程中，尊重人民主体地位，发挥人民首创精神，在文化建设方面充分体现出人民对美好生活的向往。三是在文化实践层面，将社会主义现代化的文明新形态作为文化实践的落脚点，既要继承中华民族优秀传统文化，又要赋予它新的时代内涵。这就将中华优秀传统文化提升到了崭新的发展阶段，有力促进了民族文化的认同，为中华民族伟大复兴奠定了坚实的文化基础①。

　　文化繁荣与民族复兴之间存在重要关联，文化繁荣兴盛可以为中华民族伟大复兴的实现提供强大精神动力。

---

　　① 邹广文.中国共产党推动文化发展繁荣所形成的规律性认识.北京理工大学学报（社会科学版），2021，23（4）.

四、建成文化强国是实现伟大复兴的重要环节

党的十八大以来,文化建设作为社会主义现代化建设中的重要环节之一被纳入中国特色社会主义事业"五位一体"总体布局之中。中华民族伟大复兴的中国梦是同"五位一体"总体布局相适应的中国梦,其中必然包括中华民族在文化领域的复兴。2014年3月27日,习近平总书记在联合国教科文组织总部发表演讲时强调:"没有文明的继承和发展,没有文化的弘扬和繁荣,就没有中国梦的实现。"① 不难看出,文化强国战略不仅是对未来中国文化事业发展所做的重大战略部署,更着眼于中国的未来发展,为实现中华民族伟大复兴进行文化引领、提供精神支撑。建成社会主义文化强国,是实现中华民族伟大复兴的题中应有之义。

第一,建成社会主义文化强国为实现中华民族伟大复兴进行文化引领。中华民族共同体在深层次上是一个文化共同体,各民族的文化认同与价值持守是其核心凝聚方式。在文化强国的建设过程中,我们一方面继承和弘扬承载着中华民族共同记忆的中华民族优秀传统文化,另一方面与时俱进、开拓创新,密切关注时代发展新变化,赋予传统文化新时代发展的特征。文化河流生生不息,它从"过去"经"现在"流向"未来",它总是在传统与现代的张力中发展前行,为实现中华民族伟大复兴进行文化引领。第二,建成社会主义文化强国为中华民族实现伟大复兴提供精神支撑。习近平总书记指出:"一个民族的复兴需要强大的物质力量,也需要强大的精神力量。"② 回顾过去,依靠中国共产党的坚强领导,我国经济社会发展取得的伟大成就已经为实现中华民族伟大复兴奠定了良好的物质基础;在此基础上,文化强国的建设则持续地为我们提供文化自信,从而帮助我们在复兴之路上以强大的文化自信化解各种危机和挑战。第三,建成社会主义文化强国是实现中华民族伟大复兴的关键一步。经过百余年艰苦奋斗,中华民族实现了从站起来、富起来到强起来的伟大飞跃,迎来了实

---

① 中共中央文献研究室. 习近平关于社会主义文化建设论述摘编. 北京:中央文献出版社,2017:5.

② 同①7.

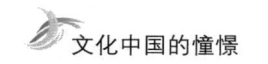

现伟大复兴的光明前景。站在建成社会主义文化强国的高度,要不断提高我国的文化软实力,进而增强我国综合国力,为实现伟大复兴提供强大的内生动力。

总之,要真正使我国的文化事业发展同中华民族伟大复兴的中国梦相对接,就必须继续坚持文化强国战略,这不仅关乎中华民族伟大复兴,而且关乎中国现代化发展的成败。我们必须着眼于这一战略发展,对建成社会主义文化强国保持清醒的认识。以新时代发展理念引领社会主义文化建设的伟大新实践,必将为实现中华民族伟大复兴贡献力量。

第五节 文化强国是世界文明图景的中坚力量

当今世界,人类步入了全球化的发展时代。全球化作为我们这个时代的基本生活图景,改变了从前不同民族之间、不同国家之间相互隔绝的状态,使每个民族、每个国家的发展都被纳入人类历史发展的洪流中,形成了彼此不可分割的发展局面。在这一发展过程中,世界各国不仅在政治和经济上相互影响、相互依存,而且在文化领域的发展也越来越相互影响。如今,全球文化交互激荡,不同民族、不同国家之间的文化交往越来越频繁,地球已然成为一个相互影响的文化村落。当今世界,文明的多样性构成了世界文明发展进步的显著特征之一,多种文明之间相互交流、融合甚至碰撞,世界文明发展呈现出多元一体的景象;与此同时,当代中国也在改革开放的大潮中自信地融入世界,积极参与到同世界各文明的对话当中。站在建成社会主义文化强国的高度,一方面,我们应当肩负起中华文明兼济天下的历史使命,不断扩大中华文化影响力、提升中华文化感召力,进一步维护构建世界文明的多元一体图景;另一方面,我们也要坚定文化自信,以高度的文化自信有效应对国际国内的各种挑战,为建成社会主义文化强国提供有力保障。

一、世界文明的多元一体图景

人类的现代化实践推动了全球文化的交流与沟通,文化多样性本身就构成了人类历史发展过程中的普遍特征之一。当文化发展到一定阶段时，就会产生一定的文明形态。倘若仔细加以区分，"文化"与"文明"这两个概念在具体内涵上是存在差异的。尽管目前对"文化"概念没有一个完全统一的定义，但大体上说，它指的是在人类自觉意识主导下的各种创造物的总和，它是人与自然相区别的重要表征之一。相较之下，"文明"概念的内容则小一些，它指的是在文化发展过程中形成的正价值成果或者说积极成果，它更多地指向价值层面。

从整体上看，世界文明的发展随着全球化进程的推进而呈现出多元一体的发展图景。具体说来，"多元"强调的是世界文明的多元生成性，各类文明之间存在多元化的表达范式，以此同一些西方国家所奉行的西方文明中心论相区别；"一体"表达的是一种和而不同的世界文明发展价值观，即尽管世界各国、各民族的文明成果带有各自的个性魅力，但它们依然可以在承认并尊重文明发展多样性的前提下平等对话、交流互鉴，从而推动形成世界文明一体化的格局。人类命运共同体理念的提出正契合了世界文明的多元一体图景这一世界文明发展现状，其中，"多元"是"一体"形成发展的基础，世界文明的多样性彰显出了人类文明的强大生命力，没有世界文明的多样性就没有人类未来走向和平发展的公共性价值表达；"一体"是"多元"的聚合目标，人类命运共同体表征着全人类命运休戚与共、携手发展并进的美好价值愿景，彰显了世界不同文明彼此交融、力量凝聚的可能性。正是在"多元"和"一体"相互依存、相互构建的过程中，世界文明才能不断书写着承载各国历史文明、包蕴时代精神以及面向未来人类发展的新篇章。

2017年12月1日，习近平总书记在中国共产党与世界政党高层对话会上指出："文明的繁盛、人类的进步，离不开求同存异、开放包容，离不开文明交流、互学互鉴。历史呼唤着人类文明同放异彩，不同文明应该和谐共生、相得益彰，共同为人类发展提供精神力量。"[①] 文明之间本无高下优劣之分，文明的繁荣发展离不开不同文明之间的平等交流，这是一个

---

① 习近平. 习近平谈治国理政：第3卷. 北京：外文出版社，2020：434.

不争的基本事实。然而，一些西方国家始终站在西方文明中心论的立场上，将西方文明视为世界文明发展的中心，认为西方文明高于世界上其他任何一种文明，以此打压除西方文明以外的各类文明。事实上，西方中心文明观并非始于今日，它对世界文明发展史产生的影响由来已久，该主张是在西方工业文明、资本逻辑主导之下形成的，它同资本主义全球扩张与经济掠夺的过程紧密关联在一起。回望历史，1492年哥伦布发现新大陆拉开了全球化的序幕，这就意味着人类文化实践由离散时空状态走向同步时空状态，人类发展呈现出共时性特征。但是，人类全球化时代的开启同样意味着资本主义的迅速扩张及其面向全世界进行殖民侵略的开始。资本主义在全球大张旗鼓地开拓市场的过程中，对世界秩序的影响是具有双重性质的。一方面，诚如马克思所说，资本主义的全球扩张进程带来了"历史向世界历史的转变"①，人类普遍交往逐步确立起来；但另一方面，这一进程并没有将世界发展带入公平正义、互利共赢的和平发展秩序中。时至今日，世界总体上仍然处于西方资本主义国家主导下的资本逻辑统治当中，而经济上的发展必然会在文化发展过程中有所反映，一些西方国家所倡导的文化一元主义和文化霸权主义依然严重阻碍了世界文明多元一体的发展进程。

在这样的世界文明发展结构和时代语境中，我们国家创造性地提出了构建"人类命运共同体"这一致力于维护世界和平的建设性方案。毋庸置疑，"人类命运共同体"理念的提出，展现出的是完全不同于旧全球化秩序的、全新的国际关系理念，并从全人类的高度为人类未来的发展制定了一个最高目标②。破除西方文明中心论、尊重世界多元文明史实、维护人类文明智慧成果，是世界文明传承和发展的必然要求。随着中国综合国力日益提升、在国际事务中扮演着越来越重要的角色，我们更加应当为构建全球化语境下的世界多元一体文明的新格局贡献力量，让人类在相互尊重、共享共赢的原则之下共同构建人类命运共同体。

---

① 马克思，恩格斯. 马克思恩格斯文集：第1卷. 北京：人民出版社，2009：541.
② 邹广文. 对人类命运共同体的文化哲学思考. 中国社会科学报，2019-05-30（3）.

二、中华文明的兼济天下使命

人类置身全球化时代，就必须确立全球化思维。当前，人类正处于大发展大变革大调整时期，习近平总书记在党的二十大报告中深入分析了国际形势并指明："当前，世界之变、时代之变、历史之变正以前所未有的方式展开。一方面，和平、发展、合作、共赢的历史潮流不可阻挡，人心所向、大势所趋决定了人类前途终归光明。另一方面，恃强凌弱、巧取豪夺、零和博弈等霸权霸道霸凌行径危害深重，和平赤字、发展赤字、安全赤字、治理赤字加重，人类社会面临前所未有的挑战。世界又一次站在历史的十字路口，何去何从取决于各国人民的抉择。"① 这是一个充满希望的世界，也是一个充满挑战的世界。在全新的历史发展背景下，没有任何一个国家能够仅仅依靠自己的力量单独面对各种挑战，也没有任何一个国家是一座自我封闭的孤岛。"人类命运共同体"这一理念正是基于世界百年未有之大变局的客观历史现实，创造性转化中华优秀传统文化与继承发展马克思主义所提出的中国方案，将对建立国际新秩序和全球治理做出巨大贡献②。这一理念不仅展现出了中国作为当代人类全球化发展的实践者和贡献者的良好形象，也体现出了中华文明兼济天下的历史使命。

"人类命运共同体"理念作为新时代中国特色社会主义基本方略的重要内容之一，是同深入思考"建设一个什么样的世界、如何建设这个世界"这一重要问题紧密联系在一起的。2012年11月，党的十八大提出"人类命运共同体"理念，以此倡导和平发展、共同发展。2013年3月，习近平总书记在莫斯科国际关系学院发表演讲时强调："这个世界，各国相互联系、相互依存的程度空前加深，人类生活在同一个地球村里，生活在历史和现实交汇的同一个时空里，越来越成为你中有我、我中有你的命运共同体。"③ 此后，习近平总书记多次在不同场合谈及"人类命运共同

---

① 习近平. 高举中国特色社会主义伟大旗帜 为全面建设社会主义现代化国家而团结奋斗：在中国共产党第二十次全国代表大会上的报告. 北京：人民出版社，2022：60.
② 邹广文. 对人类命运共同体的文化哲学思考. 中国社会科学报，2019-05-30（3）.
③ 习近平. 习近平谈治国理政. 北京：外文出版社，2014：272.

体"这一理念,这不仅充分展现出中国领导人的长远眼光、博大胸襟,也深刻体现出中国在维护世界和平与稳定方面的大国担当。面对各种全球性挑战,党的二十大报告更是真诚向世人高呼:"中国人民愿同世界人民携手开创人类更加美好的未来!"[①] 可以看出,建设人类命运共同体应当是全球一致的价值追求,是促进全人类共同发展进步的必然选择。

从中华文明自身发展特点的角度看,推动构建人类命运共同体,源自中华文明兼济天下的使命与担当。中华文明历史悠久、绵延不绝,始终不改的是它的"天下"情怀:无论是"亲仁善邻"(《左传·隐公六年》)、"协和万邦"(《尚书》)的中华文明处世之道,还是"四海之内皆兄弟"(《论语·颜渊》)的中华文明包容之心,抑或是"达则兼济天下"(《孟子·尽心上》)的中华文明历史担当,都充分凸显出中华文明自身内含的兼济天下文化基因。可以说,倡导人类命运共同体是对中华文明的重要延续,是对兼济天下的中华文明传统理念的进一步发扬。不同于西方社会中一元观念主导下的"普世价值观",中华文明更强调"和而不同""多元一体"的世界文明发展观,即世界不同文明应当以一种相互尊重、包容互鉴的姿态进行交流对话,充分尊重不同文明之间的差异,在保持自身文明发展特点的同时吸收其他文明中有利于自身发展的部分。

进入新时代,中国依然致力于推动构建人类命运共同体,这不仅关乎中国人民的福祉,而且还同全世界各国人民的福祉密切相关。正如党的十九大报告所指出的:"中国人民的梦想同各国人民的梦想息息相通,实现中国梦离不开和平的国际环境和稳定的国际秩序。"[②] 实现中华民族伟大复兴的中国梦,不仅是对中华文明兼济天下的发展使命的继承,也可以使"人类命运共同体"理念得到进一步发扬光大。

三、以坚定的文化自信建设文化强国

文化作为熔铸在一个民族、一个国家生命中最基本、最深沉、最持久

---

① 习近平. 高举中国特色社会主义伟大旗帜 为全面建设社会主义现代化国家而团结奋斗:在中国共产党第二十次全国代表大会上的报告. 北京:人民出版社,2022:63.

② 习近平. 决胜全面建成小康社会 夺取新时代中国特色社会主义伟大胜利:在中国共产党第十九次全国代表大会上的报告. 人民日报,2017-10-28(1).

的力量，不但是一个民族、一个国家区别于其他民族、其他国家最鲜明的特质，而且是评判一个民族、一个国家在全球化加速进程中走向强大的重要标尺。习近平总书记在党的十九大报告中指出："没有高度的文化自信，没有文化的繁荣兴盛，就没有中华民族伟大复兴。要坚持中国特色社会主义文化发展道路，激发全民族文化创新创造活力，建设社会主义文化强国。"① 文化自信不仅是中华民族对本民族文化发展成果的自觉认同，也是对本民族文化未来发展方向的积极肯定，更是对民族文化振兴、社会主义文化繁荣兴盛以及建成社会主义文化强国的价值期许。以坚定的文化自信推动社会主义文化大发展大繁荣，为我国建成社会主义文化强国提供了内在精神动力，也是助推中华民族伟大复兴的必然选择。

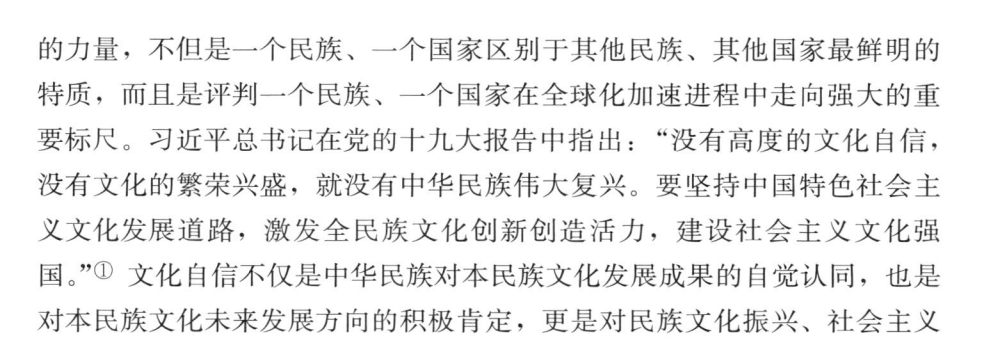

在建成社会主义文化强国的过程中，文化自信既是一种发展理念，又是一种指导思想。

首先，要对民族传统文化充满自信。中华民族优秀传统文化是本民族文化得以繁荣兴盛的根基，也是我们国家最深厚的文化软实力。文化自信的前提是时刻不忘"我们从哪里来"，中华民族传统文化就是我们的"本"，是我们文化生命的源头活水；不忘本来才能开辟未来，对中华文化充满自信才能更好地继承创新。

其次，要对中国现实发展道路充满自信。2016年7月1日，在庆祝中国共产党成立95周年大会上，习近平总书记明确提出了中国共产党人要坚持"四个自信"，即"坚持中国特色社会主义道路自信、理论自信、制度自信、文化自信"②。就文化自信之于其他三个自信的关系方面，"文化自信，是更基础、更广泛、更深厚的自信"③。文化自信内在于道路自信当中，坚持文化自信就是对中国现实发展道路充满信心。

最后，要对中华文化未来发展前景充满自信。任何一个民族的发展，总是在本民族文化传统当中汲取能量、观照当下并展望未来的。立足于建成社会主义文化强国的战略目标，更为重要的就是坚定对中华文化未来发

---

① 习近平．决胜全面建成小康社会 夺取新时代中国特色社会主义伟大胜利：在中国共产党第十九次全国代表大会上的报告．人民日报，2017-10-28（1）．

②③ 习近平．在庆祝中国共产党成立95周年大会上的讲话．人民日报，2016-07-02（2）．

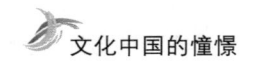

展前景的信心，坚信中华文化在世界文化中的独特价值。增强文化自信，要求我们找准中华文化未来发展方向，努力向全世界展示中华文化的独特魅力。

今天，我们要把对民族文化的自信自觉熔铸于中国经济发展、社会进步和民族振兴的每一个历程，通过具体的文化活动、文化实践来张扬和展现文化自信[1]。增强文化自信，建成社会主义文化强国，需要重点处理好以下三个问题。在宏观层面上，需要准确把握中国文化建设的历史定位。在世界文明多元一体的发展图景下思考我国的文化建设问题，首先应当以开放包容的心态同各种外来文化平等对话，恪守"和而不同"的文化发展原则。既不一味固守传统文化，也不全盘吸收外来文化，在交流互鉴中找准本国文化发展路径。在中观层面上，需要加强我国文化同世界其他文化的交流，进一步提升中华文化感召力。在全球化的背景下，我们更应当在世界文化交流过程中分享中国经验、贡献中国智慧，让世界更好地看到中华文化的独特魅力。此外，我们有必要推动中华文化在国际舞台上的传播，充分展示我们可以同世界其他文化彼此交流的文化资本。在微观层面上，文化自信在实践中最终指向人的塑造。文化自信的最根本的标志，就是每个中国人在走向世界中充满自信，从内心深处树立起对中华文化的认同感和自豪感，并不断激活自我的积极性和创造力，更为自觉地以不懈努力去砥砺自我、改造现实、实现理想[2]。文化与人的亲缘性关系就体现为，人是文化的存在，人的介入是文化得以生成的重要前提；反过来说，文化也创造人，人不断地在文化生成过程中成为人。

在世界文明多元一体的大背景之下，我们应当自觉肩负起中华文明兼济天下的历史使命，坚持构建人类命运共同体，以积极的文化自信实施文化强国战略，使文化强国成为世界文明图景的中坚力量。

本书围绕以下内容展开：第一章是总论部分，点明文化强国建设是历史与时代的双重呼唤；第二章至第四章则对建成社会主义文化强国的合理性展开论证，具体包括建成社会主义文化强国的理论逻辑、现实基础和文

---

[1][2] 邹广文.文化自觉与文化自信：全球化时代文化软实力建构路径.人民论坛，2014(24).

化资源；第五章至第七章对建成社会主义文化强国的特点进行逐一说明，内容涵盖建成社会主义文化强国的价值原则、战略布局及评估指标体系；第八章主要涉及建成社会主义文化强国的实践路径，即具体的实现方式；第九章和第十章重点论述建成社会主义文化强国的重要意义，从实践上说，它是助推新时代的现代化实践，从理论上说，它具有重要的文明史意义。

第二章 建成社会主义文化强国的理论逻辑

建成社会主义文化强国是在历史、时代与世界交互影响的立体坐标中生成的实践目标与发展战略,也是在中国特色社会主义现代化实现历史性发展、把握时代化机遇、推动世界性文明发展的伟大实践中形成的具有科学性和必然性的理论逻辑。从历史唯物主义关于物质基础与文化精神、社会存在与社会意识的辩证关系出发,建成社会主义文化强国的理论与实践体现了文化对社会生产发展的能动性作用、中华优秀传统文化因应时代变化的现代性发展、社会主义文化符合人类社会历史发展规律的超越性价值。因此,文化的社会历史性、中华文化的时代性和社会主义文化的超越性,从文化的一般性到具体文化的特殊性、从中国的文化现代性到世界性的社会主义文化超越性,构成了建成社会主义文化强国的理论依据与发展逻辑,成为探讨建成社会主义文化强国丰富内涵和本质特征的理解框架和逻辑依据。

建成社会主义文化强国的理论逻辑是理解建成社会主义文化强国基本内涵和本质特征的基本框架与逻辑依据,在历史、时代与世界的立体坐标与宏大叙事结构中生成了社会主义文化强国的中国特色和创造人类文明新形态的独特贡献。在建成社会主义文化强国的基本内涵方面,从科学性、时代性、人民性和世界性的四重维度揭示了文化强国战略的根本指导思想、客观规律、人民立场和世界性关怀。它凸显了社会主义文化强国的中国特色，即发挥文化整体性、展示社会主义先进性、彰显主体创造性和构建世界性文明。建成社会主义文化强国的理论逻辑通过基本内涵和本质特征得到更为具体的说明和阐释，构成了理论、历史与实践的内在逻辑性统一。

第一节　建成社会主义文化强国的理论逻辑

人类文明历经长期传承发展，物质基础与文化精神、社会存在与社会意识的相互作用构成了社会历史发展的重要推动力。尤其是随着物质生产水平发展至愈发丰富的阶段，文化精神的发展就愈发成为影响整体社会文明发展的更基本、更深沉、更持久的力量。习近平总书记在党的十九大报告中指出："文化是一个国家、一个民族的灵魂。文化兴国运兴，文化强民族强。"[①] 随着生产力的不断解放和发展，中国成为世界第二大经济实体，建成与经济大国相匹配的文化强国就成为全面建成社会主义现代化国家的必然要求。"围绕举旗帜、聚民心、育新人、兴文化、展形象建设社会主义文化强国"[②]，成为实现中华民族伟大复兴新征程的历史必然性选择。

历史唯物主义揭示了社会历史发展中的文化的一般性、文化的现代性与文化的超越性三个重要功能。文化的一般性体现在文化对国家、民族的发展发挥着重要的能动性作用，这是各种文化均具有的文化动能；文化的现代性体现在世界处于百年未有之大变局，全球性的现代化大潮推动了中华优秀传统文化与革命文化、社会主义先进文化相结合，实现中华文化的现代性发展；同时，历史唯物主义基于人类社会历史发展规律揭示了社会主义文化的超越性，在共建全人类共同价值和未来文明发展的高度上体现

---

① 习近平. 决胜全面建成小康社会 夺取新时代中国特色社会主义伟大胜利：在中国共产党第十九次全国代表大会上的报告. 人民日报，2017-10-28（1）.
② 习近平. 高举中国特色社会主义伟大旗帜 为全面建设社会主义现代化国家而团结奋斗：在中国共产党第二十次全国代表大会上的报告. 北京：人民出版社，2022：43.

了文化的民族性与世界性的统一。因此，建成社会主义文化强国的理论逻辑既体现了文化的一般性功能，即建成社会主义文化强国以推动全面建成社会主义现代化强国；也体现了具体文化在一定社会历史条件下的现代性功能，即推动中华文化的历史性发展与现代性转变；更为重要的是凸显了社会主义文化追求全人类共同价值的超越性与文明贡献。文化的能动性、中华文化的现代性与社会主义文化的超越性构成了建成社会主义文化强国的逻辑理路。

一、文化的能动性推动：文化是社会发展与历史创造的既定条件

历史唯物主义揭示了文化的一般性功能，即作为物质生产活动产物的文化能够对社会发展起到能动性的推动作用，文化是社会发展与历史创造的既定条件。各个民族国家的文化在一定社会历史条件下能对社会发展起到重要的能动性作用，在全面建设社会主义现代化国家的历史新阶段更要发挥文化对社会发展和历史创造的能动性作用，在建成社会主义文化强国的基础上全面建成社会主义现代化强国。习近平总书记立足于悠久的中华民族历史深刻地指出文化对中华民族生存和发展的重要影响："为什么中华民族能够在几千年的历史长河中顽强生存和不断发展呢？很重要的一个原因，是我们民族有一脉相承的精神追求、精神特质、精神脉络。"[①] 中华优秀传统文化历经5 000多年的历史传承，在近代以来的百年奋斗与实践中积淀了宝贵的革命文化与社会主义先进文化，为实现中华民族伟大复兴的历史创造提供了丰富的文化积淀，是实现第二个百年新征程战略目标的现实的、既定的重要资源与发展条件。

历史与现实的经验表明，既定的文化积淀是人类社会发展和历史创造的重要条件，人类社会的发展进步离不开既定的文化积淀。历史唯物主义揭示了人类社会的发展创造是基于一定的历史积累才能实现的，即"人们自己创造自己的历史，但是他们并不是随心所欲地创造，并不是在他们自己选定的条件下创造，而是在直接碰到的、既定的、从过去承继下来的条

---

① 习近平. 习近平谈治国理政. 北京：外文出版社，2014：181.

件下创造"①。文化就是人类社会发展创造的历史资源和既定条件，中华文化蕴含的优秀传统文化、革命文化和社会主义先进文化构成了社会主义现代化建设的精神动力与价值引领，是建成中国特色社会主义现代化强国的文化渊源与现实条件。中华文化丰富的历史积淀与理论资源是建成社会主义文化强国的既定条件和实现这一目标的重要保证，也是在现代化与全球化浪潮中避免狭隘的文化中心主义和非理性的历史虚无主义的文化自觉。继承和发展中华民族丰富的文化资源是发挥文化能动性的理论与实践要求，是为建成社会主义文化强国凝聚中华民族共同体的文化认同，更是为了提升全社会的文明程度、提升全民族的创新创造活力，"增强实现中华民族伟大复兴的精神力量"②。因此，在中国特色社会主义现代化建设的历史进程中，我们更要充分发挥中华民族的精神特质、文化资源与价值主张的社会能动性作用，以文化自信为前提、以文化创新为动力、以建成社会主义文化强国为目标，建成与社会主义经济强国地位相匹配的社会主义文化强国，推动物质文明与精神文明的共同发展。

文化的能动性力量是社会发展不可忽视的"软实力"和精神推动力。辩证唯物主义揭示了社会意识对社会存在的反作用：一方面，"物质生活的生产方式制约着整个社会生活、政治生活和精神生活的过程。……是人们的社会存在决定人们的意识"③。另一方面，表现为社会意识的文化作为历史性生成的精神与意识，"就能够对它的环境，甚至对产生它的原因发生反作用"④。社会存在与社会意识是相互依存、相互影响的辩证关系，一方面，物质生产方式的发展变化是形成独特精神文化力量的客观基础，另一方面，文化精神通过社会规范、礼仪典籍、语言韵律、风土民俗等不同形式实现传承、发展和创新。文化的能动性不是即时的、瞬间的反作用，而是在文化的生成与消亡、去粗取精与去伪存真、积淀与传承的漫长社会历史进程中才得以形成，并融入了社会生活的方方面面之中，其中最为基

---

① 马克思，恩格斯．马克思恩格斯文集：第 2 卷．北京：人民出版社，2009：470-471.
② 习近平．高举中国特色社会主义伟大旗帜 为全面建设社会主义现代化国家而团结奋斗：在中国共产党第二十次全国代表大会上的报告．北京：人民出版社，2022：43.
③ 同①591.
④ 马克思，恩格斯．马克思恩格斯文集：第 10 卷．北京：人民出版社，2009：659.

文化中国的憧憬

本的、深沉的、持久的文化观念构成了人们的世界观、人生观、价值观，潜移默化地影响着人们的思维方式与行为方式，从而成为相对于物质存在的、具有一定独立性的文化存在和社会发展的"软实力"。人类文明的历次工业技术革命体现了现代物质生产水平的快速发展与突破进步，然而文化存在的发展变化速度却相对滞后于物质存在的发展变化，物质文明与精神文明发展的不同步更会给社会发展带来精神危机、道德滑坡、创新力不足的社会发展性问题。西方资本主义现代化的实践经验，特别是后发现代化国家的现实教训说明了只重视经济的高速发展而忽视文化精神引导与社会核心价值培育会导致社会发展陷入"中等收入陷阱"，尤其是追逐物质利益的个人主义意识会带来社会精神危机与丧失社会发展活力，更会将追逐高速经济发展的代价转移到对自然生态环境的破坏上。因此，中国特色社会主义现代化建设既要发展强大的物质力量，更需要培育强大的精神力量，打造与经济大国、制造大国相匹配的文化大国、创新大国，使文化精神力量成为推动经济、政治、社会、生态发展的"软实力"和精神推动力。

发挥积极能动的文化力量必然要求实现建成社会主义文化强国战略。习近平总书记对文化的积极能动性力量做了深刻表述，他强调，"没有先进文化的积极引领，没有人民精神世界的极大丰富，没有民族精神力量的不断增强，一个国家、一个民族不可能屹立于世界民族之林"[①]。中华民族的伟大复兴需要有强大的物质基础和强大的精神文化力量，尤其是在当今世界国际竞争愈发重视文化软实力、科技竞争激烈的大形势之下，推动中华文化的繁荣兴盛是全面建设社会主义现代化国家的必然要求、是历史与时代推动下的必然选择。中华民族自近代以来的奋斗与实践，充分说明了物质力量与精神力量的共同发展是中华民族站起来、富起来和强起来的硬实力和软实力；在社会历史发展的新阶段，凝聚各族人民的文化精神力量更是国运兴、民族强的重要推动力。

当前，中国处于并仍将长期处于社会主义初级阶段的基本国情决定了我们要大力发展和提高社会生产力，而不断提升国家综合实力和国际竞争

---

① 习近平. 在文艺工作座谈会上的讲话. 人民日报，2015-10-15（2）.

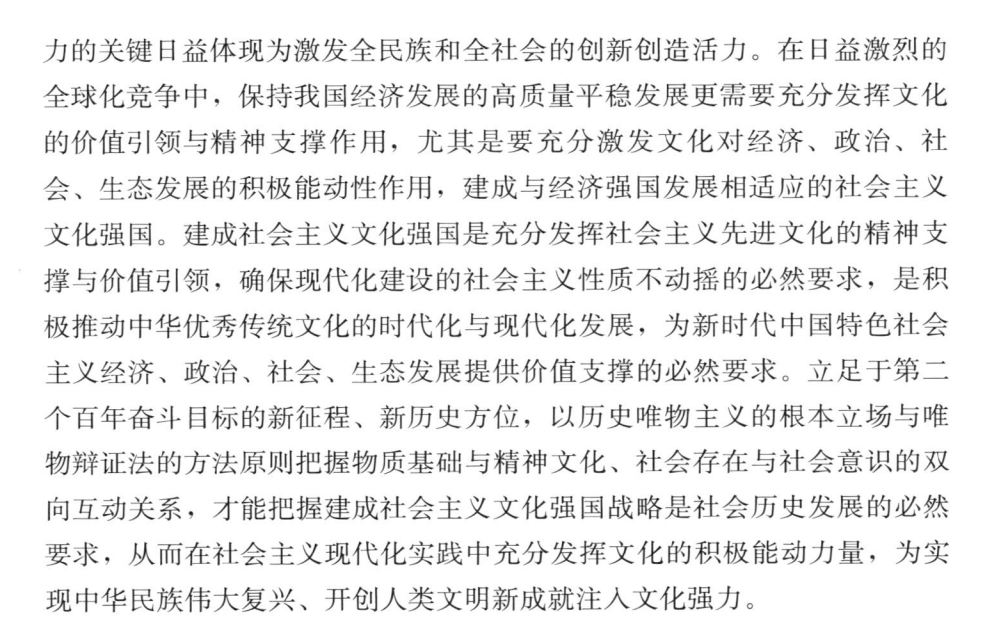

力的关键日益体现为激发全民族和全社会的创新创造活力。在日益激烈的全球化竞争中,保持我国经济发展的高质量平稳发展更需要充分发挥文化的价值引领与精神支撑作用,尤其是要充分激发文化对经济、政治、社会、生态发展的积极能动性作用,建成与经济强国发展相适应的社会主义文化强国。建成社会主义文化强国是充分发挥社会主义先进文化的精神支撑与价值引领,确保现代化建设的社会主义性质不动摇的必然要求,是积极推动中华优秀传统文化的时代化与现代化发展,为新时代中国特色社会主义经济、政治、社会、生态发展提供价值支撑的必然要求。立足于第二个百年奋斗目标的新征程、新历史方位,以历史唯物主义的根本立场与唯物辩证法的方法原则把握物质基础与精神文化、社会存在与社会意识的双向互动关系,才能把握建成社会主义文化强国战略是社会历史发展的必然要求,从而在社会主义现代化实践中充分发挥文化的积极能动力量,为实现中华民族伟大复兴、开创人类文明新成就注入文化强力。

二、文化的现代性转变:中华文化立足时代的自觉自信

世界各民族文化作为有生命力的有机体,在共性方面具有文化一般性维度,在特殊性方面则是在特定历史条件下各个文化生成和发展为理解时代精神与推动现代化实践的文化现代性维度。历史唯物主义揭示了在一定社会历史条件下社会意识对社会存在的能动性作用,这就意味着充分发挥文化的积极能动性离不开特定的历史条件与时代机遇,尤其是人类文明进入现代化之后更离不开现代性的存在发展境遇。中华文化的时代化、现代化同样离不开现代性的探索发展,并且只有充分立足于历史与时代的发展大局实现文化的现代性发展,才能使中华文化成为把握时代发展主题的文化自觉与文化自信力量。近代中国由于深陷内忧外患与民族存亡危机而错失了世界工业技术革命的历史机遇,晚于西方两百多年才开始艰难的现代化道路探索,现代性转变也成为中华文化生存和发展的历史性选择与时代性课题。因此,在全面建成社会主义现代化强国的发展道路上必须积极探索中华文化的现代性转变,以社会主义文化强国的时代化和现代化精神面貌展示中华文化的历史创造力与时代生命力,以文化的自觉自信为实现中

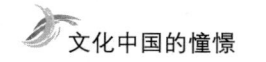

华民族伟大复兴的战略目标注入强有力的文化精神动力。

现代性是展开现代化事业的历史性存在境遇,其应有的文化现代性转变在理论逻辑与实践主张中必然提出建成社会主义文化强国战略与发展任务。文化的现代性转变是传统民族国家在世界现代化浪潮中的必然遭遇,因为物质生产生活实践的现代化发展必然要求各民族文化基于现代化的历史条件实现新的历史性转变,尤其是西方各发达资本主义国家先行实现了现代化之后更为非西方的民族国家现代化带来了更多共时性的物质现代化与文化现代性的挑战。马克思、恩格斯在对现代世界历史的考察中深刻地指出,"资产阶级,由于开拓了世界市场,使一切国家的生产和消费都成为世界性的了……物质的生产是如此,精神的生产也是如此。各民族的精神产品成了公共的财产。民族的片面性和局限性日益成为不可能,于是由许多种民族的和地方的文学形成了一种世界的文学。"① 由于世界性的生产与交换的日益频繁,物质生产生活的现代化必然要求精神文化实现现代性转变,一方面人类文化要经历从古代传统向现代精神的巨大转变,以全新的历史观、时间观和世界观看待世界性的物质生产和精神生产;另一方面不同民族国家的现代化道路和发展进程具有差异性,应当立足于具体的国情和文化特色,从深厚的优秀传统文化中推动本民族文化的时代化与现代化发展,坚决不能脱离中国发展的社会历史条件而照搬照抄西方现代化的发展道路和西方现代性精神文化。从延续发展各民族文化的有机生命力而言,文化的现代性转变是对继承优秀传统与推进社会变革的深刻自觉;从实现中国特色社会主义现代化的实践目标而言,文化的现代性转变更是抓住时代机遇、实现中华文化现代化发展创新的历史自信与文化自信。

中华文化的现代性转变不仅是为了因应时代发展大局的外部推动,更是源于中华民族文化基因中的创新创造品格的根本驱动。马克思主义的世界历史观已经揭示了现代性转变是各民族文化的共同的必然性选择,而文化的现代性转变则必须深入文化生命有机体之中探寻具体的、现实的内生

---

① 马克思,恩格斯.马克思恩格斯文集:第2卷.北京:人民出版社,2009:35.

动力。中华文化是具有强烈的历史自觉和文化自觉的文化,在历史与时代洪流的磨砺中生发出艰苦奋斗、独立自主、改革创新的精神品格,为中华民族的生生不息和文化的创新发展提供了强大的精神动力。中华文化的历史自觉与文化自觉的精神品格在社会发展的关键时刻是维系中华民族存续发展的精神力量,中华民族在殖民列强的炮火轰击和遭遇民族生死存亡的危急时刻,在中国共产党领导下取得了新民主主义革命胜利,走过社会主义革命和建设时期,改革开放和社会主义现代化建设新时期,进入中国特色社会主义新时代,使中华民族文化始终能立足时代、发展创新。中华文化的自觉自信更体现了因应时代发展潮流的文化现代性转变,体现了在开辟中国式现代化道路的征程中主动把握时代发展潮流、探索中华文化的社会历史性转变,体现了中华文化在世界文化激荡中把握时代之精神、回应时代之挑战的文化自觉和文化自信。习近平总书记指出:"文化是民族生存和发展的重要力量。人类社会每一次跃进,人类文明每一次升华,无不伴随着文化的历史性进步。"① 中华文化从农业文明时代的传统文化转向工业科技文明时代的现代性文化,形成了中华优秀传统文化、革命文化与社会主义先进文化的三大文化资源,体现了中华文化内生性的文化自觉,更是中华文化应对时代机遇与挑战的积极现代性转变。

中华文化的现代性转变必须深入中国与世界命运与共的历史关联,把握文化现代性转变的历史必然性与时代必然性。从时间上考察中华民族现代化探索的最初尝试,中华文化的现代性转变是在"西力东渐""中西交互"的民族自强与文化冲击的历史性遭遇中生成发展的。一方面,西方列强的殖民入侵和经济掠夺,使中华民族到了生死存亡的关键时刻,实现中华民族独立自主和中华文化的现代性转变是历史的必然性选择和时代使命。另一方面,西方现代化成就与西方文化思潮使近代中国处于文化转型发展的焦虑与紧张,既需要应对西方列强的侵略,进行强有力的回击以维护民族独立发展,又需要立足于新时代的发展格局重新认识中国与世界相互关联、命运与共的人类命运共同体关系,探讨时代发展大变局与全面实

---

① 习近平. 在文艺工作座谈会上的讲话. 人民日报,2015-10-15(2).

现社会主义现代化发展目标的时代关联与实现路径。因此，推动中华文化的现代性转变，建成与社会主义现代化实践相适应的社会主义文化，为全面实现中华民族伟大复兴中国梦注入积极的精神推动力，必然要求实现建成社会主义文化强国战略，从而更好地实现中华民族的时代任务与历史使命。

中华文化的现代性转变既是推动中国改革发展的现代化课题，更是中国主动应对世界格局发展变化的国际化挑战的必然选择。随着现代国际关系格局的演变，中国已然处于百年未有之大变局的时代潮流之中，应对国内改革发展与世界潮流演变是文化的现代性的双重任务与挑战，更要充分发挥中华文化现代性的历史创造力与时代生命力。"历史和现实都证明，中华民族有着强大的文化创造力。每到重大历史关头，文化都能感国运之变化、立时代之潮头、发时代之先声，为亿万人民、为伟大祖国鼓与呼。"① 把握时代发展趋势是文化对时代的自觉反思，抓住时代机遇、实现中华民族伟大复兴是文化对历史发展的科学判断和坚定自信。随着西方现代化道路、西方现代性文化日益暴露出历史局限性与文明悖论性，在鼓吹"西方中心论""西方优越论"的长久国际秩序格局中，形成了对后发的发展中国家的经济压制和文化霸权，将现代世界划分为不同核心集团，将不同文明的冲突视为现代世界的最大挑战。面对世界上的文化发展冲突与挑战，中华文化不同于将文化差异性绝对化的西方现代性主张，主张文化的多元性与交流对话，提出了既符合时代发展一般性规律，又体现不同文化的历史特殊性的人类文明新形态的新范式、新实践，展现了负责任大国的世界担当与人类关怀。因此，中华文化的现代性转变必然要求在国内和国际展示社会主义文化强国的时代使命与世界担当，主动应对世界百年未有之大变局，使中国始终屹立于世界民族之林，从而为维护人类文明的多样性贡献中国精神与中国智慧的强国力量。

中华文化的现代性转变最终要落实到主体性的创新创造实践之中，要在建成社会主义文化强国的历史性实践中逐步展开。中华文化的现代性转变是来自历史与时代的双重课题，是基于中华民族的历史主体性对社会存

---

① 习近平. 在文艺工作座谈会上的讲话. 人民日报，2015-10-15 (2).

在与社会意识的双重创造性转变要求。从物质基础到文化精神的创造性转变是基于中华民族的主体性实践活动，正是有了中华民族的物质生产生活方式的发展创造才有了中华文化的精神动力、价值主张、观念意识的传承发展，因此物质生产层面的现代化发展必然要求精神文化生产主动自觉地创造性发展，在现代化实践中建成与社会主义经济强国相匹配、相适应、相互推动的社会主义文化强国，为实现全面建成社会主义现代化强国的伟大实践打下坚实的基础。

在中华文化的现代性转变与探索的理论与实践进程中，既要保持中华文化的历史自信与文化自信的积极态度，又要充分运用文化的反思与批判的辩证法则。中华文化的现代性转变是以历史唯物主义的观点和方法为指导，尤其重视在具体实践中把握物质与文化、优秀传统文化与现代文化、中华文化与世界上其他优秀文化之间的辩证关系，不断推动中华文化的自我认识、自我革新与自我实现的现代性转变。以历史唯物主义的方法原则考察中华文化的现代性转变，要注意以下两点：一方面，要对中华文化现代性转变的国际国内环境有客观全面的动态认识。尽管中国在物质层面的发展水平已经取得了世界瞩目的成就，但是在文化层面仍然存在传统与现代、国内与国际不同意识形态对立等文化挑战。我们应当加强中华文化现代性转变的主动性与积极性，推动中华优秀传统文化与马克思主义理论相结合，在不断深化的国际经济技术合作与竞争中推进不同文化、不同意识形态的对话、交流与合作。另一方面，中华文化现代性转变具有源源不绝的发展动力，包括对优秀传统文化的继承和发展、对时代精神的总结和升华、对一切人类文明优秀成果的参考和借鉴，从而自主开创了社会主义文化强国的发展道路，展现了中华文化的生命力和创造力，形成了立足时代、放眼世界的道路自信、理论自信、制度自信、文化自信。

中华文化的现代性转变是基于历史唯物主义视角对时代发展的思考与回应、对传统的传承与创新、对人类文明的继承和发展。中华文化的现代性转变从理论上为建成社会主义文化强国提供了实践指导，即"传承中华文化，绝不是简单复古，也不是盲目排外，而是古为今用、洋为中用、辩证取舍、推陈出新，摒弃消极因素，继承积极思想，'以古人之规矩，开

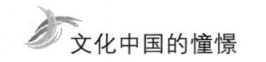

自己之生面',实现中华文化的创造性转化和创新性发展"①。

三、文化的超越性价值：社会主义先进文化是民族性与世界性的统一

历史唯物主义不仅揭示了文化在社会历史进程中的能动性功能与现代性转变，更立足于人类社会历史发展规律揭示了社会主义文化的先进性、科学性与超越性价值，为建成社会主义文化强国提供了既立足于本民族又立足于世界的理论视野与根本指导。社会主义先进文化能够超越资本主义制度的历史局限性，为中华文明的赓续发展提供科学理论指导；同时，社会主义先进文化将民族的发展进步与人类文明的发展进步相结合，追求民族性与世界性的价值统一。因此，社会主义文化的超越性的理论目标与实践旨归，必然要求建成社会主义文化强国，从而将文化的能动性、中华文化的现代性与社会主义文化的超越性融入人类社会历史发展规律之中，将中华民族的前途命运与世界人民的前途命运相结合，创造人类文明面向未来的现实道路与实践方案。

历史唯物主义对人类社会历史发展客观规律的把握和判断，必然形成建成社会主义文化强国的阶段性目标，从而将社会主义文化的理论优越性与历史进步性展开为现实的、具体的实践活动。历史唯物主义揭示了资本主义制度的文明贡献和历史局限性，社会主义文化在化解现代化的历史危机、指引人类文明未来发展新方向的意义上具有文化的超越性，从而揭示了资本主义必然灭亡和共产主义必然胜利的人类社会历史发展客观规律。马克思和恩格斯客观地评价了资本主义生产方式带来的历史性变革与文明进步性意义，它一方面推翻了封建君主的统治，打破封建制度的人身依附的剥削关系，使广大农奴成为人身自由的劳动力；另一方面创造了巨大的生产力，推动了人类社会的工业化与城市化进程，开辟了世界市场。资本主义制度在物质方面取得了巨大的成就，资产阶级"在它的不到一百年的阶级统治中所创造的生产力，比过去一切世代创造的全部生产力还要多，还要大……仿佛用法术从地下呼唤出来的大量人口——过去哪一个世纪料

---

① 习近平.在文艺工作座谈会上的讲话.人民日报，2015-10-15(2).

想到在社会劳动里蕴藏有这样的生产力呢?"① 与此同时，资本主义制度在城市扩张、全球扩张中也逐渐暴露了其历史局限性的矛盾与弊端，尤其是资本主义的全球扩张建立起发达资本主义国家剥削压迫不发达国家和地区的权力支配体系，"资产阶级使农村屈服于城市的统治。它创立了巨大的城市，使城市人口比农村人口大大增加起来，因而使很大一部分居民脱离了农村生活的愚昧状态"②，建立起农村从属于城市、未工业化的民族国家从属于西方工业化大国、东方从属于西方的现代性世界格局。马克思和恩格斯指出，在资本主义还没有完全显示其全部生产力时仍然会通过不断自我改良保持其经济与文化的支配力和影响，发达的资本主义国家在经济、军事和文化的支配性力量依然占据着现代世界格局的主要地位；同时，现代世界也无法避免资本主义全球市场经济的周期性经济危机、日益严重的贫富分化的社会危机、民粹主义频发的政治危机、过渡攫取自然资源的生态危机。历史上面对资本主义全球扩张带来的殖民侵略和战争危机，中华民族选择了马克思主义理论作为革命与建设的理论武器与实践指南，改变了中国的半殖民地半封建社会性质，通过社会主义革命和建设使古老的中华文明焕发了现代生机；在自主的现代化探索中选择和建立了超越资本主义制度的社会主义制度，在革命和建设中发展出革命文化精神与伟大的改革开放的时代精神，在理论、制度、实践中发展起具有超越资本主义历史局限性、指向人类文明未来性的社会主义先进文化。

　　社会主义先进文化的超越性价值与中国优秀传统文化在推动人类文明发展方面具有共同的价值诉求，并以历史唯物主义的科学方法论指导中华文化的时代化与现代化发展，体现了建成社会主义文化强国战略在民族性与世界性的价值统一。社会主义先进文化既是对资本主义制度的批判性超越，更与中华优秀传统文化注重以人为本、追求"天下大同"的理想追求相契合，同时也为中华优秀传统文化的创造性发展与时代性转变提供了科学方法论的指导，是中国特色社会主义现代化实践的根本方向保证与理论优势。因此，社会主义先进文化的超越性为建成社会主义文化强国战略提

---

①② 马克思，恩格斯．马克思恩格斯文集：第 2 卷．北京：人民出版社，2009：36．

供了科学方法指导与时代价值引领,一方面,社会主义先进文化在中国大地的生根发芽并不是无源之水、无本之木,而是马克思主义的科学理论与中国的历史条件、现实国情相结合,在文化价值诉求方面与中国优秀传统文化的"天下大同""美美与共"的道德理想相契合,在文化现代性方面与时代发展主流、现代社会发展需求相适应,为建成社会主义文化强国提供了科学理论指导;另一方面,社会主义先进文化的超越性价值体现为全国各族人民共同追求中华民族伟大复兴的中国梦和改革创新的时代精神,体现为将中华民族伟大复兴与人类文明发展相结合,使建成社会主义文化强国成为全面建成社会主义现代化强国和推动人类文明发展进步的重要环节,实现了历史唯物主义立场上的民族性与世界性的价值统一。

社会主义先进性文化是集民族性与世界性于一体的科学理论,建成社会主义文化强国战略具有国内与国际的双重影响。社会主义先进文化的民族性与世界性的理论视野,为广大发展中国家自主探索现代化道路和文化现代性转变提供了可借鉴的科学理论与指导。因此,建成社会主义文化强国战略既是社会主义制度优越性和社会主义先进文化理论先进性的必然要求与根本体现,更能为广大的后发国家提供有效的参考借鉴。一方面,社会主义先进文化的科学理论指导有助于后发的民族国家在世界发展大流中实现独立自主发展,尤其是建成社会主义文化强国可为广大发展中国家激发文化的能动性作用、实现文化的现代性转变提供重要的参考借鉴;另一方面,随着全球化的深入发展,各民族国家都是深深嵌入世界格局之中的人类命运共同体的成员,世界格局的发展变化与各民族国家地区切身利益密切相关,中国始终倡导经济强国的责任与担当、倡导人类命运共同体的价值主张,建成社会主义文化强国共建有利于构建人类命运共同体与国际秩序新格局。社会主义先进文化的民族性与世界性理论视野是建成社会主义文化强国的重要理论依据与发展指南,更预示了中华文明与世界各国文明共同发展进步的未来前景,"要推动中华文明创造性转化、创新性发展,激活其生命力,让中华文明同各国人民创造的多彩文明一道,为人类提供正确精神指引"①。

社会主义先进文化的超越性价值体现了民族文化精神与人类文明发展目标的有机统一，从理论逻辑上决定了社会主义文化强国战略具有超出狭隘民族主义与文化霸权主义的价值诉求。一方面，建成社会主义文化强国战略体现了社会主义先进文化对人类社会历史发展规律的价值肯定和自觉实践，以满足人民对美好生活的愿望、实现人的自由全面发展为价值旨归和发展目标，彰显了社会主义制度人民至上的根本价值立场；另一方面，建成社会主义文化强国必然以社会主义先进文化超越狭隘的民族主义和大国霸权主义，公开而明确地表明和平发展的中国秉持开放、合作、团结、共赢的价值理念，推动构建人类命运共同体与全球繁荣。社会主义先进文化在民族性与世界性相统一的文化超越性意义，决定了建成社会主义文化强国战略具有理论与实践的创新性，它"不是简单延续我国历史文化的母版，不是简单套用马克思主义经典作家设想的模板，不是其他国家社会主义实践的再版，也不是国外现代化发展的翻版"②；而是立足于历史、时代与世界的发展坐标，在理论与实践中不断深化探索社会主义建设规律、深化探索人类社会发展规律的理论自觉与理论自信。

社会主义先进文化的超越性体现了"越是民族的越是世界的"价值主张，使建成社会主义文化强国战略具有深化世界现代化发展规律的理论与实践贡献。历史唯物主义揭示了社会主义发展阶段是超越资本主义的先进阶段，资本主义社会不是人类历史的终结，更不是人类文明的终结；但是，"无论哪一个社会形态，在它所能容纳的全部生产力发挥出来以前，是决不会灭亡的；而新的更高的生产关系，在它的物质存在条件在旧社会的胎胞里成熟以前，是决不会出现的"③。因此，我们既要坚信社会主义先进文化的科学性与进步性，更要清醒地认识到各民族国家是以不同的道路、不同的发展速度参与世界现代化事业，既要坚持各自民族国家的历史与国情，又要充分地借鉴其他国家的现代化经验，开辟一条适合本国国情的独立自主的现代化发展道路，在中华民族与世界各民族国家共同的现代

---

①② 习近平. 在哲学社会科学工作座谈会上的讲话. 人民日报，2016-05-19（2）.
③ 马克思，恩格斯. 马克思恩格斯文集：第2卷. 北京：人民出版社，2009：592.

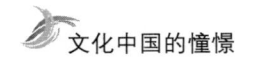

化实践中不断深化对世界现代化规律的探索。科学把握社会主义先进文化的超越性，才能在建成社会主义文化强国实践中辩证地理解和运用民族性与世界性的有机关系，"强调民族性并不是要排斥其他国家的学术研究成果，而是要在比较、对照、批判、吸收、升华的基础上，使民族性更加符合当代中国和当今世界的发展要求，越是民族的越是世界的。解决好民族性问题，就有更强能力去解决世界性问题；把中国实践总结好，就有更强能力为解决世界性问题提供思路和办法"①。

建成社会主义文化强国战略的提出依据和必然实现符合历史唯物主义的基本原则。在经济建设方面，中国作为世界第二大经济体，为进一步提升综合国力和国际竞争力，必然要求建成与经济强国相匹配、能动地推动经济社会发展、适应社会主义现代化发展需求的社会主义文化强国；在政治建设方面，中国特色社会主义的本质特征与人民至上的根本政治立场，必然要求建成有利于发挥社会主义制度优越性的社会主义文化强国；在文化建设方面，继承和发展中华优秀传统文化、革命文化与社会主义先进文化，必然要求建成有利于激活全民族创新创造活力和弘扬社会主义核心价值观的社会主义文化强国；在社会建设方面，社会主要矛盾的发展变化，必然要求建成有利于提升社会文明程度和共享文明发展成果的社会主义文化强国；在生态文明建设方面，人与自然和谐发展、保护人类共有家园的新发展理念，必然要求建成有利于构建人与自然共同体的社会主义文化强国。因此，建成社会主义文化强国是全面建成社会现代化强国的必然要求与重要发展环节。

在理论逻辑方面，文化的能动性、中华文化的现代性与社会主义先进文化的超越性为建成社会主义文化强国提供了客观的逻辑依据与科学的理论阐释。历史唯物主义的基本原则为建成社会主义文化强国提供了理论依据，更为深入阐释建成社会主义文化强国的理论逻辑演进提供了辩证发展法则。一方面，文化的一般性、文化的现代性、文化的超越性，共同构成了建成社会主义文化强国理论逻辑演进中的不同发展环节，各个发展环节

---

① 习近平.在哲学社会科学工作座谈会上的讲话.人民日报，2016-05-19（3）.

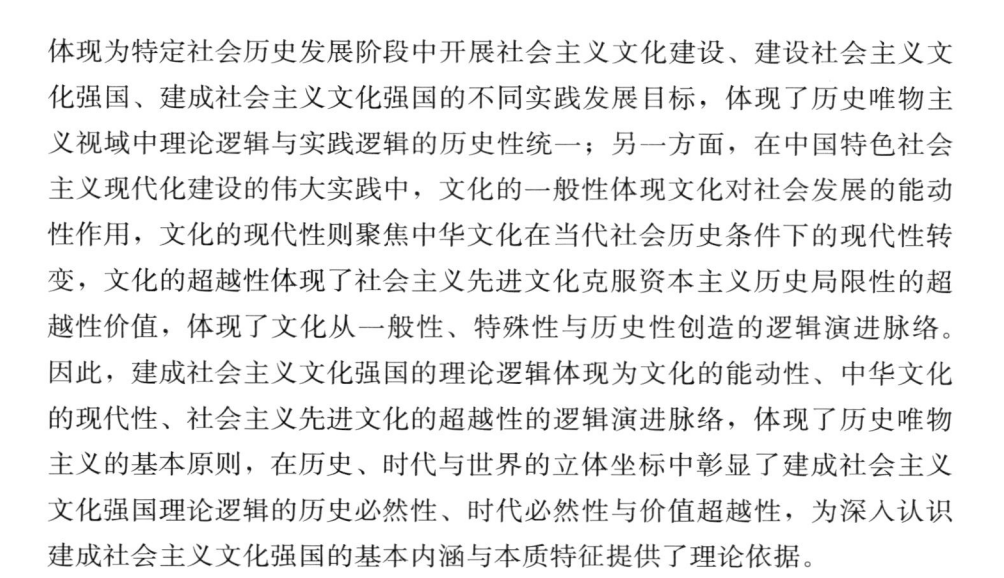

体现为特定社会历史发展阶段中开展社会主义文化建设、建设社会主义文化强国、建成社会主义文化强国的不同实践发展目标，体现了历史唯物主义视域中理论逻辑与实践逻辑的历史性统一；另一方面，在中国特色社会主义现代化建设的伟大实践中，文化的一般性体现文化对社会发展的能动性作用，文化的现代性则聚焦中华文化在当代社会历史条件下的现代性转变，文化的超越性体现了社会主义先进文化克服资本主义历史局限性的超越性价值，体现了文化从一般性、特殊性与历史性创造的逻辑演进脉络。因此，建成社会主义文化强国的理论逻辑体现为文化的能动性、中华文化的现代性、社会主义先进文化的超越性的逻辑演进脉络，体现了历史唯物主义的基本原则，在历史、时代与世界的立体坐标中彰显了建成社会主义文化强国理论逻辑的历史必然性、时代必然性与价值超越性，为深入认识建成社会主义文化强国的基本内涵与本质特征提供了理论依据。

第二节 建成社会主义文化强国的基本内涵

建成社会主义文化强国战略是马克思主义基本原理与中国具体国情相结合的理论结晶与阶段性发展目标，通过历史唯物主义基本原则认识建成社会主义文化强国战略的历史定位、时代高度与世界视野，以辩证法揭示建成社会主义文化强国战略内在的逻辑演进脉络，体现了建成社会主义文化强国战略的科学性内涵、历史时代内涵、人民性内涵与世界性内涵。

建成社会主义文化强国的基本内涵是对其理论逻辑的具体阐述，展示了建成社会主义文化强国的科学高度、历史深度、主体力度与文明广度。其一是战略高度的科学性内涵，建成社会主义文化强国是以马克思主义理论为思想指导、以中国共产党为领导核心的发展战略，马克思主义理论的真理性与中国共产党的先进性为建成社会主义文化强国提供了理论与实践的根本指导。其二是客体维度的历史时代内涵，历史与现实、时代与社会是阐释建成社会主义文化强国的理论与实践必然性的客体维度，从社会历史发展的客观规律阐释建成社会主义文化强国的深刻历史与时代内涵。其

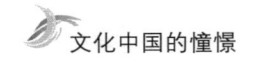

三是主体维度的人民性内涵，建成社会主义文化强国的根本目标是以人为本，通过社会主义文化建设构建铸牢中华民族共同体意识，体现了人民历史创造力与中华民族凝聚力。其四是人类文明高度的世界性内涵，建成社会主义文化强国立足于构建人类命运共同体的文明高度，将中华民族的文明发展与人类文明发展相联系，在开创人类文明新形态的意义上具有重要的世界性内涵。

一、建成社会主义文化强国的科学性内涵

建成社会主义文化强国是以马克思主义理论为指导思想、以中国共产党为领导核心的战略目标与重要实践。马克思主义理论深刻地阐释了人类社会历史发展的科学规律，以马克思主义理论为指导思想的中国共产党是具有历史进步性和广泛人民性的先进政党，为建成社会主义文化强国指明了科学的前进方向、提供了必然实现的可靠保证。因此，马克思主义的真理性思想与中国共产党的先进性领导是建成社会主义文化强国的科学性内涵。

马克思主义理论是建成社会主义文化强国的指导思想与科学内涵。在人类社会历史发展变化的横向维度，马克思主义理论超越以往一切哲学，创造性地揭示了人类社会发展运动的一般规律，揭示了资本主义社会是人类社会发展进程中的一个阶段，科学论证了社会主义社会是符合历史发展趋势的高级阶段，社会主义社会的发展壮大必然是开创人类文明未来性的重要推动力。在特定社会历史发展阶段的纵向维度，马克思主义理论揭示了物质生产对文化生产具有决定性作用，同时文化力量对社会发展具有重要的能动性作用，正如马克思所指出的"理论一经掌握群众，也会变成物质力量"[①]，文化必然是衡量一个社会发展水平和综合实力的重要能动性力量。在实现建成社会主义文化强国的新时代使命的实践中，我们将面对更为复杂的国际国内形势和重大的发展挑战，"必须不断提高运用马克思主义分析和解决实际问题的能力，不断提高运用科学理论指导我们应对重大

[①] 马克思，恩格斯．马克思恩格斯文集：第1卷．北京：人民出版社，2009：11.

挑战、抵御重大风险、克服重大阻力、化解重大矛盾、解决重大问题的能力"①。因此，马克思主义理论的科学世界观和方法论为建成社会主义文化强国注入了科学的思想内容和提供了科学的行动指南，是建成社会主义文化强国的根本指导思想和实践原则。

在新时代的历史条件下，马克思主义基本原理与中国改革发展的具体实际相结合，以马克思主义理论为指导思想的中国共产党为建成社会主义文化强国提供了坚定的领导核心和科学战略思想指导。中国共产党是以马克思主义理论为指导思想的先进政党，马克思主义理论与中国共产党命运与共地紧密相连。作为思想武器，"马克思主义是我们立党立国的根本指导思想，是我们党的灵魂和旗帜"②；作为行动指南，"中国共产党坚持马克思主义基本原理，坚持实事求是，从中国实际出发，洞察时代大势，把握历史主动，进行艰辛探索，不断推进马克思主义中国化时代化，指导中国人民不断推进伟大社会革命"③。马克思主义理论的科学真理与中国共产党的领导构成了建成社会主义文化强国的科学性内涵，充分说明了"马克思主义的命运早已同中国共产党的命运、中国人民的命运、中华民族的命运紧紧连在一起"④。党的十九届五中全会提出"坚持马克思主义在意识形态领域的指导地位，坚定文化自信，坚持以社会主义核心价值观引领文化建设"，"推进社会主义文化强国建设"⑤，充分体现了马克思主义理论的科学性与时代性，充分体现了中国共产党是建成社会主义文化强国的领导核心。因此，坚持以马克思主义理论为根本指导思想，必然要以中国共产党为各项事业的领导核心，为建成社会主义文化强国提供科学战略思想和信心保证。

以中国共产党为领导核心是历史和人民的共同选择，是广泛、有效地动员全国各族人民共建社会主义文化强国的政治保证、组织保证，是建成社会主义文化强国的科学性内涵和本质要求。科学社会主义理论指出共产

---

① 习近平. 在纪念马克思诞辰 200 周年大会上的讲话. 人民日报，2018-05-05（2）.
②③ 习近平. 在庆祝中国共产党成立 100 周年大会上的讲话. 人民日报，2021-07-02（2）.
④ 同①.
⑤ 中国共产党第十九届中央委员会第五次全体集体会议公报. 北京：人民出版社，2020：15.

文化中国的憧憬

人的政党区别于其他政党的本质特征是"没有任何同整个无产阶级的利益不同的利益""不提出任何特殊的原则""共产党人强调和坚持整个无产阶级共同的不分民族的利益"①。共产党人鲜明的人民立场是凝聚人心办大事的强大力量。历史与现实充分说明了只有中国共产党才能救中国,只有中国共产党才能带领人民站起来、富起来、强起来。面对近代中国内忧外患的民族危机,中国共产党以彻底的革命立场捍卫中华民族的根本利益,带领全国各族人民结束了任人宰割的分裂局面;在新民主主义革命时期,中国共产党联合起社会各阶级中的革命力量,建立起最广泛的爱国统一战线;在社会主义革命和建设时期,中国共产党坚信贫穷不是社会主义,带领全国各族人民开展社会主义现代化建设,实现了从站起来到富起来的历史性飞跃;在新时代,中国共产党带领全国各族人民奔赴实现中华民族伟大复兴的新征程。因此,坚持中国共产党在守护社会主义意识形态主阵地、弘扬社会主义核心价值观、提升全社会文明程度的领导核心地位,是确保建成社会主义文化强国始终坚持社会主义发展方向、始终立足中国具体国情、始终以人民为中心的根本保障和本质内涵。

中国共产党百年奋斗的重大成就和历史经验生动说明了坚持以马克思主义为指导思想、坚持中国共产党的领导是建成社会主义文化强国的本质要求和科学性内涵。中国共产党科学运用马克思主义世界观和方法论,主动探索社会历史发展规律与时代发展趋势,始终是中国特色社会主义文化建设的科学性与先进性的根本保障。在中国共产党的领导下我们顺利实现了第一个百年奋斗目标,"过去一百年,党向人民、向历史交出了一份优异的答卷。现在,党团结带领中国人民又踏上了实现第二个百年奋斗目标新的赶考之路"②;在实现第二个百年奋斗目标新征程、新起点上,中国共产党的领导是满足人民的美好生活需求、增强人民精神力量、应对时代挑战的重要保证,"时代是出卷人,我们是答卷人,人民是阅卷人。我们一定要继续考出好成绩,在新时代新征程上展现新气象新作为"③。因此,以

---

① 马克思,恩格斯. 马克思恩格斯文集:第2卷. 北京:人民出版社,2009:44.
②③ 中共中央关于党的百年奋斗重大成就和历史经验的决议. 人民日报,2021-11-17(1).

马克思主义理论为根本指导思想、坚持中国共产党的领导是建成社会主义文化强国的科学性内涵和可靠保证。

二、建成社会主义文化强国的历史时代内涵

建成社会主义文化强国是中国共产党立足于社会历史发展的客观规律和中国改革发展实际情况制定的科学战略目标,以辩证和发展的理论视角揭示了中国在历史、时代与世界的复杂格局中的历史使命与时代挑战。马克思主义的科学社会历史理论揭示了人类社会发展的一般规律和特定社会历史条件下社会主要矛盾的变化,这一科学理论揭示了物质文明与精神文明相互影响的辩证关系,指出文化对物质生产与社会发展具有重要的能动性作用,进一步提升了文化建设在全面建成社会主义现代化国家新征程中的重要作用,有助于深化对文化建设发展规律的认识、明确新时代文化建设的历史使命与时代担当、进一步推动中华文化在新时代创造新辉煌、凸显社会主义先进文化推动人类文明史发展的超越性价值。因此,明确提出建成社会主义文化强国的具体时间并做出全面的战略部署,将提升社会文明程度和国家文化软实力摆在更为重要的战略地位,体现了我们党在不断深化对社会主义文化建设发展的客观规律认识、在不断深入认识世界百年未有之大变局与国际综合实力竞争的核心因素,从而使建成社会主义文化强国战略在历史与时代的发展变化大局中呈现出深刻的历史时代内涵。

建成社会主义文化强国的历史时代内涵体现在它的提出与实践以中国改革发展的客观实际和世界发展的客观态势为出发点,将推进社会主义文化建设的现实需要摆在全面建成社会主义现代化强国战略的突出位置。当前我国已经是世界第二大经济体,但是我们所处的国际文化格局的客观态势依然是不容乐观的,因为日益激烈的国际竞争越发重视文化软实力、文化创新力、文化影响力,这就决定了我们迫切需要先进的文化生产力、强大的文化软实力、深厚的文化凝聚力,为推动经济高质量稳定增长、满足人民对美好生活的愿望、提升社会文明程度、增强国际话语权、倡导人类命运共同体价值观提供先进的、现代的、强有力的文化力量。我们党在理论与实践中不断探索社会主义文化建设的客观规律,始终坚持从社会历史

发展的客观条件出发，始终要求一切文化建设不能离开中国改革发展的客观实际与世界发展变化的客观态势，在新时代、新态势、新挑战中充分发挥文化的能动性作用、推动中华文化的现代性转变、展现社会主义先进文化的优越性和超越性价值，以实现中华民族伟大复兴为目标大力推进社会主义文化强国建设。因此，建成社会主义文化强国是立足于当代中国的客观现实、结合当今世界发展的客观环境，以面向现代化、面向世界、面向未来的历史自信与文化自信做出的科学战略部署，是提高国家综合实力和国际竞争力、推动中华文化繁荣兴盛、加快建设富强民主文明和谐美丽的社会主义现代化国家的重要环节。

　　建成社会主义文化强国的历史时代内涵的应有之义是彰显中国特色，这是中华优秀传统文化、革命文化与社会主义先进文化在历史与时代潮流的交汇融合中孕育而成的中国精神、中国智慧、中国力量。从社会历史发展的客观形势出发，大力推进社会主义文化强国必须不断深化历史视野、时代视野与世界视野，科学分析和主动应对国内外客观形势与发展变化，从战略高度推进中华文化的现代化发展，不断提升中国特色社会主义文化的历史影响力、时代影响力与世界影响力。一方面，中华民族经久不衰的历史传承与深厚悠久的文化积淀是培育和彰显中国精神、中国智慧、中国力量的客观条件与独特优势，是建成社会主义文化强国取之不尽、用之不竭的文化宝藏，是必然建成社会主义文化强国的历史自信与文化自信。"在5 000多年文明发展中孕育的中华优秀传统文化，在党和人民伟大斗争中孕育的革命文化和社会主义先进文化，积淀着中华民族最深沉的精神追求，代表着中华民族独特的精神标识。我们要大力弘扬以爱国主义为核心的民族精神和以改革创新为核心的时代精神，大力弘扬中华优秀传统文化，大力发展社会主义先进文化，不断增强全党全国各族人民的精神力量。"① 彰显中国特色充分体现在始终对本民族优秀的文化、理想、精神保持坚定的文化自信，不断提升本民族文化的生命力和创造力，使古老悠久的民族文化在新时代赓续发展、焕发生机。另一方面，彰显中国特色必须

---

　　① 习近平. 在中国文联十大、中国作协九大开幕式上的讲话. 人民日报, 2016-11-30 (2).

以社会历史发展的客观规律、社会主义文化建设的客观规律为指导，科学定位社会主义文强国的历史定位、时代要求。在文化建设的实践中，要始终坚守中华文化立场和社会主义先进文化的发展方向，始终服务于人民对美好生活的向往、服务于全面建成社会主义现代化强国的伟大实践，坚持走中国特色社会主义文化发展道路，推动中国特色社会主义现代化建设取得新的历史性成就。

新时代建成社会主义文化强国的历史时代内涵在历史与时代交汇的现代性境遇中生成出深刻的历史大局观。当前中国正在经历广泛而深刻的改革，世界正处于百年未有之大变局，世界百年未有之大变局的时代境遇凸显了建成社会主义文化强国的时代内涵与历史大局观。建成社会主义文化强国是在总结历史规律、展望未来的历史大局观中提出的科学战略目标，其深刻的时代内涵是理解文化强国的历史必然性与时代必然性的重要依据。习近平总书记在2018年中央外事工作会议上指出，"把握国际形势要树立正确的历史观、大局观、角色观。当前，我国处于近代以来最好的发展时期，世界处于百年未有之大变局，两者同步交织、相互激荡"[①]。只有不断提升社会主义文化建设的历史高度与时代站位，才能深刻把握历史发展与时代前进的大趋势，在日益激烈的国际竞争中发现机遇、应对挑战。

主动应对时代的机遇与挑战、牢牢占据人类文明发展的制高点是建设社会主义文化强国历史时代内涵的重要内容。百年未有之大变局是大力推进社会主义文化强国建设的时代大局，面对世界文化激荡与日益激烈的国际竞争，谁能把握住时代发展前进的趋势，谁就能在全球化的资源流动与世界性的文化交流中提升本国的文化竞争力与文化影响力。世界现代化的历史进程已经将各国人民、各种不同文化带入了不可逆转的时代洪流，全人类处于现代性的时代精神笼罩之下，而当今世界格局依然是由西方资本主义强国支配，世界上的意识形态对立依然存在，客观上给建成社会主义文化强国带来了更多的挑战。但是，实现社会主义文化强国战略目标不可能是闭关自守、墨守成规，而是要积极创造国内与国际的对话交流平台，

---

① 习近平. 习近平谈治国理政：第3卷. 北京：外文出版社，2020：427.

文化中国的憧憬

促进中国文化的走出去与优秀的人类文明成果引进来,积极构建人类命运共同体,为维护人类的共同利益和共同发展贡献中华文化、社会主义先进文化的智慧和力量。因此,立足于时代发展大局、牢牢地占据人类文明发展的制高点,既是建成社会主义文化强国的时代内涵,也是其时代课题。"加快国际传播能力建设,向世界讲好中国故事、中国共产党故事,传播好中国声音,促进人类文明交流互鉴,国家文化软实力、中华文化影响力明显提升"①,这是当前社会主义文化发展和建设的重要时代课题。

当今世界形势快速发展变化,时代的机遇与挑战更是相伴相生,只有牢牢把握社会历史发展的客观规律,坚定中国特色社会主义文化的历史自信与文化自信,才能在理论与实践、国际与国内、历史与现实的联通中展示社会主义文化强国的深刻社会历史内涵与时代内涵。

三、建成社会主义文化强国的人民性内涵

建成社会主义文化强国的科学性内涵与历史时代内涵从真理性与规律性的维度揭示了中国特色社会主义文化建设的根本指导思想及发展规律,而掌握和运用这一根本世界观和科学方法论的现实主体则是最广大的人民。马克思主义理论与中国共产党的领导具有一致的、根本性的、鲜明的人民立场,这是社会主义制度的本质要求,也是人类社会历史发展的客观规律的现实展开。文化只有为了人、实现人、发展人,才能避免落入"无人身的理性"的抽象思辨,从而成为民族的科学的大众的社会主义文化。因此,"坚持以人民为中心的创作导向"②、满足人民文化需求和增强人民精神力量的文化使命,就必须紧紧依靠人民的创造力和中华民族凝聚力,体现了建成社会主义文化强国丰富的人民性内涵。

建成社会主义文化强国的人民性内涵体现在人民是中华文化的创造者、是发展社会主义文化生产力的建设者、是增强国家文化软实力的改革者,这是历史唯物主义立场和观点的重要体现。马克思主义理论深刻指出

---

① 中共中央关于党的百年奋斗重大成就和历史经验的决议.人民日报,2021-11-17(1).
② 习近平.高举中国特色社会主义伟大旗帜 为全面建设社会主义现代化国家而团结奋斗:在中国共产党第二十次全国代表大会上的报告.北京:人民出版社,2022:45.

人民群众是历史的创造者、是社会变革的决定力量。纵观人类社会历史的各种灿烂文明成果,"正是人,现实的、活生生的人在创造这一切……历史不过是追求着自己目的的人的活动而已"①。马克思主义理论毫不留情地揭露了资本主义制度下人民沦为异化的劳动工具和追求剩余价值的商品,深刻揭示了资本主义文化是原子式个人主义和虚伪的利己主义;只有社会主义先进文化才鲜明地体现了人民主体性,只有在社会主义制度下才能真正实现人民当家作主,更好地发挥人民群众主体性力量、发挥人民群众创造历史和变革社会的决定力量。历史上各族人民共同创造了丰富的中华文化资源,新时代全国各族人民是建成社会主义文化强国的主体性力量,人民的主体性力量是社会改革和发展的创新创造活力来源。因此,在建成社会主义文化强国的发展进程中,人民性内涵是体现社会主义文化的能动性和创造性的重要内涵,蕴藏着建成社会主义文化强国的强大的中华民族凝聚力。

建成社会主义文化强国的人民性内涵生动体现了社会主义先进文化的人民立场和本质要求,这是社会主义文化的能动性和先进性的重要体现。人民是党和国家各项事业的重中之重,坚持人民的主体性内涵是建成社会主义文化强国的理论与实践的必然要求。习近平总书记从中华文化历史性生成和传承发展的角度肯定了人民的创造力和变革力,他指出,"在几千年的历史流变中,中华民族从来不是一帆风顺的,遇到了无数艰难困苦,但我们都挺过来、走过来了,其中一个很重要的原因就是世世代代的中华儿女培育和发展了独具特色、博大精深的中华文化,为中华民族克服困难、生生不息提供了强大精神支撑"②。在古代,广大劳动人民凭借丰富的经验积累与艰苦奋斗的品格创造了辉煌灿烂的古代文化;在近代,广大人民群众成为改变中华民族前途命运的关键力量,在中国共产党领导下广大人民群众组成了爱国统一战线,创造了中华民族独立自主、艰苦奋斗的革命文化;在社会主义建设和改革时期,真正实现了人民做主,人民成为社会主义先进生产力的创造者和改革者,人民的主体性力量在现代化建设的

---

① 马克思,恩格斯. 马克思恩格斯文集:第1卷. 北京:人民出版社,2009:295.
② 习近平. 在文艺工作座谈会上的讲话. 人民日报,2015-10-15(2).

各行各业中得到充分的体现，在社会主义现代化建设中创造了中国特色社会主义先进文化。历史和事实表明，人民的主体性力量只有在社会主义制度中才能得到充分肯定和充分发挥，才能将人民群众在历史上创造的宝贵文化资源转化为生动的时代精神，才能真正凝聚建成社会主义文化强国的文化认同和全民族创新创造活力。因此，建成社会主义文化强国必须不断丰富和发展人民主体性内涵，在人民群众的文化生产活动中再创中华文化的新辉煌，发挥社会主义先进文化对经济建设、政治建设、社会建设、生态文明建设的重要能动性作用。

建成社会主义文化强国的人民性内涵是增强中华民族凝聚力的应有之义和必然要求。坚持和发展人民的主体性力量既是建成社会主义文化强国的主体性内涵，更是推动社会主义文化建设的使命担当与时代课题，有利于汇聚起全国各族人民同心筑梦的共同体意识和民族凝聚力。总结文化建设的历史经验，立足当代世情国情的客观现实，着眼中华民族伟大复兴的战略高度，增强中华民族凝聚力是建成社会主义文化强国的重要目标和发展关键，是发展民族的科学的大众的社会主义文化的重要内涵和社会主义文化先进性的重要体现。毛泽东在新民主主义革命时期就提出文艺是团结人民、教育人民、形成民族新文化的有力武器，一方面强调文艺的人民性，人民生活"是一切文学艺术的取之不尽、用之不竭的唯一的源泉"①；另一方面高度重视文化的团结大众、凝聚民族力的重要性，"民族的科学的大众的文化，就是人民大众反帝反封建的文化，就是新民主主义的文化，就是中华民族的新文化"②。中国特色社会主义进入新时代，人民群众在物质需要得到满足之后必然形成了更高水平的文化发展需求，我国社会主义矛盾已经转化为人民日益增长的美好生活需要和不平衡不充分的发展之间的矛盾，因此，满足人民群众的文化发展需求与增强人民精神力量、增强中华民族凝聚力是统一的。习近平总书记指出，新时代的文化工作要体现时代变化和人民主体性，"要从时代之变、中国之进、人民之呼中提炼主题、萃取题材，展现中华历史之美、山河之美、文化之美，抒写中国

---

① 毛泽东. 毛泽东选集：第3卷.2版.北京：人民出版社，1991：860.
② 毛泽东. 毛泽东选集：第2卷.2版.北京：人民出版社，1991：708-709.

人民奋斗之志、创造之力、发展之果，全方位全景式展现新时代的精神气象"①。习近平总书记在庆祝中国共产党成立100周年大会上更强调了增强中华民族凝聚力的重要性："新的征程上，我们必须坚持大团结大联合，坚持一致性和多样性统一，加强思想政治引领，广泛凝聚共识，广聚天下英才，努力寻求最大公约数、画出最大同心圆，形成海内外全体中华儿女心往一处想、劲往一处使的生动局面，汇聚起实现民族复兴的磅礴力量！"②

新时代，建成社会主义文化强国的人民性内涵生动体现为中华民族共同体的文化认同。文化认同的内涵体现了中国特色社会主义文化的能动性和先进性，是更基本、更深沉、更持久的精神力量，是增强中华民族凝聚力和激活全民族创新创造活力的关键。在2021年8月27日至28日召开的中央民族工作会议上，习近平总书记强调，做好新时代党的民族工作，要把铸牢中华民族共同体意识作为党的民族工作的主线。铸牢中华民族共同体意识，就是要引导各族人民牢固树立休戚与共、荣辱与共、生死与共、命运与共的共同体理念③。中华民族共同体的文化认同体现了建成社会主义文化强国的民族国家观内涵，从共同体的高度凸显了社会主义文化建设是关系中华文化的繁荣昌盛、中华民族的伟大复兴的重要内容。一方面，任何文化视野的发展与壮大都离不开统一安定的民族国家，对祖国、民族、党和社会主义事业的认同是发展和推进社会主义文化建设的前提和基础；另一方面，深刻的文化认同为现代化事业的发展与民族国家的繁荣昌盛铸牢了全民族的思想文化意识、激活了全民族的文化创新创造活力。

在合作交流日益密切的全球化文化格局中，增强中华民族共同体的文化认同有利于提升与经济强国相匹配的文化强国国际影响力，有利于积极倡导人类命运共同体的价值主张。随着中国国际影响力的不断提升，中国

---

① 增强文化自觉坚定文化自信 展示中国文艺新气象铸就中华文化新辉煌. 人民日报，2021-12-15 (1).
② 习近平. 在庆祝中国共产党成立100周年大会上的讲话. 人民日报，2021-07-02 (2).
③ 习近平在中央民族工作会议上强调 以铸牢中华民族共同体意识为主线 推动新时代党的民族工作高质量发展. 人民日报，2021-08-29 (1).

更需要以负责任大国的立场对世界性的重大问题、重大价值发出自己的声音,尤其是在面对国际性文化冲突与文化霸权等重大挑战时要坚守中国立场、贡献中国智慧,推动人类命运共同体的构建。因此,建设社会主义文化强国要从人类文明发展的制高点、人类命运共同体的价值高度出发,构建更高层次的人类命运共同体的文化认同,推动国际文化格局的多元文化交流交往交融,彰显社会主义先进文化的科学性、现代性与超越性。

四、建成社会主义文化强国的世界性内涵

建成社会主义文化强国的历史时代内涵与文化认同内涵指向了构建世界文明图景、倡导人类命运共同体的价值主张,凸显了中国特色社会主义文化的世界性战略高度与对人类文明的关怀,构成了建成社会主义文化强国的世界性内涵。

建成社会主义文化强国的世界性内涵来自中华文化崇高的理想追求与社会主义先进文化的超越性价值。中华民族自古以来就秉持天下情怀、向往"大同世界"的世界性情怀和超越性情怀,塑造了中华民族爱好和平、追求美美与共的民族特色和以文化人的人文关怀。立足于人类社会历史发展的客观规律与国际文化发展竞争的客观形势,社会主义文化是对资本主义文化的批判性超越,以人的自由全面发展为终极目标,彰显了社会主义文化关注全人类共同发展的世界文明图景,有利于推动人类文明的和平发展与面向未来。因此,建成社会主义文化强国既是中华文明赓续发展的必然要求,又体现了中国特色社会主义文化致力于人类文明进步、开创人类文明新形态的世界性贡献。

建成社会主义文化强国的世界性内涵凸显了中国与世界命运与共的价值关联,体现了中国特色社会主义文化建设对人类社会历史发展规律认识的不断深化,有利于为广大发展中国家的文化建设提供积极的借鉴。一方面,要创造中华文化在新时代的新辉煌、新成就,就必须立足于现代性的深刻视角对中国与世界的命运关联展开深入思考,主动探索中国与世界的价值关联,推动中华文化的现代性转变。因此,中华文化越是繁荣开放,越是具有世界性的文化关怀。另一方面,中国与世界的互动发展日益紧密，各个民族国家早已嵌入世界现代化的大格局之中，全人类是命运与共的共同体，推动多元文化参与国际文化格局的构建才能避免文化霸权主义、克服单边主义，开创人类文明面向未来的现实可能性。因此，对世界文明发展的命运与共的情怀与切实推进构建人类命运共同体，既是中华文化的精神情怀与理想追求，更是基于中国特色社会主义文化建设的世界性视野与全局性思维。纵观中国共产党百余年奋斗与实践历程，中国共产党带领全国各族人民用几十年时间走完了发达国家几百年走过的工业化历程，开创了人类文明新形态，进一步凸显了中国特色社会主义文化建设的世界性贡献，能为广大发展中国家开展文化建设提供不同于资本主义文化发展道路的新范式、新实践、新道路。

建成社会主义文化强国的基本内涵是其理论逻辑的生动体现，是对历史发展规律的科学认识、对时代发展大局的科学判断、对中国发展与世界文明发展的互动共存关系的科学分析，是理论逻辑与现实逻辑的辩证统一。从科学性、历史时代、人民性、世界性的维度揭示社会主义文化强国的应有之义与生动内涵，凸显了中国特色社会主义文化建设的能动性、现代性与超越性。

第三节　建成社会主义文化强国的本质特征

建成社会主义文化强国的理论逻辑与基本内涵，体现了深刻历史视角、时代战略高度与前沿世界眼光，凸显了建成社会主义文化强国在理论逻辑、历史逻辑与实践逻辑方面发挥文化整体性、展示社会主义先进性、彰显主体创造性和构建世界性文明的内在一致性与本质特征。建成社会主义文化强国以人类社会历史发展的客观规律为指导，深入国内国际发展变化的客观态势认识时代课题与发展挑战，既有坚定的中华文化立场，又有崇高的世界性人文关怀，体现了文化的能动性、中华文化的现代性和社会主义先进文化的超越性在人类社会历史发展进程中的作用与贡献，因此，在建成社会主义文化强国的理论、历史与实践的不同维度体现了内在一致的本质特征，在思想理论方面通过文化的能动性阐释了文化建设对社会发展的重要作用，在历史时代的客观分析中揭示中华文化的现代性新课题、新使命与新贡献；思想理论与历史时代通过主体创造性实践与中国特色社会主义文化建设建立密切关联，实现了理论、历史、实践的内在统一，并在中国特色社会主义文化建设实践中展示了社会主义先进文化的民族性与世界性双重贡献。

一、建成社会主义文化强国的文化整体性的本质特征

建成社会主义文化强国的理论、历史与实践充分体现了文化对经济繁荣与社会发展进步的重要作用。文化作为整体性的生命有机体，是在物质生产活动中形成和发展起来的，在社会历史发展进程中不断积累和形成一个民族的文化底蕴和文化资源，成为影响经济、政治、社会、生态发展的基本的、广泛的、持久的力量；在国际竞争日益激烈的全球化与现代化发展浪潮中，国家综合实力的竞争与发展水平的衡量日益体现为文化软实力的竞争和文化繁荣程度。因此，从马克思主义的科学社会历史观来看，激发文化整体性体现为充分发挥文化的能动性、文化的现代性与文化的超越性在中国特色社会主义文化建设中的重要作用，不断推进文化创新创造力对物质生产发展的积极推动作用、不断推进中华文化的现代性发展与繁荣兴盛、不断提高社会主义文化的先进性与世界性影响，最终建成拥有先进的文化生产力、强大的文化凝聚力和深厚的文化软实力的社会主义文化强国。

建成社会主义文化强国的文化整体性特征是由我国深厚的文化底蕴与丰富的文化资源所决定的，体现了中华文化与时俱进的文化现代性精神。中华文化在历史积淀与传承创新中形成了富有生命力的整体性文化，孕育和生成了中华民族的精神品格、中华民族的文化制度、中华民族的奋斗实践，灿烂辉煌的古代文化奠定了中华民族文明礼仪之邦的世界性美誉，成就了辉煌灿烂的古代文明，赋予我们建成社会主义文化强国的历史自信与文化自信。中华文化是不断自我革新的有机生命体，在不同文化的交流激荡中不断吸收和转化各种人类文明的优秀成果，在中华民族的奋斗实践中

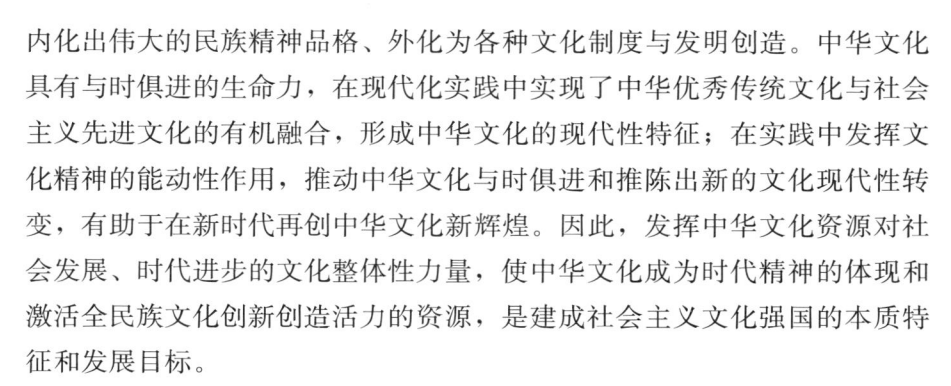

内化出伟大的民族精神品格、外化为各种文化制度与发明创造。中华文化具有与时俱进的生命力，在现代化实践中实现了中华优秀传统文化与社会主义先进文化的有机融合，形成中华文化的现代性特征；在实践中发挥文化精神的能动性作用，推动中华文化与时俱进和推陈出新的文化现代性转变，有助于在新时代再创中华文化新辉煌。因此，发挥中华文化资源对社会发展、时代进步的文化整体性力量，使中华文化成为时代精神的体现和激活全民族文化创新创造活力的资源，是建成社会主义文化强国的本质特征和发展目标。

建成社会主义文化强国的文化整体性特征的重要性在新的社会历史条件下日益凸显。在新时代，现代化建设的发展大局和日益复杂的国际文化发展格局对激活和提升文化有机体的整体性有更高的理论与实践要求，建成社会主义文化强国实践需要更加重视文化整体性本质特征的时代化与现代化转变。时代快速发展变化使我们的国家面临诸多挑战，激活和提升文化有机体的整体性才能够提升全社会的文明程度、激活全民族的创新创造活力。

中国特色社会主义文化建设以唯物辩证法把握文化整体性与社会发展的有机关系，有利于充分发挥中华文化资源的整体性，使中华文化的精神、理想、价值、制度转化为建成社会主义文化强国的发展动力和方法原则。中华优秀传统文化、革命文化和社会主义先进文化构成了中华文化整体性的重要内容，三种文化资源体现了不同社会历史条件下的文化功能和社会发展需求。优秀传统文化注重内在的道德伦理修养，革命文化凸显了与逆境抗争的艰苦卓绝品格，社会主义先进文化以实现人的全面发展为目标，尤其重视人民的改革创新精神。三种文化资源滋养了人们的道德修养、艰苦奋斗和改革创新的精神品格，体现了中华文化自我肯定、自我发展与自我实现的发展生命力，成为支撑中华文化历史传承与开拓创新的重要动力。中华文化的三种资源不是静态存在的、不是各自在某一历史时期才存在的，而是统一于中华民族独立自主、团结奋斗、追逐伟大复兴中国梦的实践之中，成为支撑伟大事业发展的精神动力。

进入新时代，中国的改革发展处于世界百年未有之大变局，人民日益增长的美好生活需要和不平衡不充分的发展之间的矛盾成为社会主要矛盾，社会主义现代化事业进入新征程，同时各种发展挑战与矛盾冲突始终是我们攻克新的发展制高点的难点任务，这是建成社会主义文化强国的现实历史处境与时代挑战，更是新时代中华文化自我实现的重大机遇。实现建成社会主义文化强国的发展目标，需要在理论与实践中充分发挥中华文化推动经济发展的能动性、建立以人为本的社会文化机制体制的优越性、应对国际文化冲突的启发性，推动物质文明与精神文明共同发展、社会文化机制体制与文化实践协调发展。在全面建成社会主义现代化国家的伟大征程中，彰显中华文化的整体性和生命力更需要着重推动中华优秀传统文化资源与马克思主义科学方法论相结合，为建成社会主义文化强国提供时代性、先进性的科学理论指导与价值引领，创造当代中国马克思主义、21世纪马克思主义的文化建设新成果。

建成社会主义文化强国以推动中华文化的整体性发展为本质特征，在社会主义文化建设中中华文化的整体性也将转化为强大的文化生产力、文化凝聚力和文化软实力，为全面建设社会主义现代化国家注入强大的文化发展动力。在建成社会主义文化强国实践中，要高度重视文化整体性的本质特征，充分发挥文化整体性对社会发展的积极能动性作用，提升全社会文明程度、提升公共文化服务水平、健全现代文化产业。

二、建成社会主义文化强国的社会主义先进性的本质特征

建成社会主义文化强国的最大特色是坚持和发展中国特色社会主义文化，从理论阐释到实践目标都体现了社会主义先进性的本质特征。建成社会主义文化强国是全面建成社会主义现代化国家的重要环节和阶段性发展目标，凸显中国特色社会主义文化对中国式现代化伟大实践的文化能动性、文化现代性和文化超越性是社会主义制度的本质要求。因此，当社会主义先进物质生产力已经取得了一定的国际领先成就时，必然要求提升社会主义先进文化生产力，将拥有丰富文化资源的大国建成社会主义文化强国，向历史、时代、世界展示社会主义制度的优越性。

建成社会主义文化强国的社会主义先进性特征体现在富有历史性、科

学性和先进性的文化理论资源的文化发展优势。建成社会主义文化强国的三种文化资源体现了中国特色社会主义文化的深厚历史性、科学性和先进性的特征，尤其是古老的中华优秀传统文化与现代世界的科学世界观与方法论的有机结合，成就了具有历史性、时代性与科学性的独特优势的文化理论资源。一方面，中华文化的三种资源体现了不同社会历史时期的时代精神与智慧结晶，凝聚了全民族共同的价值与认同，是开展社会主义文化建设的文化宝库和凝聚中华民族共同体文化认同的精神纽带，更是使中华民族始终屹立于世界民族之林的独特文化标识和文化自信的来源。无论是在古代农业文明时代、在近代抵御列强的战争时期，还是在社会主义现代化建设的伟大历史实践中，中华文化是彰显中国特色、中国道路、中国方案的精神力量和价值源泉。另一方面，中国特色社会主义文化以科学世界观和方法论为指导，它的科学性和先进性体现为以人类社会历史发展客观规律为指导、以人民的自我实现和改造世界为实践目标。社会主义先进文化具有超越以往一切文化的历史进步性、具有开放创新的时代进步性，是对资本主义制度和文化支配下的文化霸权主义、文化优越论、文明冲突论的科学批判与历史性超越。中国特色社会主义先进文化是马克思主义基本原理与中国实际相结合的新成果，是立足于中国国情和复杂的世界形势对我国的文化建设提出科学的定位与发展要求，在中国特色社会主义文化建设中开辟出不同于资本主义的文化建设道路，展现了社会主义制度的先进性与优越性。因此，建成社会主义文化强国的社会主义先进性特征既是中华文化的多元性、创造性和时代性的重要体现，也是深化对文化建设客观规律认识的重要体现。

建成社会主义文化强国的社会主义先进性特征体现在文化强国战略的人民本位。中国共产党从历史与时代的战略高度科学部署建成社会主义文化强国战略，以提升社会文明程度为核心、以提升公共文化服务水平为本质，其理论与实践以满足人民文化发展需求和增强人民精神力量为目标，体现了我们党科学的战略定位与坚定的人民本位，充分说明了社会主义文化的先进性和社会主义制度的优越性。新时代，人民对美好文化生活的向往体现为更高层次的文化发展需要。我们党从人民本位出发，科学判断社会主要矛盾的发展变化，明确建成社会主义文化强国的具体时间与发展部署，充分激活人民从事文化建设的积极性和创造力。因此，建成社会主义文化强国的人民本位符合社会历史发展客观规律、符合社会主要矛盾的发展变化，体现了社会主义致力于实现人的自由而全面发展的崇高信仰与价值追求。

建成社会主义文化强国的社会主义先进性特征是在时代激荡中凸显其文化优越性和价值超越性的。马克思主义理论深刻指出社会主义文化是符合人类社会历史客观规律的先进文化，是对资本主义文明历史局限的批判性反思和超越性克服，尤其体现在社会主义先进文化既要实现人的全面发展，又要瓦解一切不平等、压迫的文化霸权主义、文化优越论、文化中心论。社会主义先进文化的优越性不是一家独大，而是主张摈弃文明冲突、文化偏见，推动多元文化的交流借鉴，这正是直击当前国际文化交往格局中有危害性的单边主义与极权主义问题，为共同构建人类命运共同体的价值主张提供了有建设性的理论支持与价值引领。

建成社会主义文化强国的社会主义先进性特征表明文化建设必须以科学理论和文化发展规律为指导，为中国特色社会主义文化建设提供了科学的发展路径，也为后发民族国家的文化现代转型发展提供了科学的借鉴。人类社会历史发展的客观规律指出，社会主义社会不是凭空出现和一下子就建成的，而是在继承人类一切优秀文明成果的基础上逐步推进、阶段式地逐步实现的，社会主义作为通往共产主义的一个阶段体现了坚持科学发展路径的重要性。中国特色社会主义文化建设更要坚持科学的社会发展客观规律，积极借鉴人类文明的一切优秀成果。一方面，不能闭关自守、拒绝多元文化的交流与碰撞，也不能刻意放大不同文化的差异性而自我贬低或自我满足；另一方面，要发挥文化的能动性、中华文化的现代性和社会主义先进文化的超越性，主动推进多元文化的交流与借鉴。建成社会主义文化强国的社会主义先进性充分体现了我们民族文化的开放性、包容性、世界性；同时，在建成社会主义文化强国的实践中，始终要对国际文化思潮中的文化普遍主义保持警惕，防止普遍主义披着自由和民主的外衣推行绝对主义、一元主义的价值观和文化霸权理念。

三、建成社会主义文化强国的主体创造性的本质特征

建成社会主义文化强国的提出与实现最为关键的是充分激活全民族的创新创造活力。依靠人民、为了人民、实现人民是中国特色主义文化建设的本质特征。人民的主体创造性力量是实现理论创新和实践创新的重要力量，是民族创新和时代进步的实际推动者。习近平总书记指出，"人民有信仰，国家有力量，民族有希望"①。中华民族在不同历史时期形成的文化精神是形成中华民族凝聚力的重要内容，中华文化共同的历史传承和价值认同是形成全民族共同文化认同的精神力量，人民对国家民族的坚定信仰和团结稳定的民族凝聚力是孕育爱国主义精神、艰苦奋斗精神和改革创新时代精神的重要来源。"实现中华民族伟大复兴的中国梦，物质财富要极大丰富，精神财富也要极大丰富。我们要继续锲而不舍、一以贯之抓好社会主义精神文明建设，为全国各族人民不断前进提供坚强的思想保证、强大的精神力量、丰润的道德滋养。"② 因此，提升人民的主体性创造性和全民族的创新创造力，是建成社会主义文化强国的本质特征和本质要求。

建成社会主义文化强国的主体创造性体现在中华民族的精神品格与强大的精神动力。中华民族的精神品格是沉淀于中华文化基因之中的精神力量，构成了人民与民族的文化生命力和文化创造力，是建成社会主义文化强国的有力保证。中华民族自古就以道德修养作为成长成才的目标、以伦理规范作为品性发展的自我约束，形成了爱好和平、以民为本、自强不息、革故鼎新的精神品格。在近代中国驱除列强、反抗殖民侵略的争取民族独立运动中，中国共产党带领广大人民以伟大的爱国主义和艰苦奋斗的精神力量维护民族独立。在社会主义建设和改革时期，开拓创新的精神铸就了改革开放的时代精神，激励着全党、全国人民在一穷二白中创造出举世瞩目的世界性成就。在社会主义现代化建设的新时代，实现中华民族伟大复兴的中国梦激励着全民族奋发前进。"人无精神则不立，国无精神则

---

① ② 习近平. 习近平谈治国理政：第2卷. 北京：外文出版社，2017：323.

文化中国的憧憬

不强。精神是一个民族赖以长久生存的灵魂，唯有精神上达到一定的高度，这个民族才能在历史的洪流中屹立不倒、奋勇向前。"① 中华民族的精神品格在传承发展中生成出伟大创造精神、伟大奋斗精神、伟大团结精神、伟大梦想精神，是建成社会主义文化强国的民族性精神力量，更是推动中华民族实现第二个百年奋斗目标的精神动力。

建成社会主义文化强国的主体创造性是实现历史创造的重要力量。习近平总书记指出："中华民族迎来了从站起来、富起来到强起来的伟大飞跃是中国人民奋斗出来的！"② 人民的精神品格汇聚成伟大的民族精神品格，"中国人民的特质、禀赋不仅铸就了绵延几千年发展至今的中华文明，而且深刻影响着当代中国发展进步，深刻影响着当代中国人的精神世界。中国人民在长期奋斗中培育、继承、发展起来的伟大民族精神，为中国发展和人类文明进步提供了强大精神动力"③。建成社会主义文化强国是依靠人民、为了人民、实现人民的战略发展目标，体现了人民创造历史、改变时代的主体创造性力量。新时代，建成社会主义文化强国使全国各族人民共同团结在实现中华民族伟大复兴中国梦的旗帜之下，"举旗帜、聚民心、育新人、兴文化、展形象"的文化建设有利于激活全民族创新创造活力、提升国家文化软实力，满足人民的文化发展需求，实现中华民族的文化兴盛与繁荣富强。

建成社会主义文化强国的主体创造性体现在党和国家高度重视科技创新与制度创新，这是提升全民族的创新创造活力和国家文化软实力的关键。主体创造性能否顺利实现，在战略和制度建设层面取决于能否持续推进科技创新与制度创新。从战略和制度层面推进科技创新和制度创新，有利于提升人民的创新意识、激发全民族的创新活力。当前的国际竞争主要以科技竞争为主，建成社会主义文化强国的实践更要围绕提升国家科技与文化创新力、建设创新性制度展开。面对世界形势变化和激烈的国际竞争，习近平总书记指出："在一些科技领域，我国正在由'跟跑者'变为

---

① 习近平. 在纪念红军长征胜利 80 周年大会上的讲话. 人民日报，2016 - 10 - 22（2）.
②③ 习近平. 在第十三届全国人民代表大会第一次会议上的讲话. 人民日报，2018 - 03 - 21（2）.

'同行者',甚至是'领跑者'。同时,我们也要清醒地看到,中国在发展,世界也在发展。与发达国家相比,我国科技创新的基础还不牢固,创新水平还存在明显差距,在一些领域差距非但没有缩小,反而有扩大趋势。国际科技竞争,犹如逆水行舟,不进则退啊!"① 因此,实施创新驱动是关系到民族国家的前途命运、人民美好生活的关键,"没有强大的科技,'两个翻番'、'两个一百年'的奋斗目标难以顺利达成,中国梦这篇大文章难以顺利写下去,我们也难以从大国走向强国。全党全社会都要充分认识科技创新的巨大作用,把创新驱动发展作为面向未来的一项重大战略,常抓不懈"②。

当前国际局势和时代大局呈现出更多的新变化、新挑战,推动高水平的科技创新和制度创新显得尤为紧迫,这也是建成社会主义文化强国的重要内容。高水平的科技创新和制度创新是当今国际竞争的重要内容,是关系国家安全、民族繁荣和人民幸福的重要内容。"在激烈的国际竞争面前,在单边主义、保护主义上升的大背景下,我们必须走出适合国情的创新路子,特别是要把原始创新能力提升摆在更加突出的位置,努力实现更多'从0到1'的突破。希望广大科学家和科技工作者肩负起历史责任,坚持面向世界科技前沿、面向经济主战场、面向国家重大需求、面向人民生命健康,不断向科学技术广度和深度进军。"③ 因此,科技创新和制度创新是建成社会主义文化强国建设的本质要求和重要内容,更是决定当前和未来我们顺利实现第二个百年奋斗目标的关键。

四、建成社会主义文化强国的构建世界性文明的本质特征

建成社会主义文化强国的根本指导思想和社会主义先进性本质,使建成社会主义文化强国的价值主张、实践原则具有宏大的世界性文明视野,其构建世界性文明的本质特征具有强烈的人类命运共同体的价值关怀。中

---

① 中共中央文献研究室. 习近平关于科技创新论述摘编. 北京:中央文献出版社,2016:24.
② 同①25.
③ 习近平. 在科学家座谈会上的讲话. 人民日报,2020-09-12(2).

华民族共同体的文化认同强调"各美其美、美人之美、美美与共"的价值原则，有利于推进不同文化之间超越差异性、寻求共同价值主张，在关系人类命运与共的问题上实现交流互动和合作共享。建成社会主义文化强国的构建世界性文明的本质特征，体现为中国在国际上致力于构建人类命运共同体，旨在强调世界所有国家都是嵌套在世界现代化格局之中的命运共同体，任何违背人类命运共同体价值主张的霸权主义和极权主义都会毁掉人类文明发展至今所积累的成果；只有立足于人类文明共同发展和面向未来的世界性视野，关注时代与世界发展的大变局，才能抓住时代发展机遇，实现人类文明共同繁荣发展，最终也将使各个国家获得和平发展的稳定环境。立足于世界性文明视野的社会主义文化建设，在价值主张上始终强调多元文化的求同存异，化解冲突矛盾、实现共赢发展。从社会主义的历史定位与本质要求来看，中国特色社会主义文化是积极吸收和借鉴人类一切优秀文明成果的文明新范式、新实践，中华文化的独特精神智慧和实践智慧能够有效化解文化冲突与矛盾，社会主义先进文化更是具有超越和克服帝国主义、霸权主义的历史进步性，通过倡导人类命运共同体的价值主张向国际社会展示中国智慧、中国精神和中国方案的世界贡献。因此，构建文明的世界性视野体现了文化强国的本质特征与世界性贡献。

　　建成社会主义文化强国的构建世界性文明的本质特征体现了社会主义文化先进性，这正是针对资本主义文化霸权的理论成果，有利于消除国际社会对中国的误解，营造更加注重对话交流与合作的国际文化格局。在西方大国支配下的世界文化格局中，形成了仇视和警惕中国和平发展的"中国威胁论"，认为现代中国的和平发展势必挑战现有国际秩序，并从资本主义与社会主义的意识形态对立角度宣称社会主义国家威胁论。从建成社会主义文化强国的理论逻辑、基本内涵和本质特征来看，"中国威胁论"无视人类社会历史发展客观规律，将不同文化的差异性和意识形态差异性绝对化为敌对力量，忽视了以发展的、开放的眼光看待发展中的现代中国。一方面，按照人类社会历史发展的客观规律，封建社会是必然被更高发展阶段的资本主义、社会主义所取代，世界上许多资本主义国家都经历了从封建社会到资本主义社会的发展进程。然而由于中国遭受帝国主义的殖民侵略的国情，决定了中国人民要跨越"卡夫丁峡谷"，跳过资本主义阶段，选择和发展社会主义制度。虽然中国的历史和国情不适合发展资本主义，但是中国特色社会主义要在继承和吸收一切人类文明优秀成果的基础上解放和发展社会主义生产力，这是历史唯物主义的基本观点，也符合中华文化的开放包容、交流借鉴的价值主张。因此，任何以意识形态差异、发展道路差异为由宣称"中国威胁论"的言论都是违背社会历史发展客观规律的主观主义。同时，我们也要清醒地认识到，在资本主义的所有生产力全部展示出来之前，资本主义不会自行灭亡，但是构建世界性文明的本质特征要求我们在倡导人类命运共同体的价值主张中达成文化的交流互鉴与共同发展。另一方面，中国是爱好和平的、自主的、负责任的发展中国家，中国式现代化追求的是全面实现社会主义现代化，推动世界和平与发展、推动人类文明面向未来，特别是中国特色社会主义文化的进步性与超越性是推动世界和平稳定发展的重要文化力量。

建成社会主义文化强国的世界性文明视野要求中国在国际文化交往中应当主动回应各种质疑与误解，以开阔的世界性文明视野展现中国特色社会主义文化的先进性。构建世界性文明的广阔视野并不能消除世界秩序支配者对中国和平发展的不安和担忧，因为它们的不安和担忧正是赖以支配世界秩序的文化霸权和文化单边主义。美国学者亨廷顿提出的"文明冲突论"，认为欧美国家之间存在共同的文明认同，而欧美与伊斯兰文明、中国文明、非洲文明等较难实现文明认同，因此不可避免会产生文明的冲突。亨廷顿认为提升美国作为"中立大国"的世界影响力，维持世界秩序，有助于解决文明冲突。从文明与文化的概念差别来看，文明的发展离不开共同的规则与世界秩序，文明的发展是逐渐消除差异与冲突；文化则体现了不同民族或国家的历史特殊性和文化个性，世界上不同国家的存在就意味着多元文化并存。主张多元文化并存是尊重历史与事实，承认多元文化之间可以谋求共同的价值诉求，实现共荣发展。文明冲突论的缺陷在于否认了多元文化共存的事实和实现共同价值的可能性，以宗教、语言与历史认同等同于文明认同，因此必定形成"中国威胁论"等错误的观点。因此，建成社会主义文化强国的世界性文明的本质特征和本质要求，旨在消除不同文化之间的偏见、误会与敌视，以超越不同文化事实上的差异性、寻求不同文化价值上的共同性而推动人类命运共同体的构建，开创人类文明新形态，引导人类文明面向未来。

建成社会主义文化强国的构建世界性文明的本质特征主张建立文化间对话交流机制，通过文化对话交流机制展现社会主义文化的先进性和中华文化崇高的世界性文明站位。主张建立不同文化的对话交流机制，既体现了中华文化的实践智慧，也体现了马克思主义理论开放的、时代的、世界的理论特色。立足于构建世界性文明，推进文化间的对话交流，有利于跨越文化差异性和意识形态对立，实现合作共赢、共享发展成果，最终推动人类文明的新发展。现代世界大战冲突和大国霸权对峙的经验教训提醒我们要始终以全人类的文明发展与进步为价值导向，要在历史、时代与世界的广阔发展格局中形成共同的人类价值主张，推进多元文化对话机制。因此，建成社会主义文化强国不仅是有利于实现中华文化繁荣昌盛的伟大事业，更是有利于引领人类文明开创未来的伟大事业。

第三章　建成社会主义文化强国的现实基础

　　文化与人具有同构互塑的特性。文化在一定程度上可以说塑造了人、彰显了人之为人的特性。首先，作为与"自然"概念相对的"文化"概念，是人摆脱对自然的纯粹依赖时逐步形成的概念，在越来越走出纯自然的路上不断丰富了文化的内容与形式，人的需要的对象性活动彰显出了人的本质超越性，所以说文化的存在确证了人的本质特征。其次，现实生存的每个人都被文化所塑造。每一个在现实中生活的人，无论是从小接受的文化教育，还是日常接触的文化样态，或者是无时无刻不融入其中的文化生活，很大程度上都是由此前和当下的文化塑造的。我们庆祝某些文化节日、运用某些文化符号、熟悉某些文化载体，都在潜移默化中塑造了自身，所以说文化塑造了每一个时代中现实的人。同时，人也在不断塑造文化。作为由人创生与更新的文化，已有的文化成果在代际传承中不断被继承，新生的内容又不断被创造。文化具有的属人性决定了文化需要通过人来完成传承与创新。文化不仅由一辈辈前人塑造，同时也由当代人塑造，由一代代人塑造的文化形成面向未来的文化指向。

　　一方面，既已形成的文化塑造了活在当下的人，无论是传承的物质载体或者精神内核都成为当代文化生活的现实素材。另一方面，基于特定现实文化基础的当代人，必然在人的超越性的影响下不断发挥主观能动性，

文化中国的憧憬

在对已有文化继承的同时,实现了对文化的发展。建设文化强国的文化共识和当代中国文化发展的现实基础为立足于新时代背景下建设社会主义文化强国提供了可能性和发展路径。作为一种整体性文化构想,社会主义文化强国的建设既要考虑到宏观的谋事之机,即实现中华民族伟大复兴的战略全局与世界百年未有之大变局,又要考虑到微观的现实基础,即已有的丰硕文化成果与宝贵经验。

第一节 建成社会主义文化强国的背景

建成社会主义文化强国,既是一个以2035年为时间节点的中长期远景目标,又是一个贯穿百余年党史不断推进的文化实践。在中国特色社会主义进入新时代的大背景下,文化建设应是一种文化自觉的体现,而非随意的文化行为,也就是说,建成社会主义文化强国具有现实的价值指向。文化是民族生存和发展的重要力量,建成社会主义文化强国是我们党团结带领人民长期奋斗追求的重要目标、是全面建设社会主义现代化国家的战略任务、是实现中华民族伟大复兴的基础支撑、是推动构建人类命运共同体的必然要求。习近平总书记强调:"没有中华文化繁荣兴盛,就没有中华民族伟大复兴。"[1] 建成社会主义文化强国是实现中华民族伟大复兴的前提条件。

同时,建成社会主义文化强国的实践也不是中国人的独奏,无论是文化发展的开放交流、包容多元的要求,还是国家发展必须结合世界发展趋势的要求,我们都要面对复杂的国际形势,"发展面向现代化、面向世界、面向未来的,民族的科学的大众的社会主义文化"[2]。基于中国近现代以来的奋斗史与世界各国的发展经验,面对世界风云突变的局势,中国既不能被其他大国裹挟着前进,更不能被动地改变与变革,而是要积极主动作

---

[1] 中共中央文献研究室. 习近平关于社会主义文化建设论述摘编. 北京:中央文献出版社,2017:7.
[2] 习近平. 高举中国特色社会主义伟大旗帜 为全面建设社会主义现代化国家而团结奋斗:在中国共产党第二十次全国代表大会上的报告. 北京:人民出版社,2022:43.

为，把握世界发展大势，在危机中育先机，于变局中开新局。文化发展亦是如此，面对世界舞台上多元多样的文化，开放的中国环境使本国文化必然要面对多元文化的冲击。在面对外来文化的冲击时，我们既不能任由外来文化渗透我们的文化观，也不能不加批判地完全吸收外来文化，而是要在世界文化百花园中，批判性地吸收和借鉴，立足"两个大局"，实现中华文化的创造性转化和创新性发展。

一、深刻把握中华民族伟大复兴战略全局

近年来，习近平总书记在不同场合多次指出，实现中华民族伟大复兴是中华民族以及中国人民近代以来最伟大的梦想，同时"实现中华民族伟大复兴进入了不可逆转的历史进程"[①]。只有经历过苦难的民族，才懂得复兴的意义；只有创造过辉煌的民族，才对复兴有如此深切的渴望。中华民族正是这样的民族。中华民族是世界上伟大的民族，有着5 000多年源远流长的文明历史，为人类文明进步做出了不可磨灭的贡献，中华文明曾经几度走在世界前列，无论是汉朝的强大、唐朝的荣华，都曾彰显出中华民族的国家气度与大国形象。历史上的中国，曾在科技领域、思想文化领域、社会制度等方面都领先于世界其他国家，对东亚地区乃至世界产生过巨大的影响与深远的作用。在这一阶段，中华民族以开放包容的自信心态，积极吸纳外来文化中的有益因素，有机地融合在中华文明之中，同时并未失去中华文明的核心价值与独特民族性，构成一个真正不断进步的文化生命体。

但中国曾经也几度禁止海运、闭关锁国，在自诩天朝上国的故步自封中，错过了西方国家主导的工业革命，一步步与西方拉开了思想、技术上的差距。直到1840年西方国家以坚船利炮迫使中国打开大门，我们才发现与世界发达国家的差距已难以挽回，中国沦为半殖民地半封建社会。曾经繁荣的中国与灿烂的中华文明不得不面对国家破败、民生凋敝，中华文明因此蒙尘。正如习近平总书记所说，近代以后，中华民族遭受的苦难之

---

① 习近平. 高举中国特色社会主义伟大旗帜 为全面建设社会主义现代化国家而团结奋斗：在中国共产党第二十次全国代表大会上的报告. 北京：人民出版社，2022：16.

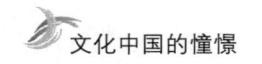

重、付出的牺牲之大,在世界历史上都是罕见的。闭关锁国使文化在自负的心态中故步自封,直到重开国门后巨大的差距冲击了中国文化以及文化人的自信,全盘否定中国文化、全面西化的思潮差点断送中国文字,中华文明岌岌可危。

1921年,中国共产党成立,中国的革命从此掀开新的篇章,中国共产党自成立时就义无反顾地承担起实现中华民族伟大复兴的历史使命,团结带领全国人民进行了艰苦卓绝的斗争。从筚路蓝缕到风雨兼程,中国共产党带领中国人民一步一步完成了新民主主义革命,建立了中华人民共和国,完成社会主义革命,确立社会主义基本制度,推进社会主义建设,进行改革开放新的伟大革命,开辟了中国特色社会主义道路。如今进入新时代,中国踏上建设社会主义现代化国家的新征程。正如习近平总书记在庆祝中国共产党成立100周年大会上指出的,"今天,我们比历史上任何时期都更接近、更有信心和能力实现中华民族伟大复兴的目标"①。

二、面对世界百年未有之大变局

作为世界大家庭的重要成员,从古至今中国一直是世界多元文化中独特的且具有重要影响力的存在。历史经验表明,在新时代传承和发展中华文化必须具有开阔的视野、宽广的胸怀,既放眼世界,又展望未来。而如今,世界局势风云变幻,政治格局、经济布局、文化形态发生了全球历史性、革命性变化。这样的大变局是我们中国在新时代发展过程中必然面临的现实外部环境,也会深刻影响我国的战略布局。在文化领域,面对各国错综复杂的文化环境、面对不可预知的文化冲击,如何既保持我们本土文化的主体性,又能吸收外来文化的优秀成果,关系社会主义文化强国的建设效果和中华民族伟大复兴的历史使命能否实现。

百年未有之大变局是近百年来国际大国更迭、社会剧烈变动的真实体现。世界经历了两次世界大战,世界秩序被多次重塑,每一次世界力量的重新分配都意味着世界的强国大国重新洗牌。世界政治格局的变化背后是

---

① 习近平. 在庆祝中国共产党成立100周年大会上的讲话. 人民日报,2021-07-02(2).

世界主要大国的博弈，从反法西斯的共识到二战后的新全球治理体系，从美苏两强争霸到苏联解体，世界呈现一超多强的局面。随着发展中国家与新兴经济体的兴起，世界多极化成为崭新的政治趋势。在每一次政治格局重塑的时机，世界主要大国都积极去争夺全球治理的主动权。而如今，逆全球化、政治民粹化、单边主义等浪潮冲击着二战之后的政治格局，随着地缘政治与地区战争的激化，世界政治的走向更难预知。政治格局的巨大变化要求我们以更大的政治耐心、政治智慧面对波谲云诡的形势。

同时，世界经济格局也发生了巨大变化，新兴经济体崛起，发展中国家成为经济增长引擎，经济重心东移，全球产业链建成并通过合作的形式向全球源源不断地提供工业品。但随着政治的反全球化趋势，经济领域也出现反全球供应链、贸易保护主义等消解性趋势。我国是全球贸易大国，我们不仅从经济全球化中获益，还通过经济全球化与世界各国深化合作，构建双边和多边合作协作关系。这要求我们在新时代面对经济格局的新变化时，要坚定多边主义的立场，继续推动经济全球化，成为建立国际政治经济新秩序的倡导者、建设者、维护者。

文化领域也因为政治经济的变化受到了较大影响。二战后随着全球治理体系的稳定与发展，随着经济全球化带来的跨国交流，世界文化日益呈现出多样性、差异性、丰富性的特点。随着跨国移民与交流的深入，很多国家成为文化的熔炉，多元文化成为这个时代的文化样态最本质的特征。但随着政治的民粹主义与种族主义、经济的单边主义与贸易保护主义的抬头，文化的霸权主义、单边主义都成为阻碍当代文化深入交流的因素。

2013年3月23日，习近平总书记在莫斯科国际关系学院演讲时指出："人类社会发展的历史证明，无论会遇到什么样的曲折，历史都总是按照自己的规律向前发展，没有任何力量能够阻挡历史前进的车轮。"[①]在新时代建设社会主义文化强国必须统筹好"两个大局"，发挥人的主观能动性，坚持唯物史观，把握历史发展规律，为实现中华民族伟大复兴而不懈奋斗。

---

① 习近平. 习近平谈治国理政. 北京：外文出版社，2014：273.

文化中国的憧憬

第二节　建成社会主义文化强国取得的成就

党的十九届五中全会明确提出了到 2035 年建成社会主义文化强国的远景目标，这是对"十四五"时期推进社会主义文化强国建设进行的战略部署。中国共产党在带领中国人民实现民族独立和人民解放的过程中，实现了对中华优秀传统文化的去芜存菁，并在器物层面、制度层面、思想层面对西方文化进行借鉴和学习，为之后中国文化的发展提供了有益借鉴。中华人民共和国成立之后，党在不同时期提出过"百花齐放、百家争鸣"的文艺工作和科学研究的发展方针，"中国共产党要始终代表中国先进文化的前进方向"的重要思想，促进了中国特色社会主义文化的发展和建设。党的十八大以来，以习近平同志为核心的党中央高度关心和重视文化工作，并在 2013 年 8 月 19 日的全国宣传思想工作会议上强调，"要继续推进文化体制改革，推动文化事业全面繁荣和文化产业快速发展、建设社会主义文化强国"[1]。

在党中央的正确领导下，在各级政府的大力支持下，我国文化工作取得了丰硕成果，为建设社会主义文化强国奠定了坚实的基础。作为能够影响个人、社会、民族、国家发展的，具有潜移默化力量的文化，通过改变或创造物质的、具象的文化载体，进而影响精神的、抽象的文明意识。党的十八大以来，"确立和坚持马克思主义在意识形态领域指导地位的根本制度，新时代党的创新理论深入人心，社会主义核心价值观广泛传播，中华优秀传统文化得到创造性转化、创新性发展，文化事业日益繁荣，网络生态持续向好，意识形态领域形势发生全局性、根本性转变"[2]。在文化实践的过程中，我们要将所有有助于文化发展的经验汇聚成文化制度，作为实践指南的政策法规是在新时代背景下在 2035 年实现建成社会主义文化强国伟大愿景的制度保障。

---

① 习近平．习近平谈治国理政．北京：外文出版社，2014：155.
② 习近平．高举中国特色社会主义伟大旗帜 为全面建设社会主义现代化国家而团结奋斗：在中国共产党第二十次全国代表大会上的报告．北京：人民出版社，2022：10.

在党的领导下,我国在社会主义文化建设方面取得了巨大成就,社会主义核心价值观培育效果显著,国民素质得到极大提高,社会主义精神文明建设硕果累累。总的来说,文化体制的渐趋完善、多元化文化产业的蓬勃发展、中华文化走向世界等成就无不彰显着中国特色社会主义文化建设的蓬勃生机。

一、文化传播方式深刻变革

作为现实中的文化,必然需要具体的物质作为文化载体,文化的传承、创造与传播都离不开文化载体。正如马克思强调:"物质生活的生产方式制约着整个社会生活、政治生活和精神生活的过程。"[1] "每一历史时代的经济生产以及必然由此产生的社会结构,是该时代政治的和精神的历史的基础"[2]。这些都说明,文化无法脱离其物质基础,主要体现如下:

首先,文化的创造需要现实物质的参与。第一,文化的创造需要借助物质工具,例如文字书画需要借助画笔与颜料。第二,文化的创造力需要文化机构培育,例如,创造文化的人必然要提前接受文化教育,就需要教育、展览等文化机构。第三,文化的新内容需要物质载体。作为开放的文化,必然要吸纳外来有益的文化因素,这些因素也需要物质载体,例如被中华文化积极吸纳的佛教思想是借由佛经、雕塑等具体形式传入中国的。

其次,文化的传承需要物质载体。我们如今能够触摸并理解远古的文化都是因为过往的文化借由各种载体流传至今,从商朝的甲骨文中我们知道了汉字最初的样子,从周朝的青铜器上我们了解到远古的礼制,从春秋的竹简中我们寻到了塑造中华文明之根的思想,宣纸上的丹青、丝绸上的绣工、肖然的古代建筑……正是依赖这些留存至今的物质载体,我们才能真实地接触到中华文明的历史脉络,实现中国文化的传承。

最后,文化的传播更离不开物质载体。所有作为文化载体的物质不仅是记录容器,更是传播媒介。从传播学的视角来看,每一次文化载体的变化都意味着媒介传播的深刻变革,更为便捷的媒介可以极大加快文化的传

---

[1] 马克思,恩格斯.马克思恩格斯文集:第2卷.北京:人民出版社,2009:591.
[2] 同①9.

播速度，更具体验感的媒介可以强化文化的传播效果。儒家思想的广泛传播有赖于中国古代从竹简到纸的媒介升级，同样，基督教的传播也有赖于造纸技术印刷技术的升级，让《圣经》大量印刷。而更具体验感的媒介能让更广大的群众轻易地接触到文化，广播的出现让人们只能从平面的文字图画外获得声音的文化信息，电视电影更是结合了多重感官体验，而如今移动网络终端上的自媒体、融媒体让人们可以轻易地获得信息，文化的传播效果呈现指数级的提升。

同时，我国的文化传媒领域内发生了广泛而深刻的数字化变革，其中传统媒体进行数字化转型后形成的融媒体成为媒介改革最突出的代表。工业和信息化部发布的数据显示，"十三五"期间数字经济年均增速超过16.6%，到2020年年底数字经济核心产业增加值占GDP比重已经达到7.8%[①]。

纵观文化的发展史，每个国家、每一种文明都曾拥有本民族具有代表性的思想家，他们的思想共同形成了本民族的思想根基与血脉，这些塑造了民族特性的思想都必须由物质的文化载体形式对抽象的文化思想进行具体表达，而这样的物质文化载体也作为文化媒介在文化的代内广泛传播与代际传承过程中都起到重要作用。

就文化媒介在代内传播中的作用而言，最关键的因素是有效传播速度。"有效"表明发挥媒介功能的文化信息的物质载体越容易保存就越容易完成传播过程，比如在通信手段极少且不发达的古代，人们会训练鸽子作为传播媒介携带人们的信息，虽然鸽子的飞行速度远高于人力或者畜力的传播速度，但是鸽子作为媒介的可靠程度却很低。"速度"表明媒介在传播中在保证有效的前提下，速度越快的传播方式越能将文化信息传播出去，比如同样是我国代表队在海外参与奥运会，在纸媒时代，人们只能从隔天的报纸上获得相关信息，而广播电视媒体出现后，信息以电磁波为载体传播，人们可以迅速地获得被筛选后的信息。如今，在5G技术的加持下，人们可以以更低的时延观看比赛，这极大地促进了文化的有效传播。

就文化媒介在代际传播中的作用而言，最关键的因素是有效信息密

---

① "十三五"我国数字经济年均增速超16.6%. http://www.scio.gov.cn/xwfbh/xwbfbh/wqfbh/44687/45087/zy45091/Document/1700604/1700604.htm.

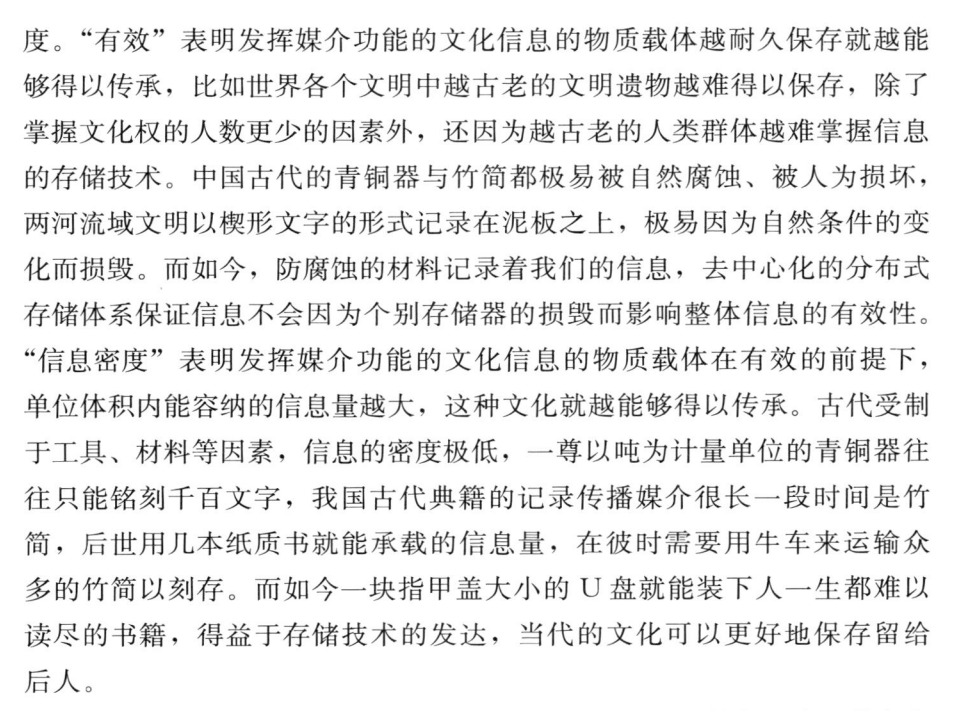

度。"有效"表明发挥媒介功能的文化信息的物质载体越耐久保存就越能够得以传承,比如世界各个文明中越古老的文明遗物越难得以保存,除了掌握文化权的人数更少的因素外,还因为越古老的人类群体越难掌握信息的存储技术。中国古代的青铜器与竹简都极易被自然腐蚀、被人为损坏,两河流域文明以楔形文字的形式记录在泥板之上,极易因为自然条件的变化而损毁。而如今,防腐蚀的材料记录着我们的信息,去中心化的分布式存储体系保证信息不会因为个别存储器的损毁而影响整体信息的有效性。"信息密度"表明发挥媒介功能的文化信息的物质载体在有效的前提下,单位体积内能容纳的信息量越大,这种文化就越能够得以传承。古代受制于工具、材料等因素,信息的密度极低,一尊以吨为计量单位的青铜器往往只能铭刻千百文字,我国古代典籍的记录传播媒介很长一段时间是竹简,后世用几本纸质书就能承载的信息量,在彼时需要用牛车来运输众多的竹简以刻存。而如今一块指甲盖大小的U盘就能装下人一生都难以读尽的书籍,得益于存储技术的发达,当代的文化可以更好地保存留给后人。

对于当下这个时代,第四代技术革命让全球进入了数字时代,数字化广泛而深入地嵌入每一个人的生活,文化媒介也在数字化浪潮中被深刻变革,形成一个个数字文化新业态。文化创作者受益于数字化转型,数字化的设备极大地帮助了文化创作者们的创作。以影视行业数字化变革为例,在胶片时代,影视制作者与电视行业从业者需要用录像胶片记录影像元素,胶片不仅价格昂贵,而且容易损坏或遗失,这都限制了文艺工作者创意的发挥,阻碍了行业更快速地发展。在数字化变革之后,整个产业都发生了深刻变革:第一,以数字储存代替胶片可以让拍摄成本大幅降低,不仅专业的文化从业者可以更尽情地发挥创意,普通人也可以负担得起数字化的视频创作;第二,全社会的创作热情被数字化调动起来之后,直接带动了上下游文化产业的蓬勃发展,上游的数字拍摄设备行业与下游的影视播出、版权代理等行业也都收获了巨大的资金支持以促进长远发展;第三,数字化促进了新生产业的萌发,随着民用移动设备具备越来越高的数字影像录制剪辑功能,同时在网络技术、电信技术等行业的数字化同步转

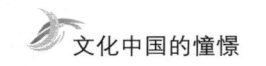

型的影响下，诞生了诸如抖音、vlog等互联网业态，成为数字化时代极具代表性的新生产业。

对于传统媒体，数字化也深刻地影响了它们的产业生态，最具代表性的就是传统媒体在数字时代以融媒体的形式焕发崭新生命力。在数字化进程的不断推进中，以报纸、期刊为代表的纸质媒体所体现的传统的出版模式已经无法阻挡纸媒的萎缩趋势。随着新媒体的出现，人们获取信息的渠道更加丰富，网络平台因为传播信息更及时，人们更倾向于选择这种便捷的新媒体新闻源。在新媒体的冲击下，报纸与期刊的受众逐渐减少，它们的印刷量逐年递减，传统媒体产业出现了数字化转型中的"阵痛"现象。但传统媒体发现，数字化时代中的人们虽然期待更及时的信息，但是具备更高信息素养的当代人更期待有深度、更权威、质量高的信息。所以，传统媒体发挥自身专业能力强、人才队伍完整、具备权威身份等特点，积极拥抱数字化技术革命以融媒体的形式进行转型。传统媒体行业的融媒体转型不是简单地将信息在网络平台发布而已，而是以自身传统的专业设备、人才为基础，依托5G等电信技术在云端形成一个包含文字、图像、音视频等多种形式的信息库，受众可以主动地、有选择性地选择自己需要的信息并反馈意见，媒体也可以实时根据受众反馈而调整信息传播方式。如今，无论是《人民日报》、中央广播电视总台等中央媒体还是县级广播电视台或报社都积极成立融媒体中心，形成一张融媒体传播网。

总而言之，党的十八大以来，文化传播方式发生深刻变革，在信息技术与网络技术的推动下，数字化转型深刻地改变了文化媒介的形式，我国各类媒体在数字时代中探索出一条有效的媒介优化升级方式，更好地满足了广大人民群众更高质量的文化生活需要。

二、文化产业蓬勃发展

1. 出版发行服务

图书、期刊、报纸出版方面，党的十八大以来的出版种数、总印数稳步增长。2020年，我国共出版图书489 051种，共103.73亿册。2021年，

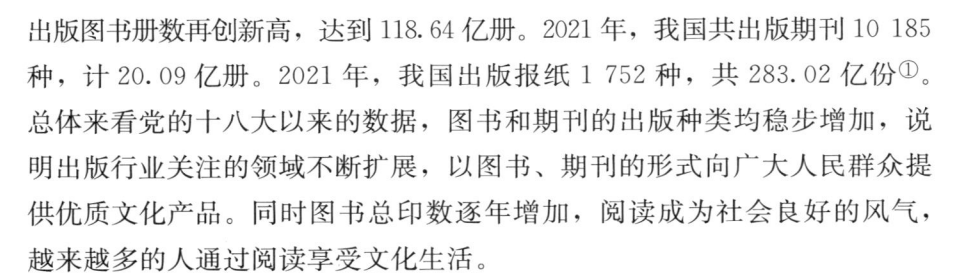

出版图书册数再创新高，达到118.64亿册。2021年，我国共出版期刊10 185种，计20.09亿册。2021年，我国出版报纸1 752种，共283.02亿份①。总体来看党的十八大以来的数据，图书和期刊的出版种类均稳步增加，说明出版行业关注的领域不断扩展，以图书、期刊的形式向广大人民群众提供优质文化产品。同时图书总印数逐年增加，阅读成为社会良好的风气，越来越多的人通过阅读享受文化生活。

2. 广播电视电影服务

广播电视方面，党的十八大以来广播电视节目制作、播出以及覆盖率均有提高。2021年，全国广播节目制作时间达到8 127 066小时，播出15 894 889小时，通过共2 941套公共广播节目覆盖99.5%的人口，其中新闻资讯类节目、专题服务类节目制播时长不断增加。2021年，全国电视节目制作时间达到3 059 642小时，播出20 139 917小时，通过3 613套公共电视节目覆盖99.7%人口，其中新闻资讯类节目、专题服务类节目直播时长不断增加，电视广告节目、综艺节目制作时间稳步减少。综合党的十八大以来电视节目的播出情况，可以发现2012年至2021年全年电视剧播出部数较为稳定（21万～24万部），其中进口电视剧部数大为减少，从2012年的4 872部减少到2021年的314部，进口动画片播出小时数也从最高2014年的15 883小时减少到最低2021年的2 939小时，这从一定程度上说明我国电视节目尤其是电视剧制作水平的提高②。党的十八大以来，广播电视方面涌现出许多优秀文化成果，如河南卫视通过不断挖掘传统文化元素，融合高科技表达手段，在每一个传统节日举办"奇妙夜"系列晚会，成为广受喜爱的文化盛宴。晚会中展现唐朝风华、敦煌文化的舞蹈作品成为年轻人愿意亲近传统文化的入口。同时还有多部优秀电视剧作品引发人们的关注与喜爱，如：革命题材电视剧《觉醒年代》在建党百年之际播放，引发全国人民为在风雨飘摇时代中第一批共产党人的伟大理想而感动；脱贫题材电视剧《山海情》以真实的视角和案例让全国观众真切体会到全民脱贫之不易；反映时代的《平凡的世界》《人世

---

①② https://data.stats.gov.cn/easyquery.htm? cn=C01.

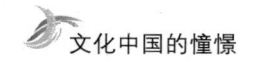

间》真实地展现特定历史切面中的一个个真实个体的生活境遇,以真情引发同时代人的共鸣。这些优秀的电视作品为广大人民群众提供了优质的文化享受。

电影方面,自 2012 年以来,我国电影行业不断发展,近年来也涌现出一批深受人民群众喜爱的作品。我国生产的故事片从 2012 年的 745 部稳步增加至 2018 年的峰值 902 部,受疫情影响我国 2020 年至 2021 年生产的故事片数量有所降低,但仍然分别生产了 531 与 565 部。2021 年动画片从 2012 年的 33 部增加到 2021 年的 47 部,科教片、纪录片、特种片均在整体上呈现增长趋势[①]。新冠肺炎疫情期间,电影制作受到了一定影响,电影制作数量稍有降低,但依旧有不少佳作不断涌现。党的十八大以来,国内票房纪录不断被刷新,一些作品都是票房与口碑双丰收。《战狼》系列、《长津湖》系列、《红海行动》等主旋律电影既拥有壮阔宏大的特效场面,展现战场的紧张,又拥有深刻的爱国情怀,让观众接受了爱国主义教育。《我和我的祖国》《我和我的家乡》《我和我的父辈》作为在国庆档上映的系列电影,通过多位导演对不同时代的刻画,为观众展现出不同时代同一话题的历史变迁,在故事中讲述中国的发展与人民的生活变迁。《你好,李焕英》以浓浓的温情与巧妙的情节设计让观众在为演员的精彩表演喝彩之余重新审视自身的亲情关系。这些屡次刷新票房纪录的电影超越了曾经"照本宣科"式的电影,通过精彩的特效、巧妙的情节、真挚的情感、精湛的演技、深沉的情怀打动着观众。

3. 文化产业营收

2022 年,全国规模以上文化及相关产业企业营业收入 121 805 亿元,按可比口径计算,比上年增长 0.9%。其中新闻信息相关服务,如新闻、报纸、广播电视以及互联网服务合计营业收入达到 14 464 亿元,比 2021 年增长 3.3%;内容创作生产收入达到 26 168 亿元,比 2021 年增长 3.4%;文化相关投资管理以及运营管理共收入 504 亿元,比上年增长 3.2%;涉及印刷、广播电视、摄录、演艺、游乐、乐器等文化装备的生

---

① https://data.stats.gov.cn/easyquery.htm?cn=C01.

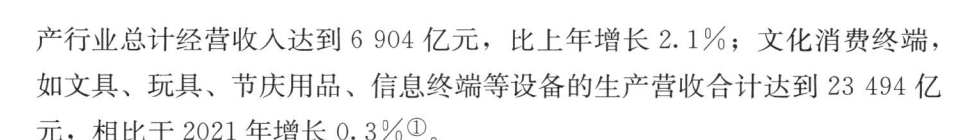

产行业总计经营收入达到 6 904 亿元，比上年增长 2.1%；文化消费终端，如文具、玩具、节庆用品、信息终端等设备的生产营收合计达到 23 494 亿元，相比于 2021 年增长 0.3%①。

从产业类型角度来看，2022 年在我国文化领域内，制造业营业收入合计 44 781 亿元，比上年增长 1.2%；批发和零售业经营收入合计 19 376 亿元，略降 1.2%；服务业经营收入合计 57 648 亿元，增长 1.4%。在疫情的冲击之下，我国文化产业依旧蓬勃发展②。

我国文化产业领域广泛、种类繁多，以近年来极具代表性的电影产业为例，可以管窥党的十八大以来我国文化产业的蓬勃发展。全国电影院线的银幕总数在 2018 年突破 6 万块，相比 2012 年增长了 3.6 倍，银幕总数成为世界第一③。中国电影产业始终保持高速发展，即便面临新冠肺炎疫情的冲击，依旧保持旺盛生命力。2021 年，我国电影行业总票房高达 472.58 亿元，其中国产电影深受观众喜爱，票房总计达到 399.27 亿元，占全年总票房的 84.49%，同时全国电影院线总银幕数达到 82 248 块，年度总票房与银幕总数继续保持全球第一④。

党的十八大以来，我国的文化产业营收大幅增长，同时多种文化行业成为闪亮的中国名片，在国际舞台广泛传播，大幅提升了我国的文化软实力。在新时代，文化产业的发展极为重要，关乎现代文化产业体系的顺利构建，关乎文化强国的高质量发展。2020 年 9 月 22 日，在教育文化卫生体育领域专家代表座谈会上，习近平总书记要求文化产业体系发展要紧紧"围绕国家重大区域发展战略，把握文化产业发展特点规律和资源要素条件，促进形成文化产业发展新格局"⑤。

---

①② 2022 年全国规模以上文化及相关产业企业营业收入增长 0.9%. http://www.stats.gov.cn/xxgk/sjfb/zxfb2020/202301/t20230130_1892484.html.

③ 文化事业繁荣兴盛 文化产业快速发展. http://www.stats.gov.cn/tjsj/zxfb/201907/t20190724_1681393.html.

④ 牛梦笛. 全年总票房和银幕总数保持全球第一. 光明日报，2022-01-05（9）.

⑤ 习近平. 在教育文化卫生体育领域专家代表座谈会上的讲话. 人民日报，2020-09-23（2）.

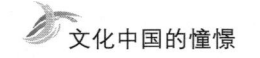

三、文物的保护和开发进一步加强

1. 加强对历史遗迹及文物的保护

历史文物是前人留给我们的文化遗产，通过文物的承载，中华文明才能真切地展现在当代人的面前。中华文明是中国人的血脉之根，所以对于文物的挖掘与保护是守护中华民族之魂的重要环节。党的十八大以来，我国对文物的保护与开发不断加强，博物馆机构从 2012 年的 3 069 个增长至 2021 年的 5 772 个；博物馆的文物藏品也不断丰富，从 2012 年的 23 180 726 件（套）增长至 2021 年的 46 648 282 件（套），藏品量增长了 101.2%。同时，博物馆服务的参观者群体不断扩大，博物馆参观人次从 2012 年的 56 401.08 万人次增长至疫情前的峰值即 2019 年的 112 225.16 万人次，受疫情影响，2020、2021 年参观博物馆人次减少，但 2021 年博物馆参观人次依旧达到了 74 850.45 万①。这说明，对于现存与新挖掘的文物，我国一方面通过新建博物馆对文物进行有效的保护，另一方面积极发挥博物馆的科普作用，让广大人民群众有机会接近文物，让文物承载的中国文化与中华文明成为人民群众可观可感的文化元素，在广大人民群众广泛接触文物的基础上，中华文明的传承才能得以保证。

除了文物的保护与展出，对于文物的挖掘我国也积极地开展了诸多工作。以 2021 年为例，全国各类考古机构开展主动考古发掘工作，全年立项 222 项主动挖掘工作，同时全年批复基建考古发掘 1 327 项，积极作为抢救了一大批被动发现的文物。在考古发掘工作中，详略有当地开展了重点考古项目 10 余项，发掘了包括四川广汉三星堆遗址祭祀区、甘肃武威唐代吐谷浑王族墓葬群、西藏拉萨当雄墓地、新疆尉犁克亚克库都克烽燧遗址等一批重要遗址，发现了四川广汉三星堆遗址祭祀区五号坑金面具、皮洛遗址阿舍利手斧、山西垣曲北白鹅墓地"太保匽中"铜鼎、甘肃武威唐代吐谷浑王族墓葬群慕容智墓志等众多珍贵文物。同时，我国还坚决严厉打击违法破坏、盗掘文物的违法行为。仅 2021 年，全国各级文物保护部门协

---

① https://data.stats.gov.cn/easyquery.htm?cn=C01.

同各级公安机关，侦查破案各类文物犯罪案件合计 2 704 起，发现并打击文物犯罪团伙 585 个，共抓获文物案件相关犯罪嫌疑人 5 368 名，其中包括此前公安部发布的 A 级通缉令逃犯 22 名，全年共计追回收缴各类文物 6.1 万件。此外，我国还继续加大了流失海外的文物的追回力度，2021 年流失海外近一个世纪的天龙山石窟佛首几经周折终于回归祖国，同年，与 10 个国家和地区开展 17 项文物返还合作，从美国成功追回文物 12 件。可以说，我国通过积极保护挖掘文物与严厉打击违法盗掘盗运文物，极大程度保证了我国文物的安全，很好地守护了前人留下来的中华文明血脉[①]。

新时代，我国文物保护工作不只停留在传统的文物发掘保护与展出上，各级各类文物工作者创新宣传模式，增进了人民群众对文物的了解。首先，突破传统展馆模式，建立各类文化遗址公园或景区，将考古科普与文化旅游相结合，寓教于乐，让人民群众在旅行的过程中得到教育。其次，让文物走向群众，以文物流动展览、"大篷车"等形式开展文物巡展，让广大人民群众更便捷地接触到承载民族精神的历史文物。最后，积极利用传媒手段，通过晚会、电视节目、新闻报道等方式让人民群众了解文物工作最新进展，如南海一号、海昏侯墓、三星堆遗址的挖掘，不断在新闻中实时追踪进度，又如《中国考古大会》《时间的答卷》《闪光的记忆》等节目引发收视热潮。近年中央人民广播电视总台的春节联欢晚会单独开辟文物展播环节，将文物搬到晚会现场，通过这一台收视率最高的晚会丰富了人民群众的文博知识，调动起了全民关注文物的意识，培育了全社会保护文物的意识。

2. 加强对非物质文化遗产的保护

对于文化来说，需要以物质形式作为文化载体才能得以表达，但是在可以被物质形式完整展示的文化形式之外，还存在着许多需要通过一代代人传承守护甚至只能口口相传的文化类型，它们因为更难以物质形式固化表达与广泛传播，所以传承与发展更为艰难。党的十八大以来，关于非物质文化遗产以及相关传承人的保护力度不断加大，全社会培育了非物质文化遗产的保护意识。对于非物质文化遗产的保护工作之所以如此重视，主

---

① 2021 年文物工作回眸. http：//www.ncha.gov.cn/art/2022/1/17/art_722_172746.html.

要是因为：第一，许多非物质文化遗产难以以物质文化载体完整表达，而口述心传等继承方式更加困难，这导致非物质文化遗产面临严重的传承危机，亟须保护；第二，非物质文化遗产往往来自民间，直接反映着各民族、各地区最具乡土气息的鲜活民俗，保护非物质文化遗产也是守护住了中华文明的文化传统；第三，非物质文化遗产难以用物质文化载体的形式表达，并且难以以现代产业的方式进行大规模文化生产完成文化商品化，这在一定程度上意味着非物质文化遗产项目难以以较高的经济利益吸引继承者，加重了继承危机；第四，多数非物质文化遗产源自老少边穷地区，其保护往往又与脱贫攻坚、乡村振兴直接相关，所以对非物质文化遗产的保护也是对脱贫工作以及乡村振兴工作的助力。

我国依据联合国教科文组织《保护非物质文化遗产公约》与《中华人民共和国非物质文化遗产法》建立起非物质文化遗产代表性项目名录。我国以非物质文化遗产代表性项目名录明确应给予文化扶持的保护对象，更有针对性地提供资源对那些表现了中华民族各地域、各时代、各民族的优秀传统文化进行重点保护。通过保护，这些非物质文化遗产背后的历史、文学、艺术、科学价值被很好地保存在中华民族文化宝库之中。从 2006 年起，国务院不定期更新该名录。党的十八大以来，原"国家级非物质文化遗产名录"更名为"国家级非物质文化遗产代表性项目名录"，并于 2014 年与 2021 年分别公布了第四批与第五批国家级项目名录。截至 2022 年 4 月，国家级非物质文化遗产代表性项目名录共收录了十大类共 1 557 项非物质文化遗产代表性项目，共包含 3 610 个子项[①]。同时，国家文化主管部门先后命名了五批国家级非物质文化遗产代表性项目代表性传承人，截至 2021 年 12 月，国家级非物质文化遗产代表性项目代表性传承人总计 3 063 人[②]。作为世界文化舞台上的重要文化交流者之一，我国也积极将非物质文化遗产推广到全球，于 2004 年加入联合国教科文组织发起的《保护非物质文化遗产公约》，积极推进向联合国教科文组织申报非物质文化遗

---

① 国家级非物质文化遗产代表性项目名录. https：//www.ihchina.cn/project#target1.
② 国家级非物质文化遗产代表性项目代表性传承人. https：//www.ihchina.cn/representative#target1.

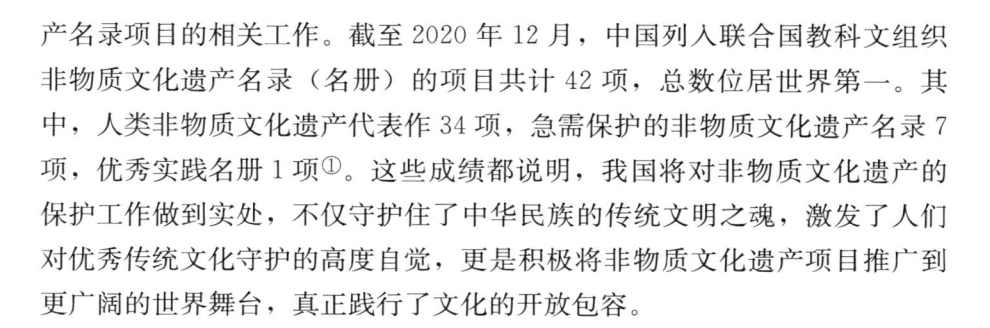

产名录项目的相关工作。截至2020年12月，中国列入联合国教科文组织非物质文化遗产名录（名册）的项目共计42项，总数位居世界第一。其中，人类非物质文化遗代表作34项，急需保护的非物质文化遗产名录7项，优秀实践名册1项①。这些成绩都说明，我国将对非物质文化遗产的保护工作做到实处，不仅守护住了中华民族的传统文明之魂，激发了人们对优秀传统文化守护的高度自觉，更是积极将非物质文化遗产项目推广到更广阔的世界舞台，真正践行了文化的开放包容。

四、文化人才队伍逐渐壮大

对于文化来说，文化与人的密切关系决定了文化要由人传承，更重要的是文化的创新与发展有赖于人。人是让文化活起来的生命之源。纵观世界，我们不难发现，许多文化已经无人传承，即便它们还留存有遗迹与文物，但没人能读懂文字，没人能读出文字的发音，没人能再现这些文化生动鲜活的样子，那么这样的文化其实已经结束了生命周期。中华文明作为唯一没有中断传承的古代文明，千百年来正是因为有源源不断的中国人传承并发展了中华文化，才让远古的文字、诗歌等文化符号可以穿越时间与当代中国人产生共鸣。我们欣喜地看到，党的十八大以来，我国文化人才队伍逐渐壮大，主要体现在：第一，文化人才培养工作成果显著，先进的文化人才引领了当代中国文化的前进；第二，文化相关从业者不断增加，数量众多的从业者为中华文明不断"造血"。

人是文化创造的主体，文化建设的主体必然是人，人是构建文化强国的战略资源。早在2003年，中共中央宣传部就曾会同中组部与人事部共同组织实施全国宣传文化系统"四个一批"人才培养工程，旨在培养一批文化人才。此后中国共产党就始终高度关注我国文化人才的培育工作。2012年末，中共中央宣传部对既有的文化名家工程与全国宣传文化系统"四个一批"人才培养工程这两个文化人才培育的重要工程进行调整合并，此后统一实施文化名家暨"四个一批"人才工程。该工程每年通过重点资助扶

---

① 中国入选联合国教科文组织非物质文化遗产名录（名册）项目. https：//www.ihchina.cn/chinadirectory.html#target1.

持一批批来自哲学社会科学、新闻出版业界、广播影视行业、文化艺术和文物保护工作、文化经营管理行业等多个方面的文化学者、文艺名家与文化人才，让人才们有更多机会承担重大课题、执行重点项目、组织重要演出，自由地开展艺术创作与文化研究、举办展览与演出、出版专著等活动，工程的目的是到了 2020 年，通过国家资助的文化名家暨"四个一批"人才可以达到 2 000 名。截至 2018 年，文化名家暨"四个一批"人才工程入选人才总数已达 1 453 人，其中理论界 464 人、新闻界 262 人、出版界 96 人、文艺界 359 人，经营管理方面 164 人、文化专门技术方面 79 人，国际传播方面 29 人[①]。可见，该工程在不同文化领域内培育出了一批具备深厚理论基础的学者、一批德艺双馨的艺术家、一批具有文化创新力的人才。

虽然在文化的创新发展中文化人才的推动作用巨大，但面对广大人民群众，少数的文化精英难以完成全民族文化建设的任务。所以在培育一批文化领军人物的同时，文化相关从业者的群体也需要不断壮大。随着文化从业者的队伍不断扩大，越来越多的人民群众能更便捷地接触先进文化的熏陶，只有这样，才能形成文化建设的巨大合力。党的十八大以来，我国文化文物从业人数不断增长，从 2012 年的 2 288 389 人增长至 2021 年的 4 834 341 人[②]。不断壮大的文化从业者人才队伍成为建设社会主义文化强国的强大人才资源支撑。

五、社会文明程度逐步提高

党的十八大以来，我国公共文化服务形成了"点多面广"的体系，同时出现了一批优质服务案例。全国艺术表演场馆机构数逐年增加，全国文化和旅游系统内的表演机构从 2012 年的 7 321 家逐年增加，截至 2021 年达到历史最高的 18 370 家，其中县、市级及以下艺术表演场馆机构数（个）达到 2 637 个。不仅机构总数不断增长，各类表演场馆数均呈现增长

---

① 张圣华. 夯实文化强国的基石. 中国人才，2018（9）：12.
② https：//data. stats. gov. cn/easyquery. htm？ cn＝C01.

趋势，为广大人民群众提供了丰富的文化服务。全国艺术表演场馆坐席数从 2013 年的 1 027 946 个增长至 2021 年的 2 533 737 个，其中县、市级及以下艺术表演场馆坐席数达到 2 168 130 个，这说明公共文化服务深入基层，真正地让广大人民群众可以获得文化服务。2021 年，全国艺术表演场馆共演映 107.04 万场[①]。

公共图书馆数量呈现稳步增加的趋势，从 2012 年的 3 076 个增长至 2021 年的 3 215 个。公共图书馆总藏量也逐年增加，2018 年藏量突破 10 万册，截至 2021 年全国公共图书馆总藏覆盖 101 万种共 126 178 册（份）图书及报刊，丰富的藏量使我国人均拥有公共图书馆图书藏量从 2013 年的 0.55 册增长至 0.89 册。2021 年，全国公共图书馆共服务 74 614 万人次，其中外借 23 809 万人次，共计外借 58 730 万册次图书。公共图书馆在满足大众阅读需求的同时，也提供了展览、讲座、培训等服务，2021 年分别服务超过 9 214 万、2 148 万、531 万人次。在数字化时代，网络也成为人们获得信息的重要渠道，截至 2021 年，全国公共图书馆共有 224 473 台计算机供人民群众使用。在全国公共图书馆中，具有明显针对性的少儿图书馆为广大少年儿童提供了优质的公共文化服务资源，仅 2021 年，143 个少儿图书馆总藏 4 万种、共 5 491 万册（份）图书报刊，服务了 3 476 万人次。从分布来看，相较于中央公共图书馆与省、区、直辖市（级）公共图书馆，地市级、县市级以及县图书馆占公共图书馆的比重最大，截至 2021 年，三者总数分别为 385 个、2 791 个、1 548 个，分别服务 21 180 万人次、47 333 万人次、16 897 万人次。全国博物馆机构数从 2012 年的 3 069 个增至 2021 年底的 5 772 个[②]。

群众文化服务业机构也为广大人民群众提供了文化服务。党的十八大以来，全国群众文化服务机构数量维持在 43 531 个至 44 521 个之间，其中以乡镇文化站为主体，10 余年间均维持在 32 825 所以上，说明群众文化的公共服务广泛地覆盖乡镇，深入地扎根群众，为最广大的人民群众提供了优质的文化服务。仅 2021 年，全国群众文化机构共组织文艺活动超过

---

①② https：//data.stats.gov.cn/easyquery.htm？cn=C01.

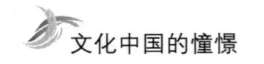

139万次，超过6亿人次享受到公共文化服务，群众业余文艺团体共有454 853个①。

党的十八大以来，我国社会文明程度不断提高，体现在个人层面就是人口素质不断提升。人口素质体现在每一个体的日常生活之中，日常的道德与素质难以量化，但一个人的素质必然与其受教育的程度具有极大的相关性，所以我们可以从全民的受教育情况感受到人口素质的巨大提升，看到社会文明的提高。同时，一个更加文明的社会必然是能够让人更加安居乐业的社会，这样的社会犯罪案件一定更少，所以我们也可以从社会的犯罪情况来看社会文明的程度。

党的十八大以来，人民受教育水平不断提高。根据最近两次（2010年与2020年）人口普查的相关数据可以发现，每十万人中受义务教育，即小学与初中教育的人口分别从2010年的26 779人、38 788人降至2020年的24 767人、34 507人。同时，每十万人中受九年义务教育以上的高中及中专、大专及以上的人口分别从2010年的14 032人、8 930人增至2020年的15 088人与15 467人。在总人口以及15岁以下人口比重均有所增加的情况下，义务教育阶段及以上的两组数据减少与增加的两种趋势表明，仅接受义务教育及未完成义务教育的人口有所减少，更多的人接受到了更高等级的教育，尤其是受大专及以上的教育人数大幅增长。并且，我国的文盲人口数从2010年的5 466万人大幅降至2020年的3 775万人，文盲率从4.1%降至2.7%。从更详细的年度数据来看，党的十八大以来，教育投入大幅度增加，教育经费从2012年的2.8万亿元大幅涨至2019年的5.01万亿元，这说明国家高度重视教育对人口素质水平的提升作用。在国家的高度关注下，每十万人中，接受各类教育的人数在近十年间均有增加，尤其是高等教育的招生数与在读人数提升最大。2012年，我国研究生招生数仅58.96万人（博士招生数6.8万人、硕士招生数52.13万人）；当年在读研究生仅为171万人（博士28万人、硕士143万人）；到了2020年，招生数大幅上升，研究生招生数110万人（博士招生数11

---

① 2022年全国规模以上文化及相关产业企业营业收入增长0.9%. https：//data.stats.gov.cn/easyquery.htm? cn=C01.

万人、硕士招生数 98 万人），当年在读研究生 313 万人（博士 46 万人、硕士 267 万人），可见国家为人民提供更多机会接受高等教育，更多的人接受了高等教育。同时，我国高度重视特殊教育，弱势群体接受有针对性的教育对人口整体素质的提升也至关重要。党的十八大以来，接受特殊教育的学生人数大幅提升，从 2012 年的 37 万人大幅提升至 2021 年的 92 万人，这说明在全民人口素质提升、社会文明程度提高的路上，弱势群体没有被忘记，他们也没有掉队。总而言之，党的十八大以来我国人口接受了更大量、更优质的教育，人口的整体素质大幅提升，社会文明程度也随之提高。

社会文明程度提高还有一个重要表现，就是违法犯罪现象的减少。党的十八大以来公安机关立案的刑事案件与受理、查处的治安案件均大幅减少。关于刑事案件，从 2012 年的合计 6 551 440 起减少到 2020 年的 4 780 624 起，其中杀人刑事案件、伤害刑事案件、抢劫刑事案件、拐卖妇女儿童刑事案件、盗窃刑事案件以及伪造变造货币、假币相关刑事案件均大幅减少，分别从 2012 年的 11 286 起、163 620 起、180 159 起、18 532 起、4 284 670 起、2 194 起降至 2020 年的 7 157 起、79 662 起、11 303 起、3 035 起、1 658 609 起、750 起，分别降低了 36.58%、51.31%、93.72%、83.36%、61.29%、65.82%。同时，公安机关受理的治安案件数从 2012 年的 13 889 480 起降至 2020 年的 8 628 053 起，降低了 37.88%。以上数据均表明整个社会的违法犯罪现象大幅减少，我国的社会更接近安居乐业的理想状态，证明人口素质水平得到了较大程度的提升，社会整体文明程度明显提高。

第三节　建成社会主义文化强国面临的挑战

党的十九届五中全会提出 2035 年建成社会主义文化强国的战略目标，这是在新时代文化建设领域内最重要也是最伟大的目标。作为彰显人的超越特性的文化，除了传承之外，它的重要维度就是面向未来进行创新性发展。文化建设本质上是人的一种文化实践活动，既然是一种实践的对象化活动,那就必然是一种为了满足人的特定需要的活动,在这样的活动中人的主观能动性很大程度上决定了实践的发展方向。所以,文化是一种存在自觉可能的实践。在2035年建成社会主义文化强国这一伟大目标的感召下,我国的文化从业者更应该主动作为、积极行动、深入群众、发挥创意,创造更优质的文化精品,为建设文化强国助力。党的十八大以来,中国在文化领域取得了巨大的成就,但在信息全球化和文化多样化的背景下,加之"两个大局"相互交织、相互激荡,建成社会主义文化强国依然需要面对诸多困难和挑战。

一、多元文化的冲击

文化多元性带来的价值冲击,既包括外来多种文化对我国文化的冲击,也包括中华文化内部多种多样的文化如何能凝聚起合力。多样性的文化背后是不同的文化诉求,不同的文化诉求之下蕴藏的是不同的价值观,多样的价值观对社会主义核心价值观的冲击也是新时代文化建设面临的挑战。

改革开放后,全球性的多元文化涌入国内的文化环境,在对我国文化发展提供了许多有益帮助之外,也曾引发过多次文化冲突。如今,我国开放的大门依然敞开,并且党的领导人多次坚定地表达我国开放的大门不仅不会关闭,还会越开越大,会以更开放的心态与世界各国展开合作。在合作的过程中,多样性的世界文化必然会在与中国文化的交流过程中发生文化冲突,这其中既有由于不了解而导致的文化误解,也有出于过去刻板印象而引发的文化偏见,更需要警惕一些试图瓦解中国文化的外来文化刻意制造的文化对立。虽然经历了几轮文化风气的纠正,近几年多次引发文化冲突以及文化消解的思潮与意识形态被批判,但试图攻击中国的制度、理论、道路和文化的思潮从未远离,如果我们在意识形态领域内的工作稍有松懈,它们就有可能随时死灰复燃。所以,我们必须旗帜鲜明地反对历史虚无主义、消费主义、拜金主义、社会达尔文主义、民粹主义以及文化沙文主义等多种思潮。无论是以片面性的方式否定我们的历史,还是以金钱至上娱乐至死的精神麻痹我们的思想,还是以伪饰的价值观潜移默化地实行文化霸权,这些种种有害的社会思潮的真实目的就是瓦解我们建立起的社会主义价值体系，试图以他们的价值观和文化替代我们中国特色的价值观和文化，进而否定消解中国共产党领导中国人民创造的来之不易的成果。

中国地域辽阔、民族众多、人口基数大，文化的多元性主要体现在三个方面。第一，地区风俗差异巨大。我国国土面积大，地理环境错综复杂，不同地区生活的人们形成了不同的生活方式和风俗，正所谓"三里不同调，十里不同音，百里不同俗"。第二，民族文化各具特色。我国作为一个拥有56个民族的多民族国家，不同民族也有各自独特的文化传统，如何处理民族之间的文化差异也是共建一个和谐统一的文化强国要面对的挑战。第三，多种文化错误思想影响着我们做出正确的文化选择。近年来，在中国文化道路选择上，出现了各种各样的错误思路，虽然都得到了党中央的及时纠正，但纵观舆论场，这样的声音也不曾彻底断绝。小部分人总是试图全面恢复此前的文化环境，这种复古退化的文化思潮试图借由实为封建糟粕但名为传统文化的形式潜移默化地影响着人们，比如宣传愚孝、推广跪拜等等。

总而言之，开放性是中华文明最为突出的优点之一，在漫漫历史中中华文明就以包容的文化心态吸纳了多种文化，这些文化融入中华文明之后共同形成了如今我们生活的文化环境。在建设社会主义文化强国的过程中，无论是面对多元的外来文化，还是面对国内的多样文化，文化间的摩擦冲突都将是我们必然面对的挑战，这对新时代的文化实践提出了更高的要求，要求我们坚定原则底线抵制不良文化，优化工作方式调解文化冲突，积极推动交流减少文化误解。

二、文化发展不平衡问题凸显

虽然相较于以前，党的十八大以来我国文化建设取得的成果颇丰，但也不可否认，我国文化发展也出现了不平衡的问题，主要体现在城乡文化发展不平衡、地域文化发展不平衡、文化行业间发展不平衡三个方面。

首先，城乡文化发展不平衡的问题突出。巨量的文化资源以及更优质的文化资源高度集中在发达的城市，相对而言，乡村地区可享受到的文化资源明显不足。乡村地区的文化发展与城市地区文化发展的不平衡问题，一方面体现在乡村地区拥有的文化资源相对匮乏。城市拥有数量充足的官方文化机构与大量的市场化文化团体公司，但由于组织架构与市场经济效益的缘由，乡村地区的官方文化机构规模较小、匹配人员较少，市场化的文化机构更少且在乡村地区开展商业性文化活动意愿不足，这些都导致居住在乡村的人民群众获得的文化资源相对不足。另一方面体现在城乡之间文化形式的选择空间不同。与文化资源种类丰富的城市相比，乡村文化资源的匮乏也体现在文化形式更为单一，乡村地区的居民可享受的文化生活往往是有限种类的文化活动的简单重复，这样的文化资源即便是充足也无法满足乡村地区人民对美好文化生活的需要。

其次，地域文化发展不平衡的问题突出。我国幅员辽阔，各地域之间的差别巨大，导致不同地域之间的文化发展程度并不相同，形成了文化发展不平衡的现象。主要有以下几种体现：第一，东西部文化发展不平衡。这里的东西部并不直接等同地理意义上的东西部，而是指我国相对较为富裕的东部地区与南方地区的文化发展有更充足的资金保障，而经济发展相对落后的西部地区与北方地区的文化发展较为落后。东西部文化发展不平衡与城乡文化发展不平衡的问题具有相似的内在原因与外在表现。第二，文化丰富地区与文化单一地区发展不平衡。我国不同地区的风土人情、民族构成、传统习俗均有不同差异，这导致文化更多元的地区需要更多的文化资源以满足当地人民的文化需要，而文化更单一的地区需要的文化资源较少，这导致即便是平均地提供文化资源，前者能带动的文化发展必然落后于后者。比如多民族地区需要多种语言的图书刊物、多风格的音乐舞蹈、多口味的民族餐食等等，这样的地区需要投入几倍于更单一文化地区所需要的文化资源才能满足人民同样的文化需要。

最后，文化行业间发展不平衡问题突出。我国文化发展已有几千年历史，近代后也经历了中国共产党领导下的百年文化建设，尤其是改革开放后商业化、市场化的力量开始介入，我国规模以上文化企业数量大增。不同行业的文化产业受历史条件的制约，或因人民群众的喜爱程度的不同，或获得资本的难易程度不同，发展程度出现了较大差异。一般来说，站在新时代的历史节点，更符合文明现代化时代主题的、受众更多的、更受资

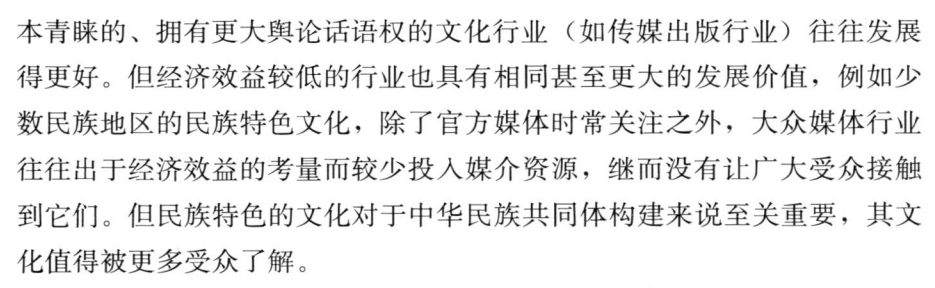

本青睐的、拥有更大舆论话语权的文化行业（如传媒出版行业）往往发展得更好。但经济效益较低的行业也具有相同甚至更大的发展价值，例如少数民族地区的民族特色文化，除了官方媒体时常关注之外，大众媒体行业往往出于经济效益的考量而较少投入媒介资源，继而没有让广大受众接触到它们。但民族特色的文化对于中华民族共同体构建来说至关重要，其文化值得被更多受众了解。

新时代满足人民对美好生活的需要内含全体人民更高层次的文化需要，乡村的居民、经济落后地区的人民、文化弱势群体同样向往更优质、更丰富的文化生活。所以，文化发展的不平衡问题既是文化建设中亟须解决的问题，也是我们文化实践的发力方向。

三、公共文化服务水平有待提高

党的十八大以后，我国公共文化服务提升明显，建成了覆盖较广的公共文化服务体系。目前我国公共文化服务已经解决了"有无"问题，但人民群众对公共文化服务的需要层次更高，这要求我们在建设文化强国的过程中，要继续面对"更好""更强"的需求，这主要体现在公共文化服务品质提高问题、公共文化服务精细化问题、数字公共文化服务发展问题、全民共享共建公共文化问题等。

第一，我国公共文化服务品质有待提高。通过近年来大力度的文化建设，公共文化机构已经覆盖到乡村，公共文化服务也下沉到街道，服务效能大为改观，但目前基层的公共服务相仍然无法满足人民群众具有高度综合性、更高品质的需要。这主要体现在：许多基层文化机构规模小、设备不足、使用年限长、氛围不足、人员编制不足、经费制约大、活动策划能力低等。这些问题都是我们在未来一段时间内文化建设要面临的挑战。

第二，人民期待公共文化服务更加精细化。在人们风俗传统存在差异的文化背景下，文化强国呼唤的是一个兼容并包、多元和谐、彰显特色的文化。这要求公共文化服务机构更有针对性地提供精细化的文化服务，按照不同的文化需求提供服务，组织策划更具当地特色的活动，对群众推送更具个性化、吸引力的服务。

第三,公共文化服务数字化转型需求迫切。在数字化时代,信息化已然对我国经济、社会、文化产生了深刻影响,文化公共服务也必须面对数字化的问题,积极主动作为,把数字化的挑战变成新时代的发展机遇,提高文化服务的智能化、网络化、信息化水平,让公共服务随着技术的飞速发展而不断升级迭代。但文化服务在高度数字化转型的同时,也要注意线上资源与线下活动的有益结合,不能将文化服务全面虚拟化,造成不熟悉信息技术的老年人或者落后地区的人困于公共服务的"文化孤岛"。

第四,公共文化服务要实现真正的共建共享共治。旧模式的公共文化服务只是服务主体单向度地向受众提供服务,往往忽视了文化受众的真实反馈。新时代我们建设的公共文化服务体系呼唤全体人民群众参与进来,形成政府机构、社会组织、人民群众多方共同建设体系,人民群众的参与度、满意度成为重要的考查维度,只有人民群众参与构建、提供反馈并真实享受,公共文化服务才会真正落实公共的根本属性,得到社会普遍认可。

四、文化发展创新力亟须加强

建设社会主义文化强国要求我们的文化实践不能仅停留在对已有优秀文化的传承,更要积极作为,发挥人之为人的超越性,能动地进行文化创新,建设一个具有造血功能的健康文化生态。新时代文化工作的背景、对象、范围和手段都发生了变化,而目前,我国文化创新还存在着文化建设诚信与版权意识不强、社会舆论环境对文化创新的关注不足的问题。

目前,我国文化建设中时常出现诚信意识、版权意识不强的现象。近年来,通过学风建设,我国学术风气大为改善,同时通过广泛宣传,全民文化版权意识已经培育起来。但我们仍然能发现学术不端事件时有发生,文化抄袭、创意剽窃等侵权案件也常见报端,这说明我国无论是科研学者还是文艺创作者都需要提高诚信意识、版权意识等健康的文化发展意识。目前,一方面诚信教育力度不足,科研人员不了解科研道德、学风建设的规定,文艺从业者也对版权相关法律制度了解不足。另一方面有关部门对学术诚信、文化版权监管不足,事前的预防与实时监控的力度相较于事后惩处力度不足。这些相对不足之处,对社会主义文化建设产生了一定的消极影响。

我国社会舆论环境对文化创新的关注不足。党的十八大以来,虽然在社会层面培育起了高度的文化自信,全民也意识到文化创新的重要性,尤其是对芯片技术、航天航空成就等重大科研成就高度关注。但在舆论场,尤其是在网络社交媒体公域流量中,民众对卫生健康、社会新闻甚至纯粹娱乐八卦的关注度更高、更持久。这就说明,未来一段时间内,我们还要更积极主动地在舆论场域推广科普活动、宣传优质文化资源、弘扬科学精神、树立优秀楷模、营造创新氛围。

五、文化资源整合力度不足

文化资源整合是新时代的必然要求。作为一个文化大国,中国有深厚的文化积淀,在中国共产党的领导下,我国文化领域呈现出百花齐放的繁荣景象。我国繁荣的文化景象反映出的是我国容纳多元文化的现实,多元的文化共同构成了我国的文化资源宝库。在新时代,建设社会主义文化强国的伟大目标对我们的文化实践提出了更高的要求,要求我们不只是守护好中华文化宝库,还要思考如何有效利用已有的文化素材,以各种文化资源整合助力文化创新力的提高,实现文化层面上 $1+1>2$ 的效果。

文化资源整合就是把已有的文化资源作为整合对象,依据过往文化实践总结的宝贵经验,坚持马克思主义文化观,跨越文化的类别或特性,进行文化资源的宏观协调、深度挖掘、重新整理、有效吸收、高效利用,实现重构一个消解文化矛盾的、弥合文化分歧的、具有高度文化创造力的崭新文化生态。文化资源整合在现实中可以有效地落地,并形成超越简单堆砌所能收获的影响力。如拥有大量优质文化旅游资源的北京,可以围绕极具特色的主题(如明清历史文化、奥运、高等学府等等),有效地形成极具吸引力与体验感的文旅产品。再如工商业较发达且拥有众多知名企业的省份,可以用"打包"的形式在媒体推介省内优质品牌,这样的宣传效果远大于厂家各自宣传推介。

但是目前,我国文化资源整合力度远不及预期,众多文化机构或其他文化主体并没有有效利用已有的文化资源,文化资源没有发挥出更大的价值无异于对文化资源的一种浪费。简而言之，我国目前文化资源整合力度不足有三种原因。

第一，文化资源整合起步晚，相关制度不够健全。与指导文化发展的其他相关政策文件相比，文化资源整合的指导文件发布得较晚。2012年印发的《国家"十二五"时期文化改革发展规划纲要》才提出与文化资源融合相关的想法，文件中出现了推动跨部门项目合作、统筹规划和建设基层公共文化服务设施、坚持项目建设和运行管理并重，实现资源整合共建共享等表述①。2013年1月，文化部印发的《"十二五"时期公共文化服务体系建设实施纲要》提出制定政策措施，调动政府、社会组织、企事业单位等的积极性，加大跨地区、跨部门、跨领域、跨系统文化项目的交流与合作，推动基层公共文化资源整合，促进共建共享和有效利用②。这是第一次将非官方的市场化文化机构纳入文化资源整合的行动主体中，以带动文化资源整合的社会积极性。2015年，中共中央办公厅、国务院办公厅印发的《关于加快构建现代公共文化服务体系的意见》提出建立统一的基层公共文化服务平台，加强各类重大文化项目的统筹实施，探索整合基层公共文化服务资源的方式和途径，实现共建共享，提升综合效益③。第十二届全国人民代表大会常务委员会第二十五次会议通过了《中华人民共和国公共文化服务保障法》④，该法一方面强调了整合公共文化资源的必要性，另一方面引入绩效评估的考虑，期待以绩效评估促进社会各方进行文化资源整合的意愿。总而言之，各级文化机构对于近年发布的有关文化资源整合的指导政策了解程度较浅，且法律保障也处于起步阶段，尚待健全，社会各界对相关文件的了解也不够深刻。但随着相关政策与法律的逐渐落实，这样的情况将大为改善。

第二，各级文化部门对接难度大，资源整合难以落地。文化资源整合不同于以往对单一文化资源的开发，它涉及的领域更多、牵扯的利益相关

---

① 国家"十二五"时期文化改革发展规划纲要. 人民日报，2012-02-16 (1).
② "十二五"时期公共文化服务体系建设实施纲要. http://zwgk.mcprc.gov.cn/au-to255/201301/t20130121_474074.html.
③ 关于加快构建现代公共文化服务体系的意见. 人民日报，2015-01-15 (1).
④ 中华人民共和国公共文化服务保障法. 人民日报，2017-02-03 (14).

方更多、所属的权力部门更多。这使得推动一项文化资源整合项目,不仅需要相应文化部门牵头,还需要可能涉及的工商部门、宣传部门、工业信息部门等机构进行配合,更需要媒体、基层组织、交通运输等多方积极联动。涉及的部门与机构众多,导致权利与责任难以划分、收益与投入不易评估等现实问题。这使得在绩效考核的情况下,各文化主体推动文化资源整合项目的意愿明显不足,即便具有强烈意愿,也往往在面对难以落地的现实后中止了对文化资源整合项目的推动。

文化资源整合是新时代更优质的文化建设的必然要求,上述的阻碍因素是接下来一段时间文化实践必然要面对的挑战,面对挑战需要各级机构发挥职责、协同合作、共克艰难,携手健全我国文化资源整合的制度,摸索出我国文化资源整合的有效路径。

六、文化人才队伍建设有待加强

人才资源是文化建设中最重要的资源,文化的传承赓续、文化的创意形成、文化的有效传播都离不开人这一与文化同构互塑的主体。党的十八大以来,通过政策的扶持与教育力度的加大,我国文化高端人才不断增加,人才队伍也不断扩大,文化产业众多的相关从业者支撑起了我国文化产业的发展。但是相较于发达国家,我国的文化创新力还有很大的发展空间,这样的现状呼唤我们正视当前人才培养过程中的问题,以培养人数更多、能力更强、水平更高的文化人才队伍。目前,我国在文化人才队伍建设方面还存在着结构有待优化、教育培训有待优化的问题。

目前,我国文化人才队伍结构有优化空间。不可否认,党的十八大以来,我国文化产业迅速发展,创造了许多优秀成果,获得巨大收益。但深入分析以传媒上市公司、影视上市公司为代表的文化产业的年报,不难看出近年来文娱影视行业的高产值与收益更依赖大量资本的投入与渠道的扩张。在资金与资源大量涌入带动的发展繁荣景象的表象之下,是人力资源投资匮乏的现状。以 2022 年因第一季度实现营业收入较 2021 年同期增长近 30 倍,达到 3.75 亿元而表现亮眼进而股价大增的某传媒公司为例,分析其年报不难发现,其高营收高净利润背后存在人才队伍结构不合理的问题。该公司年报显示2021年底在职员工数量96人，较前年下降40%，其中内容创作营销人员从77人下降至28人，研发人员仅剩6人，直接反映出了人才结构不合理的问题。表现亮眼的公司尚且如此，处于中下游公司的人才结构健康程度可想而知。总之，资本的投资和渠道的扩张确实能直接地带动产业的发展，但这样的发展极度依赖资金链的健康程度与资金的周转率，一旦缺乏后继更大规模的投资就极容易进入发展瓶颈。而人才资源是可持续发展的资源，人才提供的源源不断的创新力才是文化发展中最持久的动力。

另外，我国人才教育培训也有待优化。文化领域虽然经常被视为一个区别于政治或者经济的领域，但现实中的文化产业与社会中的各种学科都息息相关。所以，对于文化人才的培养，就不能只限于相对局限的文化类课程的教育。目前，高校设置的文化培养课程往往拘泥于中华传统文化、西方文化、文艺课程等范围，培养的人才进入社会中的文化相关产业时，会发现现实中的文化实践涉及政治、经济等领域，跨学科理论知识储备的不足往往导致人才队伍的实践能力不足，从而出现文化创新动力不足、文化实践的脚步变慢等消极现象。

七、文化吸引力和影响力亟须提升

党的十八大以来，我国文化领域内的各文化主体创作出一批优秀的文化成果，这些成果一定程度上满足了人民群众的需求，也在国际舞台上收获了一定的关注，但面对新时代国内社会主要矛盾的转化、面对国际形势的变化，文化建设被赋予更重要的时代责任、更高的期待。目前，我国文化对内吸引力与对外影响力存在供需不平衡、传播能力不够强的现实问题。

目前我国文化生产难以匹配国内人民群众的文化需要。在新时代，社会主要矛盾已经转化为人民日益增长的美好生活需要和不平衡不充分的发展之间的矛盾。在文化领域，人民日益增长的美好生活需要对文化产品的供应提出了更高的要求，而基于传统方式提供的文化产品，虽然在量的层面可以满足人民群众的基本文化需要，但缺乏更优质的文化产品回应人民群众对美好生活的文化诉求。新时代，人民群众随着收入增加，购买力也随之大幅提升，文化消费随之出现结构性升级，整体审美品位也出现巨大提升。如今，人民群众期待文化产品除了具有娱乐功能外，还应该是一种具备更高层次的审美、具有寓教于乐的教育启迪功能，并有助于提升自身的认知能力的文化。当前的文化往往由于存在发展惯性，忽略了人民群众文化消费的升级现实，未能提供更优质的文化产品满足人民的文化诉求。同时，由于市场化的文艺机制与利益追求，目前的文化产品呈现重经济利益轻社会效益的不良趋势，过度娱乐化、世俗化甚至媚俗低俗庸俗的产品只会造成文化生态的恶化，这都严重影响了新时代人民群众长远的文化体验感与获得感。

我国现有的文化产品在国际舞台上影响力不足。党的十八大以来，我国文化产业渐渐成为经济支柱性产业之一。2021年，全国文化及相关产业增加值为52 385亿元，占GDP的比重为4.56%[①]。但同时进出口文化产品比值极其不平衡，以出版行业为例，2021年，全国累计进口图书、报纸、期刊4 435.73万册（份），进口金额达到37 858.58万美元，同年全国累计出口图书、报纸、期刊699.47万册（份），出口总金额3 539.03万美元，进出口数量比为6.3∶1，进出口金额比值为10∶1。同时在版权进口方面，2021年全年共引进图书、音像制品和电子出版物版权12 220项，共输出图书、音像制品和电子出版物版权12 770项，其中，对主要西方国家美、英、德、法、日图书版权进出口比分别为3.78∶1、6.29∶1、2.19∶1、4.50∶1、5.44∶1[②]。这说明我国文化产品以及文化产业的核心产权在国际上的影响力不足、传播力不强、贸易逆差较大。我们可以从内容与形式两方面分析：在传播内容上，我国向外传播的文化元素大多依旧是传统文化元素，在信息饱和的时代，武术、京剧、长城的吸引力明显不如信息更闭塞的过去；从传播渠道上来说，我国在国际平台上缺少自主的舆论媒介，现存的新媒体渠道较于美国的网络社交平台明显话语权不足，这直接导致文化产业走出去的步伐更为艰难，文化影响力也会随之受限。

---

① 2021年全国文化及相关产业增加值占GDP比重为4.56%. http：//www.stats.gov.cn/xxgk/sjfb/zxfb2020/202212/t20221230_1891330.html.

② https：//data.stats.gov.cn/easyquery.htm? cn=C01.

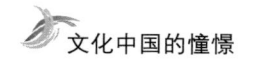

八、网络文化发展面临挑战

第四次工业革命深刻地改变了包括我国在内的全世界的社会样貌,全球进入信息时代,并随着数字技术发展形成网络平台。网络成为人们交往的虚拟平台,人们可以不受空间限制接触海量信息。党的十八大以来,我国网络建设飞速发展,互联网相关产业发展迅速,跻身世界前列,但在开放的网络平台之上,在有益的信息成为我国文化可借鉴吸收的积极素材的同时,许多有害的信息也涌入我国文化界,这些消极因素对目前我国网络文化建设构成了挑战。

网络成为西方文化霸权的新战场。网络本就是美国、法国等西方国家作为初始国家建设的虚拟平台,一直以来,这些西方国家掌握着最先进的网络技术,同时牢牢掌握着网络的控制权。我国接入互联网之后,凭借逐渐发展的技术与庞大的用户市场,也获得了一定的技术领先地位与话语权,但与西方发达国家的差距还较大。网络成为数字时代争夺舆论话语权的新战场,我国在技术、平台、内容、受众四方面备受挑战:技术层面,西方发达国家不仅拥有最先进的网络技术,更拥有网络标准的制定权,这使得我国网络发展备受限制。平台层面,西方发达国家拥有最具话语权的社交平台,近年来的多次事件表明,掌握平台垄断权的西方媒体会以封禁、限流等不平等手段限制我国发声。内容层面,西方国家在网络时代之前就拥有好莱坞电影、游戏等极具竞争力的文化产品,在网络时代借助数字渠道,使其文化竞争力得以延续,而我国的文化产品因具有独特的文化背景很难在中华文明圈之外传播。受众方面,虽然我国是人口大国,但与西方文明圈几十亿人口相比仍然处于劣势。以上种种限制性条件都对我国未来在网络平台争夺文化话语权提出了巨大的挑战。

网络加大了意识形态工作难度。网络平台本身是无关价值判断的技术工具,但使用工具的主体具有其目的。近年来西方势力不断通过网络平台对包括我国的多国进行文化渗透与价值观模糊,虽然在我国未曾引发严重后果,但在多国成功引发颜色革命并颠覆了原有政权,这足以引以为戒。首先,我们要增强鉴别能力,区分清楚哪些是友好的文化交流、哪些是迷惑性的谣言、哪些是模糊焦点的烟雾弹、哪些是恶意的诋毁。其次，我们要增强斗争意识，近年来的一系列事件表明，反华势力通过网络进行的攻击大多有严密的组织，面对"有备而来"的网络黑手，逃避无法解决问题，我们只有组成更强大的合力才能在斗争中取得胜利。最后，我们要强化联动配合，反华组织通过网络展开的攻击，往往披着宗教、娱乐、社会事件评论等外衣以掩藏真实的目的，这要求我们展开斗争时要联合多部门，加强配合，携手防范这种隐性的渗透。

问题不在于解释世界，而在于改造世界。过往的成果和经验都已成为既定的无法更改的历史的一部分，站在新时代的关键历史节点之上，我们肩负的任务是基于时代背景，直面挑战，面向未来，继续推进文化强国的建设。作为承前启后的，也是被文化所塑造的当代中国人，璀璨的优秀传统文化、光荣的革命文化与先进的社会主义文化正是我们进行文化强国建设的宝贵文化资源。

第四章 建成社会主义文化强国的文化资源

　　文化只有在继承已有文化资源的基础上才能发展。马克思说："人们自己创造自己的历史,但是他们并不是随心所欲地创造,并不是在他们自己选定的条件下创造,而是在直接碰到的、既定的、从过去承继下来的条件下创造。"① 人类历史发展规律是如此,社会主义文化发展规律也是如此。建成社会主义文化强国,需要不忘本来,吸收外来,回望过去,着眼当下。

　　中华优秀传统文化、革命文化和社会主义先进文化是中华民族的文化底色,是实现中华民族伟大复兴中国梦的力量源泉,是建成社会主义文化强国的文化基础。习近平总书记指出："中国特色社会主义文化,源自于中华民族五千多年文明历史所孕育的中华优秀传统文化,熔铸于党领导人民在革命、建设、改革中创造的革命文化和社会主义先进文化,植根于中国特色社会主义伟大实践。"② 可见,文化是一个国家、一个民族的灵魂,中华优秀传统文化、革命文化和社会主义先进文化是建成社会主义文化强国的文化基点。

　　文化只有在多种文化资源的交流和融合中才能发展。世界文化具有多

---

① 马克思,恩格斯. 马克思恩格斯文集:第2卷. 北京:人民出版社,2009:470-471.
② 习近平. 决胜全面建成小康社会 夺取新时代中国特色社会主义伟大胜利:在中国共产党第十九次全国代表大会上的报告. 人民日报,2017-10-28(1).

样性，不同文化模式在不同历史时期都对人类文明的进步做出了重要贡献。建成社会主义文化强国同样需要吸收和借鉴世界一切优秀文化成果。习近平总书记指出："历史告诉我们，只有交流互鉴，一种文明才能充满生命力。"[①] 世界优秀文化是我们建成社会主义文化强国必不可少的文化资源。在谈到社会主义文化建设时，习近平总书记特别要求要"不忘本来、吸收外来、面向未来"[②]。因此，对于建成社会主义文化强国而言，学习和借鉴其他世界优秀文化，认真吸收其合理内核十分重要。

综上所述，建成社会主义文化强国，离不开对中华优秀传统文化、革命文化和社会主义先进文化的继承和发扬，离不开对世界优秀文化合理内核的借鉴和吸收。本章将从人与自然的关系、人与社会的关系和人与自身的关系这三个问题入手，挖掘中华优秀传统文化、革命文化和社会主义先进文化与世界优秀文化在这三个问题上的相通和互补之处，为建成社会主义文化强国提供参考。

第一节　中华优秀传统文化的传承

中华优秀传统文化是中华民族安身立命的文化根脉，是建成社会主义文化强国的文化基础，因而是我们必须传承和弘扬的文化瑰宝。中华优秀传统文化在人与自然的关系上，倡导"天人合一"的理念；在人与社会的关系上，强调"群体原则"和"义以为上"；在人与自身的关系上，则关注个体生命的社会价值，倡导为国家、为人民永久奋斗、赤诚奉献。

一、中华优秀传统文化中的自然观念

"天人合一"思想，是中华民族文化理念的思想精髓。在如何看待人与自然的关系上，它强调人与自然是和谐统一的整体，而不是泾渭分明的

---

① 习近平. 在联合国教科文组织总部的演讲. 人民日报，2014-03-28（3）.
② 习近平. 决胜全面建成小康社会 夺取新时代中国特色社会主义伟大胜利：在中国共产党第十九次全国代表大会上的报告. 人民日报，2017-10-28（1）.

主体和客体。这一思想主要通过"天人合一"这个命题表达出来。中国古代思想家多反对把自然与人割裂对立的观点和做法，主张天道与人道是相类相通的，二者完全可以达到协调统一、和谐融通。

虽然"天人合一"这个表述是北宋哲学家张载最先提出来的，但这个观念早已有之。

西周时期，天人关系本质上是神人关系。天是拟人化的神，具有和人相同的意志。《诗经·大雅》写道："天生烝民，有物有则。民之秉彝，好是懿德。天监有周，昭假于下。保兹天子，生仲山甫。"大意是说，天哺育了黎民苍生，为了让民众生活得幸福，天不仅将人伦规范赐予了民众，而且监督君王的言行，以确保政治清明，同时让贤臣辅佐君王。

春秋时期，子产认为："夫礼，天之经也。地之义也，民之行也。天地之经，而民实则之。"（《左传·昭公二十五年》）也就是说，他认为作为民众行为规范的"礼"，是天地本身即自然的法则。正因为"礼"体现了自然的法则，民众才必须遵守"礼"。

战国时期，孟子认为，一个人之所以能够成为君王，是由天决定的，与血统没有关系；如果一个人没有获得天的认可，即使他是君王的儿子，也不会继承大位。"舜相尧二十有八载，非人之所能为也，天也。尧崩，三年之丧毕，舜避尧之子于南河之南，天下诸侯朝觐者，不之尧之子而之舜；讼狱者，不之尧之子而之舜；讴歌者，不讴歌尧之子而讴歌舜，故曰，天也。"（《孟子·万章上》）庄子认为人与天是统一的，人是自然的一部分，主张"天地与我并生，而万物与我为一"（《庄子·齐物论》）的天人关系。

张载最先提出了"天人合一"这个命题。张载从"气"本体论出发，提出了"民胞物与"的理想，以表明人应当承担起对人类和宇宙万物的责任。"乾称父，坤称母；予兹藐焉，乃混然中处。故天地之塞，吾其体；天地之帅，吾其性。民，吾同胞；物，吾与也……尊高年，所以长其长；慈孤弱，所以幼其幼；圣，其合德；贤，其秀也。凡天下疲癃、残疾、茕独、鳏寡，皆吾兄弟之颠连而无告者也……富贵福泽，将厚吾之生也；贫贱忧戚，庸玉汝于成也。存，吾顺事；没，吾宁也。"（《正蒙·乾称》）正因为人和天地万物都是由"气"构成的，所以从个人的角度来看，天地就是我的父母，所有人都是我的同胞，万物都是我的朋友。人应该尊老爱幼，同情和帮助弱者，爱护万物，这是每个人应承担的责任。人的一生不论富贵还是贫贱，都是天地的安排，个体应泰然处之。活着的时候只要尽到应尽义务，生命终结的时候就可以安然离世。张载的"民胞物与"思想阐发了天人一体的自然观，说明人应当与自然的万事万物和睦相处。

"天人合一"观念的内涵在张载那里获得了极大丰富，从先秦时期主要作为对人与自然关系的一种看法，上升为一种人生境界。这种人生境界将人融入天地万物之中，强调人要主动担当起促进世间万物和谐共荣的使命责任。张载之后，"天人合一"观念在二程、陆九渊、王阳明等不同思想家那里得到了进一步阐发。他们彼此的观点虽有不同，但都认为天和人之间的关系是和谐统一的。

二、中华优秀传统文化中的社会伦理观念

人与社会的关系内在地包含两个问题：第一是个人与社会何者更基础，第二是个人利益与社会利益何者更重要。第一个问题在中华传统文化中表现为"群己之辨"。在中华传统文化中，社会比个体更为基础，是个体的最终归宿；个体不断完善自我的重要目的，是实现自身的社会价值，为社会做出贡献。第二个问题在中华传统文化中表现为"义利之辨"。社会利益集中体现为普遍的社会规范，比如道德、道义、伦理等。"义"在"利"上，也就是普遍的社会规范高于个体私利，或者说社会利益高于个人利益。当"义"与"利"发生冲突时，个体需以社会利益为重，遵守普遍的社会规范，摒弃个人私欲。

（一）个人与社会的"群己之辨"

在个人与社会何者更为基础这个问题上，中华优秀传统文化的回答集中体现为儒家对"群己之辨"的思考。对于"群己之辨"，儒家持群体原则，认为个体从属于群体或者社会，群体或者社会是个人的目的和归宿。

在孔子看来，人是社会性的存在，离开了社会就无法生存下去。"鸟兽不可与同群，吾非斯人之徒与而谁与？"（《论语·微子》）"斯人之徒"

指的是人类社会。个体不可能同动物相交往，只能同其他人相交往。所以孔子认为群体价值高于个体价值，个体应当为了维护群体的利益，在一定程度上牺牲自身利益。

孔子虽然认为群体的重要性高于个体，但并不否认个体的内在价值。就个体而言，孔子也强调个体修身养性的必要性，如"为仁由己，而由人乎哉？"（《论语·颜渊》），"仁远乎哉，我欲仁，斯仁至矣"（《论语·述而》）等等。但是，孔子主要将个体的自我完善作为承担社会责任的中介，"成己"是为了"成人"，所以提出"修己以安人"（《论语·宪问》）的主张。

孟子继承了孔子的群己思想，认为个人自我完善的意义在于为他人、为群体、为社会做出贡献。"尊德乐义，则可以嚣嚣矣。故士穷不失义，达不离道。穷不失义，故士得己焉；达不离道，故民不失望焉。古之人，得志，泽加于民；不得志，修身见于世。穷则独善其身，达则兼善天下。"（《孟子·尽心上》）"义"和"道"指的是普遍的社会规范、社会责任，是对社会有积极作用的原则。在孟子看来，"善天下"应当是有道义的个体的人生最高追求；"独善其身"只不过是在客观条件不允许的情况下保全自身的权宜之计，只要条件允许，个体必须"泽加于民"。

荀子在孔子和孟子的基础上，对群己关系做了更为明确的阐发。在荀子看来，群体是个体得以生存的前提。"人有气、有生、有智，亦且有义，故最为天下贵也。力不若牛，走不若马，而牛马为用，何也？曰：人能群，彼不能群也。"（《荀子·王制》）荀子认为，人的社会性存在是使人胜过动物的根本原因。与很多动物相比，单独的个人是非常脆弱的，力量和速度都比不过很多动物，但一旦个体组成了群体直至社会，人就可以驱使这些比自己强壮得多的动物。也就是说，人只有组成群体，才能战胜强大的外物，所以得出了"人之生，不能无群"（《荀子·富国》）的观点。

对群己关系的认知不能仅仅停留于原则层面上的观念认同，即"群"在"己"上，社会比个人更基础，还要深入实际层面，直面具体的利益关系。儒家为了使自己的群体原则能够实际地影响现实中的社会生活和国家治理，制定出了很多代表社会利益的、具有普遍意义的社会规范，比如礼、义、道等。这些社会规范遍及宗族、长幼、君臣等日常生活和治国理政的方方面面。在儒家看来，只要人们都遵守这些社会规范，人与人之间的关系就会和睦，国家也会长治久安。但是，现实社会不是乌托邦，存在着大量利益冲突，尤其是个人利益与普遍的社会规范之间的矛盾。为了协调好个人与社会的关系，就要回答清楚个人利益与社会利益发生冲突时个人该如何抉择这个问题。从而引发了对"义"和"利"关系的思考。

（二）个人与社会的"义利之辨"

在如何看待个人利益与社会利益的关系这个问题上，中华优秀传统文化的回答集中体现为儒家的义利观。"义"指的是普遍的社会规范，是社会利益的代表。儒家坚持"义以为上"。儒家思想中的义具有内在价值，是判断个体行为是否正确的根本准则。在儒家看来，当利与义发生冲突时，个体必须将"行义"本身作为行为的目的，也就是无条件地按照社会规范行事，哪怕这么选择会使个体付出包括生命在内的巨大代价。儒家虽然强调义在利上，但并不反对在合乎义的条件下去获取利益，只是要求利必须从属于义。

儒家坚决反对见利忘义。孔子认为"君子义以为上"（《论语·阳货》），并将追求"义"还是追求"利"作为区分君子和小人的重要标准。"君子喻于义，小人喻于利。"（《论语·里仁》）这成为儒家义利观的基本准则。

与此同时，儒家也认为在合乎义的条件下去争取利益是正当的。在义和利的关系问题上，虽然儒家坚决反对见利忘义，但是从没有将义和利绝对地对立起来，将利看作绝对的恶。相反，儒家非常重视保障个人的利益，认为在不违背义的前提下，个人积极争取自身利益是合情合理的。孔子说："富与贵，是人之所欲也；不以其道得之，不处也。贫与贱，是人之所恶也；不以其道得之，不去也。君子去仁，恶乎成名？君子无终食之间违仁，造次必于是，颠沛必于是。"（《论语·里仁》）在孔子看来，追求富贵和厌恶贫贱是人之常情；只不过，摆脱贫贱和享受富贵的行为都必须在符合义的前提下进行。也就是说，孔子只是反对不顾义的约束的利己，不反对并且支持在遵守义的前提下的利己。"富而可求也，虽执鞭之士，

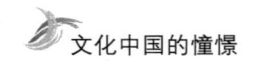

吾亦为之。如不可求，从吾所好。"（《论语·述而》）这段话进一步印证了孔子在上段话中所表达的思想。也就是说，在孔子看来，利不是不可以追求，只是必须在义的制约下进行，要"见利思义"和"义然后取"（《论语·宪问》）。

儒家认为，当遇到义和利发生尖锐冲突只能二者择其一的情况时，个体绝对不能因为贪生怕死而做出违反义的事情，宁可牺牲生命也要成就道义。孔子指出："志士仁人，无求生以害仁，有杀身以成仁。"（《论语·卫灵公》）孟子认为："鱼，我所欲也；熊掌，亦我所欲也。二者不可得兼，舍鱼而取熊掌者也。生亦我所欲也，义亦我所欲也；二者不可得兼，舍生而取义者也。"（《孟子·告子上》）但是，儒家"杀身成仁"和"舍生取义"的义利观，并不表明儒家漠视生命。恰恰相反，儒家非常重视个体生命的保全。孔子说："未知生，焉知死？"（《论语·先进》）弟子颜回去世的时候，孔子也是悲痛欲绝。"颜渊死，子哭之恸。从者曰：'子恸矣。'曰：'有恸乎？非夫人之为恸而谁为？'"（《论语·先进》）孟子同样重视身体的保养，强调个体务必爱惜生命。"事，孰为大？事亲为大。守，孰为大？守身为大。不失其身而能事其亲者，吾闻之矣；失其身而能事其亲者，吾未之闻矣。孰不为事？事亲，事之本也；孰不为守？守身，守之本也。"（《孟子·离娄上》）这里的"身"不仅仅指人的肉体，还包括人的思维、情感和思想，"守身"就是守护个体的生命。

也就是说，儒家非常重视个体的生命，强调每个个体都必须爱惜自己的生命。即便如此，儒家还是将义置于生命之上，足以说明义在儒家思想中的至高无上地位。这表明儒家将社会利益放在最重要的位置，倡导个人在价值选择时以社会利益为重，要有敢于为社会利益牺牲生命的担当。儒家的这种义利观，决定了儒家在对待人与自身关系上的态度。

三、中华优秀传统文化中的家国情怀

如何看待个体生命的意义和价值，中华优秀传统文化的回答集中体现为儒家的态度。前文提到的孔子和孟子的"杀身成仁"和"舍生取义"，不仅仅是儒家义利观的体现，更是儒家死亡观的体现。儒家主要从社会的角度看待个体死亡的意义,即关注死亡的社会价值,认为个人要将自己的生死融入社会和国家之中,把为了社会和国家的利益而死看作个体死亡的价值和意义所在。儒家的这种死亡观,在不同的时代条件下有着不同的表现形态。

当国家和民族遭遇外敌入侵的时候,"杀身成仁"和"舍生取义"就体现为舍身报国的爱国主义精神。林则徐用诗歌和行动为后世树起了一座爱国主义的丰碑。林则徐在《赴戍登程口占示家人》(其二)中,表达了自己甘愿为国捐躯、不计个人生死的爱国情怀。这首诗的写作背景是林则徐因查禁鸦片、抗击英国侵略者而受到投降派的诬陷,被道光皇帝贬谪至新疆伊犁戍边。林则徐在由西安启程之时,面对送行的家人和官员,随口吟诵而成。诗中最能反映林则徐的心声,也最为后世称颂的句子就是"苟利国家生死以,岂因祸福避趋之"。这两句话的大意是:只要是对国家有利的事情,即使是付出生命,我也会全力以赴,绝不会因为对自己不利就逃避、对自己有利就渴望得到。这首诗最震撼人心的地方,就是林则徐在为国家立下了汗马功劳,却蒙受了不白之冤的情况下,依然坚定舍身报国的志向。这足以体现林则徐忠诚无私的爱国情怀。

当国家和民族内部邪恶势力横行的时候,"杀身成仁"和"舍生取义"就体现为与邪恶势力斗争到底的浩然正气。谭嗣同的英勇就义将这种浩然正气体现得淋漓尽致。

谭嗣同在《狱中题壁》和《临终语》中,表达了自己誓与顽固派抗争到底、决不妥协的坚贞不屈精神。"望门投止思张俭,忍死须臾待杜根。我自横刀向天笑,去留肝胆两昆仑。"[1] 戊戌变法失败之后,以慈禧太后为首的顽固派大肆捕杀维新人士。谭嗣同拒绝逃走,决意以自己的死亡换取民众的觉醒。最终,谭嗣同、康广仁、林旭、杨深秀、杨锐、刘光第六人被清政府杀害于北京菜市口。在《狱中题壁》中,作者借用东汉士人与外戚和宦官抗争到底的典故,说明了维新派对顽固派所做的斗争是正义的事业,表达了作者甘愿为理想献身的心志。《临终语》的"死得其所,快哉

---

[1] 蔡尚思,方行. 谭嗣同全集(增订本):上册. 北京:中华书局,1981:287.

快哉",则体现出作者在实现人生价值之后的欣慰和满足。谭嗣同的《狱中题壁》和《临终语》,展现了他对反动势力的不屑、坚信维新派必将胜利的信念、舍生取义的决心和视死如归的英雄气概。

当个体身处特定岗位,需要承担具体职责的时候,"杀身成仁"和"舍生取义"就体现为"鞠躬尽瘁,死而后已"的敬业精神。诸葛亮用自己的一生为后人诠释了"忠于职守"的深刻内涵。诸葛亮在《出师表》和《后出师表》中表达了自己誓死履行职责的决心。他在《出师表》中写道:"受命以来,夙夜忧叹,恐托付不效,以伤先帝之明"。他在《后出师表》中更是留下了为后世称颂的千古名句:"臣鞠躬尽力,死而后已"。此后诸葛亮用行动兑现了自己的誓言,最终病逝于北伐途中。

综上所述,对于人与自然的关系、人与社会的关系和人与自身的关系这三个问题,中华优秀传统文化都给出了极富民族特色的回答。这些回答体现出了中华民族独特的精神气质,是支撑我们在实现中华民族伟大复兴中国梦的征程中攻坚克难的有力精神支撑,构成了建成社会主义文化强国必不可少的文化基础。

第二节 革命文化和社会主义先进文化的发扬

革命文化和社会主义先进文化是中国共产党领导和带领中华儿女在革命、建设和改革的过程中逐渐形成和发展的文化。革命文化和社会主义先进文化既是对中华优秀传统文化的继承,又是马克思主义中国化的文化成果。在处理人与自然关系上,革命文化和社会主义先进文化将人与自然看作"生命共同体",倡导二者的和谐统一。在处理人与社会关系上,革命文化和社会主义先进文化秉持集体主义原则,强调个人是社会的一部分,个人利益服从于社会利益。在人生观上,革命文化和社会主义先进文化主要从社会的角度去衡量人生的意义,认为投身于无产阶级的解放事业、为了人民的利益而献身的人生是富有价值的。新时代的文化自信自强,需要革命文化的淬炼与陶冶,以及社会主义先进文化的引领和提升。

一、党在实践中对人与自然关系的认识不断深化

生态环境问题始终是革命文化和社会主义先进文化关注的焦点。革命文化和社会主义先进文化对人与自然关系的认识呈现出一个不断深入的过程。毛泽东发出了"绿化祖国"的号召，邓小平高度重视植树造林工作，江泽民提出走可持续发展道路，胡锦涛倡导建设生态文明。习近平总书记在党的十九大报告中提出的"人与自然是生命共同体"是这个探索过程的最新成果。"生命共同体"思想既来源于中华优秀传统文化"天人合一"的理念，又来源于马克思和恩格斯对人与自然关系问题的回答，具有丰富的理论内涵。

在《1844年经济学哲学手稿》中，马克思提出了人与自然是密不可分的统一整体的思想。虽然人是自然的一部分，人的生存依赖于自然，受自然制约。但是，人也在通过工业不断改造着自然，使自然人化。人当下生活于其中的自然是"人化的自然"，所以必须将二者视为一个整体。"因此，通过工业——尽管以异化的形式——形成的自然界，是真正的、人本学的自然界。"[1] 恩格斯则强调人在处理自身与自然的关系时不能以征服者自居，要明白人也是自然的一部分，人与自然是休戚相关的统一体。"我们连同我们的肉、血和头脑都是属于自然界和存在于自然界之中的。"[2] 马克思与恩格斯将人与自然看作统一整体的思想对实现人与自然和谐相处具有重大启示意义。

"生命共同体"的思想内涵主要体现在自然本身、人与自然的关系和人与人之间的关系这三个方面。

从自然本身来讲，"生命共同体"思想正确地揭示出了自然的整体性特征。习近平总书记指出："我们要认识到，山水林田湖是一个生命共同体，人的命脉在田，田的命脉在水，水的命脉在山，山的命脉在土，土的命脉在树。"[3] 人与田、水、山、土等自然生态系统构成了一个相互依赖、

---

[1] 马克思，恩格斯.马克思恩格斯文集：第1卷.北京：人民出版社，2009：193.
[2] 马克思，恩格斯.马克思恩格斯文集：第9卷.北京：人民出版社，2009：560.
[3] 习近平.习近平谈治国理政.北京：外文出版社，2014：85.

相互作用、不可分割的统一整体。在整体与各组成部分的关系上，是整体决定部分，部分的性质取决于整体。所以我们在认识和解决生态环境问题时，不能仅仅针对某一部分采取措施，而是要立足整体，在部分与整体的互动关系中解决具体的生态环境问题。对此，习近平总书记指出："在经济社会发展方面我们提出了'五个统筹'，治水也要统筹自然生态的各要素，不能就水论水。要用系统论的思想方法看问题，生态系统是一个有机生命躯体，应该统筹治水和治山、治水和治林、治水和治田、治山和治林等。"①

从人与自然的关系来讲，"生命共同体"思想强调保护生态环境与发展经济的协调统一。习近平总书记指出："绿水青山就是金山银山。这是重要的发展理念，也是推进现代化建设的重大原则。"② 也就是说，保护生态环境与发展经济并不矛盾，二者完全能够协调统一、相得益彰。保护生态环境和发展经济相统一的中介，则是积极调整经济结构和经济发展方式。习近平总书记指出："生态环境保护的成败归根到底取决于经济结构和经济发展方式。"③ 因此，为了实现保护生态环境与发展经济相统一，我们就必须树立绿色发展理念，走绿色发展道路，实现人与自然的和谐共生。党的二十大报告将"人与自然和谐共生的现代化"作为中国式现代化的重要特征之一，进一步明确："我们坚持可持续发展，坚持节约优先、保护优先、自然恢复为主的方针，像保护眼睛一样保护自然和生态环境，坚定不移走生产发展、生活富裕、生态良好的文明发展道路，实现中华民族永续发展"④。

从人与人之间的关系来讲，"生命共同体"思想是"人类命运共体"理念的生态向度。以习近平同志为核心的党中央在解决我国生态环境问题的同时，也倡导积极承担国际责任，为解决全球环境问题贡献中国智慧、

---

　　① 中共中央文献研究室.习近平关于社会主义生态文明建设论述摘编.北京：中央文献出版社，2017：56.
　　② 习近平.习近平谈治国理政：第3卷.北京：外文出版社，2020：361.
　　③ 习近平.在深入推动长江经济带发展座谈会上的讲话.人民日报，2018-06-14（2）.
　　④ 习近平.高举中国特色社会主义伟大旗帜 为全面建设社会主义现代化国家而团结奋斗：在中国共产党第二十次全国代表大会上的报告.北京：人民出版社，2022：23.

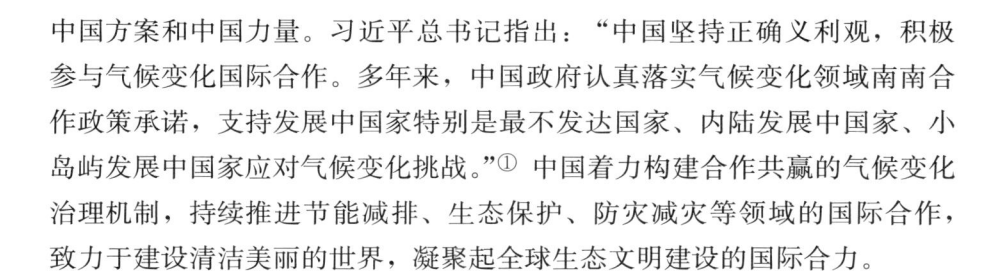

中国方案和中国力量。习近平总书记指出："中国坚持正确义利观，积极参与气候变化国际合作。多年来，中国政府认真落实气候变化领域南南合作政策承诺，支持发展中国家特别是最不发达国家、内陆发展中国家、小岛屿发展中国家应对气候变化挑战。"① 中国着力构建合作共赢的气候变化治理机制，持续推进节能减排、生态保护、防灾减灾等领域的国际合作，致力于建设清洁美丽的世界，凝聚起全球生态文明建设的国际合力。

二、党在实践中对人与社会关系的认识不断发展

在如何对待人与社会的关系这个问题上，中国共产党以马克思主义为指导思想，用集体主义的原则去处理人与社会的关系。集体主义是社会主义文化和道德的基本原则和底色。革命文化和社会主义先进文化所推崇的集体主义原则强调个人与社会、个人利益与社会利益的辩证统一性。在处理个人与社会之间的关系时，强调个体是社会的一部分，个人从属于社会。因此，当二者的利益发生矛盾时，要求个人应将社会利益放在首位，必要时要牺牲自身利益，以保障和维护社会的利益。但是，革命文化和社会主义先进文化并不排斥和反对个人正当利益，认为社会也要不断调整政策和措施，保障和发展个人的合理利益，为实现每个个体的全面发展创造条件。

（一）个人与社会相统一

马克思关于个人与社会关系的思想，构成了革命文化和社会主义先进文化中集体主义原则的哲学基础。

马克思语境中的"个人"是"现实的个人"②。在马克思看来，"现实的个人"要想创造历史，就必须首先能够生存下去；为了生存，就必须生产自己所需的物质生活资料。于是物质生产活动是这些"现实的个人"的第一个历史活动。"因此第一个历史活动就是生产满足这些需要的资料，即生产物质生活本身。"③ 从人诞生的那一刻起，每个人与物质生产活动就

---

① 习近平. 习近平谈治国理政：第2卷. 北京：外文出版社，2017：530.
② 马克思，恩格斯. 马克思恩格斯文集：第1卷. 北京：人民出版社，2009：519.
③ 同②531.

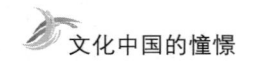

是密不可分的。个人是什么样,不以他们的意志为转移,而是由特定的物质生产活动及其方式决定的。"因此,他们是什么样的,这同他们的生产是一致的——既和他们生产什么一致,又和他们怎样生产一致。"①

物质生产活动只能在人与人之间的相互关系中才能进行。个人要想进行物质生产活动,就必须同其他人产生相互关系。"一切生产都是个人在一定社会形式中并借这种社会形式而进行的对自然的占有。"② 因此,个人是社会性的存在,是一切社会关系的总和。

马克思语境中的"社会"不是由每个个人组成的简单集合,而是这些进行物质生产活动的个人彼此发生的关联的总和。也就是说,马克思是从关系的角度去看待社会的。"生产关系总合起来就构成所谓社会关系,构成所谓社会,并且是构成一个处于一定历史发展阶段上的社会,具有独特的特征的社会。"③ 马克思认为,社会产生于每个个体都必须进行的物质生产活动,并随着物质生产活动的变化而改变自身的面貌。

在个人与社会的关系上,马克思持两种基本态度。

首先,个体是社会的必要组成部分。没有每个人的物质生产活动,社会就无法形成。"人们的社会历史始终只是他们的个体发展的历史,而不管他们是否意识到这一点。"④ 在马克思看来,现实的、从事具体活动的个人才是历史的创造者和社会的创造者。

其次,社会对个人的生存和发展具有决定性的制约作用。

社会是个人能够生存下去的必要条件。如前文所述,个人要想在自然中生存下去,就必须从事物质生产活动,而物质生产活动只能在一定的社会条件下才能实现。也就是说,个人只有把自己置身于社会之中,才能保证自己能够生存下去。"由此可见,人们之间一开始就有一种物质的联系。这种联系是由需要和生产方式决定的,它和人本身有同样长久的历史"⑤。也就是说,置身于一定的社会关系之中是个人得以进行物质生产的必要条

---

① 马克思,恩格斯. 马克思恩格斯文集:第1卷. 北京:人民出版社,2009:520.
② 马克思,恩格斯. 马克思恩格斯文集:第8卷. 北京:人民出版社,2009:11.
③ 同①724.
④ 马克思,恩格斯. 马克思恩格斯文集:第10卷. 北京:人民出版社,2009:43.
⑤ 同①533.

件之一。

社会是实现个人自由而全面发展的必要条件。马克思的终极理想是实现每个人的自由而全面发展，实现个人的彻底解放。但是个人要想实现自身的彻底解放，必须首先改变不合理的社会关系。因为个人的解放和自由只有在社会中才能实现。"只有在共同体中，个人才能获得全面发展其才能的手段，也就是说，只有在共同体中才可能有个人自由。"① 在马克思看来，只有立足于一定的社会条件，从社会出发去考察个人自由的实现问题，才具有现实意义。社会条件是怎样的，个人的自由程度就是怎样的。个人的自由程度深受社会条件的制约。

综上所述，在个人与社会的关系问题上，马克思将社会视作个人的基础，指出个人的生存和发展离不开一定的社会条件，个人的自我塑造也受社会历史环境的制约，所以社会是比个人更为基础性的存在。马克思的最终目标是实现人的自由而全面发展，并且这一目标只能在社会中才能实现。因此，社会也必须充分尊重和保护人的权益，为个人实现这一目标创造条件。

（二）个人利益与社会利益相统一

基于马克思主义对个人与社会关系的认识和把握，中国共产党在处理个人利益与社会利益的关系时，始终坚持二者的辩证统一。在坚持集体、社会和国家的利益高于个人的利益的同时，统筹兼顾社会各方利益，尊重和保护个人的正当利益。

以人民的利益为根本出发点和落脚点，是革命文化和社会主义先进文化的集体主义原则的根本前提。毛泽东认为，中国共产党作为中国工人阶级和中华民族的先锋队，要把全心全意为人民服务作为贯彻和坚持集体主义原则的核心和前提。对此，毛泽东做出多次重要表述。在《中国共产党在民族战争中的地位》这篇文章中，毛泽东写道："共产党员无论何时何地都不应以个人利益放在第一位，而应以个人利益服从于民族的和人民群众的利益。"② 在《论联合政府》中，毛泽东指出："全心全意地为人民服

---

① 马克思，恩格斯. 马克思恩格斯文集：第1卷. 北京：人民出版社，2009：571.
② 毛泽东. 毛泽东选集：第2卷.2版. 北京：人民出版社，1991：522.

务，一刻也不脱离群众；一切从人民的利益出发，而不是从个人或小集团的利益出发；向人民负责和向党的领导机关负责的一致性；这些就是我们的出发点。"① 邓小平也将集体主义原则的发扬建立在保障人民利益的前提下。邓小平所做的关于改革开放的一切理论探索和实践探索的最终目的，就是增进人民福祉，提高人民的生活水平。邓小平在《党和国家领导制度的改革》这篇讲话中指出："我们提倡按劳分配，承认物质利益，是要为全体人民的物质利益奋斗。"② 在邓小平看来，只有坚持集体主义原则，才能实现共同富裕。"社会主义不是少数人富起来、大多数人穷，不是那个样子。社会主义最大的优越性就是共同富裕，这是体现社会主义本质的一个东西。"③

要求个人利益服从于集体利益，是革命文化和社会主义先进文化的集体主义原则的本质属性。毛泽东始终以集体主义精神教育党员，要求党员必须把党和人民的利益放在第一位，强调个人利益与集体利益在本质上是一致的。在《反对自由主义》一文中，毛泽东指出："一个共产党员，应该是襟怀坦白，忠实，积极，以革命利益为第一生命，以个人利益服从革命利益……关心党和群众比关心个人为重，关心他人比关心自己为重。这样才算得一个共产党员。"④ 毛泽东在读苏联《政治经济学教科书》时指出："个人是集体的一分子，集体利益增加了，个人利益也随着改善了。"⑤ 邓小平在《党和国家领导制度的改革》这篇讲话中，虽然肯定了个人追求物质利益的正当性和合理性，但要求个人对物质利益的追求必须以维护集体和国家的利益为前提。"我们从来主张，在社会主义社会中，国家、集体和个人的利益在根本上是一致的，如果有矛盾，个人的利益要服从国家和集体的利益。"⑥

统筹兼顾个人利益，是革命文化和社会主义先进文化的集体主义原则

---

① 毛泽东. 毛泽东选集：第3卷. 2版. 北京：人民出版社，1991：1094-1095.
② 邓小平. 邓小平文选：第2卷. 2版. 北京：人民出版社，1994：337.
③ 邓小平. 邓小平文选：第3卷. 北京：人民出版社，1993：364.
④ 毛泽东. 毛泽东选集：第2卷. 2版. 北京：人民出版社，1991：361.
⑤ 毛泽东. 毛泽东文集：第8卷. 北京：人民出版社，1999：134.
⑥ 同②337.

的鲜明特征。在实现和维护好国家和集体的根本利益的同时,中国共产党高度重视保护个人的切身利益。在《关于正确处理人民内部矛盾的问题》这篇讲话中,毛泽东指出:"在分配问题上,我们必须兼顾国家利益、集体利益和个人利益……国家要积累,合作社也要积累,但是都不能过多。我们要尽可能使农民能够在正常年景下,从增加生产中逐年增加个人收入。"① 邓小平也强调,在保证国家根本利益的前提下,个人的正当利益必须得到充分的重视和保障。在回答意大利记者法拉奇的问题时,邓小平表示:"按照马克思说的,社会主义是共产主义第一阶段,这是一个很长的历史阶段,必须实行按劳分配,必须把国家、集体和个人利益结合起来,才能调动积极性,才能发展社会主义的生产。"②

革命文化和社会主义先进文化用集体主义原则处理人与社会的关系,认为社会利益是个人利益的前提和基础,只有在个人与社会的统一中,才能保障自己的根本利益和长远利益,才能更好地实现自我价值,这种集体主义原则也体现在革命文化和社会主义先进文化的人生价值观上。

三、党在实践中确立的人生价值导向

以集体主义原则为基础,对于如何看待人生的意义和价值这个问题,革命文化和社会主义先进文化主要从社会发展的角度来评判,更关注个体存在的社会价值。革命文化和社会主义先进文化高度认可个体为了集体的利益、社会的利益、国家的利益、党和人民的利益而牺牲自己的利益。

马克思和恩格斯也是从社会的角度来衡量个体存在的意义和价值的。在他们看来,为全人类解放的共产主义事业而奋斗的人生是值得歌颂和传唱的。早在青少年时期,马克思就立志为了全人类的幸福而牺牲自己。在《青年在选择职业时的考虑》这篇文章中,马克思认为只有为了实现人类幸福而牺牲自己的人才是真正伟大的人。在马克思看来,只要从事为人类谋福祉的工作,哪怕为此付出了生命也是幸福的,因为能给全人类带来幸

---

① 毛泽东. 毛泽东文集:第 7 卷. 北京:人民出版社,1999:221.
② 邓小平. 邓小平文选:第 2 卷.2 版. 北京:人民出版社,1994:351.

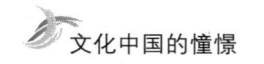

福的快乐远远大于实现一己私利所获得的快乐。

在《法兰西内战》中，马克思满怀深情地讴歌了巴黎人民为了保卫公社而与反动势力战斗到底的自我牺牲精神。这些牺牲者是为了无产阶级的解放而死，他们的英勇事迹将永远被后世所铭记和传颂，而那些屠杀他们的资产阶级，将永远被人唾弃。"工人的巴黎及其公社将永远作为新社会的光辉先驱而为人所称颂。它的英烈们已永远铭记在工人阶级的伟大心坎里。那些扼杀它的刽子手们已经被历史永远钉在耻辱柱上，不论他们的教士们怎样祷告也不能把他们解脱。"①

恩格斯在总结无产阶级革命运动经验的基础上，提出了用马克思主义的人生价值观教育群众的思想。恩格斯指出，开展无产阶级革命运动的一个必要条件是让群众明白人生的意义到底是什么，使群众明白自己进行革命斗争和流血牺牲的目的是争取无产阶级的解放和人类解放。"实行突然袭击的时代，由自觉的少数人带领着不自觉的群众实现革命的时代，已经过去。凡是要把社会组织完全加以改造的地方，群众自己就一定要参加进去，自己就一定要弄明白这为的是什么，他们为争取什么而去流血牺牲。"②

以马克思和恩格斯的思想为基点，革命文化和社会主义先进文化的人生价值观强调个体应当勇于为了党和人民的利益而献身，为了党和人民而献身的死亡是最有价值、最高尚的。对于共产党员而言，勇于为党和人民而牺牲自己不仅是道德上的要求，更是必须遵守的义务。《中国共产党章程》规定，每位中共党员都必须做到为共产主义奋斗终身，随时准备为党和人民牺牲一切③。

刘少奇在《论共产党员的修养》一书中，曾谈到如何衡量生命意义这个问题。在刘少奇看来，共产党员应当站在无产阶级、劳动人民和全人类的立场上看待个体生命的意义，要将为绝大多数人而死看作是最值得的。

---

① 马克思，恩格斯. 马克思恩格斯文集：第3卷. 北京：人民出版社，2009：181.
② 马克思，恩格斯. 马克思恩格斯文集：第4卷. 北京：人民出版社，2009：549.
③ 中国共产党章程 中国共产党纪律处分条例（修订对照版）. 北京：人民出版社，2018：47.

"在我们共产党员看来,为任何个人或少数人的利益而牺牲,是最不值得、最不应该的。但是,为党、为阶级、为民族解放,为人类解放和社会的发展,为最大多数人民的最大利益而牺牲,那就是最值得、最应该的。"①

毛泽东把"为什么人而死"作为评判人生意义的根本原则,认为一个人只有为了人民的利益而死,才是光荣的和值得称颂的;如果是为了压迫和剥削人民的人而死,就为人所不齿。《为人民服务》这篇演讲集中体现了毛泽东死亡观的核心要义,也是革命文化和社会主义先进文化死亡观的最精准表达。"人总是要死的,但死的意义有不同……为人民利益而死,就比泰山还重;替法西斯卖力,替剥削人民和压迫人民的人去死,就比鸿毛还轻。"②

邓小平继承了马克思主义生死观中"为无产阶级和人类解放而死"的思想,将自己的一生都奉献给了党和人民的事业,对如何正确评价个体的死亡意义这个问题做出了深刻的回答。在前往莫斯科中山大学学习时,邓小平已经下定决心,将自己的全部都献给党,献给无产阶级的解放事业。"我来莫的时候,便已打定主意,更坚决的把我的身子交给我们的党,交给本阶级。从此以后,我愿意绝对的受党的训练,听党的指挥,始终为无产阶级的利益而争斗!"③ 在此后的一生中,无论是革命战争年代的出生入死,还是"文革"期间的"三起三落",抑或是改革开放以后的鞠躬尽瘁,邓小平始终坚守和践行着当初的誓言。直到辞去军委主席的职务,邓小平依然以一名普通党员的身份要求自己,选择继续为党和人民服务。"作为一个为共产主义事业和国家的独立、统一、建设、改革事业奋斗了几十年的老党员和老公民,我的生命是属于党、属于国家的。退下来以后,我将继续忠于党和国家的事业。"④

综上所述,对于人与自然的关系、人与社会的关系和人与自我的关系这三个问题,革命文化和社会主义先进文化的回答既是马克思主义的,又

---

① 刘少奇. 刘少奇选集:上卷. 北京:人民出版社,1981:133-134.
② 毛泽东. 毛泽东选集:第3卷.2版. 北京:人民出版社,1991:1004.
③ 中共中央文献研究室. 邓小平年谱(1904~1974)(上). 北京:中央文献出版社,2009:28-29.
④ 邓小平. 邓小平文选:第3卷. 北京:人民出版社,1993:323.

与中华优秀传统文化一脉相承。在人与自然的关系上，革命文化和社会主义先进文化的"生命共同体"思想是对中华优秀传统文化的"天人合一"思想的继承与发展，二者都强调人与自然应当和谐相处、共生共荣。在人与社会的关系上，革命文化和社会主义先进文化同中华优秀传统文化都认为社会比个人更基础、社会利益高于个人利益。在人与自我的关系上，革命文化和社会主义先进文化所倡导的人生价值观是对中华优秀传统文化的创新性发展，二者都强调个体生命的社会价值。因此，在研究革命文化和社会主义先进文化时，我们必须将其与中华优秀传统文化联系起来，绝对不能人为地将二者相割裂。

第三节　外来文化的批判性吸收和借鉴

世界优秀文化也是建成社会主义文化强国的重要文化资源，需要我们批判性地借鉴和吸收，取其精华、去其糟粕。近代以来，占主流地位的西方文化主要用人类中心主义的态度对待人与自然的关系，认为人是自然的主宰，通过科学技术能够彻底征服自然；但是到了20世纪下半叶，生态哲学在西方世界逐渐兴起，它反对人类中心主义，倡导人与自然应当和谐相处。在处理人与社会关系上，西方文化主要持个人主义原则，高度重视个人的尊严、自由和自我发展，认为个人是目的，个人利益至上，社会只是实现利己目的的手段，社会利益的实现依赖于个人利益的实现。在人与自身的关系上，西方文化更关注个体的自我价值，强调个体的价值和意义在于张扬个性，拓展个体生命的广度和深度。

一、人与自然的关系

在看待人与自然的关系问题上，占主流地位的西方文化主要持人类中心主义态度。西方文化采用主客二分的方式看待人与自然的关系，认为人与自然是对立的和割裂的，人是自然的主宰，自然只是人用来满足自身需求的被征服对象。西方文化主要通过科学技术来征服自然，视科学技术为宰制自然的利器，认为科学技术是万能的，能够帮助人洞悉自然的一切奥秘。

西方文化的人类中心主义对人与自然关系的态度集中体现为三个信念。

第一，人是自然的主宰。宇宙间的所有事物都可以分成主体与客体两个部分，任何一个事物要么是主体，要么是客体；只有人类才是主体，自然只是客体；主体认识客体的目的是控制客体，满足主体的需求。只有人才有内在价值，自然只具有外在价值，人仅仅将自然当作满足自身各种需求的资源库。"近现代以来，人们一直将整个自然界看作是……满足人的物质需要的资源。"[1] 比如，在洛克的思想中，荒地指的不是贫瘠的土地，而是未经人类开发的土地，因为这种土地无法为人类带来任何收益。

第二，科学技术是万能的。人类中心主义认为科学技术拥有无限的威力，是满足人们日益增长的各类需求的有力工具。"人们一旦获得探求真理的可靠方法，获得一种可以应用于人类生活各个领域的方法，那么，他们就拥有了一种具有无限威力的工具，只要人类延续下去，这种工具就能满足其需要。科学方法就是这样一种方法。况且，这种方法不但经常修正我们目前的大量知识，并促使其更加精确化，而且它还不断地进行自我完善。"[2]

第三，自然对人来说是可知的。随着科学技术的进步，人的未知领域会越来越少，最终能够达到掌握全部宇宙奥秘的程度。只要科学技术足够发达，整个宇宙对人类来说将不再具有任何秘密，人类可以控制自身以及大自然中的一切。"只需要简单、传统、平常的科学方法，就能够把我们变成长生不死的魂灵。这些魂灵将飞向宇宙，打破那里的一片沉寂。怎么没有可能呢？如果科学和技术不能让我们知道应该知道的和做到能够做到的，它们还有何价值可言？自然界已经不再有什么秘密了。"[3]

---

[1] 曹孟勤.人自由亦让自然有自由：论黑格尔自由观的生态意蕴.道德与文明，2015（6）.
[2] 拉蒙特.人道主义哲学.曹高建，张海涛，董云虎，译.北京：华夏出版社，1990：188-189.
[3] 里吉斯.科学也疯狂.张明德，刘青青，译.北京：中国对外翻译出版社，1994：8.

随着生态危机日益加重,西方国家的有识之士开始重新思考人与自然的关系。生态哲学应运而生。20世纪下半叶,生态哲学在西方国家兴起,以人与自然的关系为基本问题,以实现人与自然的和谐发展为目标,是一种崭新的哲学范式。

在概念界定方面,生态哲学以生态学为基础。"生态哲学,或生态学世界观,它是运用生态学的基本观点和方法观察现实事物和理解现实世界的理论。"①《大英百科全书》对"生态学"的定义为:"生态学,或者被称为生物生态学、环境生物学,是一门研究有机体与其环境之间关系的学问。一些人类事务中最为紧迫的问题,如人口增长、粮食短缺、包括全球变暖在内的环境污染、动植物物种灭绝和所有伴随而来的社会和政治问题,在很大程度上都是生态问题。"②

在对人与自然关系的总体看法方面,生态哲学秉持整体主义的世界观,认为世界是由人、社会和自然构成的相互联系、相互作用、不可分割的复合生态系统。这种生态系统是由人、动物、植物、微生物以及环境等要素构成的整体,其中的各个要素是相互依赖和相互作用的,部分的性质取决于整体。"生态学为当代整体论思想提供了最为重要的实例……部分从整体中获得它们的意义。每一特定部分的性质都依赖于整体的状况并由整体确定……生态学必然会关注复杂性和整体性。它不可能把部分孤立成一个仅能用于实验室研究的简单系统,因为这样的孤立会造成对整体的曲解。"③

在看待人与自然的主客体关系方面,生态哲学认为人类不是唯一的主体,自然和自然事物也是主体;生态哲学反对人类中心主义的人类至上论,主张自然事物和人类都具有内在价值,人类与自然界的万事万物都是平等的。

在评价科技的作用方面,生态哲学反对人类中心主义的科技万能论,

---

① 余谋昌. 生态哲学. 西安:陕西人民教育出版社,2000:33.

② The New Britannica Academic. Ecology. Chicago:Encyclopædia Britannica,2022. [2022-06-14]. http://academic.eb.cnpeak.com/levels/collegiate/article/ecology/110583.

③ C MERCHANT. The Death of Nature:Women,Ecology,and the Scientific Revolution. New York:Harper & Row,1990:293.

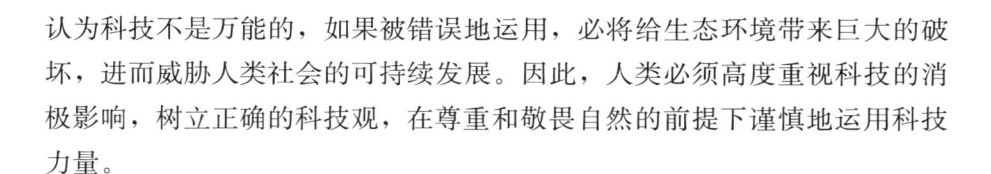

认为科技不是万能的,如果被错误地运用,必将给生态环境带来巨大的破坏,进而威胁人类社会的可持续发展。因此,人类必须高度重视科技的消极影响,树立正确的科技观,在尊重和敬畏自然的前提下谨慎地运用科技力量。

二、人与社会的关系

西方文化用个人主义原则处理人与社会的关系。在对"个人与社会何者更基础"这个问题的回答上,西方主流文化认为个人比社会更为基础,个体才是真实的存在,社会只是由一个个"原子化的个人"联结而成的虚幻形式,离开了个人,社会也就不复存在;基于此,个人是一切价值的中心,是根本目的,社会以及国家只不过是个人实现自身幸福的手段。在对"社会利益与个人利益何者更重要"这个问题的回答上,西方主流文化认为个人利益高于社会利益,维护个人的利益是目的,社会利益的实现以个人利益的实现为前提。

西方文化的个人主义原则集中体现为资本主义的个人主义思想。虽然"个人主义"这个概念是1820年法国天主教复旧派思想家约瑟夫·德·梅斯特最先使用的,但个人主义的思想早已有之。资本主义的个人主义思想萌芽于文艺复兴时期,经过霍布斯、洛克和斯密的发展逐步确立。

文艺复兴运动的出发点和落脚点是"个人",它是一场资产阶级的人性解放运动。文艺复兴运动以高扬人的价值与尊严、鼓励个性自由发展、支持个人追求尘世的幸福与快乐为主要内容。

文艺复兴运动肯定和赞扬个人的价值和尊严,认为评判个人价值的标尺不是封建专制势力赋予的等级和地位,而是人自身的品格和能力。薄迦丘主张每个人生而平等,认为个体的品德才是区分高低贵贱的首要标准。"人类一诞生,我们一出世,就是平等的,只有德性才是人的贵贱的首要区分。那些拥有大德并且能发挥大德的人才配称得上高贵,否则只能算是低贱。尽管这条法则被世俗的偏见隐蔽起来,可它不会消失,还会在人的本性和高雅的举止中显现出来。所以,那发挥大德的人就表明了自己的高贵,如果这样的人还被视为低贱的,那可不是他的过错,而是这样看待他的人的过错。"①

文艺复兴主张个人应当自由而全面地发展自己的个性和才能。皮科认为人的价值在于他的无限可能性,鼓励人去发展自身的各类禀赋。"兽类一生下来(正如卢西刘斯所说的)就从母腹里带来了他们今后拥有的一切。精灵是在开始或在此后不久就成为他们永远如此的样子。而人在出生之际,天父却赐给他所有各种种子和一切生活方式的幼芽。不论每人培育的是什么种子,它们都能成熟,并在他身上结出自己的果实。"②

文艺复兴坚决反对封建神学势力的禁欲主义,强调个人追求自身幸福的正当性和合理性。薄迦丘在《十日谈》中讴歌了年轻女性不畏封建势力和教会戒律的束缚、勇敢追求爱情的无畏精神。"是的,我爱过也仍爱着圭斯卡尔多,只要我活着——我恐怕活不长了——我将永远爱他。假如死后还会爱的话,那么我就是死了也还爱着他。我堕入情网,一方面是我作为女性不能自制,另一方面也是因为你不关心我的再嫁,以及圭斯卡尔多的可敬可爱。"③

在文艺复兴时期,个人主义还主要集中在思想文化领域。到了17—18世纪,个人主义原则已经扩展到了政治和经济领域,集中体现在对"个人与社会何者更为基础"和"个人利益与社会利益何者更为重要"两个问题的理解上。

(一)个人比社会更为基础

霍布斯和洛克是西方个人主义发展史上的重要人物,他们的学说集中体现了"个人比社会更为基础"的个人主义原则。

在霍布斯看来,起初每个个体都处于没有国家和政府的自然状态。在自然状态下,人们是自由、平等的;个体的自我保全是人最重要的自然权利。"著作家们一般称之为自然权利的,就是每一个人按照自己所愿意的方式运用自己的力量保全自己的天性——也就是保全自己的生命——的自

---

① 薄迦丘. 十日谈. 钱鸿嘉,泰和库,田青,译. 南京:译林出版社,2010:255-256.
② 周辅成. 从文艺复兴到十九世纪资产阶级哲学家政治思想家有关人道主义人性论言论选辑. 北京:商务印书馆,1966:34.
③ 同①255.

由。"① 人性是自私自利的,追求个人利益是人的本能。个人为了实现自身利益会不择手段,会抛弃任何社会规范。"当自己的利益需要时,他们会放弃习惯,而一遇到理性对自己不利时,他们又反对理性。"② 在这种自然状态下,人与人处于你死我活的战争状态,人们整日生活在恐惧之中,惶惶不可终日。"这种战争是每一个人对每个人的战争……最糟糕的是人们不断处于暴力死亡的恐惧和危险中,人的生活孤独、贫困、卑污、残忍而短寿。"③

为了避免陷入自相残杀的局面,每个个体之间达成了社会契约,把自身的自然权利转让给"某个人"或者"某个集体",由这个人或者这个集体对他们进行统治,由此产生了国家。"这一点办到之后,象这样统一在一个人格之中的一群人就称为国家,在拉丁文中称为城邦。"④ 在霍布斯看来,个人与国家的关系是目的与手段的关系,即个人是目的,国家存在的意义在于协调人与人之间的冲突,为满足个人的长远私利创造条件。

洛克的个人主义思想集中体现在他的"天赋人权"的思想上。与霍布斯不同,洛克虽然也承认每个人在组成国家之前生活在一种自然状态中,但认为这种自然状态是和平、友爱、互助的状态。人在这种自然状态中天然地享有各种自然权利,如生命权、自由权和财产权。洛克认为,财产权是自然权利中最重要的权利,是不可剥夺和不可侵犯的。但是,由于每个人都是平等的,人与人之间相互独立,这样就会使人们只顾自己,不去关心他人,甚至侵害他人利益。所以,在自然状态下,个人无法保障自己的自然权利。

为了保证每个人都能过上安全、和平和舒适的生活,人们通过契约的方式,将部分自然权利交给一个委托人来行使,由此形成了社会和政府。"任何人放弃其自然自由并受制于公民社会的种种限制的唯一的方法,是同其他人协议联合组成为一个共同体,以谋他们彼此间的舒适、安全和和

---

① 霍布斯. 利维坦. 黎思复,黎廷弼,译. 北京:商务印书馆,1985:97.
② 同①77.
③ 同①94-95.
④ 同①132.

平的生活，以便安稳地享受他们的财产并且有更大的保障来防止共同体以外任何人的侵犯。"① 洛克认为，个人的私有财产权是所有自然权利中最为重要的一项。政府存在的目的就在于保护个人无法转让的自然权利，尤其是私有财产权。"人们参加社会的理由在于保护他们的财产；他们选择一个立法机关并授以权力的目的，是希望由此可以制定法律、树立准则，以保卫社会一切成员的财产，限制社会各部分和各成员的权力并调节他们之间的统辖权。"② 如果政府侵犯了人们无法转让的自然权利，尤其是侵犯了私有财产权，人们就有权推翻政府。可见，个体的重要性高于国家，个体的天赋权利是目的，国家只是保障个体自然权利的手段。

西方文化对个人地位与社会地位关系的理解，决定了它对待个人利益与社会利益关系的基本态度，那就是个人利益高于社会利益。

(二) 个人利益高于社会利益

基于西方文化对个体地位与社会地位关系的认识，在"个人利益与社会利益何者更重要"这个问题上，西方主流文化认为个人利益高于社会利益，只要实现了个人利益的最大化，就能够实现社会利益的最大化。曼德维尔和斯密是这种看法的重要代表。

曼德维尔的核心思想是"私人恶德即公众利益"。他认为人的本性是自私自利的，并以此为出发点，将个人对自身利益的追逐看作实现社会经济繁荣和人民幸福的根本前提。这里的"恶"不是法律领域中的种种犯罪，而是人的利己本性和利己行为，如对巨额利润的追逐、爱慕虚荣、渴望过上挥金如土的奢华生活等等。在《蜜蜂的寓言：私人的恶德，公众的利益》这本书中，曼德维尔将人类社会比作蜂巢，将人类比作蜜蜂，以阐述自己的观点。

最开始，蜂巢里不同职业的蜜蜂都在不择手段地满足自身卑劣的欲望，整个社会充满了自私自利，但正是各个个体的肮脏卑劣和自私自利，使整个蜂巢，也就是整个社会繁荣昌盛。以达官显贵们对奢靡生活的追求为例，正是因为这些人在生活的方方面面追求物质享受，才为社会创造出

---

① 洛克. 政府论（下篇）. 叶启芳，瞿菊农，译. 北京：商务印书馆，2009：59.
② 同①139.

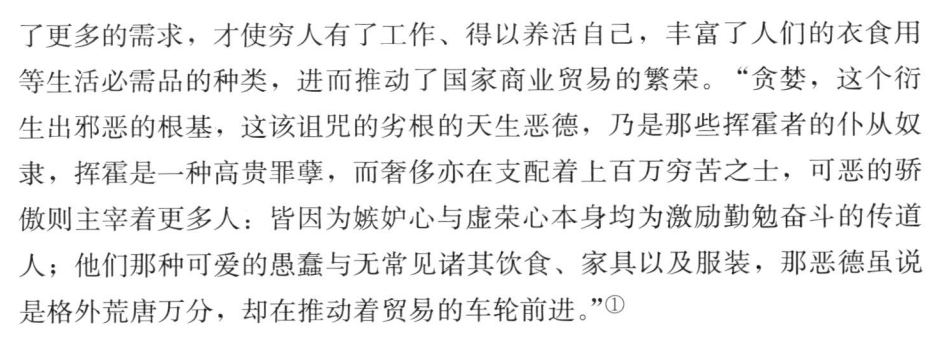

了更多的需求，才使穷人有了工作、得以养活自己，丰富了人们的衣食用等生活必需品的种类，进而推动了国家商业贸易的繁荣。"贪婪，这个衍生出邪恶的根基，这该诅咒的劣根的天生恶德，乃是那些挥霍者的仆从奴隶，挥霍是一种高贵罪孽，而奢侈亦在支配着上百万穷苦之士，可恶的骄傲则主宰着更多人：皆因为嫉妒心与虚荣心本身均为激励勤勉奋斗的传道人；他们那种可爱的愚蠢与无常见诸其饮食、家具以及服装，那恶德虽说是格外荒唐万分，却在推动着贸易的车轮前进。"①

后来，这些原本自私自利的蜜蜂开始悔恨自己的过往，向神请求痛改前非，想要过有德性的生活。神答应了他们的请求。但是当蜜蜂们过上了勤俭节约的生活之后，却发现这种勤俭节约的生活导致了穷人失业、百业凋零的情况。比如，没有了大兴土木的需求，导致"建筑业亦几乎全被弃诸一旁，没有任何人想雇用建筑工匠"②。蜜蜂们清心寡欲的生活，导致了国内外商业贸易的停滞，商店和工场纷纷倒闭。"骄傲与奢侈已经日益减少，众蜂便不再到大海上飘摇。不单是商号，而且所有公司，现已将工场作坊全部关闭。"③

借助这则寓言，曼德维尔意在证明：个人利益是社会利益的基础和前提；个体的自私自利是实现国家繁荣昌盛和民众生活水平提高的根本原因；倘若每个个体都努力追求自身利益的满足，必定能促进国家经济发展，增加整个社会的福祉。

斯密也同曼德维尔一样，从人的利己本性出发，认为个体对自身利益的追求能够实现社会利益，也就是个人的利己行为导致了行为人所不曾想到的、实际上有利于增进社会福祉的效果，并用"看不见的手"来形容这种效果。

"看不见的手"在《道德情操论》中的含义，指的是富人主观上对财富的贪婪能够在客观上促进社会公益的实现。富人们为了满足自身对奢华

---

① 曼德维尔. 蜜蜂的寓言：私人的恶德，公众的利益. 肖聿，译. 北京：中国社会科学出版社，2002：18.
② 同①25.
③ 同①26.

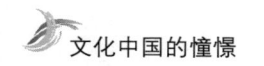

生活的追求，就要雇用更多穷人为自己工作，从而创造出了越来越多的物质财富，也在客观上解决了社会上绝大多数人的就业和温饱问题。"一只看不见的手引导他们对生活必需品作出几乎同土地在平均分配给全体居民的情况下所能作出的一样的分配，从而不知不觉地增进了社会利益，并为不断增多的人口提供生活资料。"①

"看不见的手"在《国富论》中的含义，指的是资本家对利润的追逐最终带来社会福祉增长的积极影响。斯密指出，在国内投资、国外投资和贩运投资三种投资模式中，资本家更愿意投资国内产业，因为在国内进行投资的成本更低、风险更小、获利更多。这种国内投资，促进了本国产业的发展，为本国国民提供了更多就业岗位，增加了国民的收入和社会财富。也就是说，原本是资本家的利己行为，却无意间创造了巨大的社会效益。"在这场合，像在其他许多场合一样，他们是受着一只看不见的手的指导，促进了他们全不放在心上的目的……他们各自追求各自的利益，往往更能有效的促进社会的利益。"② 在斯密看来，个人利益比社会利益更为重要，是社会利益的基础和前提。在"看不见的手"的指引下，个人对一己私利的追求必然会促成社会的繁荣和公众的幸福。

西方文化用个人主义原则处理人与社会的关系，认为个人和个人利益是社会和社会利益的前提和基础，只有个人首先实现自己的利益，才能保障社会的根本利益和长远利益。这种个人主义原则也体现在西方文化的人生价值观上。

三、人与自我的关系

在对待个体生命的态度方面，西方文化主要关注自我价值的实现，这突出体现在西方文化所秉持的死亡观上，这种死亡观认为死亡对于彰显个体的独特性和实现人的自我超越具有不可替代的意义和作用。

古希腊思想家主要从个体的角度看待死亡，以此分析死亡的本质、死亡与永生、灵魂与肉体的关系等问题。比如，毕达哥拉斯认为死亡是灵魂

---

① 斯密. 道德情操论. 蒋自强. 钦北愚. 朱钟棣，等译. 北京：商务印书馆，2003：230.
② 斯密. 国富论（下）. 郭大力，王亚南，译. 上海：上海三联书店，2009：23.

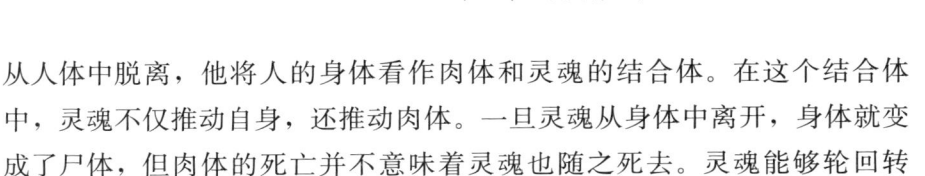

从人体中脱离，他将人的身体看作肉体和灵魂的结合体。在这个结合体中，灵魂不仅推动自身，还推动肉体。一旦灵魂从身体中离开，身体就变成了尸体，但肉体的死亡并不意味着灵魂也随之死去。灵魂能够轮回转世，进入另一个人的身体或者动物之中，如此这般，不断地进行轮回。在毕达哥拉斯看来，灵魂不断进行轮回转世的最终目的，是实现同神的重聚。

不仅是古希腊，中世纪的基督教哲学、文艺复兴时期的哲学以及近代哲学也很少讨论个体死亡的社会意义。西方文化对死亡的个体性的关注集中表现在现当代哲学中。现代哲学家们认为个体的死亡具有个性化特征，是"我"的死亡。

尼采尤为强调死亡的个体性和独特性，力图通过死亡来彰显个体生命的存在价值。在他看来，虽然死亡是任何个人都无法避免的，但以何种人生状态去迎接死亡是可以选择的。他从自己提出的"超人"思想出发，阐发了死亡的个体性原则。超人指的是具有顽强的生命意志、强烈的创造欲望、能够在有限的人生中创造出远超普通人的不朽业绩的个体，这是尼采的理想人格。尼采赞赏"超人"的死亡，认为"超人"在活着的时候做出了非凡的贡献，他的死亡也是一次壮丽的谢幕。在尼采看来，个体要将自身的死亡视作彰显自身独特价值的行为。"在你们的死之中，你们的精神和德性当依然熠熠生辉，有如晚霞环绕大地；要不然你们的死就是不成功的。"①

对待人的死亡，尼采的出发点和落脚点都是个体，而不是社会。尼采最关注的问题是"个体以怎样的人生去迎接死亡"，是如何通过死亡来彰显出个体生命与众不同的价值和意义，而不是"个体以怎样的人生去迎接死亡"对社会具有怎样的意义和价值。

海德格尔是著名的存在主义哲学家，他强调"向死而生"，认为只有死亡才能使个体发现并挖掘自身蕴含的无限可能性，从而实现自我超越。海德格尔将个体称为"此在"，通过"此在"追问个体的存在意义。"此

---

① 尼采. 查拉图斯特拉如是说. 孙周兴, 译. 上海：上海人民出版社, 2018：106.

在"是没有任何规定性的存在者,是一种表现为"可能性"的存在者。"可能性"才是"此在"最本质的规定性,因为"可能性"意味着"此在"具有不断改变自我的能力,意味着"此在"具有选择以哪种"可能性"作为自己的存在状态的能力。"此在不是一种附加有能够作这事那事的能力的现成东西。此在原是可能之在。此在一向是它所能是者;此在如何是其可能性,它就如何存在。"① 正因为"此在"表现为"可能之在",所以既可以选择超越自我,也可以选择成为"常人"而沉沦下去。在现实生活中,人们大都选择了后者。

但是,在"此在"的诸多可能性中,"死亡是此在的最本己的可能性"②。死亡是"此在"不可超越的可能性,任何人都是要死的;死亡也充满着不确定性,只要"此在"存在,就必然时刻面临着死亡的威胁。但是,对死亡的领会使"此在"从沉沦状态中醒悟过来。死亡都是针对个体而言的,每个人都面对着属于自己的死亡。在日常生活中,人们总是受到外部世界与社会力量的制约,有着这样那样的牵绊,当他们面对死亡时,就不得不将这些东西当作过往烟云抛弃掉。当"此在"放弃种种牵绊之后,剩下的就只是自身的独特性与个性,"此在"就可以毫无牵挂地去实现自身的各种可能性,发展自身的各种潜力和禀赋,度过一个多姿多彩的人生。"然而,先行到死直面这种无可逾越之境而给自身以自由,从偶然拥挤上来的各种可能性中解放出来。只有先行到死,此在才可能本真地选择排列在那无可逾越的可能性之前的诸种实际的可能性,从而先行掌握整个此在的可能性,作为整体的此在生存。"③

可见,与尼采一样,海德格尔也是从个体角度去挖掘死亡的价值和意义。在他看来,死亡的意义在于能够促使个体发现和发展自身的各项禀赋,帮助个体实现独一无二的生命体验。

综上所述,对于人与自然的关系、人与社会的关系和人与自我的关系

---

① 海德格尔. 存在与时间. 陈嘉映,王庆节,译. 北京:生活·读书·新知三联书店,1987:175.
② 同①315.
③ 陈嘉映.《存在与时间》读本. 北京:生活·读书·新知三联书店,1999:171.

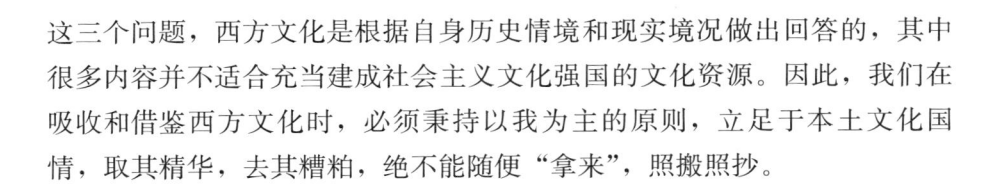

这三个问题，西方文化是根据自身历史情境和现实境况做出回答的，其中很多内容并不适合充当建成社会主义文化强国的文化资源。因此，我们在吸收和借鉴西方文化时，必须秉持以我为主的原则，立足于本土文化国情，取其精华，去其糟粕，绝不能随便"拿来"，照搬照抄。

第四节　中外文化资源的整合与提升

人与自然的关系、人与社会的关系和人与自我的关系这三个问题是任何成熟的文化模式都必须思考和回答的问题，中华优秀传统文化、革命文化和社会主义先进文化与其他世界优秀文化亦如此。以上几种文化模式对这几个问题的回答之间既存在对立的地方，又存在相通之处。我们只有将三种文化模式对这三个问题的回答进行整合与提升，才能将其转化为建成社会主义文化强国的文化资源。在整合与提升的过程中，我们必须坚持中国共产党的领导，坚定文化自信，坚守人民立场。

一、整合与提升的原则

中国共产党是中国特色社会主义事业的领导核心。我们所要建成的文化强国是社会主义文化强国，所以在对中外文化资源进行整合和提升时，必须坚持中国共产党的领导。"坚守中华文化立场"是习近平总书记提出的新时代文化发展的基本方针，这要求我们在对中外文化资源进行整合时，必须坚定文化自信。党的二十大报告指出："江山就是人民，人民就是江山。中国共产党领导人民打江山、守江山，守的是人民的心。"[①] 建成社会主义文化强国的根本目的也是更好地保障和实现广大人民群众的文化权益，所以在对中外文化资源进行整合与提升时，我们必须坚守人民立场。

（一）坚持中国共产党的领导

中国共产党的领导既是建成社会主义文化强国的最大底气，也是进行

---

① 习近平. 高举中国特色社会主义伟大旗帜 为全面建设社会主义现代化国家而团结奋斗：在中国共产党第二十次全国代表大会上的报告. 北京：人民出版社，2022：46.

中外文化资源整合与提升的首要前提。习近平总书记指出:"中华民族近代以来180多年的历史、中国共产党成立以来100年的历史、中华人民共和国成立以来70多年的历史都充分证明,没有中国共产党,就没有新中国,就没有中华民族伟大复兴。历史和人民选择了中国共产党。"① 中国共产党始终是中华优秀传统文化忠诚的继承者和弘扬者。中华优秀传统文化中的"群体原则"、"杀身成仁"和"舍生取义"等优秀理念,在中国共产党人身上获得了最真实的体现和最坚定的守护。无数共产党员舍小家保大家、为国捐躯、为民赴死,是对中华优秀传统文化最生动的传承。

中国共产党是革命文化和社会主义先进文化的开创者。习近平总书记指出:"一百年前,中国共产党的先驱们创建了中国共产党,形成了坚持真理、坚守理想,践行初心、担当使命,不怕牺牲、英勇斗争,对党忠诚、不负人民的伟大建党精神,这是中国共产党的精神之源。"② 革命文化和社会主义先进文化是中华优秀传统文化的凝聚和升华,是中国共产党伟大建党精神的生动展现,是激励我们为建成社会主义现代化强国和实现中华民族伟大复兴的中国梦持续奋斗的精神源泉。

(二)培养高度的文化自信和文化自觉

文化自信既是建成社会主义文化强国的重要支撑,也是进行中外文化资源整合与提升的根本要求。习近平总书记指出:"没有高度的文化自信,没有文化的繁荣兴盛,就没有中华民族伟大复兴。"③ 文化自信指的是一个民族、一个国家、一个政党对自身文化内涵的正确理解,对自身文化价值的高度认同,对自身文化生命力的坚定信心。文化自信不是文化自负,而是理性、客观、科学地对待自身文化与外来文化的态度。

因此,坚定文化自信,要求我们既要坚守中华文化立场,又要借鉴西方文化资源。对于坚守中华文化立场,我们必须礼敬自豪地对待中华优秀传统文化,高度认同革命文化和社会主义先进文化;坚持马克思主义在意

---

①② 习近平. 在庆祝中国共产党成立100周年大会上的讲话. 人民日报,2021-07-02(2).

③ 习近平. 决胜全面建成小康社会 夺取新时代中国特色社会主义伟大胜利:在中国共产党第十九次全国代表大会上的报告. 人民日报,2017-10-28(1).

识形态领域的指导地位，运用马克思主义的立场、观点和方法批判性地吸收外来文化。对于西方文化，我们必须秉持开放包容的胸怀，积极学习和了解西方文化，大胆吸收一切对建成社会主义文化强国有利的西方文化成果；坚持辩证取舍的态度，做到择善而从，不盲目崇外，对于不符合我国国情的西方文化，必须坚决抵制和批判。

（三）坚持以人民为中心的价值导向

以人民为中心既是建成社会主义文化强国的应有之义，也是进行中外文化资源整合与提升的价值旨归。习近平总书记指出："为什么人的问题是哲学社会科学研究的根本性、原则性问题……我国哲学社会科学要有所作为，就必须坚持以人民为中心的研究导向。"[①] 在建设社会主义文化强国和进行中外文化资源整合与提升的过程中，我们必须时刻站稳人民立场，始终代表人民的利益和意志，坚持用中华优秀传统文化、革命文化和社会主义先进文化涵养人民的精神世界。

与此同时，我们也要向广大群众积极介绍和宣传世界优秀文化成果，帮助人民群众更好地分辨各种外来文化，提升抵御错误思想侵蚀的能力，使广大人民群众在全球化的浪潮下既能传承和弘扬中国特色社会主义文化，又能接受世界优秀文化的涵养，为推动实现人的现代化打牢文化根基。

二、整合与提升的内容

（一）人与自然的关系

对于这个问题的回答，中华优秀传统文化持"天人合一"的态度，革命文化和社会主义先进文化认为人与自然是生命共同体，西方文化持人类中心主义和生态哲学两种观点。我们应该继承和发扬中华优秀传统文化对这个问题的态度，坚持和贯彻革命文化和社会主义先进文化对这个问题的认识，有选择性地吸收西方文化中的有益成分。

第一，"天人合一"思想是中华民族处理人与自然关系问题的智慧结

---

① 习近平．在哲学社会科学工作座谈会上的讲话．人民日报，2016－05－19（3）．

晶，是我们正确地认识人与自然的关系所应秉持的文化价值观，是我们必须继承和发扬的中华优秀传统文化。"天人合一"思想使我们正确地认识到人与自然的关系到底是怎样的：人本来就是自然的一部分，人从来没有、也不可能脱离自然而独自生存，人的生存和发展完全依赖于自然；人只是自然万物中的普通存在，与其他一切自然事物在地位上是平等的；因此，人在过去、当下和未来都不可能成为自然的主人，永远只是自然的孩子。我们只有首先从价值观上转变对人与自然关系的定位，才能在理论研究和实践应用上真正做到从生态环境的角度出发，主动地、心甘情愿地保护和改善生态环境。

第二，"生命共同体"思想是革命文化和社会主义先进文化的原创性概念，是构建新时代中国特色社会主义生态文明理论体系的思想基石，是我们必须坚决贯彻的指导思想。在过去的很长一段时间里，西方国家掌握着世界生态环境保护理论的话语权，我国对生态环境保护的理论研究主要是在西方生态环境保护理论体系下进行的，所使用的概念和理论框架主要基于西方的生态哲学以及环境伦理学，没有真正构建起符合中国实际情况的生态文明理论体系。但是，无论是西方的人类中心主义还是生态中心主义，都没有从根本上解决世界生态环境问题。革命文化和社会主义先进文化的"生命共同体"思想坚持马克思主义自然观的指导，立足于中国共产党带领中国人民进行的生态文明建设实践，厚植中华优秀传统生态文化的土壤，体现了中华文化独特的生态文明观，为建构中国特色、中国气派的生态文明理论体系奠定了坚实基础。

第三，对于西方文化中的人类中心主义观念，我们必须持批评态度，但要借鉴西方的科学技术成就。全世界当下之所以面临着非常严峻的生态环境问题，一个重要的原因就是人们采用错误的价值观去看待人与自然的关系，也就是西方文化所倡导的人类中心主义观念。这种观念将人看作与自然截然不同的存在，认为人是自然的主人，并认为科学技术是万能的，人通过科学技术可以彻底征服自然。用这种价值观去处理人与自然的关系，不仅造成了严重的生态破坏，而且造成了自然对人类的反噬，严重阻碍了人类的可持续发展。

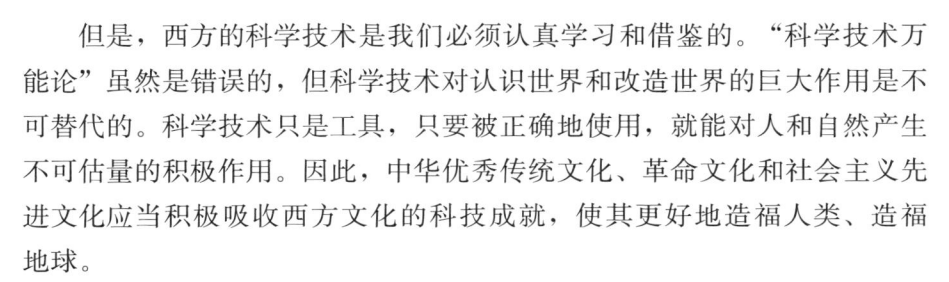

但是，西方的科学技术是我们必须认真学习和借鉴的。"科学技术万能论"虽然是错误的，但科学技术对认识世界和改造世界的巨大作用是不可替代的。科学技术只是工具，只要被正确地使用，就能对人和自然产生不可估量的积极作用。因此，中华优秀传统文化、革命文化和社会主义先进文化应当积极吸收西方文化的科技成就，使其更好地造福人类、造福地球。

第四，对西方文化的生态哲学思想，我们应当积极借鉴和吸收其有益成分。生态哲学是对 20 世纪以来日益严重的全球性生态危机的哲学回应，是对人类中心主义自然观的批判和反思。生态哲学的理论目标和根本方法论与中华优秀传统文化、革命文化和社会主义先进文化是一致的，都以实现人与自然的和谐共生为最终目的，都运用整体论思维处理人与自然的关系。西方国家比我们更早遇到了生态环境问题，西方思想家对如何处理人与自然的关系做出了许多富有见地的思考。所以，我们必须重视对西方生态哲学的借鉴和吸收工作，将其作为建成社会主义文化强国的必要文化资源，推动其与中华优秀传统文化、革命文化和社会主义先进文化的生态思想相结合，为构建新时代中国特色社会主义生态文明理论体系夯实基础。

（二）人与社会的关系

对这个问题的回答，中华优秀传统文化、革命文化和社会主义先进文化都持集体主义的态度。在"个人的地位与社会的地位何者更基础"这个问题上，三者均认为个人只有在社会中才能获得生存和发展的条件，社会的地位高于个人的地位。在"社会利益与个人利益何者更重要"这个问题上，三者均认为社会利益高于个人利益，个人利益服从于社会利益，但尊重和肯定个人的正当利益。西方文化则以个人主义回应这个问题。在"个人的地位与社会的地位何者更基础"这个问题上，西方文化认为个人是目的，社会只是实现个人目的的手段，个人的地位高于社会的地位。在"社会利益与个人利益何者更重要"这个问题上，西方文化认为个人利益高于社会利益，社会利益的实现依赖于个人利益的实现。

对于集体主义原则，习近平总书记指出："广泛开展理想信念教育……加强爱国主义、集体主义、社会主义教育，引导人们树立正确的历史观、民族观、国家观、文化观。"① 所以，我们必须继承和弘扬中华优秀传统文化、革命文化和社会主义先进文化的集体主义原则，反对西方文化的个人主义原则，但要借鉴和吸收西方个人主义原则中的合理因素。

西方文化中的个人主义原则，是随着资本主义的兴起而逐渐形成的，代表着资产阶级的利益。

在政治领域，个人主义所倡导的自由权、平等权、财产权等一系列人人都有的自然权利，本质上是资产阶级在与封建势力斗争的过程中，为了争取和维护本阶级的利益而提出的。在这些自然权利中，最为核心的就是资产阶级的私有财产权。其他的自然权利主要是为了维护私有财产权而存在的。因此，自然权利只对资产阶级具有实际意义，对广大无产阶级只具有形式上和理论上的意义。在现实生活中，广大无产阶级并没有私有财产，为了生存就只能接受资产阶级的剥削和压迫，很难充分享受到资产阶级所倡导的各项自然权利。

在经济领域，曼德维尔和斯密等个人主义经济学家的思想也是为资产阶级服务的。他们所倡导的"个人利益高于社会利益"的实质，是鼓吹资产阶级的利益高于社会的利益。不仅如此，在现实中，"看不见的手"原理虽然极大地推动了资本主义国家经济的飞速发展，但并没有如个人主义经济学家所期望的那样，必然促成社会利益的实现。恰恰相反，资产阶级对利润的贪婪追求给经济社会的正常发展带来了严重的负面影响，不仅给无产阶级的身心健康造成了巨大的伤害，而且引发了周期性的资本主义经济危机，使整个社会生活不断陷入严重的混乱之中。

也就是说，西方文化的个人主义原则本质上是资产阶级意识形态的集中体现。它关于人与社会关系的看法本质上是捍卫资产阶级的利益，并不代表绝大多数人的利益。因此，在建成社会主义文化强国的过程中，从意识形态这个方面讲，我们必须旗帜鲜明地反对西方文化的个人主义原则。

但是，在思想文化、个人权利保障和经济发展方面，西方文化的个人主义原则仍有一定可取之处，需要被纳入建成社会主义文化强国的文化资

---

① 习近平. 决胜全面建成小康社会 夺取新时代中国特色社会主义伟大胜利：在中国共产党第十九次全国代表大会上的报告. 人民日报，2017－10－28（1）.

源中。

第一，在思想文化方面，文艺复兴时期个人主义的核心理念值得我们学习和借鉴，包括强调个体的价值和尊严，鼓励个人自由全面发展，肯定个体追求幸福的正当性，等等。文艺复兴时期的个人主义是新兴资产阶级和广大人民群众一同反抗教会和封建专制统治的产物。这一时期的个人主义以反对神学和封建势力的压迫为宗旨，强调自由、平等和自我实现等个人权利，洋溢着人文关怀和人本主义精神。因此，文艺复兴时期个人主义的核心理念已经超越了意识形态范畴，成为全人类共同的文化宝藏，需要我们认真研究并借鉴。

第二，在权利保障方面，个人主义所倡导的自由权、平等权、生命权等自然权利，阐明和规定了每个人所应享有的诸项权利，强调每个人都是自由和平等的。这相较于封建主义的人身依附和等级观念，是非常大的进步，是值得我们吸收和借鉴的内容。所不同的是，我们要对个人主义所推崇的自然权利进行改造，使其在中国特色社会主义制度的框架下发挥出应有的作用。对于社会主义文化建设而言，《中华人民共和国宪法》将文化权利作为中华人民共和国公民的基本权利的重要组成部分。《宪法》第四十七条规定："中华人民共和国公民有进行科学研究、文学艺术创作和其他文化活动的自由。"[1] 落实到建成社会主义文化强国事业，我们务必把保障广大人民群众的基本文化权益作为建成社会主义文化强国的出发点和落脚点，大力发展公益性文化事业，确保文化发展成果为全体人民共享。这既是党的性质和宗旨的体现，也是法律的要求。

第三，在经济发展方面，个人主义所倡导的"看不见的手"实质上凸显出市场在资源配置中所起的决定性作用，政府不应过度干预经济活动。这一原理本身只是发展经济的一种手段，不仅适用于资本主义市场经济，也同样适用于社会主义市场经济。党的十八届三中全会审议通过的《中共中央关于全面深化改革若干重大问题的决定》提出："使市场在资源配置

---

[1] 全国人民代表大会常务委员会法制工作委员会. 中华人民共和国法律汇编·2018（上册）. 北京：人民出版社，2018：24-25.

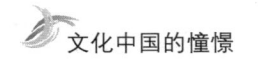

中起决定性作用和更好发挥政府作用。"① 落实到建成社会主义文化强国的伟大事业，在发展文化产业时，我们必须按照经济发展规律办事，在做好必要的引导和监管工作的前提下，坚持市场导向，充分发挥和调动文化市场主体的积极性和能动性，鼓励文化企业和文化工作者不断创造出能够满足多样化市场需求的文化作品。

（三）人与自我的关系

对于如何评价个体生命价值这个问题，中华优秀传统文化、革命文化和社会主义先进文化更关注个体的社会价值，都将勇于为社会利益献身看作最高尚、最值得歌颂的选择。西方文化则更关注个体的自我价值，认为生命的价值在于彰显自身的独特性进而实现自我超越。

中华优秀传统文化、革命文化和社会主义先进文化的人生价值观是支撑中华民族战胜一切艰难险阻、取得举世瞩目的伟大成就的强大精神武器，是我们必须坚守和贯彻的中国精神。

在近代的历次反侵略战争中，中华民族的优秀儿女在这种人生价值观的指引下，为了实现国家独立和民族解放，用血肉之躯抵抗外国侵略者，谱写了一首首气壮山河的生命诗篇。正是因为他们的流血牺牲，中华民族才避免了被侵略者彻底征服的命运，为新中国的建立奠定了坚实基础。在革命战争年代，共产党员和革命群众在这种人生价值观的指引下，为了拯救受三座大山压迫和剥削的中国人民，不惜"抛头颅、洒热血"，与帝国主义、封建主义和官僚资本主义殊死搏斗。他们用鲜血和生命换来了新中国的成立，换来了中华民族的新生。

在社会主义革命和建设时期，党员、干部和群众在这种人生观的指引下，为了巩固新生的共和国，将自己的全部都献给了党和人民。他们用汗水和生命，为我国建立起了独立的比较完整的工业体系和国民经济体系，为改革开放提供了必不可少的物质基础。在改革开放和社会主义现代化建设新时期，各条战线的人们在这种价值观的指引下，为了早日使我国"富起来"，将自己的一切都奉献给国家的社会主义现代化事业。通过他们的

---

① 中国共产党第十八届中央委员会第三次全体会议文件汇编．北京：人民出版社，2013：6.

付出，我国的经济总量跃居世界第二，人民生活水平实现了从温饱不足到总体小康，再到全面小康的历史性跨越。

中国特色社会主义进入新时代，各行各业的人们在这种人生价值观的指引下，为了早日使我国"强起来"，将自己融入实现中华民族伟大复兴中国梦的伟大征程中。正是由于新时代中华优秀儿女的牺牲和付出，我国克服了种种困难，夺取了脱贫攻坚战的全面胜利，疫情防控取得重大战略成果，成功举办了2022年北京冬奥会、冬残奥会……中华民族迎来了从站起来、富起来到强起来的伟大飞跃。

在坚守中华优秀传统文化、革命文化和社会主义先进文化的人生价值观的同时，我们也要吸收和借鉴西方文化中蕴含的正确的价值理念。西方文化"向死而生"的人生观，是值得我们学习和借鉴的。死亡虽然是每个个体都无法避免的，但个体以怎样的生命状态去迎接死亡却是由个体所决定的。也就是说，西方文化的死亡观的基本思路是由死反观生，认为死亡会促使个体去张扬个性，在有限的生命中只争朝夕，不断挖掘和发展自身的各种禀赋，积极拓展生命的广度和深度，以实现自身与众不同的生命体验。我们可以借鉴和吸收这种"向死而生"的观点。这有助于人们树立积极进取的人生态度，以乐观向上的心态迎接生命中的各种困难，努力发展自己的各方面潜能，去体验生命的多种快乐和幸福，从而促进人的自由而全面的发展。

中华优秀传统文化、革命文化、社会主义先进文化与世界优秀文化这四种文化本身既包含物质产品，又包含精神产品。本章主要从理论层面，从这四种文化的精神内核出发，去探讨它们的整合与提升问题。但实际上，在建成社会主义文化强国的伟大征程中，对中华优秀传统文化、革命文化和社会主义先进文化与其他世界优秀文化进行整合与提升是一项浩大的文化工程，需要立足于当代中国实际，从理论和实践、物质产品和精神产品、文化保护和文化利用等多个方面做长期努力，以开放的心态创新传统文化、弘扬红色文化、吸收外来文化，积极建设中国特色的社会主义新文化，坚定文化自信，实现文化自强。

第五章　建成社会主义文化强国的价值原则

　　实现建成社会主义文化强国的美好愿景，在新时代重铸中华文化之辉煌，需要遵循一定的价值原则。这是因为：一方面，文化实践并非无目的的自发行为。进入新的历史阶段以来，我国的文化实践不断走向自觉。在这一过程中，人们基于主体的需要，对文化与自我的关系加以建构和反思，理性审视着文化实践中所出现的问题，产生了对文化发展的憧憬和期望，形成了文化实践的价值原则，影响着人们在文化实践中的认知与行为。另一方面，建成社会主义文化强国是一项光荣而艰巨的事业，面临无数的困难和挑战。唯有遵循正确的价值原则，才能于纷繁复杂的时代大潮中，保持强大定力，坚守正道、披荆斩棘、奋发奋起。具体来看，建成社会主义文化强国，首先要坚持人民性原则，在思潮迭涌的社会生活中为人民群众提供优质的精神食粮；其次要坚持创新性原则，努力实现中华优秀传统文化的创造性转化、创新性发展；再次要坚持开放性原则，在文明交流互鉴中提升和彰显中华文化的魅力；最后要坚持时代性原则，将新时代的文化书写在中华民族和中国人民的奋斗征程上。

第一节　坚持人民性原则

习近平总书记指出："人民是历史的创造者，是真正的英雄。"① 文化具有人民性特质，文化的人民性根源于人民群众的历史地位，是无产阶级文化的内在要求，是中国共产党文化实践的重要经验。建成社会主义文化强国要坚持人民性原则，牢牢站稳人民立场。坚持文化发展为了人民，以人民为文化发展的根本目的；坚持文化发展依靠人民，以人民为文化繁荣的源头活水；坚持文化优劣由人民评判，以人民为文化优劣的评判主体。

一、文化的人民性特质

文化的人民性根源于人民群众的历史地位。一方面，人民群众是文化的创造主体。人民群众是社会历史的主体和历史的创造者，是推动社会发展的进步力量。人民群众作为精神文化财富的直接创造者，在文化实践活动中创造了丰富多彩的精神文化成果。同时，人民群众在创造历史的实践活动中间接地创造了文化：一切精神文化成果背后都是人民群众通过实践所创造的现实历史，没有广阔的现实历史背景，这些精神文化成果的出现是不可能的。另一方面，人民群众是文化的价值主体。人是双重的存在物，是自然性存在和文化性存在的统一。人有着与动物相似的自然本性，需要满足吃、穿、住、行等基本生理需求，保证自身的生存。但是，人又能够超越自然本性，寻求生命的价值与意义，不断实现自我发展以趋向崇高目标。因此，人民群众不仅有自然的生活，也有文化的生活。文化生活是人之生命活动的基本表现，是彰显人之主体性和创造性的重要领域。

文化的人民性是无产阶级文化的内在要求。历史唯物主义认为，人民群众是历史的创造者，"历史活动是群众的活动，随着历史活动的深入，

---

① 习近平. 在庆祝中国共产党成立 100 周年大会上的讲话. 人民日报，2021 - 07 - 02（2）.

必将是群众队伍的扩大"①。人民群众作为文化的主体，本应享有丰富多彩的精神文化成果。然而，在资本主义社会中，人民群众被剥夺了享受精神产品的权利，享受精神产品成为剥削阶级的特权。随着不合理的生产关系被消灭，文化才能重新回归人民群众。这时，"每个人都有充分的闲暇时间去获得历史上遗留下来的文化——科学、艺术、社交方式等等——中一切真正有价值的东西；并且不仅是去获得，而且还要把这一切从统治阶级的独占品变成全社会的共同财富并加以进一步发展"②。列宁曾写道，无产阶级的文化"不是为饱食终日的贵妇人服务，不是为百无聊赖、胖得发愁的'一万个上层分子'服务，而是为千千万万劳动人民，为这些国家的精华、国家的力量、国家的未来服务"③。

文化的人民性是中国共产党文化实践的重要经验。中国共产党作为无产阶级政党，在革命、建设、改革和中国特色社会主义新时代的实践中，依靠人民创造伟业，全心全意为人民服务。在文化领域，中国共产党始终坚守文化的人民性，站稳文化建设的人民立场。毛泽东指出，新民主主义的文化是"民族的科学的大众的文化"④，社会主义的文艺是为人民的。邓小平强调，"人民是文艺工作者的母亲。一切进步文艺工作者的艺术生命，就在于他们同人民之间的血肉联系"⑤。江泽民提出，"我们的文化必须坚持为人民服务、为社会主义服务"⑥。胡锦涛提出，一切进步的文化创作都"源于人民、为了人民、属于人民"⑦。习近平总书记强调文化建设要以人民为中心，发挥人民在文化建设中的主体性地位，"社会主义文艺是人民的文艺，必须坚持以人民为中心的创作导向，在深入生活、扎根人民中进行无愧于时代的文艺创造"⑧。

---

① 马克思，恩格斯.马克思恩格斯文集：第1卷.北京：人民出版社，2009：287.
② 马克思，恩格斯.马克思恩格斯文集：第3卷.北京：人民出版社，2009：258.
③ 列宁.列宁全集：第12卷.2版增订版.北京：人民出版社，2017：97.
④ 毛泽东.毛泽东选集：第2卷.2版.北京：人民出版社，1991：708.
⑤ 邓小平.邓小平文选：第2卷.2版.北京：人民出版社，1994：211.
⑥ 江泽民.江泽民文选：第1卷.北京：人民出版社，2006：159.
⑦ 胡锦涛.在中国文联第九次全国代表大会中国作协第八次全国代表大会上的讲话.北京：人民出版社，2011：6.
⑧ 习近平.习近平谈治国理政：第3卷.北京：外文出版社，2020：34.

二、以人民为文化发展的根本目的

文化建设首先要解决为什么人而建设的问题,对这一问题的回答直接关系着文化的发展方向。中国共产党始终把人民群众的根本利益作为一切工作的出发点和落脚点,"把人民对美好生活的向往作为奋斗目标,依靠人民创造历史伟业"①。人民是文化发展的根本意义之所在,要把人民作为文化发展的根本目的。这对文化建设提出以下要求。

首先,要做到文化惠民。文化建设要抓住人民群众最关心最直接最现实的问题,更好地满足新时代人民群众的美好精神文化需求。要让人民群众共享文化发展成果,实实在在地感受到文化发展的益处。在剥削社会,文化发展成果总是被极少数人攫取;在社会主义中国,文化发展成果从来都不是某些特权之人的独占品,而是属于每一个劳动者。随着新时代社会主要矛盾发生历史性转变,满足人民日益增长的精神文化需要,成为实现美好生活的重要组成部分。人民群众的精神文化需求愈加凸显,呈现出层次化、多样化、个性化特点,在文化生活上有了更高的期盼。文化要做到真正的惠民、利民,既要完善公共文化服务体系,保障人民文化权益,使文化惠及千家万户,让每个人都享受到文化的魅力;又要不断打磨高水平的文化成果,为人民提供高品质的精神文化资源,呈现更为精彩的精神文化盛宴;还要避免"填鸭式"的文化建设工程,鼓励文化的多样化发展,为不同的群体提供更多的个性化选择。

其次,要做到文化亲民。文化要贴近人民的现实生活,为人民发声。习近平总书记指出:"能不能搞出优秀作品,最根本的决定于是否能为人民抒写、为人民抒情、为人民抒怀。"② 人民群众需要的从来都不是在象牙塔中孕育的脱离自身的文化,而是能够真正与自身产生共鸣的文化。文化只有深入人民群众,扎根于现实生活的沃土,才能与人民群众产生共鸣。每个个体都有丰富的情感世界,都有对宇宙的好奇,都有关于人生的种种困惑,但是并不是每个人都要做文学家、艺术家。因此,文化就需要承担

---

① 习近平. 习近平谈治国理政:第3卷. 北京:外文出版社,2020:135.
② 习近平. 在文艺工作座谈会上的讲话. 人民日报,2015-10-15(2).

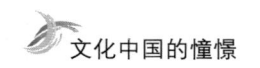

起为民发声的重要任务。从内容上看,要在人民群众的实践活动中获取鲜活素材,记录人民群众的现实生活,关切人民群众的喜怒哀乐,表达人民群众的利益与呼声;从形式上看,要积极采取人民大众喜闻乐见的文化形式,并结合新的时代条件,不断加以创新,从而更好地与人民群众产生互动。

最后,要做到文化育民。"文以载道,文以化人",以文育民是文化发展的最高价值追求。在市场经济条件下,机械式生产、快餐式消费大行其道,一些领域存在急功近利和粗制滥造的风气,不少文化产品一味地满足人的感官欲望,流于低俗的娱乐,甚至以假恶丑来博得眼球。与此同时,在浮躁而功利的现代社会中,人们常常陷入焦虑、迷茫和失衡的生命状态,产生精神信仰危机,这时更需要有思想精深、境界崇高的文化来启迪人之心智,温润人之心灵,提升人之精神。文化发展以人民为根本目的,应当坚持以文化人、以文育人,"觉解人的生命意义,以意义的悬设和承诺引导人的自我成长,使人成为更好的人"①。具体来看,要以文化启迪心智,使人民群众形成正确的世界观、人生观和价值观;要以文化温润心灵,使人民群众饱含对美好生活的憧憬和希望;要以文化提升精神,使人民群众怀有对崇高目标的追求。唯有如此,文化才能真正蕴藉于人心、无愧于人民。

三、以人民为文化繁荣的源头活水

文化的发展离不开人民,人民是文化繁荣的源头活水。文化包括"人化"和"化人"两个过程。所谓"人化",是指人们通过实践活动,实现人的本质的对象化,使对象事物具有人的活动性质;所谓"化人",是指人们在实践活动结果的培育、熏陶和教化下,培育高尚的人文精神,实现自我境界的提高。在两者的交互碰撞与推动下,新的文化基因不断产生,文化得以获得发展。可见,没有人民群众的实践活动,文化的发展就会停滞,文化就会随着历史的变迁而不复存在。在这种意义上,人民就是文化

---

① 郭凤志. 以文化人的自我意识研究. 北京:人民出版社,2019:89.

繁荣的源头活水。以人民为文化繁荣的源头活水对文化建设提出以下要求：

首先，文化创造要根植于人民群众的现实生活。"人民是文艺创作的源头活水，一旦离开人民，文艺就会变成无根的浮萍、无病的呻吟、无魂的躯壳。"① 文化源于人民群众的现实生活，是对人民群众现实生活的凝练和升华。文化创造要以人民群众的生活实践为基础，在人民群众的现实生活中汲取养分，积极反映人民群众在现实生活中拥有的生活经历、形成的经验智慧、呈现的精神追求。一切优秀的文化成果无不根植于人民群众的生活实践，以人民群众的现实生活为创作源泉。《诗经》的众多璀璨篇目，从描绘百姓耕作场景的《七月》《载芟》，到刻画百姓追求爱情的《关雎》《蒹葭》等，均是取自人民的现实生活；我国非物质文化遗产中的二十四节气、针灸、珠算等均彰显着人民群众的实践智慧，蕴含着人民群众的心血；《荷马史诗》则展现了古希腊人民的真实生活图景，反映了古希腊人民的精神状态。

其次，文化创新要立足于人民群众的生活实践。人民群众的实践活动是文化创新的根基，任何创新性文化都必然与现实生活贯通。唯有根植于人的生活实践，面向人的生命本身，深刻反省文化在人的生活实践中的现实作用，反思文化对人之主体心灵的现实影响，文化创新才能拥有明确的价值方向。唯有在生活实践中直面新问题、新情况、新挑战，从生活实践中汲取新因素、新资源、新思路，文化创新才能拥有源源不断的动力。脱离人民群众的生活实践，坐井观天、闭门造车，文化很难得到真正的创新。当前，我国一些地方存在"山寨"景观，从美国的自由女神像、悉尼歌剧院到埃及的狮身人面像，大量世界著名建筑被低水平复制。文学界的抄袭现象也不同程度地存在。文化创新势在必行。只要立足于人民群众的生活实践，走出个人的方寸天地，扎根于人民群众广阔的生活世界，见群众所见、感群众所感、想群众所想，文化创新就一定会硕果累累。

最后，文化发展要充分调动人民群众的积极性。人民群众是文化的主

---

① 习近平. 在文艺工作座谈会上的讲话. 人民日报，2015-10-15 (2).

体，文化的发展最终要落实到人民群众身上。当前一些文化项目和文化工程在完成之后，很快被束之高阁，沦为空洞的摆设。这主要是因为，其所承载的文化理念没有在人民群众中间形成共识，没有真正调动起人民群众的积极性。人民群众对文化发展缺少价值观层面的自觉，只是在政府和社会的带动下，被动地参与文化建设。这就导致了文化建设外在的活跃和内在的僵化。文化建设要打通与人民群众的"最后一公里"，让文化建设真正"落地"。要尊重人民的主体地位，通过广泛开展多样化、个性化、常态化的群众性文化活动，积极搭建文化活动平台，鼓励群众依法组织文化团体，让广大人民群众真正参与到文化建设的过程中来，使人民群众真正成为文化发展的参与者和受益者，从而在全社会形成文化创新创造的良好氛围，汇集文化发展的强大合力，增强全民族文化创造活力。

四、以人民为文化优劣的评判主体

科学的文化评判对于实现文化的繁荣具有深远意义。由于文化是在人的实践活动中形成的，人的实践活动具有价值取向，因而文化就蕴含一定的价值取向，呈现出先进与落后之分。科学的文化评判是在正确的价值标准下对文化展开思考和鉴别，从而在面对一种文化时，能够取其精华、去其糟粕；在面对不同文化时，能够保留先进文化、祛除落后文化。只有对文化进行科学评判，才能避免文化实践中骄傲自大或妄自菲薄的倾向，实现对传统文化的革故鼎新和对外来文化的兼收并蓄，从而促进文化的发展，推动社会主义文化强国的建成。另外，随着现代工业和传播媒介的发展，大众文化在我国迅速兴起，文化领域呈现一派生机景象，随之而来的是文化成果的良莠不齐和文化生态环境的失衡。对繁杂的大众文化加以科学评判，成为使先进文化始终占领思想高地的重要保证。

文化是否符合人民利益是文化评判最基本的标准。科学的文化评判不应当是纯粹主观的和随意的，而是需要坚持一定的客观标准。文化的评判标准受到政治、艺术、美学、历史等多方面的影响，而人民满意不满意、人民高兴不高兴、人民认可不认可，是衡量文化优劣的根本价值标准。作为文化的创造者和享有者，人民完全有经验、有能力、有智慧去鉴别形形色色的文化，因而人民是文化优劣的评判主体。正如马克思所说："人民历来就是什么样的作者'够资格'和什么样的作者'不够资格'的唯一判断者。"① 文化的先进性是文化人民性的内在要求，只有站在人民立场上，真正实现好、维护好、发展好人民利益的文化，才是先进文化。相反，哗众取宠的文化、轻浮媚俗的文化、阴暗压抑的文化、自恃清高的文化都是经不起人民检验的文化，最终只能在历史的长河中被涤荡殆尽。在多元文化语境下，以人民利益为文化评判的基本标准，要求我们在文化评判的过程中处理好两种关系。

一是要处理好文化的经济效益和社会效益的关系。符合人民利益的文化应当是既"叫好"又"叫座"的文化，"优秀的文艺作品，最好是既能在思想上、艺术上取得成功，又能在市场上受到欢迎"②。在社会主义市场经济条件下，人民满意不满意、人民高兴不高兴、人民认可不认可最直接地反映在市场占有率上。市场占有率能够在一定程度上反映文化的价值，文化成果在人民中没有市场，被人民束之高阁，其价值也无从体现。但是，文化最根本的功能是"化人"。文化蕴含人文精神，以启迪人之心智、温润人之心灵、提升人之精神为旨归，推动着人的自由而全面发展。市场是盲目的，过度的市场化和商品化，会导致思想浅薄、审美落后、精神价值稀缺的产品充斥文化世界，从而带来感性欲望的泛化、崇高精神的失落和主体心灵的迷茫。因此，要坚持把社会效益放在首位，推进经济效益和社会效益的统一。

二是要处理好文化的形神关系。符合人民利益的文化应当是文质兼胜、形神兼备的文化，是内容与形式相统一的文化。"文化自外向内有物质形象（表层）、行为规范（中层）以及价值理念（核心层）三个层次"③，其中的物质形象层次容易被关注，而价值理念层次则往往被忽视。文化内容要通过特定的文化形式加以表达，贴合文化内涵的仪式、符号、设施和

---

① 马克思，恩格斯. 马克思恩格斯全集：第1卷. 2版. 北京：人民出版社，1995：195-196.
② 习近平. 在文艺工作座谈会上的讲话. 人民日报，2015-10-15（2）.
③ 邹广文. 现代文化创新的四个尺度. 山东社会科学，2016（5）.

环境等能够为文化赋能，增添文化的魅力。不过，人作为文化的存在，追求的是崇高的意义世界，因而文化所蕴含的价值关怀和人文诉求才是核心。真正有价值的文化要能面向人的精神世界，给人以启发、给人以思考、给人以提升。文化的形式要为文化的内容服务，抛弃了文化的内涵，仅仅追求文化的形式，文化就如同失去了灵魂的躯壳，只有表面的华丽与热闹。因此，要避免跌入文化建设中重"形"轻"神"的陷阱，努力做到形与神的统一。

第二节 坚持创新性原则

"诗文随世运，无日不趋新。"文化创新是社会发展的必然要求，也是文化自身的内生要求。要做到守正创新，在继承的基础上为文化增添新因素；做到全面创新，关注文化的内容、形式和类型等全方位的发展；做到开放创新，在对异质文化的借鉴和与异质文化的竞争中加以创造。由此真正激发中华文化的创造活力，激活中华文化自我更新、自我超越的能力，实现中华文化的繁荣和昌盛，使中华文化在创新中更为坚定和有力地迈向未来。

一、文化创新的重要性

习近平总书记强调："创新是一个民族进步的灵魂，是一个国家兴旺发达的不竭动力，也是中华民族最深沉的民族禀赋。在激烈的国际竞争中，惟创新者进，惟创新者强，惟创新者胜。"[1] 在涉及文艺的发展问题时，习近平总书记明确指出："创新是文艺的生命。"[2]

文化创新是社会发展的必然要求。文化是对现实社会的反映和再造，现实社会的发展状况与文化密切相关。现实社会的发展和进步集中体现在

---

[1] 习近平. 习近平谈治国理政. 北京：外文出版社，2014：59.
[2] 习近平. 在中国文联十一大、中国作协十大开幕式上的讲话. 人民日报，2021-12-15(2).

文化的变迁上，随着社会的发展和进步，文化也会发生量和质的改变。在社会转型的背景下，文化的样态和内涵往往会产生质的变化，文化的创新应运而生。同时，文化是处于社会实践活动中的人所创造的。社会的发展直接或间接地影响与塑造着社会中的每个人，使得他们的思维模式、价值观念、生活态度和行为方式等不断发生变化。由此，社会的发展往往能够作用于文化创造者，通过文化创造者的更新，实现文化的创新。当前，中国的文化实践面临广阔的现实生活和多变的时代背景，社会发展充满生机与活力，文化创新成为应有之义。

文化创新是文化自身的内生要求。创新是文化的生命，它为文化源源不断地注入新鲜血液，彰显文化的本质，是文化得以延续和发展的重要保证。首先，从文化的本质看，文化的本质是人化，文化的核心问题是人的问题。人是一种超越性存在，能够突破自然的束缚，寻求崇高价值和形而上关怀。在现实生活中，创新性活动是人的超越本性得以彰显的重要方式。其次，从文化的延续看，创新是文化得以存在和延续的要求，任何失去了创造活力的文化，最终都只能在历史的长河中销声匿迹。埃德蒙·柏克独到地提出："一个国家，如果没有进行改变的方式，就等于没有自我保全的方法。没有这样的方式，它甚至可能面临丧失它最希望保留的部分的风险。"[1] 最后，从文化的发展看，文化发展本身就是一个不断克服旧束缚、产生新因素的创新性过程。根据汤因比的"挑战-应战"理论，文明在挑战与应战的交互关系中获得发展的动力。随着实践活动的持续推进，文化不断地应对新的情况，在积极应战的努力中进行创新，实现自身的不断发展。

中华文明是世界上独有的延绵5 000多年而未中断的文明，而中华文明之所以能够薪火相传、历久弥新，很大程度上是因为其所具有的创新能力和创造精神。早在《诗经》中就有"周虽旧邦，其命维新"的记载；《大学》开篇就提出"新民"的思想，又有"苟日新，日日新，又日新"之说；《易传》有"日新之谓盛德，生生之谓易"的论断。正是这种流淌

---

[1] 柏克. 法国大革命反思录. 冯丽, 译. 南昌：江西人民出版社, 2015：46.

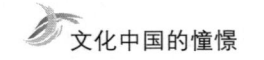

于民族血液中的创新性文化基因,使得中华文明能随历史大潮而动,将外界挑战转变为自身发展的机遇,不断实现自我更新,从而始终充满生机与活力,在盛衰磨炼中历久弥坚。

二、文化创新要坚持守正创新

文化是历史性的存在。"文化是一条河,由'过去'经'现在'流向'未来'。每一代人都是通过传统文化的浸淫而开始了新的文化创造。"[①] 任何一种文化都有它的源流,都有它的历史,没有这种历史的联系,文化也就不复存在。对此可以从两个方面加以理解:一方面,从文化的产生过程来看,每个人都处于特定的历史条件之中,现实的历史过程就是人的生成过程,而"文化作为人的生活样式,表现为人的生存发展历史过程本身。所以讲文化一定要有历史感。越是隔断历史、掩盖历史,就越是没有文化"[②]。另一方面,从文化的特质来看,文化作为人的生命表现形式,指向的是形而上的超越性诉求和终极关怀,代表的是一种未完成性,因而其需要在一代又一代人的文化实践中不断得到回应。可见,文化传统是思考文化问题所不容忽视的要素,无视文化传统的存在,就失去了对文化的根本性把握。

传统对于文化的发展具有双重作用。一方面,传统能够推动文化的发展。从文化主体的角度来看,人类特定的文化行为和文化方式是从传统中脱胎而来的,唯有对传统加以继承,个人才能获得文化的归属感,才能定位自我的文化身份,从而明确文化发展的方向和动力。从文化客体的角度看,传统为文化的发展提供了资源和保障,其所蕴含的思想理念、道德观念、精神价值等成为文化进一步发展的基础。另一方面,传统也可以制约文化的发展。完全沉溺于文化传统之中,试图用传统包揽一切,放弃为文化增添新因素,传统就会成为文化发展的束缚,成为文化自身所设立的藩篱。

"守正创新"意味着在继承传统的基础上,结合时代变化,发展出新

---

① 邹广文.弘扬传统文化应注重人文精神的承传.人民论坛,2017(7).
② 李德顺.文化是什么.文化软实力研究,2016(4).

的文化。"守正创新"是在"继承"与"创新"的张力中不断达成平衡的。"不忘历史才能开辟未来,善于继承才能善于创新。"① 只有继承传统,才有真正的文化创新,抛弃了传统,文化创新就如同无源之水、无本之木,文化创新就会成为一种奢望。不仅如此,如果完全摒弃民族的文化遗产,弃传统如弃草芥,视传统如洪水猛兽,就会跌入文化虚无主义的陷阱,陷入盲目的文化自卑,丧失自身的独特文化禀赋,最后只能葬送民族文化的未来。相反,唯有对文化传统怀有敬畏之心,坚守文化传统的精神根脉,汲取文化传统中的合理因素,才能真正推动文化的创新。"守正"的"正"有多种所指,文化的"守正创新"命题具有丰富的意涵。

第一,文化创新要坚持马克思主义在意识形态领域的指导地位。马克思主义是科学的理论,是我们立党立国的根本指导思想。面对西方文化霸权在意识形态领域所带来的日益严峻的挑战,坚持马克思主义的指导地位更加不容置疑。不论如何创新,马克思主义的指导地位都不能有丝毫的动摇,否则党和国家就会陷入混乱,中国特色社会主义事业就会遭到毁灭。以创新的名义摒弃马克思主义的指导,是一条错误的道路。当然,马克思主义作为科学的理论,需要随着时代的变迁而不断发展。要坚持马克思主义的基本立场、观点和方法,结合中国的具体实际,在新的实践基础上,不断推动马克思主义的中国化时代化,谱写马克思主义发展的新篇章。习近平新时代中国特色社会主义思想作为当代中国马克思主义、21世纪马克思主义,是党和国家必须长期坚持的指导思想。

第二,文化创新要继承中华优秀传统文化。中华优秀传统文化是民族的"根"和"魂",抛弃了中华优秀传统文化,就等于丢掉了民族的根脉,失去了民族的灵魂。故步自封、陈陈相因谈不上继承,割断血脉、凭空虚造不能算创新。要把握继承和创新的关系,学古不泥古、破法不悖法,让中华优秀传统文化成为文化创新的重要源泉。中华传统文化中的哲学思想如"革故鼎新""天人合一""道法自然",道德理念如"忠于祖国""尊老爱幼""勤俭节约",人文精神如"先忧后乐""家国天下""刚健有为"

---

① 习近平.习近平谈治国理政:第2卷.北京:外文出版社,2017:313.

等，都是文化发展的宝贵财富。文化发展要扎根于传统文化的沃土之中，传承亘久绵延的中华文明，坚守中华传统文化的血脉，从浩如烟海、灿烂辉煌的中华传统文化中萃取精华、获得滋养。在此基础上，赋予中华优秀传统文化新的时代内涵，激发传统文化的创造活力，实现中华传统文化的创造性转化、创新性发展。

第三，文化创新要传承中国共产党的红色文化基因。中国共产党团结和带领中国人民在革命、建设和改革的实践过程中跨越艰难险阻，付出无数的血与泪，形成了伟大的红色文化。红色文化是对中华优秀传统文化的再造和升华，彰显了中国共产党人的崇高革命精神和共产主义理想信念，体现了为中国人民谋幸福、为中华民族谋复兴的初心使命，凝结了井冈山精神、长征精神、延安精神、北大荒精神、西柏坡精神、"两弹一星"精神等中国共产党在不同历史时期的实践中所形成的伟大精神。在新的时代条件下，我们要赓续红色血脉，结合中国特色社会主义现代化建设的伟大实践，挖掘红色文化的时代内涵，发挥红色文化在思想指导、价值引领、精神鼓舞等方面的时代功能，使红色文化与中华传统文化、社会主义先进文化一起凝聚为建成社会主义现代化强国的磅礴精神力量。

三、文化创新要实现全面创新

人是一种文化的存在，文化涵盖人之生活的方方面面，呈现出多重面相。因而，文化创新是一个广阔的论题。建成社会主义文化强国需要激发文化各方面的发展活力，实现文化的全方位、多层次、多要素的创新。

文化创新首先是内容创新。（1）理论创新。文化的更新迭代能够在思想理论的变迁中反映出来。党的十九届六中全会明确将"坚持理论创新"作为党百年奋斗的十条历史经验之一①，突显了理论创新在推进党的伟大事业中的关键作用。（2）价值观念创新。"文化的最深层次是价值观，这是文化的核心。"② 在现代化实践中，传统价值观念与现代社会不协调的情

---

① 中共中央关于党的百年奋斗重大成就和历史经验的决议. 人民日报, 2021-11-17 (1).
② 袁贵仁. 关于价值与文化问题. 河北学刊, 2005 (1).

况依然存在，赋予传统价值观念崭新的时代性成为重要任务。（3）思维方式创新。思维方式是在长期历史沉淀中产生的。要推动中国传统的思维方式与现代化建设的实践相结合，使其适应复杂多变的现代社会。（4）文化体制创新。良好的文化体制是文化繁荣的重要保障，是激发文化创造活力的着力点。在新的时代条件下，要继续深化文化体制改革，健全现代文化产业体系和市场体系，激发全民族创造活力。

文化创新还应包括形式创新。随着"视觉文化传播时代"[①]的到来，文化的形式创新变得日益重要。（1）表现方式创新。要结合新的时代特点，在文学、美术、音乐、电影等方面采取新颖的表现方式。河南卫视所打造的《唐宫夜宴》《水下飞天》《龙门金刚》等文化节目受到广泛欢迎，为文化表现方式的创新提供了重要思路。（2）技术创新。好莱坞电影风靡全球与其先进电影技术带来的视觉冲击和感官震撼不无关系。要积极掌握和运用5G、大数据、云计算、移动直播等新技术，通过"新技术"为"文化"赋能。（3）载体创新。要善于运用微信、微博、短视频、互动H5等载体，激活传统文化的生命力。尽管形式创新是文化创新的重要方面，但形神兼备才是文化创新最为理想的状态。要面向人的主体心灵，在关注文化所蕴藉的人文精神的基础上，以形式创新为文化增添魅力。要警惕在求利心态下所产生的撇开文化内容，仅仅注重文化形式的"文化热"。

文化的创新类型要全面。创新类型主要是指通过何种途径、借助何种方式以实现创新。多样的创新类型彰显着文化发展的活力。（1）原创性创新。原创性创新是指通过突破性和开创性的文化创造，产生出全新的文化成果。例如，孔子提出"仁爱"思想，哥白尼提出"日心说"。（2）整合性创新。整合性创新是指将既有的文化成果加以整合，实现文化成果之间的优势互补，将其融合炼化为新的文化。例如，京剧是在与徽调、汉调等剧种合流的过程中产生的。（3）完善性创新。完善性创新指在已有文化成果的基础上，对已有成果进行完善和补充，创造出新成果。例如，法兰克福学派的社会批判理论始终是在对前人理论的批判和完善中发展的。

---

① 孟建. 传统文化的现代性塑造与国际传播. 人民论坛，2022（2）.

文化中国的憧憬

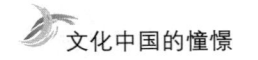

（4）应用性创新。应用性创新指将已有文化成果运用于社会现实之中，结合社会现实的新情况，发展出新的文化。例如，毛泽东在中国的革命和建设实践中发展了马克思主义，提出了一系列符合中国国情的真知灼见。

四、文化创新要做到开放创新

文化创新需要以开放的姿态融入世界文化大潮。要在多元文化的交流与碰撞中撷取其他国家和民族的文化精华，在本民族文化的基础上加以借鉴和吸收，从而不断推动本民族的文化创新。列宁曾写道："只有确切地了解人类全部发展过程所创造的文化，只有对这种文化加以改造，才能建设无产阶级的文化，没有这样的认识，我们就不能完成这项任务。"① 在中国文化的发展方向上，张岱年先生曾超出中西文化两极对立的思维模式，提出极具辩证性的"综合创新论"。他认为我们既要保持中华文化的民族特色，又要取西方文化之精华，以赋予中华文化新的生命力："兼综东西两方之长，发扬中国固有的卓越的文化遗产，同时采纳西方有价值的精良的贡献，融合为一，而创成一种新的文化，但不要平庸的调和，而要做一种创造的综合。"② 这一思考是全面而深刻的。具体来说，开放创新有两个方面的要求：

首先，要汲取其他国家和民族的优秀文化养分以获得创新的宝贵资源。历史上诸多重要的创新性文化都是在借鉴和吸收其他文化优秀成果的基础上实现的。文艺复兴时代的绘画雕塑等造型艺术和文学借鉴了古代希腊和罗马的传统，中国唐代的文化繁荣与借鉴了西域、印度的文化有很大的关系，美国独特的民族文化是从承载着欧洲传统文化的"五月花号"中孕育而来的。在历史的长河中，世界各族人民创造了无数异彩纷呈的艺术瑰宝、深邃高远的思想智慧、崇高美好的道德价值。人类的一切优秀文明成果都是我们开展文化创新的重要资源。没有对前人所创造文化成果的认识和学习，很难有真正的创新。在全球化时代背景下，我们不仅要继承本民族的优秀传统文化，还要以开放的姿态，将人类所创造的一切优秀文明

---

① 列宁. 列宁全集：第 39 卷. 2 版增订版. 北京：人民出版社，2017：334.
② 张岱年. 张岱年全集：第 1 卷. 石家庄：河北人民出版社，1996：229.

成果予以吸收和整合。唯有如此，我们才可能站在人类文明的前沿，创造出能够纳入人类思想文化宝库的创新性文化成果，避免文化创造沦为重复探索，或停留于浅薄水平。

其次，要在与其他国家和民族优秀文化的竞争中获得创新的强大动力。文化的创新需要人的主观能动性的发挥，需要积极进取、勇于探索的精神。作为与本民族文化异质的存在者，世界各族人民创造的丰富多样的多元文化能够成为我们不断自我超越、自我提升的激励因素，成为鞭挞我们开拓创新的动力。在本民族文化一方独大的环境中，只会有盲目的文化自信，或者盲目的文化自卑。文化创新的冲动会被尊崇文化传统的要求所阻断。汉唐时期是中外文化交流的盛世，不论是张骞出使西域，还是玄奘西行取经，都体现着开放的文化态度。这种包容开放的文化实践，不断激活中华文化的生命力，促使异彩纷呈的文化成果的产生。相反，鸦片战争前夕，清政府自诩为"天朝上国"，实行闭关锁国政策，放弃了与世界文化的交流。失去了多元文化的激励，中华文化走向抱残守缺、故步自封的窘境，沉溺于对古学进行考据、注解的训诂之学，丧失了文化创造活力。

第三节　坚持开放性原则

"和实生物，同则不继。"文明在交流互鉴中进步，各国各族文明在交流互鉴中创造出异彩纷呈、辉煌灿烂的世界文明。在全球化时代，建成社会主义文化强国要遵循开放性原则。一方面，应坚守中华文化立场，保持中华民族的独特文化禀赋和特质，在人类文明多元一体格局中实现中华文明的新辉煌；另一方面，应主动投身世界文化大潮，广泛吸收一切民族的先进文化成果，将中华文化奉献世界，提升中华文化影响力，守护世界文明多元一体图景。

一、文明在交流互鉴中进步

习近平总书记强调："文明因多样而交流，因交流而互鉴，因互鉴而发展。"① "交流互鉴是文明发展的本质要求。只有同其他文明交流互鉴、取长补短，才能保持旺盛生命活力。"② 人类文明在交流互鉴中走向繁荣，这是人类文明发展的基本规律，也是人类文明的未来图景，具有深刻的历史逻辑、理论逻辑和实践逻辑。

首先，人类文明的发展史就是一部文明的交流互鉴史。人类历史上长期存在文明之间的交往互动。罗素写道："在往昔，不同文化的接触曾是人类进步的路标。希腊曾经向埃及学习，罗马曾经向希腊学习，阿拉伯人曾经向罗马帝国学习，中世纪的欧洲曾经向阿拉伯人学习，文艺复兴时期的欧洲曾向拜占庭学习。"③ 从大化改新时期学习中国的儒家文化，到明治维新时期学习西方资本主义文明，日本文明是在不断吸收和借鉴其他民族文明的优秀成果基础上产生的。在中华文明发展史上，唐玄奘西行取经、古代丝绸之路、郑和下西洋等都是文明交流互鉴的见证。印度佛教传入中国，对中国文化产生了重要影响，并使自身得到了新的发展。中国的火药、印刷术、指南针、造纸术传入欧洲社会，推动了欧洲资产阶级革命。人类文明的发展始终与文明的交流互鉴相伴而生。

其次，文明交流互鉴具有深厚的马克思主义理论渊源。文明交流互鉴思想是对马克思主义交往观的时代诠释。马克思主义认为，资本主义大工业的发展推动着分工和交往的不断深入，随着世界市场的发展和全球范围内民族间交往的扩大，人类社会历史开始向世界历史转变："过去那种地方的和民族的自给自足和闭关自守状态，被各民族的各方面的互相往来和各方面的互相依赖所代替了。"④ 世界历史的到来使得一切民族的生产和消费都成为世界性的。不仅是物质产品，精神产品的生产和消费也具有世界性。由此，不同文明之间的交流互鉴成为客观事实，世界文明应运而生："各民族的精神产品成了公共的财产。民族的片面性和局限性日益成为不可能，于是由许多种民族的和地方的文学形成了一种世界的文学。"⑤

---

① 习近平．习近平谈治国理政：第3卷．北京：外文出版社，2020：468．
② 同①469．
③ 罗素．一个自由人的崇拜．胡品清，译．长春：时代文艺出版社，1988：8．
④⑤ 马克思，恩格斯．马克思恩格斯文集：第2卷．北京：人民出版社，2009：35．

最后，文明交流互鉴是化解多元文明冲突的实践选择。文明冲突是现代社会面临的巨大挑战，世界各地频繁出现的宗教战争、极端恐怖主义、族群分裂和文化冲突，始终威胁着现代社会的和平与发展。在此背景下，美国学者亨廷顿提出"文明冲突论"，他认为冷战后世界冲突的根源是文明的差异，西方文明与儒家文明、伊斯兰文明之间的冲突将会主宰全球。然而，假若每一种文明都怀有"非我族类，其心必异"的敌视心态，或者抱有"唯我独尊"的霸权心理，不同文明之间将存有难以超越的壁垒和隔阂，各民族的文明将走向封闭，丧失生命活力，最后只能是全部人类文明的倒退甚至消亡。文明交流互鉴是破解文明冲突困局的实践选择。只有秉持平等相待的精神，怀有开放包容的心态，在不同文明的交流互鉴中，以文明交流超越文明隔阂，以文明互鉴超越文明冲突，以文明共存超越文明优越，才能推动人类文明的进步。

中国的文化实践要保持开放性，积极参与文明的交流互鉴。在全球化的发展时代，人类文明的多元一体格局将长期存在：一方面，随着全球化趋势的深入，人类文明交往空间更加广阔，世界文明在相互激荡和交融中发展。纯粹民族性的文明几乎不存在，任何国家和民族的文明都难以在全球化大潮中封闭自身。另一方面，由于民族历史和文化传统的不同，现在"很难形成全球同一性的文化。在国家和民族没有消亡之前，民族文化的独特性将会长期存在"[①]。在此背景下，建成社会主义文化强国，实现中华文化的繁荣发展，既不能抱残守缺，也不能妄自菲薄。要顺应全球化的时代潮流，破除非此即彼的两极思维模式，培育全球性思维。在全球性思维的观照下发展民族文化，以更加开放的姿态拥抱世界，积极与不同文化展开交流对话、互学互鉴，创造出更加璀璨的中华文化。同时，应维护世界文明多样性，推动世界文化的发展，实现"各美其美，美人之美，美美与共，天下大同"的美好愿景。

二、坚守中华文化立场

只有民族的才是世界的，越是民族的越是世界的。文化的民族性与世

---

① 何星亮．文化的民族性与世界性．云南社会科学，2002（5）．

界性的关系，是特殊性与普遍性、个性与共性的关系。首先，只有民族的才是世界的。世界性寓于民族性之中，没有民族性就没有世界性。没有多姿多彩的民族文化，就不会有世界文化。其次，越是民族的越是世界的。习近平总书记指出："解决好民族性问题，就有更强能力去解决世界性问题；把中国实践总结好，就有更强能力为解决世界性问题提供思路和办法。"① 因而，要发展世界文化，先要发展好本民族的文化，保持本民族的文化特质。

要在世界多元文化语境中坚守中华文化立场。坚持文化的开放性，并不意味着抛弃本民族的历史文化，盲目地追捧其他民族的文化。中华文化在漫长的历史中形成了浩如烟海、灿烂辉煌的文化成果，蕴含中华民族和中国人民的经验智慧，具有深厚的文化根脉和独特的文化优势，是人类文明最为精彩的篇章之一。只有根植于深厚的中华文化，秉持中华文化的独特品格，坚守中华文化的精神根基，才能在与其他各族文明的交流互鉴中汲取积极因素，赋予民族传统新活力，为世界文明的发展贡献力量。放弃中华民族的文化品格和文化身份，一味地追逐文化的全球性和世界性，则无异于舍本逐末、南辕北辙，既不是实现中华文明新辉煌的内在要求，也不是文明交流互鉴的应有之义。

在当前中国的文化实践中，坚守中华文化立场有着现实的要求。面对丰富多彩的中华文化和交互激荡的世界多元文化，唯有具有高度的文化自觉，保持现代性价值的民族特质，才能真正做到立足民族，走向世界。

首先，坚守中华文化立场要有高度的文化自觉。费孝通先生认为，文化自觉就是"生活在一定文化中的人对其文化有'自知之明'，明白它的来历，形成过程，所具有的特色和它的发展的趋向"②。鸦片战争以后，在西方坚船利炮面前，古老的中国被迫打开国门，中华文化受到西方文化的强烈冲击。关于中国文化的发展方向，出现过"中体西用""西体中用""全盘西化""儒学复兴"等思想，见证了中国人民在文化自觉上的艰难探索历程。中华优秀传统文化是民族之根、民族之魂，是中华民族必须予以

---

① 习近平. 习近平谈治国理政：第2卷. 北京：外文出版社，2017：340.
② 费孝通. 文化与文化自觉. 北京：群言出版社，2010：195.

坚守的瑰宝。但是，任何文化都不是完美的，都具有广阔的发展空间。只有形成高度的文化自觉，对中华文化有深刻的觉悟、理性的反思和清醒的审视，清楚中华文化的优势与劣势、长处与短处，才能摒弃盲目排外、妄自尊大的心理，积极开展与其他文化之间的交流互鉴；才能在面对外来文化时保持不卑不亢、开放包容的态度，不被纷繁复杂的外来文化所裹挟；才能站在中华文化的立场上，做到以我为主、为我所用、取长补短、择善而从。

其次，坚守中华文化立场要保持现代性价值的民族性。现代化是人类社会发展的主旋律和基本趋势。现代性蕴含着现代化实践的内在精神，是对现代化实践的文化反思。不可否认的是，由于中国在现代化征程中起步较晚，西方国家长期垄断了现代性价值的话语权。西方社会的现代性政治观念、价值理念和精神追求在全球文化体系中占据强势地位。然而，现代性既具有世界性，也具有民族性，现代化开始较早的西方国家并没有垄断现代性话语权的权利。现代性价值具有民族特质，"由于各民族历史传统、文化特质、价值追求的差异性，人们在追求现代化过程中会形成符合其民族需要的现代性文化逻辑"[①]。"中国式现代化，是中国共产党领导的社会主义现代化，既有各国现代化的共同特征，更有基于自己国情的中国特色。"[②] 以人民为中心的价值指向、人类命运与共的价值追求、自由而全面发展的价值旨归、人与自然和谐共生的价值理念等等，都彰显着中华民族独特的现代性价值。在坚持和平、发展、公平、正义、民主、自由等全人类共同价值的基础上，保持和发展中华民族独特的现代性价值，成为新时代坚守中华文化立场所面临的重要任务。

三、主动融入世界文化的大潮

各国各民族由于地理环境、生产方式、文化传统不同，在风俗习惯、思维方式、道德取向等方面表现出较大差异，形成了丰富多彩的世界文

---

① 邹广文，张九童. "现代性"的文化解读. 社会科学战线，2019（6）.
② 习近平. 高举中国特色社会主义伟大旗帜 为全面建设社会主义现代化国家而团结奋斗：在中国共产党第二十次全国代表大会上的报告. 北京：人民出版社，2022：22.

明。面对世界文明多元共生的客观事实，新时代的文化实践要保持开放性，主动融入世界文化大潮，在与不同文化的交流和碰撞中获得发展，积极开展与不同文明之间的交流互鉴，守护人类文明多元一体图景。

第一，坚持平等相待，相互尊重。

"每一种文明都扎根于自己的生存土壤，凝聚着一个国家、一个民族的非凡智慧和精神追求，都有自己存在的价值。人类只有肤色语言之别，文明只有姹紫嫣红之别，但绝无高低优劣之分。"① 各文明的产生都有其内在根据和合理性，都是基于自身生活实践，对人类安身立命之本的追问。因而，文明是平等的，它们均具有独特的价值，既没有简单的先进和落后、高级和低级之分，也不能相互取代。正如习近平总书记所说："人类文明因平等才有交流互鉴的前提。"② 唯有秉持平等的态度，才能深入其他文明的内部，发现其他文明的价值，从而开展文明之间的交流互鉴。因而，对待不同的文明，要摒弃自我优越感，以平等和谦虚的态度加以认识和体悟。

秉持平等态度，关键是要对"文明优劣论"予以驳斥。一些西方国家坚持"文明优劣论"，认为本国本民族的文化高人一等，从而肆无忌惮地推行文化霸权，试图对其他国家和民族的文化予以同化和消解。实际上，由于文明的部分构成要素在不同文明中有发展广度和深度的差异，因而文明的发展程度确实存在不同。例如工业文明与农业文明相比，就是较为先进形态的文明。但是，"文明优劣论"的错误在于，它把不同文明之间发展程度的暂时"差距"偷换为永恒的"优劣"，用"非社会历史化和固化的因素（如种族的和自然地理的因素等），把在世界历史发展一定阶段上各文明类型间的差距非社会历史化和固化，抑或说，把在世界历史发展一定阶段上各文明类型间的差距，归之为它们与生俱来的所谓优劣基因"③。

第二，坚持开放包容，和而不同。

各国各民族的文明具有独特性，呈现出迥异的形态。保持文化实践的

---

① 习近平. 习近平谈治国理政：第3卷. 北京：外文出版社，2020：468.
② 习近平. 习近平谈治国理政. 北京：外文出版社，2014：259.
③ 叶险明."文明形态的多样"与"世界文明发展的统一和趋向"辨析：一种马克思主义历史哲学的分析框架. 理论视野，2021（4）.

开放性，就需要在面对各国各民族的不同文明时，怀有开放包容的精神，做到虚怀若谷、海纳百川。不同的文明具有差异性，甚至可能有矛盾性，但这并不意味着文明之间只能有斗争和对峙。习近平总书记曾引用法国作家雨果的名言"世界上最宽阔的是海洋，比海洋更宽阔的是天空，比天空更宽阔的是人的胸怀"，以此强调对待不同的文明，我们需要怀有开放包容的胸怀，坚持和而不同①。"和而不同"是中华文明所追求的重要价值理念，中国古代有"君子和而不同，小人同而不和""万物并育而不相害，道并行而不相悖"的箴言。"和而不同"的本质是承认不同，包容差异，尊重多样，从而相互促进、互相补充，达到和谐之境界。"和而不同"是化解文明冲突的至高智慧，是实现世界文明和谐共处的重要途径。

怀有包容精神，关键是要能够对不同文明予以"了解之同情"（feeling into）。陈寅恪先生在著作中使用"了解之同情"一语，其源流来自德国思想家赫尔德。陈寅恪先生所说的"了解之同情"，体现着一种"包容精神"，它是指，在对待一种古代文化时，要深入其境地进入文化所产生的那个时代、民族和环境本身，感同身受地对其进行思考并给予同情。"所谓真了解者，必神游冥想，与立说之古人，处于同一境界，而对其所持论所以不得不如是之苦心孤诣，表一种之同情。"② 在对待其他国家和民族的文明时，我们同样需要"了解之同情"的能力，真切地理解不同文明产生的时代背景，认识其存在的合理性，体悟其所内含的智慧和价值。唯有如此，我们才能真正拥有包容的气度和格局，从容地开展文明的交流互鉴。

第三，坚持立足民族，博采众长。

"他山之石，可以攻玉。"文化没有十全十美的，都有其优势和不足。狭隘和封闭的文化始终受到地方局限性的束缚，无法真正经受历史的检验，难以沉淀为人类文化宝库中的瑰宝。只有建立在自我否定、自我批判的基础上，秉持平等的态度和包容的精神，努力吸收异质文化的要素，实现文化间的互补，文化才始终具有生命力，才能不断丰富和超越自身。当然，文明交流互鉴不是对其他文明生吞活剥、照单全收，只有在以我为

---

① 习近平. 习近平谈治国理政. 北京：外文出版社，2014：262.
② 陈寅恪. 金明馆丛稿二编. 北京：生活·读书·新知三联书店，2001：279.

主、为我所用的基础上,才能实现有效的互补互鉴。正如习近平总书记所强调的:"要坚持从本国本民族实际出发,坚持取长补短、择善而从,讲求兼收并蓄,但兼收并蓄不是囫囵吞枣、莫衷一是,而是要去粗取精、去伪存真。"①

做到博采众长,关键是要在多元文化语境中保持理性。要以理性的态度对自身文化加以反思,对异质文化加以鉴别。斯维德勒提出"对话的-批判性的"深层对话模式,他认为对话的前提是承认所有关于"实在"的断言,都是"被意识了有限性"的存在②。不论是自身文化还是异质文化都有发展的空间,都有需要加以补足和完善的地方。西方文化理论没有被西方文化所占据的强势地位冲昏头脑,而能够洞察到自身文化发展可能面临的危机,奥斯瓦尔德·斯宾格勒的《西方的没落》、埃德加·莫兰的《反思欧洲》等著作都对西方文明的弊病进行了严格的检讨。当前,我们对于文化繁荣有着强烈的渴求,在这种情况下,我们更要保持理性态度,既不妄自菲薄,也不骄傲自大,要理性看待传统文化的优点和缺点,积极与其他文化展开对话,明确未来的发展方向,提升转化再造的能力。

四、向世界讲好中国故事

西方文化在当今世界文明格局中占据着强势地位。正如亨廷顿所指出的,在当今世界文化格局中,西方文明处于"文化施动者"的地位,非西方文明则处于"文化受动者"的地位。在此背景下,中华文化在世界舞台上常常处于失声状态,或者被有意歪曲和误解。这主要有两个方面的原因:首先,从文化本身看,中华文化是一种"内向型"文化,不热衷于对外进行精神文化的输出。而西方文化则具有扩张性,"西方文化作为一种强势文化,它要求其他民族接受这种文化,而不是平等的交往关系"③。其次,从历史发展看,近代以来中国长期积贫积弱、受人欺凌,中华文化的

---

① 习近平. 在纪念孔子诞辰 2565 周年国际学术研讨会暨国际儒学联合会第五届会员大会开幕会上的讲话. 人民日报,2014-09-25(1).
② 斯维德勒. 全球对话的时代. 北京:中国社会科学出版社,2006:376.
③ 彭树智. 松榆斋百记 人类文明交往散论. 西安:西北大学出版社,2005:95.

国际影响力日益减弱。相反，资本主义的发展"使东方从属于西方"①，导致西方文化长期成为全球强势文化。

与此同时，向世界讲好中国故事，是建成社会主义文化强国的题中之义。习近平总书记强调，"展形象，就是要推进国际传播能力建设，讲好中国故事、传播好中国声音，向世界展现真实、立体、全面的中国，提高国家文化软实力和中华文化影响力"②。文化的世界影响力是文化软实力的重要体现。中华文化在世界上具有强大的影响力和感召力，是建成社会主义文化强国的重要指标。因此，在全球多元文化背景中，中华文化不仅要在保留自己的民族特色的同时，吸收其他文化的积极因素，不断丰富和超越自身，还要提升中华文化影响力，彰显中华文化的价值与意义，为世界发展进步提供中国智慧，为世界文明做出贡献。向世界讲好中国故事，要求我们在文化实践中做到：

第一，推进文化国际传播能力的建设。习近平总书记曾指出，在国际上，"'中国威胁论'、'中国崩溃论'等论调不绝于耳……国际舆论格局是西强我弱，西方主要媒体左右着世界舆论，我们往往有理说不出，或者说了传不开"③。要提升国际话语权，加强国际传播能力建设，构建对外话语体系，打造融通中外的新概念、新范畴、新表述。要创新对外传播方式，多用外国民众听得懂、听得到、听得进的方式和途径，增强文化传播的亲和力，积极传播中华文化，向世界阐释中国价值、中国精神和中国力量，展现真实、立体、全面的中国，让世界听到中国的声音。这样才能有力地驳斥"中国威胁论""中国崩溃论"等错误言论，真正增强中华文化的世界影响力。

第二，将传统文化的价值精髓奉献给世界。中华优秀传统文化是中华民族的文化根脉，其蕴含的思想观念、人文精神、道德规范等，不仅是我们中国人的思想和精神内核，对解决人类问题也有重要价值。例如，中华

---

① 马克思，恩格斯. 马克思恩格斯文集：第2卷. 北京：人民出版社，2009：36.
② 习近平. 习近平谈治国理政：第3卷. 北京：外文出版社，2020：312.
③ 中共中央文献研究室. 习近平关于社会主义文化建设论述摘编. 北京：中央文献出版社，2017：197.

文化所蕴含的"天人合一"思想，为当今世界人民解决自然问题提供了智慧；中华文化所强调的"为政以德"思想，为当今各国完善国家治理方式提供了启示；中华文化所倡导的"亲仁善邻，国之宝也"，为当今国与国之间的和平共处提供了思路。中华优秀传统文化是我们讲好中国故事、传播好中国声音的突出优势。我们要积极建设核心文化价值观体系，把优秀传统文化的精神标识提炼出来、展示出来，把优秀传统文化中具有当代价值、世界意义的文化精髓提炼出来、展示出来，不断提升中华文化影响力。

第三，重视人类文明新形态的深远世界意义。党的十九届六中全会通过的《中共中央关于党的百年奋斗重大成就和历史经验的决议》明确指出："党领导人民成功走出中国式现代化道路，创造了人类文明新形态，拓展了发展中国家走向现代化的途径，给世界上那些既希望加快发展又希望保持自身独立性的国家和民族提供了全新选择。"① 人类文明新形态所蕴含的中国道路的独立自主探索、"五大文明"全面协调发展、坚持人民至上、坚持胸怀天下等意蕴，同全人类共同价值追求和向往具有内在一致性，是对全人类共同价值追求的弘扬和践行。其所内含的独立自主、全面发展、人民至上、胸怀天下的意蕴为世界其他国家和民族进行独立探索走向现代化，坚持发展的整体协调性，秉持人民至上的价值取向，构建新型国际关系，提供了全新选择和经验借鉴，具有深远的世界意义。

第四节　坚持时代性原则

"文变染乎世情，兴废系乎时序。"百年征程波澜壮阔，中国特色社会主义进入新时代，迎来了建成社会主义现代化强国和实现中华民族伟大复兴的光明前景。伟大时代呼唤伟大文化，只有把中国特色社会主义现代化实践作为文化建设的历史坐标，牢牢把握中华民族伟大复兴的主题，文化建设才有蓬勃的生机和强大的动力。新时代的文化要紧跟时代步伐，勇担时代

---

① 中共中央关于党的百年奋斗重大成就和历史经验的决议. 人民日报，2021-11-17（1）.

使命，把握历史和时代大势，成为时代的推动力量，争做时代变革的先导。

一、伟大时代呼唤伟大文化

新时代是伟大的时代。中国共产党团结带领中国人民不懈奋斗，在中华大地上全面建成了小康社会，实现了第一个百年奋斗目标，完成了脱贫攻坚的任务，历史性地解决了绝对贫困问题。中华民族积贫积弱、任人宰割的时代一去不复返了，中华民族正在以热情饱满的精神状态和不畏挑战的奋斗姿态破浪前行，向着全面建成社会主义现代化强国和实现中华民族伟大复兴的目标迈进。

优秀文化是时代发展的产物，又是推动时代前进的力量。一方面，优秀文化产生于具体的社会历史条件，刻有时代烙印，是对时代的反映、再现和升华。另一方面，优秀文化能够现实地影响社会历史，对社会历史中的个人进行塑造，从而成为推动时代发展的精神力量。因此，伟大时代呼唤伟大文化，是伟大时代的应有之义，也是伟大时代的发展要求。

首先，伟大时代为伟大文化提供了广阔舞台。文化繁荣的时代往往是民族和国家强盛的时代，例如中国的盛唐和西方的古典时代。物质生产的富足、社会氛围的宽松而活跃、社会活动的丰富等，都是推动文化繁荣的现实因素。我们处于富强兴盛的新时代，文化的繁荣发展是大势所趋。此外，不是什么文化都能够被称为"伟大"。"伟大"文化是以民族复兴为主题，关涉国家前途、民族命运和人民幸福的文化。党和人民在革命、建设和改革的实践中历经千难万险，留下了无数可歌可泣的故事，积累了宝贵的精神财富。进入新时代，党和人民又奋力投身于实现"两个一百年"奋斗目标的生动实践。这些都是孕育伟大文化的丰厚土壤，是繁荣伟大文化的现实底蕴。

其次，伟大时代需要伟大文化的推动力量。"中国特色社会主义是全面发展、全面进步的伟大事业，没有社会主义文化繁荣发展，就没有社会主义现代化。"① "一个民族的复兴需要强大的物质力量，也需要强大的精

---

① 习近平. 在教育文化卫生体育领域专家代表座谈会上的讲话. 人民日报，2020-09-23（2）.

神力量。"① 文化建设关涉民族的未来，是建成社会主义现代化强国、实现中华民族伟大复兴的战略任务和基础支撑。与此同时，世界正处于百年未有之大变局，国际局势正经历着大变革、大调整；随着改革的不断深入，社会的新问题和新矛盾越来越多，不确定性因素越来越多。面对艰巨的任务和复杂的局势，新时代文化建设必须肩负起时代使命，以社会主义现代化建设为历史坐标，高瞻远瞩、审时度势，发挥文化的价值引导力、精神推动力和社会凝聚力，使中华民族始终披荆斩棘、履险若夷。

二、文化要把握历史和时代大势

建成社会主义文化强国要有更高的历史站位，深刻把握历史和时代大势。习近平总书记强调，"广大文艺工作者要树立大历史观、大时代观，眼纳千江水、胸起百万兵，把握历史进程和时代大势，反映中华民族的千年巨变，揭示百年中国的人间正道，弘扬以爱国主义为核心的民族精神和以改革创新为核心的时代精神，弘扬伟大建党精神，唱响昂扬的时代主旋律"②。把握历史和时代大势，意味着以更宽广的历史视野和更深邃的历史眼光，关注中华民族的沧桑巨变和中国人民的恢宏实践，为新时代文化赋予历史视野和时代关切，思考历史发展的科学规律，把握时代变迁的基本趋势，汲取党和人民在实践中积累的经验智慧，弘扬蕴藏于历史长河的崇高价值。文化把握历史和时代大势，主要体现在以下几个方面。

首先，反映中华民族伟大复兴的时代主题。中华民族有着悠久的历史，创造了灿烂的中华文明。进入近代，由于封建制度的腐朽和列强的入侵，中国长期陷入内忧外患的局势。无数仁人志士奋起抗争、救亡图存，致力于实现伟大复兴的梦想，但都遭到了失败。中国共产党义无反顾地肩负起这一历史重任，团结和带领中国人民进行革命、建设和改革，不畏艰险、百折不挠、呕心沥血，谱写了一部壮丽的英雄史诗。紧紧围绕中华民族伟大复兴的时代主题，反映中华民族在实现伟大复兴征程上所经历的跌

---

① 习近平. 在文艺工作座谈会上的讲话. 人民日报，2015 - 10 - 15 (2).
② 习近平. 在中国文联十一大、中国作协十大开幕式上的讲话. 人民日报，2021 - 12 - 15 (2).

宕起伏和正在迈入的辉煌未来，是新时代文化的重要使命。

其次，描绘党和人民波澜壮阔的伟大实践。中国共产党团结和带领中国人民浴血奋战、艰苦奋斗，创造了中华民族震古烁今的百年历史：推翻帝国主义、封建主义和官僚资本主义三座大山，确立了人民当家作主的新中国；开展社会主义革命，确立了社会主义基本制度；实行改革开放，开辟了中国特色社会主义事业；中国特色社会主义进入新时代，开启了全面建设社会主义现代化国家的新征程。面对中华民族的历史巨变，面对党和人民用行动所创造的气势磅礴的时代画卷，文化不能置身事外、无动于衷。文化应承担起时代赋予的神圣使命，记录时代的前进足迹，书写中华民族的伟大时代变迁和历史巨变，为伟大实践写出气势恢宏的时代史诗。

最后，展现新时代党和人民的精神气象。中国特色社会主义进入新时代，在党的团结和领导下，中国人民开启了实现中华民族伟大复兴和建设社会主义现代化国家的新的伟大征程。新的伟大征程必将产生更多动人的奋斗故事，涌现更多受人敬仰的英雄人物，凝聚更多震撼心灵的崇高精神。新时代的文化创作者要主动投身于时代洪流之中，到基层的土地和普通的民众中汲取力量，记录和歌唱伟大的新时代。现实社会一定会有各种问题，文化创作者要有激浊扬清的勇气，要在对现实的反思中给人以希望和鼓舞，给人以精神上的关怀。新时代的文化应当展现党和人民在实现"两个一百年"奋斗目标进程中的精神风貌和精神气象，讴歌党、讴歌祖国、讴歌人民，激励中国人民更加朝气蓬勃地迈向未来，这是文化的时代责任。

三、文化要成为时代前进的推动力量

要摆脱工具理性和实用主义的窠臼，正确认识文化的作用。随着社会经济的发展，文化不再是可有可无的调剂品，而是作为社会的必需品，真正进入人们的视野。文化建设的重要性和迫切性成为共识。应努力避免文化建设中的功利和浮躁心态。不论是"使文化为阶级斗争服务"，还是"文化搭台，经济唱戏"，都体现出文化被当作社会发展的跳板，成为政治建设、经济建设的工具和手段。

文化能够产生独立而强大的力量。文化是人之生命的表达方式，其以润物细无声的姿态浸透于社会生活的方方面面，全景式地影响着现实社会历史。文化蕴含丰富的人文价值，在提供科学理念、塑造崇高精神、凝聚价值共识、引导社会舆论、实现社会稳定等方面发挥着不可替代的作用。有学者将文化的功能分为生物性功能、社会性功能和心理性功能，社会性功能包括教化、规范、整合、凝聚、适应的功能，心理性功能是满足人的艺术、尊重、认知、自我实现、信仰等需求①。马克斯·韦伯在《新教伦理与资本主义精神》中指出新教伦理是现代经济生活的精神基础和现代资本主义的重要根源；埃德蒙·菲利普斯在《大繁荣——大众创新如何带来国家繁荣》中认为欧洲资本主义兴起的原因是个人追求自由和幸福的价值观的确立。这是他们对文化所具有的强大力量的深刻体认。

习近平总书记用"四个重要"高度凝练地概括了文化在新的历史阶段中的作用："统筹推进'五位一体'总体布局、协调推进'四个全面'战略布局，文化是重要内容；推动高质量发展，文化是重要支点；满足人民日益增长的美好生活需要，文化是重要因素；战胜前进道路上各种风险挑战，文化是重要力量源泉。"② 基于此，新时代的文化建设要做到以下几点。

第一，融贯于现代化建设的全过程。作为塑造灵魂、塑造精神的工作，文化建设不仅是现代化建设的内容，还应融贯于现代化建设的全过程，切实"发挥文化引领风尚、教育人民、服务社会、推动发展的作用"③。文化作为一种独立而强大的力量，为社会主义现代化建设提供思想指导，创造精神动力，提供价值引领，凝聚社会共识。例如，生态理念能够成为开展社会主义生态文明建设的理论依据；社会主义先进文化为进一步深化改革开放、克服发展中面临的难题与挑战提供精神动力；廉洁文化能够成为实现国家治理体系现代化的价值指引；文化自信渗透于道路自信、制度自信和理论自信之中，为其凝聚着社会共识。

第二，遵循文化自身的发展规律。由于文化建设肩负着重大的历史使

---

① 何星亮. 文化功能及其变迁. 中南民族大学学报（人文社会科学版），2013（5）.
②③ 习近平. 在教育文化卫生体育领域专家代表座谈会上的讲话. 人民日报，2020-09-23（2）.

命，对文化建设的重视和强调很容易导致急于求成、急功近利的冒进现象。文化建设表面上的轰轰烈烈，掩盖着深层次的发展困顿与僵化：对文化政绩的苦心钻营、对文化形式的一味强调、对文化产业利润的狂热追求，最终都会使得文化建设沦为政治建设、经济建设的附庸。文化作为人之实践活动的历史性积淀，是需要长期沉淀和培育的。"文化发展不能搞大跃进，而应该是和风细雨、潜移默化、润物无声的推进。文化进步所改变的是人的心境，拓展的是人的视野和心胸，提升的是一个民族整体的素质。"① 文化建设要保持一颗平常心，遵循文化自身的发展规律。

第三，不断实现文化自身的现代转化。在社会主义现代化建设中，中国社会发生了翻天覆地的变化，在政治、经济、社会等方面产生了许多前所未有的新特点。随之而来的，是传统思维方式、道德观念、知识理论、制度体系等与现代社会的不适应与不协调。新时代的文化如果抱残守缺、故步自封，就会被时代抛弃，使社会主义现代化建设失去精神力量。因此，要不断推动文化自身的现代转化，诠释中华优秀传统文化的现代价值，在文化制度、文化产业、文化服务、文化观念等各方面实现文化的现代化，以文化的现代化助推社会的现代化。当然，人是现代化的主体，是现代化活动的实际承担者，人的现代化是现代化的前提和归宿。在新时代，必须始终关注人的现代化实践，以人的价值观念的创新为根本，不断实现文化主体的现代化。

总之，处于波澜壮阔的时代大潮之中，文化只有两种命运：或者停滞不前、畏首畏尾，成为时代的掣肘之力，或者激流勇进、积极融入时代之中，成为时代的推动之力。我们要把文化建设贯穿于全面建设社会主义现代化的新征程之中，使文化在与时代的互动中真正成为"实现中华民族伟大复兴的精神力量"②。

四、文化要争做时代变革的先导

文化具有相对独立性。马克思写道："关于艺术，大家知道，它的一

---

① 邹广文.夯实文化创造的社会基础.理论视野，2014（9）.
② 习近平.高举中国特色社会主义伟大旗帜 为全面建设社会主义现代化国家而团结奋斗：在中国共产党第二十次全国代表大会上的报告.北京：人民出版社，2022：43.

定的繁盛时期决不是同社会的一般发展成比例的,因而也决不是同仿佛是社会组织的骨骼的物质基础的一般发展成比例的。"① 文化是上层建筑的一部分,在与经济社会的交互作用中发展。文化的发展与经济社会的发展具有不平衡性,两者并不完全同步。文化有时落后于经济社会的发展,成为社会发展的阻碍;有时则预见经济社会的未来趋势,成为社会发展的动力。

文化要努力成为时代变革的先导。文化对时代的反映有两种形式:一种是自发性的,一种是自觉性的。自发性文化是对时代的记录和适应,而自觉性文化是对时代的反思和超越。两种形式的文化都能够对时代的发展产生促进作用,但是自觉性文化能够更为直接和有力地成为时代发展的推动力量。在文化创造者高瞻远瞩、通观大势、洞察深入的情况下,文化能够把握时代的发展趋势,给人以思想的启迪,凝聚社会的共识,从而引领时代大潮,推动时代向前。正如习近平总书记所说:"在人类发展的每一个重大历史关头,文艺都能发时代之先声、开社会之先风、启智慧之先河,成为时代变迁和社会变革的先导。"②

在人类发展史上,曾有不少文化成为拉开时代帷幕的先行者。儒家思想主张尊卑礼节和等级秩序,受到封建统治者的重视,成为中央集权大一统时代的先行者;近代马克思主义传入中国,成为中国共产党登上历史舞台、开启中国革命新的历史阶段的先行者;"文化大革命"结束后,关于真理标准问题的大讨论,成为我国进入改革开放伟大时代的先行者;西方的文艺复兴和启蒙运动提出人文主义、天赋人权、社会契约等思想,为欧洲资产阶级革命的到来做了准备,成为欧洲社会进入资产阶级统治时代的先行者。这些文化作为时代变革的先导,成为推动历史前进的精神动力,在人类发展史上留下了浓墨重彩的华章。

文化争做时代变革的先导,对文化创造者提出了一系列要求。

第一,文化创造者要树立开阔的时代视野。文化创造者不能自甘居于

---

① 马克思,恩格斯. 马克思恩格斯文集:第8卷. 北京:人民出版社,2009:34.
② 中共中央文献研究室. 习近平关于社会主义文化建设论述摘编. 北京:中央文献出版社,2017:174.

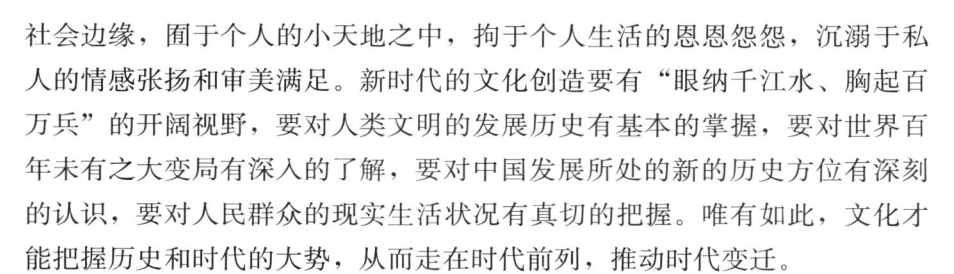

社会边缘，囿于个人的小天地之中，拘于个人生活的恩恩怨怨，沉溺于私人的情感张扬和审美满足。新时代的文化创造要有"眼纳千江水、胸起百万兵"的开阔视野，要对人类文明的发展历史有基本的掌握，要对世界百年未有之大变局有深入的了解，要对中国发展所处的新的历史方位有深刻的认识，要对人民群众的现实生活状况有真切的把握。唯有如此，文化才能把握历史和时代的大势，从而走在时代前列，推动时代变迁。

第二，文化创造者要形成敏锐的洞察力。置身复杂的时代境遇，文化创造者要有敏锐的洞察能力，具有前瞻性的发展眼光。要能够直面时代问题，于平常中见异常、常态中见异态，穿透纷繁复杂的历史表象，抓住历史发展的规律和趋势。唯有如此，新时代的文化才能"感国运之变化、立时代之潮头、发时代之先声"，为建成社会主义现代化强国提供思想指引和精神推动，使我们在现代化建设过程中把握历史主动，在浩浩荡荡的时代大潮中稳步前行。

第三，文化创造者要具备敢为天下先的勇气。文化创造者要在把握时代和历史大势的前提下，具有敢为天下先的魄力和勇气，承担时代的责任，突破旧观念的束缚，发他人所未发。这要求在全社会营造宽松和谐的文化氛围，鼓励创新、宽容失败，使全民族形成敢于冒险、勇于否定、积极进取的价值共识，激发全民族文化创新创造活力，使得敢为人先、敢为天下先的文化能够源源不断地出现，成为时代变迁和社会变革的精神推动力量。

第四，文化创造者要保持深远的忧患意识。文化创造者需要居安思危、未雨绸缪，始终保持危机意识，为社会发展出谋划策。休·塞西尔强调："一个人只有强烈地意识到在探索陌生事物时所要遭遇的危险，并抱着这样的观念控制他前进的愿望，他才有可能做出明智而有效的进步。"[1] 尽管我们拥有光明的发展前景，但必须承认的是，未来仍然存在种种风险和挑战。文化创造者既要为时代的发展唱赞歌，也要冷静思考未来的潜在威胁。

---

[1] 塞西尔. 保守主义. 杜汝楫, 译. 北京：商务印书馆, 1986：6.

第六章　建成社会主义文化强国的战略布局

文化强国的战略布局需要多主体、多维度和多途径的配合。具体来讲，从主体上看，要坚持党对意识形态的领导权，坚持政府对文化事业、文化产业的统筹发展，尊重人民在文化创作中的主动权，从而在全社会范围内营造出培育和践行社会主义核心价值观的氛围；从维度上看，要坚持理论和实践的结合，理论上要加快构建中国特色社会科学体系，实践中要着力提升中华儿女的文化自觉与文化自信；从途径上看，既要重视主流媒体的舆论引导作用，又要有效利用互联网平台的多样化传播渠道。战略布局，本质上是一种思维模式，文化强国战略体现的正是马克思主义文化观的科学逻辑。从全面实现社会主义现代化、实现中华民族伟大复兴的全局战略上看，文化强国是重要且关键的一环。文化强国战略布局要以马克思主义为指导，以人民为中心，以优秀传统文化为滋养，以创新为动力，以开放为取向，以人才为根本。

第一节　牢牢把握意识形态工作领导权

意识形态工作关乎党、国家和民族的前途命运，牢牢把握意识形态工作领导权，能够为社会主义文化发展把舵定向。习近平总书记曾指出，文化产业既有意识形态属性，又有市场属性，但意识形态属性是本质属性①。因此要"牢牢掌握意识形态工作领导权，建设具有强大凝聚力和引导力的社会主义意识形态，建设社会主义文化强国"②。新时代是在新的历史条件下继往开来的时代，以习近平同志为核心的党中央致力于准确把握中华民族伟大复兴战略全局和世界百年未有之大变局，继续推进中国特色社会主义文化事业的繁荣发展。习近平总书记在2018年全国宣传思想工作会议上指出，"建设具有强大凝聚力和引领力的社会主义意识形态，是全党特别是宣传思想战线必须担负起的一个战略任务……要把坚定'四个自信'作为建设社会主义意识形态的关键"③。坚定中国特色社会主义道路自信、理论自信、制度自信、文化自信，是党对意识形态工作发展的战略部署。这其中，文化自信作为道路自信、理论自信、制度自信背后的精神动力和信念支持，与意识形态工作有着耦合关系。意识形态要以文化自信为内核，引领文化发展。主流文化作为一种价值范畴，在尊重价值观发展多样性的同时，必须明晰发展主线，以意识形态一元化规范思想发展多样化。建成中国特色社会主义文化强国，关键要在中国共产党的领导下构建社会主义文化领导权，坚持马克思主义理论的指导，坚持社会主义文化发展的时代性，在巩固全党全国人民团结奋斗的共同思想基础上，推动建设具有强大凝聚力和引领力的社会主义意识形态。

意识形态关乎旗帜、关乎道路、关乎国家政治安全。意识形态工作是国家政治安全的第一道屏障，国家作为政治性的存在，必须牢牢抓住整个社会的思想动态，在涌动的思想暗流中把握正确方向，坚持主流意识形态的一元化。我国作为世界上最大的社会主义国家，旗帜鲜明地走中国特色社会主义现代化道路，具有与西方资本主义国家完全不同的发展模式。中国特色社会主义事业的伟大实践有赖于中国人民的集体劳动和集体智慧，

---

① 习近平. 坚守人民情怀，走好新时代的长征路：习近平在湖南考察并主持召开基层代表座谈会纪实. 人民日报，2020-09-21（1）.
② 中共中央关于党的百年奋斗重大成就和历史经验的决议. 人民日报，2021-11-17（1）.
③ 习近平. 习近平谈治国理政：第3卷. 北京：外文出版社，2017：312.

因而，中国特色社会主义文化事业具有与其他文明相异的独特气质。习近平总书记指出："必须把意识形态工作的领导权、管理权、话语权牢牢掌握在手中，任何时候都不能旁落，否则就要犯无可挽回的历史性错误。"①因此，对意识形态工作的强调与重视，是保障整体现代化事业发展进程顺利的关键，更是社会主义文化强国战略应该坚持的政治性要求。繁荣和发展中国特色社会主义文化事业，必须坚持中国共产党的领导、坚持中国特色社会主义制度的优势，进而保持社会主义先进文明的独特性。

一、坚持马克思主义理论的指导地位

意识形态工作需要科学理论的指导。党的十九届四中全会提出，新时代坚持和发展中国特色社会主义要"坚持马克思主义在意识形态领域指导地位的根本制度"，《中共中央关于党的百年奋斗重大成就和历史经验的决议》进一步明确指出要"确立和坚持马克思主义在意识形态领域指导地位的根本制度"②。马克思主义理论在意识形态领域的制度化，表明了马克思主义理论与我国意识形态领域发展的内在统一性。坚持马克思主义理论在意识形态领域的指导地位彰显着理论与实践、历史与未来的多层逻辑考量。

马克思主义理论具有科学性、人民性、实践性、开放性，是意识形态发展的理论明灯。唯物史观的建立不仅从学理层面对人类社会发展和世界历史的展开进行了抽丝剥茧的分析，还具有强大的逻辑支撑与现实批判力。这种批判性，在意识形态领域集中表现为对多元价值观发展的引导与规范。马克思主义理论站在人民的立场上，追求全人类的自由解放，指明了只有依靠人民才能够推动历史车轮的前进。中国共产党是人民的政党，"党性和人民性从来都是一致的、统一的"③。坚持人民群众的主体性体现了中国共产党对马克思主义理论的坚持和发展。马克思主义理论之所以在根本上区别于传统哲学的范式，最重要的一个特征就是坚持了实践的理

---

① 中共中央文献研究室．习近平关于社会主义文化建设论述摘编．北京：中央文献出版社，2017：21．
② 中共中央关于党的百年奋斗重大成就和历史经验的决议．人民日报，2021-11-17（1）．
③ 同①23．

念，因此实践性是马克思主义理论区别于其他哲学理论的显著特征。同时，马克思主义理论注重"现实的个人"、"现实的生产关系"与"现实的社会"，这种现实性表现在历史过程中就是生成的动态性，是理论面对现实应有的正确态度。坚持马克思主义理论在意识形态领域指导地位的根本制度，是基于其理论的强大生命力与科学性；保持与马克思主义理论体系的同频共振，是促进意识形态领域良好发展的必由之路。

坚持马克思主义理论在意识形态领域的指导地位是我国在长期社会发展过程中积累的宝贵经验。马克思主义理论中国化之所以能够成功，正是因为中国共产党人"坚持解放思想、实事求是、与时俱进、求真务实，坚持把马克思主义基本原理同中国具体实际相结合、同中华优秀传统文化相结合，坚持实践是检验真理的唯一标准，坚持一切从实际出发，及时回答时代之问、人民之问，不断推进马克思主义中国化时代化"[1]。马克思讲过："批判的武器当然不能代替武器的批判，物质力量只能用物质力量来摧毁；但是理论一经掌握群众，也会变成物质力量。"[2] 理论的种子生根发芽需要适合的土壤，马克思主义理论一经扎根于中国大地，便以燎原之势迅速传播开来。在社会主义革命和建设时期，中国共产党处于从新民主主义到社会主义的转变阶段，以毛泽东同志为代表的中国共产党人积极探索，创造性地开创了毛泽东思想，这"是马克思列宁主义在中国的创造性运用和发展，是被实践证明了的关于中国革命和建设的正确的理论原则和经验总结，是马克思主义中国化的第一次历史性飞跃"[3]。在改革开放和社会主义现代化建设新时期，以邓小平理论、"三个代表"重要思想、科学发展观等思想为核心，形成了中国特色社会主义理论体系，完成了马克思主义理论中国化新的飞跃。党的十八大以来，中国特色社会主义事业的发展进入新时代，党领导全国人民完成了第一个百年奋斗目标，"开启实现第二个百年奋斗目标新征程，朝着实现中华民族伟大复兴的宏伟目标继续前进"[4]。以习近平同志为核心的党中央，充分吸收中国特色社会主义理

---

[1] 中共中央关于党的百年奋斗重大成就和历史经验的决议. 人民日报，2021-11-17（1）.
[2] 马克思，恩格斯. 马克思恩格斯文集：第1卷. 北京：人民出版社，2009：11.
[3][4] 同[1].

论体系的营养，面对新时代、新挑战、新机遇，创立了习近平新时代中国特色社会主义思想，这"实现了马克思主义中国化时代化新的飞跃，坚持不懈用这一创新理论武装头脑、指导实践、推动工作，为新时代党和国家事业发展提供了根本遵循"①。

坚持马克思主义理论的指导，是牢牢把握意识形态领导权的未来考量。在全球化背景下，现代化是中国真正融入世界、实现民族复兴的必由之路。在马克思看来，自从资本主义登上历史舞台，人类现代化的序幕便被开启，现代化作为资本全球化的伴生物，是任何一个国家和民族从传统社会向现代社会转型所不可逾越的发展环节。只有经过现代化的洗礼，社会才会真正步入现代文明。马克思主义理论认为，任何一个国家或民族的现代化，客观上都是从物质层面到精神层面的社会全面性跃迁。建成社会主义文化强国的战略部署，说明我国追求全方位的发展与进步。文化的现代化是一个全面变革传统、发展现代文明的社会性转型的重要过程，人类现代化实践兼具了世界性、民族性和时代性。现代化的实践历程已经证明，世界各个民族在走向现代社会的进程中，要注重现代化一般规律、本民族的特殊境遇以及时代发展的具体要求。现代化发展的一般性主要是指本民族与现代化共同价值的适配性，而特殊性是指本民族对自身文化价值的文化自觉。马克思主义理论坚持具体问题具体分析，中国文化的现代化发展必须在遵循现代化发展一般规律的同时，根植于中国国情，结合多民族文化发展的特征，以文化自觉和文化自信的心态，走文化发展的中国式现代化道路，创造人类文明新形态。

坚持马克思主义理论的指导，体现了中国共产党在意识形态领域对人民群众主体性地位的重视。马克思主义文化观代表着一种精神世界的理性认知，尊重人充分运用自己的理性能力。马克思将人的现实性活动作为全部历史发展的开端，是人的价值实现的重要起点。中国共产党坚持全心全意为人民服务，党在文化发展层面始终坚持"文化创造依靠人民""文化进步为了人民"，在社会主流意识形态的构建与宣传中，始终将人民的价

---

① 习近平. 高举中国特色社会主义伟大旗帜 为全面建设社会主义现代化国家而团结奋斗：在中国共产党第二十次全国代表大会上的报告. 北京：人民出版社，2022：6.

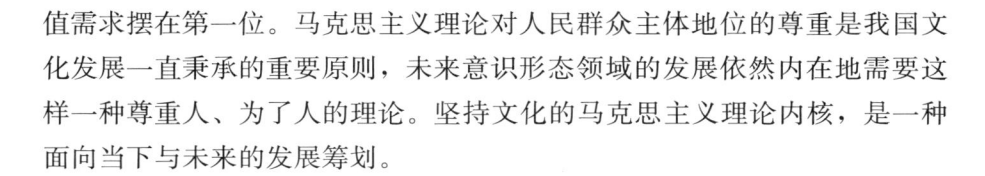

值需求摆在第一位。马克思主义理论对人民群众主体地位的尊重是我国文化发展一直秉承的重要原则,未来意识形态领域的发展依然内在地需要这样一种尊重人、为了人的理论。坚持文化的马克思主义理论内核,是一种面向当下与未来的发展筹划。

二、巩固和提升社会主义文化领导权

党的意识形态领导权具有政治与文化的双重属性,做好意识形态工作需要巩固和提升社会主义文化领导权的建设。文化与意识形态之间是普遍与特殊、一般与个别的关系,意识形态包含于文化中,是文化发展的核心,二者具有内在的一致性,都是人们在长期社会实践中凝结的精神产物。意识形态之间的差异决定了文化发展的不同方向,因而,巩固和提升社会主义文化领导权,是开展意识形态工作的重要环节。

坚持中国共产党的领导是巩固和提升社会主义文化领导权的首要条件。中国共产党是中国工人阶级的先锋队,是中国各族人民利益的忠实代表,是中国特色社会主义事业的领导核心。中国共产党与中国人民有着共同的利益诉求,是中华民族伟大复兴实践中精神生产的主体。中国特色社会主义文化事业的发展需要抛弃西方文化发展理论模式,建立有自身特色的文化理论体系,确保社会主义文化领导权。文化强国战略必须坚持中国共产党在社会主义文化体系建构中的核心地位,从而牢牢把握先进文化的发展趋势和要求,把牢意识形态工作的主动权。

中国共产党对社会主义文化的领导权是历史的选择。早在中国共产党成立前夕,以李大钊等为代表的革命先驱就试图通过文学论战的形式解放人民的思想,将《新青年》《每周评论》等先进杂志作为战斗阵地,在社会上掀起了学习马克思主义的热潮。中国共产党成立后,更加注重学习和营造社会主义文化的氛围。以毛泽东同志为主要代表的中国共产党人高度重视文化与人民群众之间的关系。1942年,毛泽东《在延安文艺座谈会上的讲话》中指出,文艺发展要"站在无产阶级的和人民大众的立场"[1]。文

---

[1] 毛泽东. 毛泽东选集:第3卷. 2版. 北京:人民出版社,1991:848.

化发展的问题"基本上是一个为群众的问题和一个如何为群众的问题"①。1944年,毛泽东在陕甘宁边区文教工作者会议上再次谈道,"我们的文化是人民的文化,文化工作者必须有为人民服务的高度的热忱,必须联系群众,而不要脱离群众。要联系群众,就要按照群众的需要和自愿。一切为群众的工作都要从群众的需要出发,而不是从任何良好的个人愿望出发"②。党的第七次代表大会,毛泽东在《论联合政府》的报告中系统地阐释了新民主主义文化即"中国应当建立自己的民族的、科学的、人民大众的新文化和新教育"③。这为社会主义文化事业发展确立了基本性质和方针政策。1957年,毛泽东在《关于正确处理人民内部矛盾的问题》中代表党提出了"百花齐放、百家争鸣"的方针。他说:"百花齐放、百家争鸣的方针,是促进艺术发展和科学进步的方针,是促进我国的社会主义文化繁荣的方针。"④党在文化政策上始终坚持人民主体,重视文化发展的方向与目的,为新中国文化事业的继续发展做了深厚的铺垫。

以邓小平同志为主要代表的中国共产党人从新中国改革的实践出发,在延续"双百方针"政策的情况下,创造性地提出了"两个尊重""三个面向"⑤的文化政策,提出了新时期有针对性的文化措施。1979年,邓小平《在中国文学艺术工作者第四次代表大会上的祝词》中提出:"我们要在建设高度物质文明的同时,提高全民族的科学文化水平,发展高尚的丰富多彩的文化生活,建设高度的社会主义精神文明。"⑥他在不同场合多次强调,精神文明建设对社会主义现代化事业发展具有重要影响。党的十二届六中全会通过了《中共中央关于社会主义精神文明建设指导方针的决议》,明确我国社会主义现代化建设的总体布局是在坚持发展经济、政治体制改革的同时,坚定不移地加强精神文明建设,要从总体布局的高度,

---

① 毛泽东. 毛泽东选集:第3卷.2版. 北京:人民出版社,1991:853.
② 同①1012.
③ 同①1083.
④ 毛泽东. 毛泽东文集:第7卷. 北京:人民出版社,1999:229.
⑤ "两个尊重"即"尊重知识,尊重人才","三个面向"即"教育要面向现代化,面向世界,面向未来"。
⑥ 邓小平. 邓小平文选:第2卷.2版. 北京:人民出版社,1994:208.

正确认识社会主义精神文明建设的战略地位①,让党领导的文化事业的发展成为中国特色社会主义现代化总体布局中的重要一环。

党的十三届四中全会以后,以江泽民同志为主要代表的中国共产党人在坚持我国文化发展大方向不动摇的前提下,创新性地提出了中国特色社会主义文化的发展路径。党的十五大报告提出"经济、政治、文化协调发展"②。党的十六大报告强调"坚持物质文明和精神文明两手抓"③,始终把文化建设放在党和国家发展建设的重要战略地位,尤其强调要"牢牢把握先进文化的前进方向……必须坚持马克思列宁主义、毛泽东思想和邓小平理论在意识形态领域的指导地位"④。这些关于先进文化建设和发展的重要指导性意见,是中国共产党人在新的实践条件下做出的理论创新,保证了社会主义文化事业的持续性发力。

社会主义文化强国战略是中国共产党在新形势下对全面推进社会主义现代化事业做出的重要判断。党的十七届六中全会公报是党对文化改革发展的宝贵经验总结,对进一步深化文化体制改革、开创新时代中国特色社会主义文化事业有着重要指导作用。公报明确指出,"社会主义先进文化是马克思主义政党思想精神上的旗帜",要"坚持中国特色社会主义文化发展道路,努力建设社会主义文化强国"⑤。党的十七届六中全会把"建设社会主义文化强国"确立为党当前和今后的一项重要战略任务。这意味着,社会主义文化建设进入一个新的阶段。党的十七大报告提出要"推动社会主义文化大发展大繁荣","建设社会主义核心价值体系,增强社会主义意识形态的吸引力和凝聚力",指出"社会主义核心价值体系是社会主义意识形态的本质体现"⑥。

---

① 中共中央关于社会主义精神文明建设指导方针的决议.北京:人民出版社,1986.
② 江泽民.高举邓小平理论伟大旗帜 把建设有中国特色社会主义事业全面推向二十一世纪:在中国共产党第十五次全国代表大会上的报告.北京:人民出版社,1997:47.
③ 江泽民.全面建设小康社会 开创中国特色社会主义事业新局面:在中国共产党第十六次全国代表大会上的报告.北京:人民出版社,2002:8.
④ 同③38.
⑤ 中共中央关于深化文化体制改革 推动社会主义文化大发展大繁荣若干重大问题的决定.人民日报,2011-10-26(1).
⑥ 胡锦涛.高举中国特色社会主义伟大旗帜 为夺取全面建设小康社会新胜利而奋斗:在中国共产党第十七次全国代表大会上的报告.人民日报,2007-10-25(1).

党的十八大以来，以习近平同志为核心的党中央审时度势，在坚持社会主义文化强国战略布局下，不断提出文化发展的新措施、新理念，进一步更新了社会主义文化强国战略的内容和血液。在党的二十大报告中，习近平总书记明确提出要"全面建设社会主义现代化国家，必须坚持中国特色社会主义文化发展道路，增强文化自信，围绕举旗帜、聚民心、育新人、兴文化、展形象建设社会主义文化强国"①。社会主义文化强国战略在强调要继承和发扬一脉相承的文化政策的同时，立足当代中国现实，强调要牢牢把握意识形态工作领导权，举好马克思主义的大旗，用理论武装头脑，推动建设中国特色社会主义文化。

社会主义文化领导权与意识形态具有同构互塑的逻辑关系，二者相辅相成，巩固和提升社会主义文化领导权就是为意识形态的建设保驾护航。意识形态的正确性不仅对于中国道路的历史生成、当下发展发挥了重要作用，同样也是照亮中国道路未来发展的精神之光。习近平总书记提出："党管宣传、党管意识形态、党管媒体是坚持党的领导的重要方面。"② 在中国式现代化发展道路上，中国共产党必须不断巩固社会主义文化的领导权。不断巩固社会主义文化领导权，能够确保意识形态工作很好地服务于我国现阶段发展的中心工作和整体布局。党严抓牢管意识形态工作，团结带领人民走出了一条适合我国国情的中国特色社会主义道路。面向未来，走好中国式现代化新道路，中国共产党需要继续抓紧意识形态工作，提升和巩固社会主义文化发展的领导权，为全面部署社会主义文化强国之路开好局，让中国精神照亮前行之路。

三、坚持发展社会主义先进文化

习近平总书记指出："以社会主义核心价值观为引领，发展社会主义先进文化，弘扬革命文化，传承中华优秀传统文化，满足人民日益增长的

---

① 习近平. 高举中国特色社会主义伟大旗帜 为全面建设社会主义现代化国家而团结奋斗：在中国共产党第二十次全国代表大会上的报告. 北京：人民出版社，2022：42-43.
② 中共中央文献研究室. 习近平关于全面建成小康社会论述摘编，北京：中央文献出版社，2016：124.

精神文化需求，巩固全党全国各族人民团结奋斗的共同思想基础，不断提升国家文化软实力和中华文化影响力。"① 坚持发展社会主义先进文化，是党领导文化事业一以贯之的方针政策。社会主义先进文化体现在时间和空间两个维度。从时间上来看，发展社会主义先进文化是党从建设革命文化开始到新时代步入文化发展新阶段的长期政策，在当下和未来要继续贯彻执行。从空间上来看，社会主义先进文化是面向现代化、面向世界的社会主义文化，是与世界历史进程协同共进的步调。由此，坚持发展社会主义先进文化是党繁荣发展社会主义文化理论与实践的双重呼唤。

坚持发展社会主义先进文化，是党自身长久建设的内在要求。"发展社会主义先进文化、广泛凝聚人民精神力量，是国家治理体系和治理能力现代化的深厚支撑。"② 中国共产党作为中华民族伟大复兴事业的领导核心，在现代化发展的历程中坚持精神上的主动性，以积极的姿态深入挖掘了中华优秀传统文化内含的文化张力，从而保证了社会主义文化发展与我国社会主义实践、与世界现代化大进程不脱节。与此同时，文化建设也是党全面自我发展的重要内容。早在新民主主义革命时期，党在进行革命斗争的同时，就注重培育革命文化氛围，在马克思主义理论的指导下，中国共产党人从文化姿态上由被动转为主动，并积极引导社会主义先进文化的推进。在新中国积极改革进取的阶段，中国共产党人在改革的洪流中不断探索，在每一次试错中积极调整，在进行伟大的社会改革的同时，通过自我革命建设起社会主义先进文化。在新时代，我国的现代化进程已经进入攻坚克难的深水区，党领导的文化建设也在不断紧跟时代发展步调的同时守正创新、与时俱进，以不断自我革命的精神品格锻造社会主义先进文化。

坚持发展社会主义先进文化，是中国特色社会主义文化现代化征程面临的时代境遇。我国正处于实现中华民族伟大复兴的重要战略期，面临文化发展新的机遇和挑战。从全球视野来看，和平与发展依旧是时代主题，

---

① 习近平. 高举中国特色社会主义伟大旗帜 为全面建设社会主义现代化国家而团结奋斗：在中国共产党第二十次全国代表大会上的报告. 北京：人民出版社，2022：43.

② 中共中央关于坚持和完善中国特色社会主义制度 推进国家治理体系和治理能力现代化若干重大问题的决定. 人民日报，2019-11-06（1）.

但科技革命、信息革命和产业革命的日新月异，持续改变着国际力量对比，世界格局处于深刻变革之中。近年来，全球性公共卫生领域突发情况增多，各国政治、经济、文化、社会等领域的政策都处于不同程度的调整与改革之中，这进一步加深了世界发展的不确定性。同时，社会主义先进文化同样面临现当代科学技术大踏步前进对人类生产生活提出的诸多新要求。社会主义文化始终是当下社会生产力的体现，科技是促进当下生产力进步的主要因素，因而对科技的充分认识是社会主义文化长足发展的条件。科技与文化是体现社会文明进步的两项重要指标，在社会主义文化强国战略中积极促进二者的有机融合，是保持社会主义先进文化发展的重要渠道。

坚持发展社会主义先进文化，是构筑我国文化安全的重要屏障。如果从世界历史的维度来审视文化发展，就会发现文化作为社会意识的一种重要表现形式，其本身的发展并不鲜明地具有意识形态的特征，但是不同地域之间生产力发展组织形式的差异，导致了文化发展的政治色彩不同，相应地造成了文化上的意识形态差异。与此同时，不同国家的意识形态较量开启了新一轮话语领导权的争夺，确保意识形态与社会主义文化的安全发展是保持社会主义先进文化发展的重要任务。资本主义国家以促进自由市场发展为目的，不仅在政治、经济、文化、社会各领域推崇自由主义和个人利己主义思想，还试图将这种价值取向推广到世界范围。我国作为世界上最大的发展中国家，必须警惕文化渗透所带来的负面影响，因而加强意识形态工作的领导就显得尤为重要。20世纪末，西方国家的"和平演变"政策从经济、政治、社会以及文化等多个层面渗透至东欧社会主义国家，对苏联进行文化侵蚀，甚至意图在文化上同化东欧部分国家，瓦解由文化带来的凝聚力、团结力，造成了苏联社会层面的思想震荡。由此，东欧国家发生了一系列变革，一些社会主义国家的共产党和工人党丧失了国家政权，社会制度土崩瓦解，世界社会主义也因此遭受严重曲折。这一系列事件震惊了国际社会，同时也惊醒了同为社会主义国家的中国。当然，苏东剧变背后有着复杂的国内国际、党内党外等因素，但意识形态工作的松弛与疏忽直接或间接造成了当时社会范围内的政治思想波动。时至今日，部

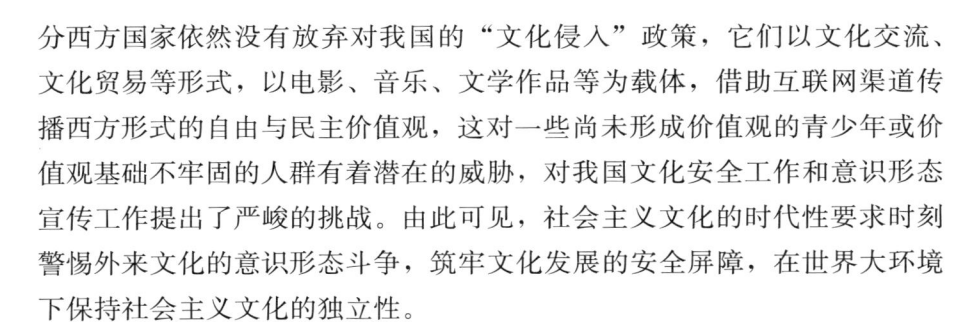

分西方国家依然没有放弃对我国的"文化侵入"政策,它们以文化交流、文化贸易等形式,以电影、音乐、文学作品等为载体,借助互联网渠道传播西方形式的自由与民主价值观,这对一些尚未形成价值观的青少年或价值观基础不牢固的人群有着潜在的威胁,对我国文化安全工作和意识形态宣传工作提出了严峻的挑战。由此可见,社会主义文化的时代性要求时刻警惕外来文化的意识形态斗争,筑牢文化发展的安全屏障,在世界大环境下保持社会主义文化的独立性。

坚持发展社会主义先进文化,是我国对全球化浪潮下的人类共同问题的积极回应。世界是开放的世界,没有任何一个国家可以独善其身。马克思指出:"各个相互影响的活动范围在这个发展进程中越是扩大,各民族的原始封闭状态由于日益完善的生产方式、交往以及因交往而自然形成的不同民族之间的分工消灭得越是彻底,历史也就越是成为世界历史。"① 随着全球化浪潮的冲击,人类发展共同的利益和共同的情感需求愈发珍贵。中华民族追求并传承和平、和睦、和谐的发展理念,以新的文明形态夯实全人类共同的价值基础。我们坚持走和平发展道路,始终把和平共处、互利共赢作为处理国际关系的基本准则,倡导共商、共建、共享,坚持多边主义,反对零和博弈、霸权主义、单边主义,中国人民将与"各国人民同心协力,构建人类命运共同体,建设持久和平、普遍安全、共同繁荣、开放包容、清洁美丽的世界"②。中国特色社会主义文化发展与人类命运共同体的构建将形成同心圆,中国社会主义文化战略将与全人类共同价值形成精神共鸣,共同坚持和发展中国特色社会主义创造的人类文明新形态,为世界文明发展提供中国方案,为积极构建人类命运共同体贡献中国智慧。

四、加快构建中国特色哲学社会科学体系

加快构建中国特色哲学社会科学体系是社会主义文化强国战略的必然要求。理论思维的进步对于民族发展有着前瞻性意义,恩格斯指出:"一

---

① 马克思,恩格斯. 马克思恩格斯文集:第1卷. 北京:人民出版社,2009:540-541.
② 习近平. 习近平谈治国理政:第3卷. 北京:外文出版社,2020:46.

文化中国的憧憬

个民族要想站在科学的最高峰，就一刻也不能没有理论思维。"① 理论思维是认识世界的重要方式，对于一个国家和民族而言，透过纷繁复杂的现象看到历史发展进程的规律，是认识世界并进而指导本国实践的重要途径。任何一种思想理论要想进步，都需要不断在理论体系内部自我革命。习近平总书记在中国人民大学考察时，强调要以中国为观照、以时代为观照，立足中国实际，解决中国问题，不断推动中华优秀传统文化创造性转化、创新性发展，不断推进知识创新、理论创新、方法创新，使中国特色哲学社会科学真正屹立于世界学术之林②。我国哲学社会科学体系的繁荣发展是体现我国学术理论发展内在逻辑性与规律性的重要名片，同时可以进一步加强对文化理论的指导与反思。中国特色哲学社会科学体系需要根植于中国实践的土壤，回应社会发展的真问题，并积极推进中华优秀传统文化的守正创新。

中国特色哲学社会科学体系的构建，要坚持马克思主义理论的旗帜引导、深化马克思主义理论中国化的发展。习近平总书记强调："在我国，不坚持以马克思主义为指导，哲学社会科学就会失去灵魂、迷失方向，最终也不能发挥应有作用。"③ 马克思主义理论之所以在世界范围内得到了广泛学习与接受，就是因为历史唯物主义坚持理论与现实的生成性、开放性，这得以让马克思主义理论不断地自我更新、自我发展。加快马克思主义中国化的进程，要"坚持把马克思主义基本原理同中国具体实际相结合、同中华优秀传统文化相结合"④。中国共产党带领中国人民从一穷二白到国富民强，在不同历史时期总结了宝贵的历史经验并将其凝练到马克思主义理论中国化的成果中。过去的一百多年中，中国共产党高度重视理论建设和教育，积极认识、运用马克思主义理论，在现实逻辑中内化并开辟了21世纪马克思主义发展的新境界。中华优秀传统文化作为马克思主义理论中国化的宝贵资源，既是中华文化在新时代重新焕发生命力的重要素

---

① 马克思，恩格斯. 马克思恩格斯文集：第9卷. 北京：人民出版社，2009：437.
② 习近平在中国人民大学考察时强调 坚持党的领导传承红色基因扎根中国大地 走出一条建设中国特色世界一流大学新路. 人民日报，2022-04-26 (1).
③ 习近平. 在哲学社会科学工作座谈会上的讲话. 人民日报，2016-05-19 (2).
④ 习近平. 在庆祝中国共产党成立100周年大会上的讲话. 人民日报，2021-07-02 (2).

材，又是中国特色哲学社会科学体系区别于世界其他哲学社会科学的显著特征。应该说，马克思主义理论引发了中国文明深刻的变革，同时又为中华文明提供了新鲜、流动的血液。因此，注重中华文明发展的连贯性，将中国优秀传统文化与现代化哲学社会科学体系的发展有机融合，有助于充分彰显中国特色的知识文明。

构建中国特色哲学社会科学体系，要立足中国现实、回答中国时代问题，注重理论对现实的观照。"每一个时代的理论思维，包括我们这个时代的理论思维，都是一种历史的产物，它在不同的时代具有完全不同的形式，同时具有完全不同的内容。"① 理论科学作为一种时代的产物，是对社会问题的实际刻画，能够反映现实的问题才能够被称作真问题。没有现实基础的理论是缺少根基的浮萍，没有现实的支撑力和说服力也就不会具有真正的理论价值。从哲学发展的历史上看，禁锢在文字中的理论没有内在的力量，也没有鲜活的血液。习近平总书记提倡"要把论文写在祖国大地上"，就是在提醒广大理论工作者在做学问的过程中要重视发现问题、研究问题以及解决问题的过程。当前我国正处于深化改革的新阶段，许多问题已不再能够通过线性方式解决，真正发现问题、发现真问题，是我们知识前进的关键一步。

加快构建哲学社会科学体系，要增强主体性原则，培养独立的学术话语体系。建立中国特色的知识体系，需要多方面吸收经验，既要继承原有的知识发展体系，又要在世界范围内学习其他哲学社会科学体系发展的长处。从继承性的角度看，我们要保持对旧有事物的合理继承，从而完成体系发展的优化。中国哲学社会科学体系的形成生发在中国土壤中，在不断衍化的生活和生产条件中自我调整，并保有了其体系内部最有生命力的部分，保持了对现实合理的解释力。从历史上看，中国哲学社会科学发展与现代化历程一样是被迫卷入世界现代化大潮中的，是一种追赶型哲学社会科学的发展。充分吸取世界范围内的哲学社会科学的营养，可以滋养我们的体系建设。广大理论工作者应积极参与到国际哲学社会科学的交流、沟

---

① 马克思，恩格斯．马克思恩格斯文集：第9卷．北京：人民出版社，2009：436．

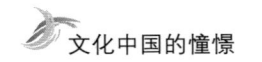

通与对话中，在比较中提升自己，通过构建中国特色哲学社会科学的解释框架，让世界了解中国。

加快构建哲学社会科学体系，要培养立足实践的创新人才，要注重建设哲学社会科学工作队伍，为体系发展提供人才支持。理论工作者要时刻关注社会热点问题，发现问题背后的真正缘由，才能进一步做出针对性的研究与探讨。哲学社会科学的发展离不开专业的学科人才，我国长期在基础教育、高等教育等领域投入大量的科研经费，培养了许多高精尖的人文社科与技术人才，对不同学科知识体系进行了专业化、系统化构建。但同时，在学术价值之外，哲学社会科学的发展承担着重要的意识形态价值，因此高精专人才要坚持正确的立场，培养敏锐的政治嗅觉和政治鉴别性，时刻与党中央的方针政策保持高度一致；要善于将中国式现代化道路的实践经验转化为深刻的学术理论内容，使学术逻辑的严密性与实践性相辅相成；在国际学术交流中，要避免唯西方论，也要避免唯我论，寻求与国际哲学社会科学的平等对话；保持学术精神与人文精神的统一，坚持追求真理，坚持科学的立场，坚持独立思考，不唯上、不唯书、只唯实；要在坚持正确研究方法的前提下，敢于提出自己的观点，培养具有学术精神的学术人才。

中国特色哲学社会科学体系的构建有赖于中国式现代化道路的伟大实践，成熟的哲学社会科学是坚持中国道路、弘扬中国精神、凝聚中国力量的学理支撑。新的理论发展要在总结中国现代化发展经验的同时，针对新情况、提出新问题、总结新经验、提出新思路，将中华民族伟大复兴作为哲学社会科学发展的重要立足点，推动建设独立、健全的学术话语体系，促进哲学社会科学体系的发展。

第二节 培育和践行社会主义核心价值观

推动社会主义文化繁荣发展，需要培育和践行社会主义核心价值观。《中华人民共和国国民经济和社会发展第十四个五年规划和2035年远景目标纲要》明确指出要坚持以社会主义核心价值观引领文化建设①，肯定了社会主义核心价值观对于社会主义文化强国战略的重要意义。我国文化发展面临多民族、多主体的问题，多元态势在促进价值观多样发展的同时也会出现价值观鱼龙混杂的局面，因而社会主义核心价值观对于社会文化氛围的中轴作用就更为重要。文化的发展同样需要以意识形态作为主线，社会文化的差异性实际上是国家之间意识形态、价值观的差异，培育和践行反映当代中国社会的核心价值观体系，是我国当代价值观领域的重要目标。据此，从中华民族伟大复兴的视角统筹考虑社会价值观的发展，就必须强调社会主义核心价值观的引领作用。

一、社会主义核心价值观是文化强国战略的价值旨归

社会主义核心价值观是几代中国共产党人在实现中国梦的道路上团结奋斗的共同思想基础，也是全国人民在共同实践中凝聚的价值共识。无数个体的思想汇成了多样价值观发展的汪洋大海，要想实现思想洪流的奔腾不息，有赖于核心价值观的规范与引导。社会主义核心价值观作为与我国当下经济发展和政治生态相适应的、拥有广泛社会认同感的思想，是全民族人心凝聚、团结奋进的强大精神纽带。社会主义核心价值观以三个倡导，即倡导"富强、民主、文明、和谐"，倡导"自由、平等、公正、法治"，倡导"爱国、敬业、诚信、友善"，分别从国家、社会和公民三个层面回答了"我们要建设什么样的国家、建设什么样的社会、培育什么样的公民的重大问题"②。在新时代，以爱国主义为核心的民族精神和以改革创新为核心的时代精神进一步丰富了核心价值观的内涵和外延，共同构成了文化强国战略的重要内容。

现实的生产实践是价值观的根本来源，对现实生活的共同情感认知是价值观聚合的心理基础，其形成紧密伴随着我国社会主义现代化建设的历

---

① 中华人民共和国国民经济和社会发展第十四个五年规划和2035年远景目标纲要．人民日报，2021-03-13（1）．

② 习近平．青年要自觉践行社会主义核心价值观：在北京大学师生座谈会上的讲话．人民日报，2014-05-05（2）．

程,具有阶段性特征。价值观作为一种上层建筑,是与经济基础相匹配的精神追求,主流价值观演变的背后实际上是中国社会发展的变化。中国地大物博、人口众多,同时由于地理环境的客观条件,各地区的经济发展历程存在差异与特性,因而在同一时期的不同地域内也呈现出价值观发展的多样性。中华民族伟大复兴的征程是兼顾全民族的社会主义实践,统一思想、促进发展,需要社会主义核心价值观的凝聚与感召。

社会主义核心价值观形成于中国特色社会主义的伟大实践中,凝聚了中国共产党人长期以来带领全党全国各族人民奋斗的价值取向。不同社会发展时期会面临不同的社会矛盾,文化作为特定社会时期的意识存在,同样会根据社会主要矛盾的变化而变化。中国共产党已经走过百余年风雨,百余年来党始终强调精神文明建设对社会发展的重要作用。新民主主义革命时期,国家面临内外交困的局面,社会发展的主要任务是争取民族独立、实现人民解放。社会主义革命和建设时期,新中国确立了未来国家发展的基本政治、经济制度走向,相应地明确了文化的意识形态体系,为社会主义核心价值观的构建和发展做了重要的铺垫。改革开放和社会主义现代化建设新时期,中国共产党人带领全社会集中精力搞建设,为实现经济的快速增长、提高人民生活质量而奋斗,经济因素的活跃是这一时期思想高度解放的重要前提。中国特色社会主义进入新时代,中国以积极的文化姿态与高度的文化自觉日益走近世界舞台中央。

物质文明的大踏步前进为精神文明建设提供了充足的条件。"仓廪实而知礼节",在经济基础的强力支撑下,价值观体系逐渐拥有了独立的姿态。2006年,胡锦涛同志提出了"八荣八耻"的社会主义荣辱观。党的十六届六中全会第一次明确提出了"建设社会主义核心价值体系"的重大战略任务。党的十七大进一步明确了"社会主义核心价值体系是社会主义意识形态的本质体现"。党的十八大提出"三个倡导"即"倡导富强、民主、文明、和谐,倡导自由、平等、公正、法治,倡导爱国、敬业、诚信、友善"。随后,中共中央办公厅印发《关于培育和践行社会主义核心价值观的意见》,对社会主义核心价值观的发展做出新的论断。以习近平同志为核心的党中央审时度势,在党的十九届四中全会上提出"坚持以社会主义核心价值观引领文化建设制度"的任务，再度强调要培育和践行社会主义核心价值观，重视全体人民的精神认同。在实现中华民族伟大复兴的道路上，社会主义伟大实践不断夯实核心价值观的思想引领地位，在时代中继承创新，进一步巩固了人们的情感认同。

社会主义核心价值观的三个价值层面具有相辅相成的逻辑结构，是一个不可分割的整体。从具体内容上来看，社会主义核心价值观不同层面的要求有着目标上的本质同一；从价值期许上来看，国家层面的价值目标、社会层面的价值取向与个人层面的价值规范有机统一于中华民族伟大复兴的社会实践中。社会主义核心价值观三个层面的表达虽各有侧重，但在实现"人自由而全面发展"的目标上具有内在一致性，是一种以人民为中心的集体主义道德范式。马克思在《关于费尔巴哈的提纲》中指出："人的本质不是单个人所固有的抽象物，在其现实性上，它是一切社会关系的总和。"[1] 人与人在社会现实的生产关系中生成自己的本质，应该说，人的现实性是在社会中实现出来的，而社会的丰富性也正是通过每一个鲜活的个人得到展开。社会主义核心价值观从国家和社会出发来定位个人，三者互为充要条件，缺一不可。从国家层面来看，"富强、民主、文明、和谐"是对共同体的要求和展望，是与中华民族伟大复兴的中国梦相契合的目标追求。从社会层面来看，"自由、平等、公正、法治"是文化强国发展对社会氛围的秩序追求，体现了我国作为社会主义国家，尊重人民主体、保障人民权利、追求人的全面发展的价值取向。从个体层面来看，"爱国、敬业、诚信、友善"是文化强国战略中对个体价值追求的道德规范，是构筑中国特色精神体系的重要内容。

社会主义核心价值观是对中华优秀传统文化的继承和发展，不仅刻画了中华儿女独特的精神诉求，还以兼收并蓄的姿态彰显着我国文化软实力的进步。中华民族有着5 000多年的文明传承，在代代相传的生活中沉淀了对文化的认同感。习近平总书记强调："如果一个民族、一个国家没有共同的核心价值观，莫衷一是，行无依归，那这个民族、这个国家就无法

---

[1] 马克思，恩格斯. 马克思恩格斯文集：第1卷. 北京：人民出版社，2009：501.

前进。"① 这种核心价值观作为一种强大的精神动力,在历史长河中不断支撑个人与民族砥砺前行,承载着中华民族传承的希望。正如儒家所宣扬"修齐治平",宋明理学所主张"格物致知""诚意正心",这种由个人发展至社会与国家层面的道德要求,也在如今的社会主义核心价值观中有所继承与发扬。但同时,在文化强国战略部署下,我国文化的长期发展也要兼具包容性与创新性的特征:既要传承优秀传统文化的精华,又要面向世界、兼容并包;既要有由大到小的世界视角,又要有由近及远的时代视角。实际上,社会主义核心价值观同样旗帜鲜明地彰显出中华优秀传统文化与现代化的接轨、与世界文明成果的接洽。民主、自由、法治、敬业等关键词恰恰体现的是近代社会个人自我意识的觉醒以及由此带来的强烈的权利归属感。由此可见,社会主义核心价值观通过继承和发展中华优秀传统文化,深化了人民群众对社会共同价值的认同感,在国内外全局中均展现了自身的文化软实力。

二、社会主义核心价值观是文化强国战略布局的思想内核

党的十九届五中全会提出"坚持以社会主义核心价值观引领文化建设"。社会主义核心价值观是中国共产党对历史发展规律与时代发展进程的高度自觉和深度把握,贯彻落实社会主义核心价值观必须在实践的场域中进行检验。习近平总书记指出:"价值观念在一定社会的文化中是起中轴作用的,文化的影响力首先是价值观念的影响力。"② 因此文化强国战略的实施必须以社会主义核心价值观作为引导。

中国共产党坚持社会主义核心价值观的文化导向,是中国共产党提高自身执政能力的内在要求。旗帜决定方向,道路决定命运。核心价值观便是从浩如烟海的文化思想理念中凝练出的精神取向,是党在精神上的一面旗帜。中国共产党以马克思主义理论作为指导方针,坚定不移地走社会主义发展道路,在这样的理论指引下,怎样建设中国社会主义特色文化、建

---

① 中共中央文献研究室. 习近平关于社会主义文化建设论述摘编. 北京:中央文献出版社,2017:112.

② 同①105.

设什么样的社会主义文化就成为党必须思考的问题。从党员队伍的建设来讲,对核心价值观的学习与吸收是纯洁党员队伍的有效途径。"对马克思主义的信仰,对社会主义和共产主义的信念,是共产党人经受住任何考验的精神支柱。"① 当今世界,思想流派纷呈,多种意识形态交锋,资本主义意识形态从未放弃对我国意识形态的挑战与挑衅。这种情况下,明确和强调主流意识形态一元化是巩固中国共产党执政地位的必由之路。社会主义核心价值观所体现的先进文化的方向,是中国共产党对于当下中国发展希冀的内在要求,代表着当代最新的文化成果,同时也是中国文化未来发展的指路明灯。推动全社会的文化繁荣,就要促进中国现代化建设伟大实践的进步;中国现代化建设进一步又丰富了社会主义核心价值观的内涵和意义,二者之间是同构互塑、相辅相成的关系。

社会主义核心价值观由于其多主体参与的特征,在道德层面隐含着社会治理的效能。价值观体系的形成和发展伴随着社会矛盾的变化而变化,我国社会主要矛盾已经转化为人民日益增长的美好生活需要和不平衡不充分的发展之间的矛盾,因而,当下的精神文明活动要以满足人民对美好生活的追求为目的。近年来,群众性精神文明创建活动扎实开展。以文明城市为例,各地方政府不断开展道德建设的活动,加大对国家功勋、时代楷模、最美人物以及对身边好人好事的宣传和学习,注重培育城市居住环境的人文气息,完善生活管理的道德规范,在全社会范围内形成了以社会主义核心价值观为导向的文化建设风向。这些举措为广大青少年的成长创造了良好的环境,为广大人民群众树立了道德榜样,为大众的向善向美指引了方向,使得价值观落到了实处,人们在社会的点滴变化中看到了社会主义核心价值观"于无声处听惊雷"的文化治理成效。提高全社会文明程度突出表现在社会主义核心价值观深入人心,通过建设具有凝聚力的主流意识形态,在全社会范围内形成积极向上的实践氛围和价值导向。

个体意识的觉醒促进了价值观的多元碰撞,社会主义核心价值观是文

---

① 习近平. 习近平谈治国理政. 北京:外文出版社,2014:15.

化强国战略发展的价值规范。思想发展的"市场化"需要核心价值观来修筑边界。改革开放之初，商品经济发展带来的巨大利益严重冲击了国人的认知，一批走在改革潮头的先驱与依旧停留在旧有经济体制下的人们产生了激烈的思想碰撞。时至今日，金融危机、数字货币等新的经济发展形式又一次冲击着新时代的价值体系，资本的扩张并没有为思想发展留出调整时间。除此之外，大国之间的博弈从未停止，世界范围内的突发性公共事件，都是产生思想震荡的重要因素。新的时代纪元，意识解放成了新的时尚代名词，一些青少年盲目追求个性，缺少正确的价值观教育。"树不修不直，人不教不才。"我们必须采取相应的措施才能够应对思想的杂草丛生。社会主义核心价值观有着深厚的中华优秀传统文化的渊源，如何将历史的厚重与时代的新潮有机结合在一起，都是社会主义核心价值观面临的挑战。我们必须牢牢把握话语主导权，同时在全社会形成广泛的价值共识和价值认同。

社会主义核心价值观的社会效应潜移默化地影响着人们的思想认知。价值观是一种情感认同，关注日常生活的价值观更容易引起共鸣，也能够强化人们对特定价值观的理解。对于个人来讲，个体的价值观在成长过程中起到了极为重要的作用；对于国家来说，主流价值观不仅代表当下现实生活的具体反映，同样也是国家未来走向的重要引导。因而，社会主义核心价值观作为文化建设的中轴力量，需要走到人们生活中去，才能发挥上层建筑应有之义。具有公共文化服务职能的部门应加强对文化氛围的营造力度，如各中小学、大学的校园文化建设，城市公共交通空间场域的文化宣传、企业文化的培育等。通过在这些场合对社会主义核心价值观的传播，让人们在切实的生活中更加认同主流思想，塑造更具中国特色的公民，保持个体与国家的同向聚合。

三、社会主义核心价值观是文化强国战略的价值规范

加强主流意识形态价值观建设是未来文化发展的现实课题，推动社会主义核心价值观培育常态化和长效化是文化强国的必由之路。文化战略是国家政治安全中"润物细无声"的重要环节，但恰恰是因为文化的春风化

雨,才更需要加强文化发展的价值观引导与把控,以进一步保障中华民族伟大复兴之路的旗帜不动摇。社会主义核心价值观不只是口号,更是社会主义精神文明建设的价值规范与实践原则。培育与践行社会主义核心价值观要注重知行合一,促进价值观发展要在认同中实践、在实践中强化。

文化教育是一项基础性工作,要稳抓核心价值观的引导作用。加强党员干部对社会主义核心价值观的认同,进一步凸显优秀共产党员的榜样模范作用,加强群众对共产党员队伍的信任、对社会主义核心价值观的认同。因此,广大党员、干部带头学习和贯彻社会主义核心价值观就是在全社会范围内形成弘扬价值观的氛围。学校是更基础更广泛的教育场域,把培育和践行社会主义核心价值观带到课堂上、带到教材中、带到校园文化的建设里,是一项久久为功的事业。习近平总书记强调:"培育和弘扬社会主义核心价值观必须从小抓起、从学校抓起。要把社会主义核心价值观的基本内容和要求渗透到学校教育教学之中,体现在学校日常管理之中,做到进教材、进课堂、进头脑。"[1] 教育涵盖了个人成长的重要阶段,从小学、中学到大学,我们对核心价值观的认识经历了从知其然到知其所以然的过程,通过入耳、入脑到入心的深化以达到"百姓日用而不知"的程度,这是教育持续性灌输的长远追求。家庭是人生的第一所学校,父母是孩子最好的老师,重视家庭文化的建设、发扬中华民族传统家风,是保障青少年价值观体系积极健康的重要基点。

践行社会主义核心价值观要积极利用舆论宣传阵地。社会主义核心价值观在国家、社会和个人层面有着明确的实践指向,有利于推进各级党政机关细化、落实社会主义核心价值观宣传与实践的各项措施。各级宣传部门要主动把握舆论导向,积极宣传与引导符合社会主义核心价值观的思想讨论、社会舆情和价值能量,形成良好的舆论氛围,推动主流舆论影响力不断提高。要加强核心价值观的宣传人才与干部队伍的培养,锻造一批有理想、有信念、有能力的专才。同时,要利用好互联网平台的传播优势,"加强全媒体传播体系建设,塑造主流舆论新格局。健全网络综合治理体

---

[1] 中共中央文献研究室. 习近平关于社会主义文化建设论述摘编. 北京:中央文献出版社,2017:109.

系，推动形成良好网络生态"①。党中央明确提出，过不了互联网这一关，就过不了长期执政这一关。总的来看，认真做好宣传工作、牢牢把握舆论导向，与践行社会主义核心价值观具有本质同一性。

在日常生活中弘扬与践行社会主义核心价值观，其中的重要环节便是加强文化熏陶。人作为文化的存在，是具有确定精神需求的社会性动物，因此可以说，人在创造文化的同时文化也反过来塑造人。正如马克思在《关于费尔巴哈的提纲》中指出："环境是由人来改变的，而教育者本人一定是受教育的。……环境的改变和人的活动或自我改变的一致，只能被看做是并合理地理解为**革命的实践**。"② 环境与人的互相塑造是价值观氛围创造的要求，在社会主义核心价值观所熏陶的文化环境中，人们可以不断地接受其无形的教育，且能够进一步内化与加深对价值观内涵的理解。习近平总书记强调："要利用各种时机和场合，形成有利于培育和弘扬社会主义核心价值观的生活情景和社会氛围，使核心价值观的影响像空气一样无所不在、无时不有。"③ 因此，加强文化熏陶，在全社会形成学习和弘扬社会主义核心价值观的氛围，是保持文化旺盛生命力的重要渠道。

第三节　推动文化事业和文化产业发展

文化强国战略以文化事业和文化产业为载体，促进社会主义精神文明建设的大发展大繁荣，需要充分运用发挥政府、社会、企业、群众等主体的智慧。《中共中央关于制定国民经济和社会发展第十四个五年规划和二〇三五年远景目标的建议》指出，要坚持为人民服务、为社会主义服务的方向，坚持百花齐放、百家争鸣的方针，加强公共文化服务体系建设和体制机制创新，强化中华文化传播推广和文明交流借鉴，更好保障人民文化

---

① 习近平. 高举中国特色社会主义伟大旗帜 为全面建设社会主义现代化国家而团结奋斗：在中国共产党第二十次全国代表大会上的报告. 北京：人民出版社，2022：44.
② 马克思，恩格斯. 马克思恩格斯文集：第1卷. 北京：人民出版社，2009：500.
③ 习近平. 习近平谈治国理政. 北京：外文出版社，2014：165.

权益。文化强国战略是依靠人、为了人的长期发展规划，因而必须坚持以人民为中心的发展方针，积极转变政府职能，为群众提供更多更好更优的文化产品。推动文化事业和文化产业的快速发展，同时要从深化文化体制改革、推动文化产业创新发展、完善公共文化服务体系、打造具有中国特色的文化市场四个方面着手开展工作。

一、深化文化体制改革

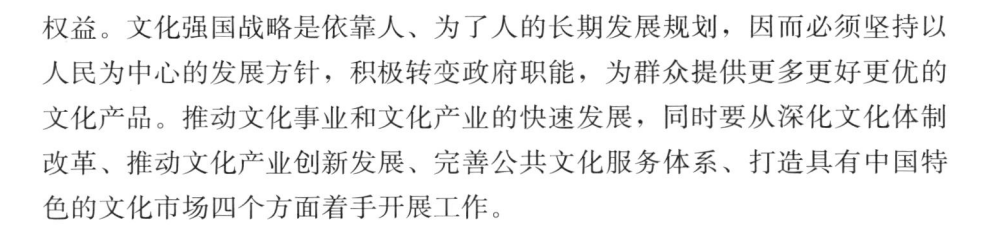

推动文化事业和文化产业发展的关键在于深化文化体制改革。文化体制承载了一定的意识形态，是文化发展组织结构与制度框架的设定，也是国家基本制度在文化领域的具体表现。随着新时代中国特色社会主义经济、政治的发展进步，文化领域也应推进体制机制创新。我国的文化建设以马克思主义理论为指导，以人民群众的精神需求为指向，以为人民提供好的文化服务为首要任务。在人民民主专政的社会主义国家，将社会效益放在第一位意味着以人民为中心，尊重人民群众的文化主体地位，满足人民的文化需求，保证人民的文化权益，为人民群众提供合格、优质的精神食粮。因此，习近平总书记强调文化发展要"坚持把社会效益放在首位、社会效益和经济效益相统一，深化文化体制改革，完善文化经济政策"[①]。

深化文化体制改革要注重文化管理体系的变革。体系的发展要适应时代的具体要求，变革不合理的文化管理体系是马克思主义理论在文化领域发展的具体要求。具体而言，要进一步区分文化管理体制与文化生产经营体制，明确主体职责，划分确定领域，为文化产业的蓬勃发展做好政策铺垫；要区分公益性文化事业与经营性文化产业二者的区别与联系，避免出现产品供给类型趋同、产品质量参差不齐、文化服务对象模糊等问题；要推动公共文化服务标准化、均等化，在全社会范围内提高公共文化服务的覆盖度与透明度；要大力加强对公益性文化事业发展的财政支持，保障欠发达地区、少数民族地区、边疆地区等接触文化资源不够便利的地方能够同等享受文化资源，保障残障人士、留守儿童、独居老人等特殊群体的文

---

① 习近平．高举中国特色社会主义伟大旗帜 为全面建设社会主义现代化国家而团结奋斗：在中国共产党第二十次全国代表大会上的报告．北京：人民出版社，2022：45．

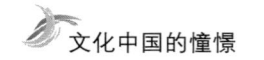

化需求。

深化文化体制改革要由政府主导文化事业发展向全社会、多主体共同参与创作转变。文化是人的创造性活动，是人精神世界的富足。人是文化发展的最终价值旨归，没有人的文化是没有灵魂的文化。作为人们整体的生活方式，文化是由社会群体内生而成的，具有共建、共有、共享的特点，因此文化强国战略不仅是"为人民"的文化，同时也是"靠人民"的文化。因而，政府要明确公共文化服务体系的标准，保证文化政策的公平性，并开放文化事业创作的渠道，吸引民众广泛参与，进一步以人民的诉求为标准丰富群众的文化活动。要大力推进文化领域供给侧结构性改革，确保文化产业和文化事业的齐头并进，搞活文化市场，利用互联网平台、影像技术等培育新的文化增长点和文化发展模式，为人民群众提供更优质、更新颖的文化产品。与此同时，政府还要发挥人民群众积极开展文体活动的积极性，加快推进多主体共建的社会文化氛围，推动文化事业和文化产业快速发展，丰富人民的精神生活。

深化文化体制改革要积极转变政府职能，建立服务型政府。发挥政府的文化职能要关注人民的文化需求，这种需求随着新时代我国社会主要矛盾的转化也产生了一定程度的变化。现阶段我国社会的主要矛盾是人民日益增长的美好生活需要和不平衡不充分的发展之间的矛盾，社会主要矛盾的变化集中反映了当下人们的文化自觉。"美好生活"包括两方面内涵，一方面为"美"，这是人民群众对高层次文化生活的质量追求；另一方面为"好"，这是人民群众对社会生活的伦理道德追求。"美好"恰恰体现出我国社会发展已经不仅仅停留在物质需求的满足层面，而且追求精神文化层面的富足。面对当下人民的文化需求，政府部门要注重提高工作效率，加速推进文化工作的透明化、公开化，力求事事有着落、件件有回响，以宽促管，提高针对文化工作的管理和审批效率，加快促进文化企业多样化发展，推动建立服务型政府。同时，建立服务型政府要大胆放手，给予文化产业更为宽松的市场环境，充分利用市场经济的优势，创造更多优质产品。除中央政府外，各地方政府也要充分利用本地文化资源，加强对文物的保护和对文化遗产的传承与保护，以公共性文化资源提升公共文化服务的供给质量。

二、推动文化产业创新发展

文化产业创新是优质文化产品形成的关键。习近平总书记强调："要围绕国家重大区域发展战略，把握文化产业发展特点规律和资源要素条件，促进形成文化产业发展新格局。"[①] 可见，文化强国战略有赖于科学技术对文化产业结构转化升级的助力，因而要充分利用文化产业市场化的特点，调动文化市场活跃因素，鼓励文化企业和文艺工作者提供能够满足多样化市场需求的文化作品。

文化产业创新要利用好数字化、网络化、智能化的新科技，促进文化数字化发展。"十四五"规划提出要以数字化转型整体驱动生产方式、生活方式和治理方式变革。加强文化数字化发展便成为了文化产业在新时代发展的必由之路。数字技术的进步催生了多种文化产业新形态，在文化资源、生产、传播多个领域为文化发展赋能。文化资源数字化是文化创作的源头活水，资源存储的数字化在整合文化资源的基础上进一步优化了文化资源类型，为文化产业创新做好了准备。我国地域辽阔、民族众多、文明历史悠久、文化资源丰富且类型繁杂，如何整合好文化资源一直是文化发展的难点和重点。数字化存储可以在对文化资源进行标准化处理之后，分门别类地进行存放，使文化资源的载体可视化、可量化，在数字经济的发展下转变为新的文化资产。数字化文化产业的发展可以促进资源的共享，进一步促进不同地域的公平发展。各地方文化机构由于发展层次的差异，出现了"信息孤岛"，从而无法实现资源的共享。数字化可以在长期保存文化资源的基础上实现资源的共享和再生产，因此随着技术的进步，建设存储量更大、分类更细致、获取权限更大的数据库将成为今后文化产业创新发展的首要考虑因素。

文化产业创新要加速推进与科学技术的融合。长久以来，我国文化产业存在传统文化资源创新难、生产周期长、文化人才欠缺、文化科技转化

---

① 习近平. 在教育文化卫生体育领域专家代表座谈会上的讲话. 人民日报，2020－09－23 (1).

慢等问题，进而造成了我国文化产业体系与产业形态相对不够成熟的局面。科学技术的日新月异为各行各业的发展带来了新的生命力，在新时代，利用好科学技术为文化产业创新赋能是实施文化强国战略的重要举措。一方面，在文化生产领域，科技发展极大缩短了文化产品的生产周期。资源获取的便利性为文化产业提供了更多、更全的文化资料。在文化创作方面，全息技术、3D打印、VR、AR等科技的发展取代了传统人力创作的方式，将文化产业从劳动力指向型产业转化为技术指向型产业，显著提高了生产效率，缩短了创作周期，重构了传统文化生产行业的生态，推动文化产业进一步发展，同时也为市场提供了更多创意型产品。另一方面，文化与科技的融合发展改变了文化产业发展的模式，提高了文化作品的质量，增加了文化作品的数量。电影产业、游戏产业、动画产业等先驱文化产业利用科技实现了高质量文化产出，获得了良好的市场反响，进一步表明科技是文化发展的重要增长点。

　　文化产业创新要根植于社会实践，关注人民群众的文化需求转向，以推动创造新的文化经济增长点。文化产业的最终面向是市场，而科技产品的普及扩大了文化产业创作的群体，这为文化市场注入了大量新鲜血液。手机、电脑、平板等科技产品的日常化催生了民间文化创造的兴盛，同时也使得文化生产不再是文化从业者的专利，文化生产的门槛变得越来越低，越来越多的人参与到文化创作中。人们对于美好生活的追求反映在文化作品中便不再满足于单一的作品风格和作品内容，文化作品开始转向定制型生产模式。文化人才的多层次丰富了文化产品的多样性，既保障了充足的文化人才后备力量，又将文化生产关系由单一转向多样，由线性转为网状，文化生产模式也发生了重大变革。新型文化产业带来的潜在文化消费力是文化产业生产的动力，关注大众文化消费习惯是文化经济发展的关键，科技为文化产业带来的供给侧改革契机是文化产业创新的重要机遇。文化科技已经成为消费升级的主动力，美国公司脸书（Facebook）在更名为Meta后，利用数字科技打造"元宇宙"，力图还原真实体验感；电影行业由线下转投线上放映，音乐行业的数字化唱片发行，突破了文化产品的载体需求；游戏行业利用交互式体验改造老旧厂房，实现文化空间智能化。人们越来越愿意为文化服务和文化体验买单，这也让文化的科技化日渐成为文化产业创新的必然趋势与推动文化经济发展的重要动力。

三、完善公共文化服务体系

公共文化显著区别于营利性文化，它是基于人民群众共同需要、从社会层面生发而来的文化形态。因而，这种文化形态以全体社会公众为服务对象，致力于达到人人参与文化、人人享受文化、人人创造文化的效果。公共文化服务体系的良性发展，有赖于政府和社会的积极互动。改革开放以来，经济发展水平的提高为公共文化的发展奠定了坚实的物质基础，政府着力于提升公共文化服务水平，进一步完善公共文化服务体系。

公共文化服务体系要向公益性文化事业转变，充分保障人民的基本文化权益。公共文化意味着社会存在的共有性，是社会层面的生活共同体的展现。发展公共文化，就要紧紧围绕文化与人民的关系展开。第一，要紧紧围绕人民生活发展文化。为了提升全社会文明程度，公共文化必须从基层抓起，要重视人民群众的文化需求，"需要什么发展什么"，而不是简单地拍脑袋做决定。第二，要重视地域特色，围绕地方实力办文化。我国不同地区的经济实力、文化基底都大为不同，因此只有将公共文化与地方文化特色进行融合，才既能够保持多样性，又能够体现现代公共文化特色。第三，要注重社会效益。不能为了追逐经济效益而忽视社会效益，更不能损害社会效益以达到经济效益的目的。公益性文化事业的发展，其核心就在于全体共同参与，这也应当是保障文化共享的重要前提。

优化城乡文化资源配置，推进城乡公共文化服务体系一体化建设。基于公共文化的共享性，文化资源配置的公平性显得尤为重要。公共文化发展体系包含公共文化服务体系建设的相关配置，如相关基础设备设施硬件、文艺活动或文化服务等软件。新中国成立以来，有关农村、农业、农民的"三农"问题一直受到党中央的高度关注。中国共产党带领全国人民全面建成小康社会。但同时需要注意的是，城乡之间由于生产发展的基础差异，在文化发展上也有一定的层次区别。促进城乡一体化发展，不仅是现代化建设关注的重点，同时也是公共文化建设的关注点。近年来，农村的基础教育、文化广场、电影下乡、图书角等公共文化发展的具体设施日渐完善,形成了公共文化发展的良好态势。新型城镇化的发展是城乡一体化的新契机,深入挖掘新型城镇化的潜力能够进一步弥合城乡文化发展差距。

公共文化服务体系发展应该注重文化投入。各地方政府需要充分保障公共文化服务体系构建的财政投入。在文化基础设施建设方面,如社区图书角、文化广场等公共场所的文化设备采购等都应保障充足的资金支持。在文化人才方面,要注重引进公共文化的专业人才,一类是可以专门负责组织文化活动的,一类是可以进行专门的文化创作的,以促使文化发展形成独立的体系。在组织建设方面,要将公共文化服务体系的发展与各地经济建设融为一体,定期组织文化活动,丰富人民群众的业余生活,密切关注人民群众的文化需求。例如,广场舞的活动在充实退休群体的生活之余,还可以发挥强身健体的作用,各地可以举办广场舞比赛等健身娱乐活动,并提供专门的广场舞活动场地,将文化活动与文化基础设施有机结合,以达到事半功倍的效果。

公共文化服务体系的完善需要多主体、多层面、多渠道的共同参与。公共文化最终要以文化产品为载体,如何打造"合胃口"的产品,并将产品推广至市场中是一个重点环节。马克思主义强调具体问题具体分析,有关城与城、村与村、城乡之间、社区与社区之间等不同地方应如何发展有特色的公共文化,应当由各地方政府进行实事求是的具体考量,实现文化产品的"精准供给"。公共文化服务建设要抓住科技发展的契机。传统文化资源一般以博物馆、自然风光、景区、手工艺等特定的物体为载体,有较好的转型条件,而全息投影技术的发展突破时空限制、再度还原了文化资源的形态,成为各地旅游经典的"新宠"。如陕西省博物馆通过VR、AR等技术还原秦始皇陵的恢宏与壮观,为游客创造了身临其境的体验感。近年来,各地区积极开发科技旅游新方式,发展数字化体验产品,开展沉浸式体验、虚拟展厅、高清直播等新型文旅活动,创造了文化服务的新高度。数字科技重新激活了历史场景,让传统文化焕发生机,并连接了过去与未来,让人们越来越爱上传统文化。我国不同地区的文化发展各具特色，如何在保留特殊性的前提下发展公共文化也是值得关注的部分。公共文化产品的推广需要借助数字化服务，网络化、智能化已经是公共文化发展体系建设面临的技术重点，同时也是快速推广公共文化产品与服务的有效手段。例如，VR技术的发展实现了博物馆的线上游览，在解决客流量过大问题的同时也满足了广大群众"足不出户游天下"的需要。数字化平台建设是必然趋势，只有让公共文化服务搭上这列快车，才能更好地体现公共文化体系的时代性特征。

四、打造具有中国特色的文化市场

文化市场的繁荣发展有赖于文化事业与文化产业齐头并进。公共文化提供的是带有价值公约数的文化产品，这种公益性文化事业是保障人们基本文化权益的渠道。随着物质生活水平的提高，个性解放成为文化产品不能忽视的具体要求。因此，打造中国特色文化产业群需要健全的现代文化发展体系，这同时也有助于为市场提供更多优质的文化作品。

坚持正确的创作方向，是中国特色文化市场发展的指针。中国特色社会主义现代化建设已经进入攻坚克难的关键期，如何用好的作品打动人、激励人是每一位文艺工作者应该思考的问题。文化产品最终要面向市场，观众买不买账、喜不喜欢看，文化产品质量好不好，最终都是要由人民来评判。从人民生活中提取素材，贴近人民，服务人民，才能创造出人民喜爱的产品。习近平总书记把人民高兴不高兴、满意不满意、答应不答应作为检验工作的最高标准，文化建设同样如此。近年来，以脱贫攻坚为主题的《山海情》、以家庭伦理情感为主题的《父母爱情》《乔家的儿女》、以改革开放为背景的《人世间》《大江大河》等优秀的影视剧收视率较高。它们从生活中来，从历史中来，从我们身边来，因而才能得到广大人民群众的认可。

注重文化作品的时代性、创新性和传承性，是打造中国特色文化市场的重要要求。时代性，就是关注现代文化发展的趋势，体现时代精神，跟得上世界潮流。创新性，是文化产品本身发展的内在要求，在文化流动的长河之中，创新就是顺流而下发现岸边新的风景，如果停留于静态的创造，文化作品就会失去灵魂。文化作品只有在关注现实生活的基础上才能够推陈出新，不断地为文化发展注入新鲜血液，才能够为人们提供更具有吸引力的文化产品。传承性，体现的是对中华优秀传统文化的传播和继承。中国有着深厚的历史文化积淀，如何做到"取其精华、去其糟粕"，是中国特色文化强国战略的重点。总而言之，只有体现时代性、创新性、传承性的作品才是经得起时间考验的优秀作品。

传承和发展中华优秀传统文化，是中国特色文化市场发展的深厚底蕴。近年来，许多取材自中国传统神话的国漫电影，如《哪吒之魔童降世》《姜子牙》《大圣归来》等喜获丰收，这体现出我国电影创作人越来越懂得挖掘中国传统文化资源，而票房大卖也直观地说明了国人刻在基因中的情怀。电影市场是文化产业的重要阵地，青年一代是文化产品消费的主力军，在抓住他们的眼球的同时进行国学教育是如今电影创作的新趋势。2022年北京冬奥会的吉祥物一亮相，就赢得了世界人民的喜爱。"冰墩墩"和"雪融融"的设计分别取自国宝熊猫和中国春节的灯笼，这两个传统的意象在今天的流行正体现了中国传统文化的魅力。在冬奥会开幕式上，总导演张艺谋采用二十四节气来进行倒计时，延续了2008年北京奥运会的印刷术开场风格，向世界展现了中国文化的大气磅礴。这些成功的案例都表明，中华优秀传统文化是现代文化产业发展的源头活水，有着亟待挖掘的惊喜。

加强文化人才、体制机制、科学技术和市场环境的多重配合，是发展中国特色文化市场的现实举措。文化产品评价机制的完善是吸引文化人才、维护创作人权益的有效路径。文化是人们劳动与智慧的结晶，文化产品中凝聚着文化工作者们的心血。支持原创、维护创作人的权益是全面依法治国的组成部分。深化文化体制改革，支持文化作品的知识产权是现代文化产业体系提升的另一个高度。科技发展日新月异，技术与文化的结合是一个必然趋势，3D电影、VR技术、数字阅读、电竞游戏、高科技互动式体验、无人机等的发展促使文化科技成为文化产业发展新的增长点，同时也进一步促进了文化生产力和消费力的提高。各地景区利用互动式高科技演出推广景区特色，进一步使得文化产业智慧化、体验化。如"互联

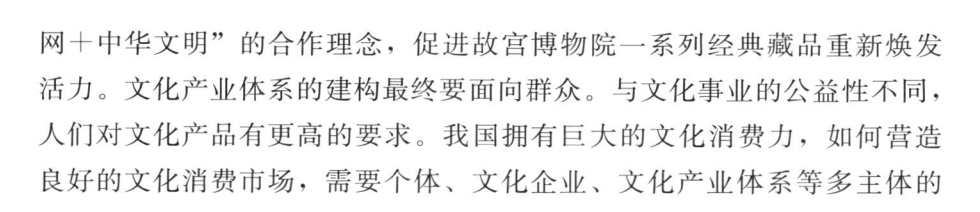

网+中华文明"的合作理念,促进故宫博物院一系列经典藏品重新焕发活力。文化产业体系的建构最终要面向群众。与文化事业的公益性不同,人们对文化产品有更高的要求。我国拥有巨大的文化消费力,如何营造良好的文化消费市场,需要个体、文化企业、文化产业体系等多主体的良性互动。

推动文化传播网络平台发展的规范化,是中国特色文化市场的安全保障。文化传播数字化可以拓宽文化交流渠道、扩大文化传播范围、优化传播方式,惠及不同年龄段、不同层次的人群,微博、抖音、快手、B站等不同视频平台的遍地开花拓宽了人们接触文化资源的渠道,同时也为文化的传播创造了新方式,但也带来了问题与挑战。首先,在互联网环境下,知识产权保护难上加难。数字化传播的即时性同样为文化产品的复制提供了便利,原创产品容易被取代,而互联网范围之广、数据之多造成了侵权问题范围大、追踪难,加强互联网产品的知识产权保护减少了文化产品侵权问题的产生。其次,互联网文化产品质量参差不齐,极易影响青少年的价值观。因此,建立健全文化产品的筛选和评价机制,向市场投放符合社会主义核心价值观的文化产品,加大对不法文化产品的处罚,制定未成年人网络保护、信息网络传播视听等领域法律法规,是保护互联网文化市场的重要屏障。最后,要积极推动构建网络文化命运共同体。基于数字化发展的不平衡,各地区、各国家之间互联网资源的发展存在差距,要重视向欠发达地区提供技术、设备、服务等的数字援助,促进世界范围内共享数字时代红利,推动形成文化数字化发展的价值共识,推动网络空间命运共同体的实现。

第四节 提升中华文化的国际影响力

提升中华文化的影响力需要把握好中国和西方、传统与现代的文化张力。中国在进行现代化建设的过程中,为世界文明发展提供了具有创造性阐释的人类文明新形态,体现了我国在中华民族伟大复兴实践中所肩负的国际重任。文化软实力的提升,要求我们在创新发展中华文化的同时,讲好中国故事,传播好中国声音,加强与世界文明的交流与对话。

第一,坚持中华优秀传统文化的创新发展就要"继承传统,推陈出新",坚持创造性转化与创新性发展相结合。中华文化有着双重优势。纵向来看,中华文化历经5 000多年的历史积淀,中国是世界上独一无二的文明从未间断的国家。底蕴深厚的中华文化成为现代中华文明取之不尽、用之不竭的资源。横向来看,中华文化凝聚了56个民族的文化精华,56个民族的人民耕耘在不同的风俗实践中,锻造出一个又一个独特的文化体。中华文化绝不是各民族文化的简单加总,而是个性与共性相统一的民族共同体文化。56个民族像石榴籽一样紧紧抱在一起,体现出中华儿女对中华文化强烈的认同感。文化的交流、借鉴与融合,是学习和发展本民族文化的重要途径,中华优秀传统文化的发展要"面向世界,博采众长"。在走出去的过程中,要有对自身文化的认同感,坚持文化自信和文化自觉的态度,取长补短,学习世界先进文化,以我为主、为我所用。优秀传统文化的创新发展要处理好当代文化与传统文化、民族文化与外来文化的关系,既不能厚古薄今,犯虚无主义的错误,也不能故步自封,犯守旧主义的错误,要辩证地看待文化发展,积极融入文化现代化的世界历程,提倡文化的平等交流,实现共同进步。

第二,要讲好中国故事,传播好中国声音。"一个故事胜过一打道理",讲好中国故事是一种"润物细无声"的文化传播方式,也是培养民众文化素养和文化自觉的重要渠道。对内,中国故事是反映现实生活的生动写照;对外,中国故事是讲述中华儿女勤劳勇敢的奋斗史。讲好中国故事,要扎根中国大地。改革开放40多年来,社会的方方面面都发生了巨大改变,涌现出一大批反映时代变迁的优秀作品。同时,各大媒体和传播平台积极挖掘优秀的传统文化资源,争相开展了诸多具有创造性的文化实践,如《国家宝藏》《中国诗词大会》《经典·咏流传》等节目从文物、诗词、音律等多个切口入手,为民众提供了一场场文化盛宴。这些文艺作品的成功正是"讲好中国故事"的典范,中华儿女基因里刻着的浪漫需要被看见。讲好中国故事,同时也需要从世界的视角审视中国的成长。中国共产党带领中国人民实现从站起来、富起来到强起来的伟大成就是世界文明发展史上浓墨重彩的一笔，百余年奋斗历程书写了伟大的中国梦。中华民族伟大复兴的历程依旧在路上，如何将中华文化带到世界舞台，需要更多文艺工作者的投入。一个立体、真实、全面的中国需要被世界了解，讲好中国故事，传播好中国声音，才能让世界拥抱中国。

第三，文化传播平台的建立有利于文化作品的输出与输入。文化作品作为一种思想的形态，需要借助特定的载体进行表达。近年来，随着网络和手机的普及，自媒体、短视频平台快速发展，进一步掀起了民间文化创作的热潮。河南卫视利用自身的文物优势频频"出圈"，《唐宫夜宴》《洛神水赋》《中秋奇妙游》等节目将河南悠久的历史文化与高科技结合，并利用短视频媒体窗口快速传播，成为一大热点。文化作品利用互联网平台进行传播既是机智的也是有效的。优秀文化作品能够在社会上形成浓厚的文化氛围和广泛的文化认同，同时增强民众的文化素养，提升全民族文明程度。世界范围内的意识形态冲突是中国文化作品对外传播面临的重要挑战，如何发出中国声音，让世界听到中国故事、让更多的人了解真实的中国，是中华文化国际化发展的重点与难点。

第四，要重视对外宣传工作的重要性，在宣传工作中掌握话语权和主动权。对外宣传工作是世界了解中国的窗口，要积极做好宣传工作，营造客观友善的舆论环境。由于文化本身内在的意识形态特征，部分国家通过抹黑、造谣等恶劣手段赢得舆论优势。如今世界正处于百年未有之大变局，推动文化大发展、大繁荣，推动中华文化走出去恰逢其时，同时也顺应我国对外宣传工作的要求。要准确把握好对外宣传的内容，为世界不同国家提供理解中国的范式。2021年5月31日，习近平总书记在中共中央政治局第三十次集体学习时强调，要加快构建中国话语和中国叙事体系，用中国理论阐释中国实践，用中国实践升华中国理论，打造融通中外的新概念、新范畴、新表述，更加充分、更加鲜明地展现中国故事及其背后的思想力量和精神力量。要加强对中国共产党的宣传阐释，帮助国外民众认识到中国共产党真正为中国人民谋幸福而奋斗，了解中国共产党为什么能、马克思主义为什么行、中国特色社会主义为什么好。要围绕中国精神、中国价值、中国力量,从政治、经济、文化、社会、生态文明等多个视角进行深入研究,为开展国际传播工作提供学理支撑①。如何把这种文明声情并茂地讲给世界人民有赖于我国对外宣传工作的展开。对外宣传工作更要利用好互联网平台,我国的新闻发布和新闻发言人制度不断完善,"外交天团""央视天团"的意外走红在一定程度上借助了B站、微博、抖音等受众率高的短视频平台,"加强国际传播能力建设,全面提升国际传播效能,形成同我国综合国力和国际地位相匹配的国际话语权"②。党中央明确提出,过不了互联网这一关,就过不了长期执政这一关。对外宣传要重视互联网这个意识形态斗争的主阵地、主战场、最前沿,健全互联网领导和管理体制。加强对外宣传工作要重视内宣与外宣协调配合,在扩大我国国际媒体影响力的同时,注重驻外媒体工作站的建设,进一步增强报刊、影视作品等对国际社会的吸引力。对外宣传要与对内宣传保持一致,要充分考虑到舆论效果与影响。

第五,要努力扩大文化交流和文化贸易,培育国民的文化自信和文化自觉。中国文化走出去要着力构建全方位、多层次、宽领域的格局。习近平总书记强调,构建人类命运共同体要"深化文明交流互鉴,推动中华文化更好走向世界"③。文化交流是一种涉及范围广、国内外群众接受度高的文化传播方式。"一带一路"倡议是文化交流的典范,沿线各国在经济上互通有无,文化交流也不断增多,显著增强了各国之间文化互信、文化共存的价值共识,进一步弘扬了和平、发展、公平、正义、自由、民主的全人类共同价值。"国之交在于民相亲",这种"文化外交"沟通了国与国之间的文化情感,让民众能够直观接触到不同国家之间的价值观,从而以更加客观、开放的心态接受彼此。在中华文化"走出去"的过程中,越来越多的国家及其民众开始爱上中华文化,他们学中文、过春节、吃饺子、放鞭炮,对中国有了更广泛的情感认同。习近平总书记强调:"我们比历史上任何时期都更接近中华民族伟大复兴的目标,比历史上任何时期都更有

---

① 加强和改进国际传播工作 展示真实立体全面的中国. 人民日报,2021-06-02(1).
②③ 习近平. 高举中国特色社会主义伟大旗帜 为全面建设社会主义现代化国家而团结奋斗:在中国共产党第二十次全国代表大会上的报告. 北京:人民出版社,2022:46.

信心、有能力实现这个目标。"① 新时代，我们要以饱满的精神面貌和文化自觉的胸怀向世界各国展示有中国底蕴的优秀文化，塑造一个可信、可爱、可敬的大国形象。

结语

文化是人生产的有限性与历史发展的无限性之间的痕迹记录，文化中的人，既是"剧中人"也是"剧作者"。人不是简单地面向世界，而是作为与世界、与环境、与自然发生关系的主动者。在一定生产关系下生活的人才是真正的人，才能够创造出具有生命力的文化。中国共产党带领中华儿女进行的伟大社会实践，是在坚持马克思主义科学指导下坚定不移地走社会主义道路，是对中国式现代化道路的生动讲述。5 000多年的文明历程，56个民族的代代耕耘，才有了中华文化的绚烂多彩，这种由时间和空间带来的多重交叠为中华民族伟大复兴和现代化历程带来了深厚的文化底蕴。党的二十大报告指出："中国式现代化是物质文明和精神文明相协调的现代化。物质富足、精神富有是社会主义现代化的根本要求。物质贫困不是社会主义，精神贫乏也不是社会主义。我们不断厚植现代化的物质基础，不断夯实人民幸福生活的物质条件，同时大力发展社会主义先进文化。"② 文化强国的战略布局是党对现代化文化建设的顶层设计，是坚持马克思主义中国化发展的新篇章。

文化现代化发展必然伴随着现代文明的危机。现代化作为资本全球化的伴生物，是任何一个国家和民族从传统社会向现代社会转型不可逾越的发展环节。只有经过现代化的洗礼，社会才会真正步入现代文明。资本主义的发展带来了文明的大阔步，同时也带来了现代性的危机。应该说，从资本诞生的那一刻起，现代性就伴随着资本蔓延开来。不容置疑的是，资本极大地解放了生产力，但是资本的无序扩张影响到了文化产业的健康发展。文化是多因素的综合，既不是简单的相加也不是单线的决定，而是多

---

① 习近平. 在庆祝中国共产党成立95周年大会上的讲话. 人民日报，2016－07－02（2）.
② 习近平. 高举中国特色社会主义伟大旗帜 为全面建设社会主义现代化国家而团结奋斗：在中国共产党第二十次全国代表大会上的报告. 北京：人民出版社，2022：22－23.

种因素综合作用的有机体。文明代表着进步，我们要认识到资本主义经济在解放文化生产力上的积极作用，同时警惕资本逻辑对文化产业的影响。文化强国战略应该警惕现代化的副作用，对文化发展的批判不能停留在"泛文化主义"的立场上，而应该突出整体性的批判。全球化已经进入了一个新的阶段，我们国家和世界各国都面临百年未有之大变局，部分发达资本主义国家不断地挑战人类文明的底线。作为世界上最大的发展中国家、最大的社会主义国家，同时作为人类命运共同体中应该负起责任的大国，中国必须从全人类整体利益出发，思考文化发展的前途，思考文明的走向。

第七章　建成社会主义文化强国的评估指标体系

在明晰社会主义文化强国基本内涵、本质特征、价值原则和战略布局的基础上，如何为具体的文化建设提供操作性强、可行度高的评估分析模型，就成为应用研究需要解决的主要问题。文化指标（culture indicators）是一套标示社会文化环境和文化发展程度的系统，能够多维度、多层次地展现社会文化的综合情况和发展趋势，进而为文化工作者提供信息支持和决策依据。作为一种实用性强、导向意义显著的统计分析工具，文化评估指标体系已被众多发达国家广泛采用，用以测度文化发展的整体水平，检验文化建设的现实成效，评估政府工作的绩效成果。可见，对于推进社会主义文化强国建设来说，文化评估指标体系的研究工作意义重大。

基于国内外现有理论研究成果，结合我国文化建设的实践探索经验，本章力图在目标明确、原则清晰、思路科学的前提下，遵循中国特色社会主义文化建设的特殊规律，构建一套科学合理、系统全面、操作易行的文化强国评估指标体系，以此作为评估手段和政策工具，综合监测我国文化发展的现状水平和特征趋势，客观评估文化政策和文化工程的实施成效，有效标示社会主义文化强国的建设进度和建成水平，为国家宏观文化决策和文化体制改革提供科学参考和有益思路，推动形成软硬实力并重、综合实力迸发的新格局，使社会主义文化建设事业在新的历史时期取得更大的成就。

第一节　文化评估指标体系的研究意义

作为科学化的测度统计工具，评估指标体系具有衡量文化建设水平的重要作用，是判断文化发展现实能力、未来潜力的"风向标"。在2035年建成社会主义文化强国的战略远景下，构建一套科学合理、应用性强的评估体系，以具体可测的指标度量文化各领域的综合发展程度，既是党和政府全面提升文化治理能力的客观要求，也是社会主义文化建设这项伟大事业的内在需要。

随着我国文化改革的步伐不断加快，研究制定文化评估指标体系成为贯彻落实国家文化发展战略的迫切需要和重要着力点。党的十九大报告做出分两个阶段实现第二个百年奋斗目标的战略安排，进一步明确了到2035年基本实现社会主义现代化的远景目标[①]。围绕新时代文化工作的开展，党的二十大纲领性地提出了"推进文化自信自强，铸就社会主义文化新辉煌"的总体要求[②]。作为实现人民美好生活需要的基石，文化是推动国家高质量发展的关键支点，是衡量国家治理能力的核心指标，构成新时代社会主义现代化实践的重要一环。进入"十四五"时期，建设社会主义文化强国的新征程全面开启，文化发展进入"提质增效"的关键阶段。党的十九届五中全会对文化建设事业做出科学规划，进一步明确了到2035年建成社会主义文化强国的战略部署。以清晰的目标为导向，核心在于如何在可监测、紧约束的基础上将文化发展的宏伟蓝图落到实处。当前形势迫切要求我们将文化建设的任务、要求落实为具体的量化标准与约束机制，推动各级政府有序开展文化工作，为建成社会主义文化强国贡献力量。

构建评估指标体系是监测文化建设实际水平、评估文化发展未来潜能

---

①　习近平. 决胜全面建成小康社会 夺取新时代中国特色社会主义伟大胜利：在中国共产党第十九次全国代表大会上的报告. 人民日报，2017 - 10 - 28（1）.

②　习近平. 高举中国特色社会主义伟大旗帜 为全面建设社会主义现代化国家而团结奋斗：在中国共产党第二十次全国代表大会上的报告. 北京：人民出版社，2022：42.

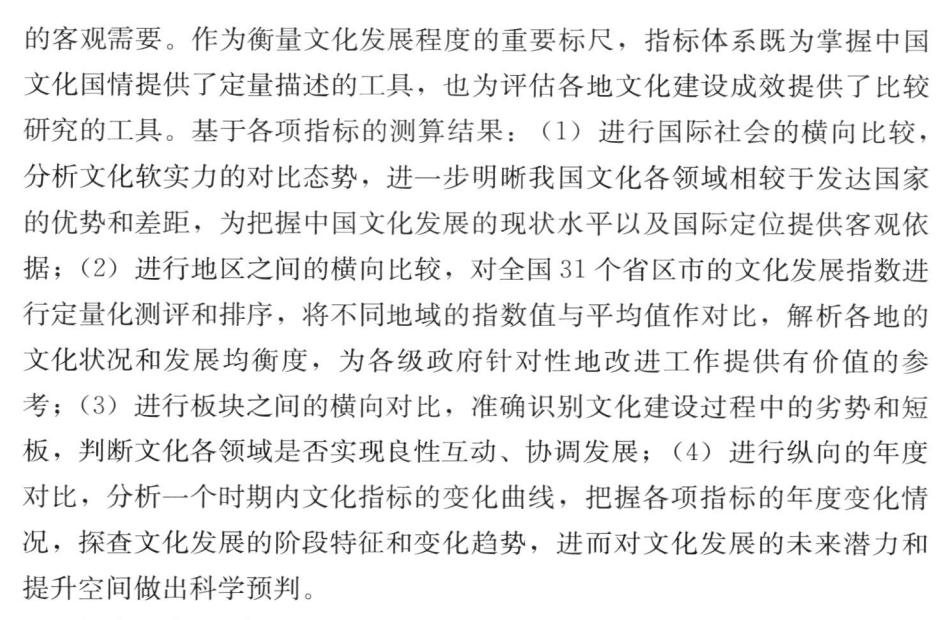

的客观需要。作为衡量文化发展程度的重要标尺，指标体系既为掌握中国文化国情提供了定量描述的工具，也为评估各地文化建设成效提供了比较研究的工具。基于各项指标的测算结果：（1）进行国际社会的横向比较，分析文化软实力的对比态势，进一步明晰我国文化各领域相较于发达国家的优势和差距，为把握中国文化发展的现状水平以及国际定位提供客观依据；（2）进行地区之间的横向比较，对全国31个省区市的文化发展指数进行定量化测评和排序，将不同地域的指数值与平均值作对比，解析各地的文化状况和发展均衡度，为各级政府针对性地改进工作提供有价值的参考；（3）进行板块之间的横向对比，准确识别文化建设过程中的劣势和短板，判断文化各领域是否实现良性互动、协调发展；（4）进行纵向的年度对比，分析一个时期内文化指标的变化曲线，把握各项指标的年度变化情况，探查文化发展的阶段特征和变化趋势，进而对文化发展的未来潜力和提升空间做出科学预判。

构建评估指标体系是检验政策绩效、提升文化治理效能的现实诉求。文化评估指标体系不仅能够对文化发展现状做出全面清晰的扫描，同时能真实反映文化强国建设过程中出现的新情况、新问题，进一步揭示各项规划在理论与实践中存在的差异，为公共部门完善文化政策提供客观的数据支撑和信息支持，为持续提高政府的文化建设水平提供有益的思路和方向。各级公共部门在把握文化发展实际水平的基础上，客观总结文化建设过程中的宝贵经验，全面剖析现阶段存在的突出问题及其成因，进而提出针对性强、可行性高、有参考价值的对策建议，有的放矢地推进文化体制改革和建设。只有充分利用好这一评估工具，科学把握文化发展的可循规律，深入探索切实可行的改革路径，构建起文化建设的长效机制，才能推动文化事业、文化产业又好又快地发展，进一步提升我国文化发展的整体水平。

文化评估指标体系具有战略引导、标准设计的功能，在文化建设中发挥明确的工作导向、发展导向和考核导向的作用。文化评估指标体系确立了文化建设的考核评估标准，为检验各地的改革与发展成效提供了量化分析模型。以科学的指标体系为依托，将各级政府的文化工作纳入评价系统，定期开展监督考察和评估总结工作，全面监测各地文化政策的实施情况与实际效果，是推进文化改革发展的强大动力和重要手段，有助于提高文化政策的执行效率与完成质量，确保政策的可靠性与可持续性。因此，各地可以充分利用文化评估指标体系，对文化工作进行查漏补缺，明确今后的改革重点和发展方向，指导本地开展好文化建设事业，促进文化管理工作提质增效，进一步提升本土文化发展潜力。

综上所述，文化评估指标体系是衡量文化发展程度、预测文化发展态势、检验政策实施成效的必要手段和有效工具，发挥监测、评估、预判、导向的重要作用。在全面建设社会主义现代化国家的时代背景下，把握文化建设的一般规律和中国特色社会主义文化发展的特殊规律，做好文化评估指标体系的研究和设计工作，对于繁荣发展社会主义文化具有重要的战略意义与实践价值。从国内层面看，文化评估指标体系能够客观有效地度量文化各领域的建设状况和发展趋势，检验政府实际工作与政策规划的匹配度、契合度，进而为各级部门加强和改进工作提供参考；从国际层面看，建立和完善文化评估指标体系，推进国际比较研究，有助于精准把握我国文化发展的优劣势和潜在空间，进一步提高我国在文化领域的话语权，为抢占国际文化战略制高点、扩大文化对外影响力奠定坚实的基础。可见，构建并利用好社会主义文化强国评估指标体系意义重大，是新时代推动文化建设的一项势在必行的任务。

第二节　文化评估指标体系的研究现状与启示

进入21世纪，文化在综合国力竞争中的作用越来越突出，在世界文化与发展委员会的支持带动下，政府机构和学术界围绕文化统计与评估展开深入探索，大批理论和实践成果相继涌现，文化评估指标研究迈上新的台阶。从全球范围来看，英国、澳大利亚、加拿大、欧盟等发达国家和地区对文化评估指标的研究起步较早。经过长期探索和实践，这些国家和地区制定出文化统计的标准规范，建构起相对完善的指标体系和测评机制，并在实际应用中不断修改和调整，具有重要的现实启示意义。本节立足于国内外相关研究与实践，总结回顾已有的丰硕成果和有益经验，在此基础上分析现有研究的缺失和局限,以期为社会主义文化强国评估指标体系的构建提供参考和借鉴。

一、国内外文化评估指标体系研究现状

近年来,随着知识经济的发展,文化对经济社会领域的贡献越来越大,影响越来越深,如何评估文化发展及其综合效益成为世界各国积极探讨的问题。作为定量分析与测算的工具,文化评估指标体系逐渐进入更多学者的视野。各国专家学者结合文化发展的具体实践要求,在以下几个方面展开卓有成效的研究和探索,取得了突破性的进展。

(一)文化统计框架研究

20世纪70年代,联合国教科文组织立足于全球视野,启动文化统计项目,旨在制定一套普适性强、可供国家间比较的文化指标框架,构建具有国际通用性和现实可比性的统计数据库。联合国教科文组织的相关工作推进了世界范围内关于文化指标的研究,为各个国家(地区)立足于自身实际设计指标框架、开展文化统计实践提供了有益思路。

1981年,联合国教科文组织进一步明确文化统计类别,确立包含"文化遗产、印刷资料与文学作品、音乐、表演艺术、造型艺术、电影和摄影、广播电视、社会文化活动、运动与游戏、自然与环境和文化公共管理"十大门类在内的数据统计体系,以此作为文化评估与分析比较的基础[1]。基于可靠的统计数据,进一步开展跨领域、跨区域对比研究,能够全面掌握各文化部门的发展现状和均衡程度,有效标识各个国家(地区)的文化建设水平。此后,专家学者结合经济社会发展的新情况、新变化,反复论证、修订各项文化统计指标,完善"横纵交叉"的文化统计框架,最终形成覆盖范围更广、内容更加全面,具有广泛社会影响力的《文化统计框架2009》[2]。新指标框架依托国际分类标准,将文化活动划分为关键领

---

[1] 王婧,胡惠林. 我国文化国情的几个基本特征:基于中国文化发展指数体系(CCDIS)的测评分析. 华中师范大学学报(人文社会科学版),2017,56 (2).

[2] UNESCO Institute for Statistics. *The 2009 UNESCO framework for cultural statistics* (*FCS*). Montreal:UNESCO Institute for Statistics,2009.

域和扩展领域两部分，每一部分又细分为多个文化活动环节。其中，关键领域涵盖艺术表演与庆祝活动、视觉艺术与手工艺、文化和自然遗产、设计与创意服务、书籍出版与报刊发行、视听音像与交互媒体，扩展领域则包含旅游业、体育和休闲娱乐[①]。每一文化领域以"创作与生产、传播与扩散、接受与消费、活动规模与参与情况"为纵向统计指标，以"教育与培训、档案与储存、传统知识、装备与辅助材料"为横向统计指标。

联合国教科文组织新框架不仅设计了更为精细的统计指标体系，而且进一步对"文化循环"（culture cycle）理念进行补充完善，将文化活动分解成包含"创作、生产、传播、展览/接待、消费/参与"五条价值链在内的具有循环属性的综合统一体，全方位地展现了文化与相关领域活动的内部关联性和多维互动性[②]。除此之外，新框架更多地考虑到了发展中国家的经济、社会和文化状况，同时参考合并了多种国际通用的分类标准。联合国教科文组织致力于构建具有统一基准、适宜国际比较的规范性统计框架，既方便各国立足本国特色设计个性化统计指标，也便于在国际范围内收集统计数据，在此基础上对不同国家的文化发展状况展开对比分析。

联合国教科文组织文化统计标准为其他国家或国际组织进行同类统计奠定了科学的方法论基础，以这一框架为蓝本，欧盟、美国、新西兰先后设定各自的文化统计框架，进一步推进本地文化数据的收集工作。其中，国家艺术指数（National Arts Index，NAI）由美国艺术协会发布，该指数由财政流动指数、能力指数、艺术参与指数和竞争性指数四类一级指标和77个具体指标构成，从总量和人均量两个维度揭示出美国文化艺术行业在经济投入与产出、就业与行业规模、社会参与度以及竞争力四个方面的综合水平[③]。美国国家文化基金会统计收集了"艺术文化基金、艺术供给、文化参与、对艺术的态度、人文学科教育、艺术类就业"六大类文化数

---

① 郭熙保，储晓腾. 文化统计指标体系的国际比较分析. 电子科技大学学报（社科版），2015，17（4）.

② 张毓强，杨晶. 世界文化评估标准略论：以联合国教科文组织文化统计指标体系为例. 现代传播（中国传媒大学学报），2010（9）.

③ 王婧，胡惠林. 我国文化国情的几个基本特征：基于中国文化发展指数体系（CCDIS）的测评分析. 华中师范大学学报（人文社会科学版），2017，56（2）.

据，为测评美国艺术发展的总体情况、度量美国文化活力指数提供了较为可靠的数据来源。欧盟统计局和欧洲调查委员会也启动了专项统计项目，参考联合国教科文组织的文化统计范围和文化周期模型，进一步明确"文化活动分类、文化职业分类、文化基金和开支分析、各类文化领域的个人参与情况调查"四个方面的统计任务①，充分吸收和借鉴现行统计标准，选定国际通用的八个文化艺术领域进行量化处理，综合考量文化创意、生产、传播、贸易、保存的循环周期，多维度、多层次地展现了文化的内部结构和经济社会功能。

（二）创意指数研究

2004 年，卡内基·梅隆大学经济学研究专家理查德·佛罗里达与相关机构合作，将创意指数 3Ts（Technology，Talent，Tolerance）框架应用于欧洲，创建欧洲创意指数（European Creativity Index，ECI）②。欧洲创意指数从"欧洲人才指数"（Euro-Talent Index）、"欧洲科技指数"（Euro-Technology Index）和"欧洲包容性指数"（Euro-Tolerance Index）三大维度出发，综合测评欧洲各国创意产业人才、科技与包容环境的整体水平，度量创意因素对于经济社会发展的推动作用，进而揭示创意产业、经济增长与区域竞争力的内部关系。这项开创性研究最早被应用于欧美地区创意产业评估，用以剖析欧洲在创新活力方面落后于美国的根本原因，后被亚洲国家和地区广泛吸收和采用，在全球创意产业的横向对比研究方面具有深远的启示与借鉴意义③。

为推动创意经济发展，进一步提振经济活力，香港大学文化政策研究中心充分吸收"欧洲创意指数"的精华，结合国际创意衡量基准，于 2004 年发布"香港创意指数"（HKCI）④，立足于本地现状创构"5C"模型，

---

① HOYNES W. The arts, social health, and the development of cultural indicators. *International journal of public administration*，2003，26（7）.
② 佛罗里达. 创意阶层的崛起. 司徒爱勤，译. 北京：中信出版社，2010.
③ 郭永，郝渊晓，杨秀云. 我国创意指数理论模型与测度指标体系研究. 科技进步与对策，2009，26（19）.
④ 香港特别行政区政府民政事务局. 创意指数研究. 香港：香港特别行政区政府民政事务局，2005.

提出一系列有关社会文化基础和公众文化权益的衡量指标，进一步拓展了创意指标的量化测评范围①。该模型不仅考虑到经济维度的创意成果/产出（outputs/ outcomes of creativity），也将决定创意产业发展的结构/制度资本（structural/ institutional capital）、人力资本（human capital）、社会资本（social capital）和文化资本（cultural capital）等关键性驱动因素纳入评估框架，基于供给、需求、分配等环节要素确定具体的评估指标，为衡量香港的总体创意活力水平以及亚洲创意行业的发展程度提供了重要参考。该创意综合指数同时为公共职能部门提供了较为客观的数据信息和决策依据，有助于推进相关对策性方案的制定、应用和评估。

（三）中国文化发展指数研究

在充分考察中国国情的基础上，上海交通大学中国文化发展指数研究中心借鉴国际通用的文化测度方法，设计发布首个中国文化发展指数体系（China Cultural Development Indices System，CCDIS），旨在客观、真实地反映中国文化的现状水平，为公共部门制定、完善政策规划提供科学依据。中国文化发展指数体系针对全国总体、省（区、市）和农村分别构建了中国文化发展综合数（CCDCI）、中国省区市文化发展指数（CPCDI）和中国农村文化发展指数（CRCDI），每一类别都包含文化财政支持、文化基础设施、文化人才资源、社会文化参与、文化保护传承、文化创新能力和文化经济流量七个一级指标，各项一级指标下设3~5项二级指标，形成多层级的中国文化发展分析框架，以多角度展现文化的经济社会功能。

该中心2016年发布的《中国文化发展指数报告》以各地区文化数据为基础，采用客观权重法测算得出全国、省（区、市）和农村三个维度的文化发展指数，对2011—2013年中国文化发展情况进行了全方位的扫描，进一步评估我国文化建设水平和发展态势，为国家的宏观文化决策提供了重要参考②。作为定量分析的有效手段，中国文化发展指数是衡量文化领域发展程度的综合指标，为检验文化建设的实际成效确立了评估模型，能够真实反映出我国的文化国情以及文化发展过程中的突出问题，进而为探寻

---

① 唐守廉，朱虹. 国际文化创意产业发展指数研究. 科技进步与对策，2014，31（2）.
② 王永章，胡惠林. 中国文化发展指数报告. 上海：上海人民出版社，2016.

文化发展规律、持续提高我国的文化建设水平提供了科学指引。

(四) 文化软实力研究

"软实力"概念最早由美国政治学家约瑟夫·奈（Joseph S. Nye）提出，用来指以非强制手段影响他人偏好和观点的"吸引力"，主要来源于一个国家的文化、政治价值观和外交政策等领域。20世纪90年代末，随着信息时代的到来，文化软实力成为国家综合国力的有机组成部分，在国际竞争中发挥着举足轻重的作用。为提升国家软实力的可测程度，国内外研究者在丰富拓展其概念内涵的基础上，围绕文化软实力的测度评估以及实证分析做出有益探索，进一步设计和构建软实力的分析框架和测评机制，推进了文化评估指标体系的研究工作。

杨新洪设计了由价值指标、实物指标、相对指标构成的文化软实力硬指标体系[①]。孙亮在界定文化软实力"中国"内涵的基础上确立包括发展模式、核心价值观、国家形象、文化生态、外交、传播在内的文化软实力六类要素[②]。阎学通等人基于中美软实力对比的需求，将国际吸引力、国际动员力、国内动员力三大构成要素转化为可量化、可测评的具体指标，进而提出关于软实力的定量评估方法[③]。周国富等人围绕文化传统、文化活动、文化素质、文化吸引、文化体制及政策五个维度选取25个指标对各省区的文化软实力进行综合评价[④]。罗能生等人从文化生产力、文化传播力、文化影响力、文化保障力、文化创新力和文化核心力六个方面设计了便于国际比较的指标体系[⑤]。熊正德等人从文化价值吸引力、文化知识生产力、文化体制引导力以及文化产业竞争力切入，构建包含33个具体指标的测算体系[⑥]。自2010年起，乔纳斯·麦克洛里创设软实力30（The Soft Power 30）指标框架，依据"文化、教育、参与度、数字、企业和政府"的客观数据以及国际民调的主观评判，对各国的软实力进行横向对比。其

---

① 杨新洪. 关于文化软实力量化指标评价问题研究. 统计研究，2008 (9).
② 孙亮. "文化软实力"指标体系的建构原则与构成要素. 理论月刊，2009 (5).
③ 阎学通，徐进. 中美软实力比较. 现代国际关系，2008 (1).
④ 周国富，吴丹丹. 各省区文化软实力的比较研究. 统计研究，2010，27 (2).
⑤ 罗能生，谢里. 国家文化软实力评估指标体系与模型构建. 求索，2010 (9).
⑥ 熊正德，郭荣凤. 国家文化软实力评价及提升路径研究. 中国工业经济，2011 (9).

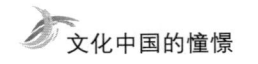

中，文化分项指数包含国际游客年度数量、音乐产业出口、国际体育成就等指标①。

二、现有研究成果对构建文化强国评估指标体系的启示意义

文化指标体系的设计和构建工作是一项系统性、创新性、开拓性的工程。近年来，国内外学者就此展开规范研究与实证分析，提出了诸多富有探讨价值的课题，取得了丰硕的研究成果，进一步拓展了文化评估的研究视域。学界对于文化指标的关注和思考为厘清文化强国的实质内涵和建设逻辑提供了有益思路，为构建社会主义文化强国的测评机制提供了重要支撑。关于评估体系的顶层设计，包括理论架构、设计原则、维度构建以及指标选取等方面，为当前的理论研究和评估实践带来诸多启示。

对文化发展能力的分析评估，应遵循全面性和系统性原则，将各个方面对文化强国建设的贡献纳入评估框架，不断调整、完善指标体系的内部结构，尽可能完整地展现文化领域的全貌，避免以偏概全，减少评估误差。文化由众多子系统构成，呈现出多层次、多维度的结构特点。物质文化、制度文化和精神文化并非孤立存在，而是相互作用、互相渗透的多元有机整体。当前的文化评估实践主要由政府主导，以政府为单一评估主体，在评估标准上突出硬件绩效，在指标选取上以客观的量化统计指标为主，对主观定性指标的分析和把握远远不够，忽视了公众的利益和需求。文化评估体系的设计需坚持以人为本的根本立场，以群众需求为导向，选取合理的指标测评群众的需求满足度和服务满意度，做到形神兼备、质量兼顾、软硬结合，全面考量文化的物化形式和精神内涵，兼顾文化发展的经济贡献度与社会效益，处理好政府专家评估与公众评估之间的关系，将群众的反馈意见纳入评估框架中，综合衡量文化自身的可持续发展水平及其对经济发展、社会稳定、人的发展的重要作用②。

---

① MCCLORY J. The soft power 30: a global ranking of soft power 2019. London: Portland, 2019: 27-32.

② 李志, 李建玲, 金莹. 国外文化强国评估指标的研究现状及启示. 重庆大学学报（社会科学版）, 2011, 17 (4).

应处理好共性与个性、普遍性与特殊性之间的关系，充分吸收现有指标框架在指标选取和体系构建方面的先进经验，扎实开展社会主义文化强国理论研究，构建切合中国实际、适应中国国情的文化强国评估指标体系。尽管国外关于文化评估指标体系的研究比较成熟，但由于时空局限与经济文化差异，将其应用于世界其他国家和地区时，必然会出现评估维度和具体指标适用性方面的问题。有鉴于此，不能盲目照搬国外经验，须取其精华、去其糟粕，客观公正地评价现有的理论和实践成果，有选择性地借鉴其中的合理因素和有益资源，进一步突破西方主导的文化评价规则，立足于我国文化发展的实际，积极构建中国特色的文化评估指标体系。

具体来说，在搭建科学的文化评估指标体系的过程中，必须考虑以下因素：一方面，应满足文化指标的国际通用性和统计可量化要求，设计具有现实操作性和横向可比性的指标体系。为确保数据的易得性和客观性，指标的选取最好建立在现行行业分类以及统计口径的基础之上。联合国教科文组织提供了诸多文化统计指标，这些指标遵循世界通用标准，方便进行国际社会的横向比较，在构建社会主义文化强国评估指标体系的过程中可以有选择性地采纳。另一方面，应针对我国实际，将适应我国情境、体现本土特色的文化指标纳入评估体系，不断精炼、调整评估指标的定义和叙述方式，根据新时代文化发展的实践要求进行有针对性的统计和测量，以更好地服务于社会主义文化强国建设的迫切需求。

在新时代背景下，应高度重视文化对于国家全面现代化建设的独特作用，大力推进文化强国指标体系的研究制定工作，进一步建立完善测评机制和统计体系，构建文化建设的长效管理机制，推动社会主义文化评估事业科学规范发展。与发达国家相比，我国文化指标评估体系的设计和应用起步较晚、相对滞后，相关研究还有进一步深化和发展的空间。有鉴于此，应立足我国文化发展的历史经验与现实国情，不断吸收、借鉴国际上先进的统计与评估方法，将中国文化建设的特殊规律与世界文化发展的普遍规律结合起来，长远规划，统筹兼顾，扎实推进文化指标的基础理论和实践应用研究，构建一套系统性强、实施性佳的文化评估指标体系，全方位监测我国文化的现状水平和发展潜力，综合评估相关文化部门的工作绩

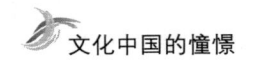

效,进而更好地指导和促进我国文化事业、文化产业的发展,推动社会主义文化强国建设取得实质性的突破和飞跃。

第三节 构建中国特色文化强国评估指标体系

社会主义文化强国建设既遵循文化发展的一般性规律,具有世界文化强国的一般性特征,又反映出文化建设的独特规律,具有中国特色社会主义的鲜明指向性。在新的时代条件下,须遵循共性与个性相统一的原则,走中国特色社会主义文化发展道路,坚持以人民为中心的价值导向,着眼于人民群众的切身利益和发展需求,积极研究构建适合本国国情、体现本土特色的文化评估指标体系,进一步彰显文化评估指标体系的中国内涵和世界意义。

在到2035年建成社会主义文化强国这一战略目标的指引下,本章立足于国内外文化评估的理论研究与实践探索,遵循科学性、全面性、系统性、可比性、开放性等设计原则,构建包含文化价值引领力、文化传承保护力、文化民生保障力、文化产业竞争力、文化创新创造力、文化对外影响力在内的"六力"评估模型,制定由目标层、指标层和准则层三部分构成的综合评估框架,在此基础上筛选确定各项具体指标要素,力图设计一套层次分明、逻辑清晰、指标全面、操作简便的社会主义文化强国评估指标体系,据以衡量我国文化的发展现状,测度文化强国的建成水平,评估职能部门的工作绩效,推动文化工作的完善创新。

一、评估目标

一个国家、一个民族的强盛,离不开文化的涵养和支撑。党的十八大以来,我国在文化领域取得了显著的成绩,社会文明程度显著提高,公共文化服务体系渐趋完善,文化产业蓬勃发展,文化交流与合作不断扩大。新时代,人民的美好生活需求日益增长、愈加多元,对文化建设提出了新的更高要求。党的十九届五中全会在文化领域做出长期规划和战略部署,将"建成文化强国、教育强国、人才强国、体育强国、健康中国,国民素质和社会文明程度达到新高度,国家文化软实力显著增强"作为到2035年基本实现社会主义现代化的文化目标,为推进社会主义文化建设制定了明晰的时间表和路线图[①]。在这一长远规划的指导下,须坚持走中国特色社会主义文化发展道路,坚持满足人民文化需求与增强人民精神力量相统一,充分发挥文化铸魂、文化赋能的社会经济效益,以文化发展支撑和引领社会主义现代化实践。

建设社会主义文化强国是一项复杂的系统性工程,在"社会文明程度达到新的高度,国家文化软实力显著增强,中华文化影响更加广泛深入"的总体目标下,必须进一步细化并落实各项中短期建设目标,制定更为切实可行的文化发展方略,明确各个阶段需要完成的关键性任务,推进文化领域的各项建设工作协调有序开展。有鉴于此,在评估文化强国的建成水平时,应从文化思想引领水平、文化传承保护水平、公共文化服务水平、文化产业发展水平、文化人才创新水平以及文化传播影响水平等多个维度出发,构建系统全面、易于操作的文化评估指标体系,对社会主义文化强国各个子系统的建设效果进行测度和分析,力求准确反映我国一定时期内文化领域的现状水平、发展态势和特征问题,全面衡量文化发展的经济社会效益以及群众文化生活的丰富满意程度,客观评价社会主义文化建设与管理的科学化和现代化水平。在此基础上,将评估工作作为指导文化改革和发展的重要手段,及时总结文化建设过程中的经验与问题,有计划、有步骤地推进文化强国建设,全面提升我国的文化软实力和综合竞争力,以文化的现代化发展助推社会主义现代化强国建设。

二、设计原则

以上述评估目标为导向,社会主义文化强国评估指标体系的设计须坚持人民性、民族性、世界性的价值原则,反映文化发展的一般规律,凸显评价指标的中国特色,以人民群众的需求和愿望为出发点,客观评估我国

---

① 中共中央关于制定国民经济和社会发展第十四个五年规划和二〇三五年远景目标的建议. 人民日报,2020-11-04(1).

的文化发展水平和文化建设成效。为保障评估体系的科学合理性，确保评估结果的客观真实性，综合评估模型的构建应遵循以下设计原则。

（一）目的性与科学性原则

评估目的是指标体系设计、评估方法选择、数据资料获取以及价值判断形成的基础和决定性要素。有效易行的评估体系能够筛选出最为符合测评对象内涵和结构的指标，进而在最大程度上反映目标的完成度。以测度文化强国的建成水平为主要目的，搭建社会主义文化强国评估框架需遵循实用性、科学性、有效性的原则，以期真实反映我国文化建设的现实水平和阶段特征，根据评估结果有的放矢地制定政策，对实际工作起到更强的指引与导向作用。

目的性原则体现指标体系的实用性、有效性，科学性原则直接关系到评估系统的严谨性和精确性。指标选取有据可循，评估方法有效易行，统计数据真实准确，才能提高评估结果的科学有效性，真正对实践产生积极的指导作用。如果指标体系过于深奥复杂，无法为决策部门所用，那也只能束之高阁。因此，应遵循求简求实的原则，归纳提炼具有代表性的核心指标，构建繁简适中、实用易行的评估体系。"到2035年建成社会主义文化强国"评估框架由诸多子目标系统构成，在构建指标体系时，要紧密联系各个层级的文化发展目标筛选指标要素，明确各项指标的物理意义、具体内涵和解释力度，准确把握同一层级各指标之间的关联程度，依据科学的统计学理论制定规范的统计原则和计算方法，进一步分析判断各级指标对于文化发展特定目标的贡献度，以便在测算过程中合理赋予其权重。

（二）全面性与系统性原则

文化系统是包罗万象的有机综合体，文化指标体系涉及文化发展的方方面面，是资源情况、管理水平、创新能力、外部环境等多重因素的综合反映。全面性原则与系统性原则既相互联系，又有所区分。全面性原则要求统筹兼顾，指标内容全面，将评估对象作为一个整体进行综合性分析；系统性原则要求逻辑层次分明，从不同角度清晰地反映各层级指标的主要特征及其支配关系，凸显不同环节、不同层次指标内容之间的关联性和异质性。

根据定性定量分析相结合的原则,评估体系需同时包含客观统计指标与主观满意度指标。客观指标依据相关统计数据进行定量测算,使用公开、简明、直接的量化数据,因而具有较强的科学性,能够客观反映一定区域的文化资源情况和文化发展现状;主观定性类指标以公众为评估主体,以满意度测评为核心,通过民意调查等方式进行评估,受到评估主体知识水平、判断能力和个人经验的影响,能够综合测评公众思想、体验、行为等不同层面的文化认同程度,反映评估主体的内在感受、心理活动、意见态度等精神层面的内容。此外,指标体系需同时包含静态指标和动态指标。静态指标是表征一定时空范围内总量积累的指标,如文化机构从业人员数等,能够衡量文化各领域的发展水平;动态指标是反映变化趋势的变量指标,如人均文化消费支出增长率等,能够评估一定时期内的发展速度和提升水平,揭示出文化领域的发展潜力与未来趋势。

评估系统是有序集合不同要素、层级结构分明的指标群,各独立指标构成相互联系、彼此制约的有机整体。系统性与层次性原则是衡量评估体系科学与否的一个重要维度。在选取指标搭建体系时,一方面,要遵循系统优化、简洁聚合原则,通过综合法、分析法进行聚类和细分,选定具有代表性的评估维度,合并相似的指标要素,避免指标体系过于庞杂或单一;另一方面,要以结构性理念为指导,理顺纷繁复杂的评估要素,分层级、分阶梯设计指标体系,统筹协调各要素之间的关系,尽可能用精准少量的指标全方位、多层次地反映文化强国的建设情况,综合有效地评估文化强国的建成水平,进而使系统整体达到最优的评估效果。

(三) 独立性与可比性原则

在设计评估体系时,具体指标的确定需遵循独立性原则和聚合原则,尽可能选用边界清晰、相关程度低、信息含量多的指标,避免各项指标之间交叉重叠情况的出现。由于评估难以做到面面俱到,应适当合并重复性指标,有选择性地突出关键指标,保证所选指标既能够合理反映各评估维度的主要内容,又能够保证相互独立、互相排斥,以免因指标的重复设置导致测算误差,降低评估效度,影响评估信度。

评估意味着比较,既包含不同国家、不同地区之间的横向对比,也包含特定地区不同年份之间的纵向对比，有比较才有鉴别、有改进、有提升。为使同一层级的指标满足可比性要求，在构建体系时，应充分考虑数据获取的地区性差异，避免因数据缺失影响不同时期、不同地域之间的对比研究。由于统计数据的来源存在差异，收集上来的数据往往具有不同的单位和表达形式，为方便进行分析比较，需采用科学合理的测算方法，确保指标名称、统计口径的准确性、一致性。此外，在选取具体指标时还应具有前瞻性的眼光，保证评估系统的相对稳定性和长期适用性。只有建立纵向可比和横向可比的指标体系，客观反映文化发展的空间差异性和时间演变性，才能在历时性和共时性的双重维度上，科学把握文化的发展变化趋势，精准判断文化建设状况的对比态势。

（四）准确性与可操作性原则

评估体系的设计应遵循表述准确、数据易得、操作简单的原则，指标选取力争做到标准化、规范化，保证各项指标的名称表述、含义阐释科学明确，尽可能避免误解和歧义的产生。为使评估系统准确反映文化强国建设的基本方面，各级指标需获得现有统计数据的支持。与此同时，应将定性评估因素通过评分法等方式进行量化处理，使抽象指标转化为可供计算的具体指标，为文化强国建成指数的实际测算提供便利。

鉴于文化概念的模糊性、文化系统的复杂性以及文化指标值的相对性，需将数据可测性和易得性作为指标选取的重要考量因素。评估指标的统计与调查牵涉多个门类，可操作性原则要求相关评估数据便于采集、真实有效。首先，要考虑数据资料的可获得性；其次，确保数据来源、信息渠道的权威可靠性；再次，保证数据处理标准化、规范化；最后，在评价过程中及时把控数据质量。考虑到所选指标的数据采集成本，可从现有的综合年鉴或专题年鉴（如《中国统计年鉴》《中国文化文物统计年鉴》《中国文化及相关产业统计年鉴》等）中直接获取最新统计数据，最大限度地利用政府相关职能部门公布的数据，如文化和旅游部、统计局、文物局、档案局等机构每年发布的权威文化数据，个别缺失部分辅之以互联网相关统计信息，同时依托各高校、科研院所获取高品质的民意调研数据，保证统计资料的科学性、可及性、有效性，确保文化评估的权威性、可行性与公开性。

（五）灵活性与开放性原则

社会主义文化强国评估指标体系不是僵死凝固、一成不变、均质同一的静态系统，而是具有生成性、开放性、多样性特征的动态评估体系，始终朝着文化建设的现实实践敞开，根据时代的变化和要求不断地更新与发展。在文化评估过程中，由于不同省域、地区的文化发展状况存在较大差异，具体指标的选取、权重的确定不能采取一刀切的模式。指标体系的设计应遵循灵活性、适应性的原则，平衡好普遍性和特殊性、一般性和个别性的关系，在选取共性指标的同时兼顾个性指标，在保证体系协调性、统一性的基础上适当增补特色评估维度，对不便于获取数据的指标合理地进行调整、替换，以保证指标体系的适用性、匹配性与多元性。

构建文化评估体系的过程，也是根据文化建设实践不断精选、凝练、规范各项具体指标的过程，既要着眼于短期的阶段性建设目标，又要将其置于建成社会主义文化强国的中长期规划层面加以考察，明晰文化发展繁荣的远景目标。只有坚持体系构建的动态定律，在评估过程中灵活运用和实际检验该评估模型，在保证评估标准连贯性的同时，根据实践过程中反映出的重难点问题及时调整指标体系的层级结构，不断完善各项具体指标，才能准确把握文化发展的实际状况，使评估体系更好地发挥监测、调控、预警和导向的积极作用。

三、评估维度

评估维度指按照一定标准划分的评估范围的类型，是将复杂多样的评估内容具体化、明确化和可操作化的第一步[1]。文化强国评估指标体系的建构，既要以国家文化发展的战略部署为导向，又要符合我国文化发展的现状和特点，引导各地提升文化建设和管理效能。党的二十大报告指出："全面建设社会主义现代化国家，必须坚持中国特色社会主义文化发展道路，增强文化自信，围绕举旗帜、聚民心、育新人、兴文化、展形象建设

---

[1] 毛少莹．公共文化服务绩效评估指标体系的建构//李景源，陈威．中国公共文化服务发展报告（2007）．北京：社会科学文献出版社，2007：396．

社会主义文化强国，发展面向现代化、面向世界、面向未来的，民族的科学的大众的社会主义文化，激发全民族文化创新创造活力，增强实现中华民族伟大复兴的精神力量。"① 结合国内外文化评估理论研究成果，从指标体系的科学性、可行性和前瞻性等设计原则出发，围绕文化价值引领力、文化传承保护力、文化民生保障力、文化产业竞争力、文化创新创造力以及文化对外影响力六个维度搭建起测度社会主义文化强国建成水平的"六力"综合模型，集中展现社会主义文化强国的本质内涵和结构特征，为评估体系的构建和具体指标的筛选确定基准。以下分别对各个维度进行简要说明。

（一）内核：文化价值引领力

作为文化强国的核心实力和本质力量，文化价值引领力是文化价值观与主流意识形态的有力体现，是社会主体基于核心价值认同而产生的思想整合力、民族凝聚力、文化向心力和文明约束力，构成衡量文化发展水平的重要标准之一。思想是行动的先导，以思想观念形式存在的精神文化，通过人们的价值追求、精神风貌、思想境界、道德水准等形式表现出来，进一步引导和调控人们的生活和行为方式，起到凝聚共识、引领风尚、规范行为的重要作用，是推动文化繁荣兴盛、促进社会良性运转的重要力量，能够为中国特色社会主义事业提供强大的思想保证、道德滋养和舆论支持。

核心文化价值决定着文化的根本性质和发展方向，在国家文化软实力中处于主导和支配地位，是社会主义文化强国的坚固内核和精神支柱。随着全球化、信息化进程加速推进，各种社会思潮交相激荡，意识形态领域更加错综复杂。文化交锋本质上是核心价值的竞争和较量，文化建设从根本上体现为全社会的价值塑造与共识凝聚。在当前"两个大局"的时代背景下，只有以社会主义核心价值观为引领，牢牢把握社会主义先进文化的前进方向，巩固马克思主义在意识形态领域的指导地位，不断凝聚话语共识、发展共识、舆论共识，才能在多元文化中认清主流，有效匡正各种错

---

① 习近平. 高举中国特色社会主义伟大旗帜 为全面建设社会主义现代化国家而团结奋斗：在中国共产党第二十次全国代表大会上的报告. 北京：人民出版社，2022：42-43.

误的社会思潮，塑造全社会的理想信念和精神追求，激励中华民族儿女形成强大的向心力和凝聚力，为推进社会主义现代化建设、实现中华民族伟大复兴的中国梦提供精神动力与价值支撑。

（二）根基：文化传承保护力

文化传承保护力是建成社会主义文化强国的重要标志，是确保文化绵延不绝、长盛不衰的重要根基。文化发展具有传承性和历史性，中华民族5 000多年的灿烂文明造就了博大精深的文化价值传统，创造了浩如烟海的历史文化成果，积淀为深厚的民族文化底蕴，形成有别于其他民族的独特文化标识，使得中华文化几千年来屹立于世界民族之林。文化传统是文化建设的根系与灵魂，在保护与传承中，文化成果才能得以积累，文化血脉才能得以延续，后人才能在前人实践的基础上，启迪出文化发展的新思路，开启文化发展的新征程。抛弃民族的文化传统，就等于丢掉了根本，切断了精神命脉，其文化不可能走向强盛。

中华文化的保护与传承是建设社会主义文化强国的题中要义。"不忘历史才能开辟未来，善于继承才能更好创新。"继承和弘扬中华文化的优良传统，是民族文化生命力得以延续并发挥作用的根本保证，对于坚定文化自信、铸牢中华民族共同体意识、推动世界文明交流互鉴具有重要的意义。只有从漫长的历史文化长河中汲取实践智慧，复活悠久文化传统中的活力因子，才能夯实自身的文化根基，为文化的延续与发展注入自信和底气。培植中华文化的深厚沃土，需深入挖掘、不断提炼传统文化和革命文化中的思想理念与精神品格，结合现代文明对其进行创造性转化，推动广大民众自觉认知和积极践行。历史文化遗产是民族文化精神的物质载体，是中华文明绵延传承的生动见证。在全面推进文化遗产资源调查的基础上，还应做好价值挖掘与宣传阐释工作，提升文化遗产的传承利用水平，使文化遗产保护成果惠及广大群众。

（三）本质：文化民生保障力

文化民生保障力是社会主义文化强国的内在本质，体现出以人民为中心的发展思想和公平正义的基本原则，反映出文化所蕴含的人文精神和社会价值。文化民生是广大民众在文化层面的生存、享受和发展需求，是在人们解决温饱问题之后所产生的更高层次的精神文化需要。人民群众是精神财富的创造者，共享是社会主义的本质要求，保障和改善文化民生，使文化成果为全民共享，服务于人的自由全面发展，是社会主义文化强国的本质属性和终极追求。只有坚持以人为本的价值取向，尊重人民群众的主体地位，提高群众的文化参与程度，让民众享有更加丰富、更为充实、更高质量的精神文化生活，才能进一步增强文化获得感、满足感和公平感，不断满足人民群众对美好生活的需要，为实现全体人民共同富裕提供坚强保障。

作为有效发挥公共文化服务社会功能的支撑体系，现代公共文化服务体系是提高文化民生保障力的重要基石，是建设社会主义文化强国的前提保障。文化权益具有普遍性和机会均等性，保障公民的文化福利是提升公众生活质量的重要途径，具有普遍的社会人文价值。在构建现代公共文化服务体系的过程中，应尽快实现公共文化产品和服务的标准化、均等化、社会化，使公共文化资源配置进一步向基层倾斜，特别重视贫困地区、弱势群体在文化领域的公平正义。以人民群众的利益为出发点和落脚点，支持和引导社会力量参与文化治理，推动公共文化产品和服务实现供给充分、提质增量、普遍均等，切实保障公民参与文化活动、进行文化创造、共享文化成果的基本权利，充分满足人民日益增长、愈加多元的精神文化需要，实现满足人民文化需求与增强人民精神力量的有机统一。

（四）支撑：文化产业竞争力

文化生产是文化供给的重要来源，也是文化发展的核心内容。文化生产力表征文化资源、文化知识转化为产品和产业的综合能力，是社会生产力和文化软实力的重要组成部分。作为文化与经济紧密结合的产物，文化产业是地区文化活跃程度的直观体现，是增强国家文化软实力、建设社会主义文化强国的重要支撑，已成为当今世界综合国力竞争的核心领域。文化产业的发展具有重要的社会功能和经济价值，不仅有助于满足民众多样化、个性化的精神文化需求，增强人民群众的获得感、幸福感，而且对国民经济增长具有重要的支撑与带动作用，有助于培育新的经济增长点，解放和发展文化生产力，助推经济高质量发展，为社会发展注入新的活力。

文化产业的总体规模、结构布局和质量效益是影响文化产业综合竞争力和可持续发展水平的关键性要素。要以深化供给侧结构性改革为主线，健全现代文化产业体系和市场体系，推动文化产业成为国民经济支柱性产业，持续扩大产业规模，不断优化产业结构以及规划布局，全面提升文化产品和服务的品质内涵，加快发展新型文化业态和消费模式，推动文化产业健康高质量发展。此外，还需进一步提升文化产业发展空间，促进文化产业与旅游产业、实体经济、金融业深度融合，建立健全区域、城乡协调发展机制，提高统筹协调和协同联动能力，深入推进文化体制改革，营造健康有序的文化市场环境，以文化赋能经济社会发展，切实提升文化产业的整体实力和综合效益，推动文化资源发挥出更大的产业价值和社会效能。

（五）动力：文化创新创造力

创新是社会实践的内在要求，是文化发展的活水源头和前进动力。文化唯有不断创新，才能适应时代变化与世界潮流，不断焕发出新的生机与活力，在文化的交流碰撞中赢得优势、赢得未来，为各类创新提供不竭的力量源泉。文化创新创造力是一个国家不断开发出新知识、新内容、新产品、新服务的能力，综合体现一个国家的人才创造水平、文化原创活力、科技支撑能力以及产业创新实力。随着新一轮科技革命和产业变革的持续推进，新形势、新经济对一个国家的创新创造水平提出了更高的要求，那些占据文化创意领先地位的国家，势必在综合国力较量中赢得并保持竞争优势。

作为衡量和判断文化发展潜力的重要标识，文化创造活力是社会主义文化长盛不衰的内在动力，构成社会主义文化强国建设的核心要素。进入新发展阶段，只有深入实施创新驱动发展战略，以人才培养、科技研发、产业融合为依托，增强人民群众的创新意识，激发全社会的创造活力，发挥科技对于文化发展的赋能作用，实现创新成果快速转化运用，不断推进内容创新、产品创新、模式创新、业态创新，才能有效回应国际社会提出的挑战，以创新增强活力、提升效能、释放潜力，全面塑造文化发展新优势，为产业升级、链条优化、价值拓展提供强劲动力，为构建新发展格

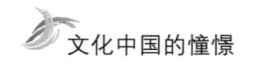

局、推动经济社会的可持续发展提供强大动能。

(六) 关键：文化对外影响力

文化对外影响力是国家文化实力的关键构成，用以衡量一个国家基于自身文化的独特价值对他国的辐射、吸引和影响程度，是国家文化传播力、价值吸引力、产业竞争力、国际影响力的集中体现，反映一个国家文化的国际坐标和比较地位。文化对外影响力不仅是文化发展水平的重要标识，也是提高文化软实力的核心要素，在综合国力竞争中发挥重要的作用，深刻影响和塑造着文化发展的国际环境。随着信息化、数字化时代的到来，文化传播方式、传播渠道日益多元化，新媒体呈现出蓬勃发展的势头，文化产品的复制和演示方式发生革命性变革。信息技术极大提升了文化的传递扩散能力和辐射影响水平，为文化传播、文化贸易的发展提供了新的动能和巨大的增长点。

中华文化在世界文化百花园中独树一帜，社会主义文化强国必将在国际舞台上发挥更加积极的作用，成为促进文明交流互鉴、维护人类文化多样性的中坚力量。进入新发展阶段，我国文化走出去面临新的历史机遇。为适应对外开放的紧迫形势，需要进一步创新中华文化传播方式，构建完善的文化传播网络体系，有效突破语言和意识形态的障碍，推动更多中国文化精品走向海外，积极拓展文化贸易和投资空间。此外，应以"一带一路"为桥梁和纽带，充分发挥孔子学院等文化交流平台的作用，开展多层次对外文化交流合作，加强不同文明之间的对话，充分展现中华传统文化的独特魅力，推动中国价值、中国制度和中国方案获得更多的理解和认同，进一步提高我国在全球治理体系中的话语权，为打造开放包容的国际文化环境贡献中国力量，为构建人类命运共同体贡献中国智慧。

综上所述，社会主义文化强国应具备文化价值引领力、文化传承保护力、文化民生保障力、文化产业竞争力、文化创新创造力以及文化对外影响力六种力量。"六力"综合模型既包含以"物化"形态表现的生产力、经营力、传播力等文化硬实力，也包含以价值观念、道德素质等精神意识形态体现出来的凝聚力、影响力、吸引力，能够综合评估一国在文化领域的思想导向能力、资源保护能力、社会共享能力、生产消费能力、总体创新能力以及国际交流能力。衡量文化发展水平的六大维度环环相扣、彼此支撑，同时具有相对独立性，构成紧密结合、相互拉动的动态有机整体，共同助力社会主义文化强国的建设与发展。六大重点环节彼此之间衔接越紧密，协调程度越高，整个文化系统的协同动能就越大，文化建设的科学化、规范化程度就越高，党和政府对文化工作的领导和管理就越有效。

四、指标体系

在深入研究国内外文化评估指标体系的基础上，本章充分考虑影响文化建设的关键要素和现实文化国情，基于上述"六力"综合模型，在建成社会主义文化强国的总目标下划分出繁荣发展社会主义先进文化、提高文化传承保护利用水平、健全现代公共文化服务体系、推动文化产业全面高质量发展、构建创新发展生态体系、提升中华文化国际影响力六大子目标。应当针对明确的文化发展内容，进一步细分文化建设的层次和类别，突出关键性工作环节的推进成效，对文化建设各领域做出系统全面的扫描，据此评估我国文化的总体状况以及发展趋势。

本章遵循"结构明确、层次分明、内容全面"的准则，借鉴统计学中的层次分析法（AHP），按各要素之间的隶属关系划分出有序的递阶层次结构，将文化强国建成指数的内涵分解为当前及今后对我国文化发展具有持续重要影响的文化价值、文化资源、文化生产、文化共享、文化创新、文化交流六项评价要素，构建包含目标层、准则层、指标层在内的三级指标体系，筛选相应的主客观指标形成六大综合指标群。该指标体系以目标层的六个子目标为一级指标，每项子目标下设若干基本准则作为二级指标，再将各个准则细化至若干具有代表性的三级指标要素，进而将文化发展的影响要素拟合为可量化的具体标准，借助指数形式客观反映中国文化发展状况，以期在操作的意义上对我国各项文化工作的推进情况予以有效评估，为全面把握社会主义文化强国的建设水平提供重要参数，为制定文化发展的战略规划提供科学依据。以下分别对各子评估系统做简要说明。

(一)繁荣发展社会主义先进文化

强大的文化价值引领力和意识形态领导力是建成社会主义文化强国的重要标志,为全体人民团结奋斗提供思想基础和坚强保证,是实现社会主义现代化和中华民族伟大复兴的深厚支撑。党的十九届五中全会将社会主义核心价值观深入人心、国民素质和社会文明程度达到新高度置于建成社会主义文化强国的高度加以强调,不仅为社会主义现代化国家确立了价值标准和文明水准,而且对于构筑中国精神、凝聚中国力量具有重要的导向作用。繁荣发展社会主义先进文化是增强文化凝聚力和向心力的内在要求,由于文化的思想伦理导向水平难以通过客观统计数据直接度量,需要科学地设计量化计分表对公众的认知、态度、行为予以测度和表征,在此基础上衡量意识形态的引领能力、社会文明的发展程度、中国特色哲学社会科学的建设水平等具体的准则和指标,综合评估人民群众的道路、理论、制度、文化自信程度,全面反映社会主义先进文化的价值导向力与文明约束力,为进一步加强和改进思想政治工作、深化精神文明创建活动提供借鉴和参考。文化价值引领力评估指标体系见表7-1。

表7-1 文化价值引领力评估指标体系

目标层	准则层	指标层
(一)繁荣发展社会主义先进文化	1.牢牢掌握意识形态工作领导权	(1)党对意识形态工作的领导程度:党委主体责任制的落实程度,党委的规划指导、协调督促能力
		(2)各级党校、行政学院和干部学院意识形态工作相关课程、讲座的开设和参与情况
	2.巩固马克思主义在意识形态领域的指导地位	(1)马克思主义理论的研究阐释和宣传出版情况
		(2)习近平新时代中国特色社会主义思想研究中心(院)、中国特色社会主义理论体系研究中心的建设情况
		(3)全国重点马克思主义学院、重点马克思主义理论学科的建设情况

续表

目标层	准则层	指标层
（一）繁荣发展社会主义先进文化	3. 发展中国特色哲学社会科学	（1）国家哲学社会科学基金管理评价机制的完善程度
		（2）哲学社会科学研究经费投入年增长率
		（3）国家哲学社会科学基金的立项数，优秀成果数，研究成果的创新性、应用性和推广度
		（4）哲学社会科学研究基地、创新平台、传播中心、重点实验室的建设情况
		（5）中国特色新型智库体系的构建情况
		（6）各类讲座论坛、学术研讨活动的举办和参与情况
	4. 提高舆论引导水平	（1）主流舆论矩阵建设情况：党报党刊、通讯社、电台、电视台等重点新闻媒体和理论宣传阵地的建设水平，主流媒体新闻舆论的传播力、引导力、影响力、公信力
		（2）网络舆论阵地建设情况：网络传播体系、网络评论体系的建设水平，政务新媒体等新兴网络媒体的建设情况和用户覆盖率（账号数量、发布量、传播量、互动量等）
		（3）媒体融合发展程度：融媒体中心、全媒体传播体系的建成度、覆盖率，实现县级融媒中心全覆盖的省（区、市）的数量
	5. 培育和践行社会主义核心价值观	（1）社会主义核心价值观的研究阐释程度（含理论著作、期刊文章、评论文章等）
		（2）社会主义核心价值观的宣传普及力度（含宣传教育读本、理论宣讲、新闻报道、公益广告、艺术作品、网络传播平台等）
		（3）社会主义核心价值观主题教育实践活动的开展情况
		（4）群众对社会主义核心价值观的认知度和认同度
		（5）社会主义核心价值观入法入规程度

续表

目标层	准则层	指标层
（一）繁荣发展社会主义先进文化	6. 加强和改进群众性思想政治工作	（1）各级各类学校思想政治教育工作的开展情况
		（2）基层党组织、基层单位、城乡社区思想政治工作的开展情况
		（3）新经济组织和新社会组织思想政治工作的创新程度
		（4）理论宣讲、形势政策教育等活动的组织参与情况
	7. 弘扬爱国主义精神	（1）公民的国家/民族归属感、自豪感、荣誉感
		（2）公民对党史、新中国史、改革开放史、社会主义发展史的认知程度
		（3）全国爱国主义教育示范基地、民族团结教育基地、红色旅游经典景区、中国共产党历史展览馆、革命纪念馆、烈士纪念设施的数量与参观人次
		（4）民族团结进步创建示范区（单位）、模范个人的数量
	8. 深化群众性精神文明创建活动	（1）文明城市、文明村镇、文明单位、文明校园、文明家庭的创建情况：全国文明城市的数量，复查后继续保留称号的城市占比，全国县级及以上文明村镇占比
		（2）新时代文明实践中心的建设情况：县级实践中心、乡镇实践所、村实践站等基层文明实践中心的数量、覆盖率
		（3）群众性文化活动的开展情况：科普活动（全民科普日、科技活动周、科技大篷车等）、主题宣传教育活动的举办场次、参与人次
		（4）沿海沿江沿交通干线的"文明走廊""文明交通线""文明示范带"的建设情况
		（5）公民的科学文化素质和心理健康素质：义务教育和素质教育的普及程度，人均受教育年限，受高等教育人数占比，社会心理监测和心理服务机制的健全程度，公民心理健康指数
		（6）精神文明建设"五个一工程"的评选情况：获奖作品数，民众对获奖作品的知晓率、好评率

续表

目标层	准则层	指标层
（一）繁荣发展社会主义先进文化	9. 推进公民道德建设	（1）市民公约、乡规民约、学生守则、团体章程等社会规范的制定推行情况
		（2）公民道德论坛、规范守则教育实践活动的举办和参与情况
		（3）各级各类道德模范（先进工作者、时代楷模、最美人物、身边好人等）的评选表彰、宣传学习情况
		（4）诚信文化、法治文化、新乡贤文化、孝敬文化、节俭文化的社会认同度
		（5）学雷锋志愿服务活动的开展情况：全国志愿服务组织、志愿者、公益联盟的数量，扶贫赈灾、慈善资助、支教助学、义务献血等线上线下志愿服务活动的开展次数与服务人次，全国学雷锋活动示范点、示范岗位和标兵的数量
		（6）移风易俗专项行动的推进情况
	10. 繁荣发展社会主义文艺	（1）聚焦重大现实/革命/历史题材的主题文艺作品（如爱国主义精品出版物、主旋律电影等）的创作传播情况
		（2）马克思主义文艺理论与文艺批评建设工程的推进情况：马克思主义文艺理论教材的编写情况，重点文艺评论报刊、网站和栏目的建设情况

（二）提高文化传承保护利用水平

提高中华优秀传统文化的传承保护利用水平，构建中国特色文化遗产保护传承利用体系，是增强文化生命力、传承力和影响力的重要途径，是推动文化继承与发展的关键性任务。文化遗产是中华文明绵延传承的生动见证，承载着鲜明的中华文化基因，构成民族集体记忆的重要载体。以延续历史文脉、凝聚民族共识、传承中华文明为目标，需进一步完善国家、省、市、县四级文化遗产保护体系,打造中华文化重要标识,推动文化遗产价值传播,加强文化资源的数字化建设。有鉴于此,文化保护利用评估体系需综合考察中华文化的研究阐释水平以及宣传普及力度,全面衡量历史文物、非物质文化遗产、历史古籍、民族民间文化、传统工艺等文化遗产的传承水平与保护力度,系统评估中华文化资源的数字化存储和利用情况,围绕中华文化资源的现实存量、集聚水平、保护程度与发扬能力等维度选取具体的评估指标。文化传承保护力评估指标体系见表7-2。

表7-2 文化传承保护力评估指标体系

目标层	准则层	指标层
（二）提高文化传承保护利用水平	1. 加强中华文化的发掘、研究和阐释	（1）中华文化资源普查登记工作的推进情况
		（2）中华文化的历史渊源、发展脉络、核心价值理念、时代影响的研究情况
		（3）传统文化经典的编纂情况；党史、国史的编研情况，省、市、县三级地方志书的编纂情况
	2. 加大中华文化普及传承力度	（1）传统文化通识教育类书籍的出版发行量
		（2）历史文化专题宣传片、动画片、纪录片、公益广告和节目栏目的制作播放量
		（3）优秀经典作品的重拍、重演、重版情况
		（4）各类宣传展示活动和系列教育活动（包括经典诵读、国学讲堂、文化讲坛、专题展览、学术交流、公益培训等）的举办参与情况
		（5）各级各类学校中华优秀传统文化必修课的开设情况
		（6）各级职业院校文化传承与创新示范专业点的建设情况
		（7）中华经典诵读工程和中华经典传习计划的实施情况
		（8）中华优秀传统文化保护传承示范区、中华文明传承创新区、中华优秀传统文化教育基地、主题特色公园的建设情况

续表

目标层	准则层	指标层
（二）提高文化传承保护利用水平	3. 加强考古发掘和文物保护	（1）国家级/省级/市级/县级重点文物保护单位机构数，文物藏品数，保护维修项目数，原址/异地保护展示面积，"四有"工作完成率，文物保护维修费用支出
		（2）被列入《世界遗产名录》的文化遗产的数量与保护程度
		（3）大遗址、国家考古遗址公园、传统村落、重要工业/农业遗址、历史文化名城名镇名村等珍贵遗产资源的数量与开发保护情况
		（4）重大事件遗迹、重要机构旧址、重要人物旧居保护情况
		（5）国家重点区域考古标本库房、国家文物保护利用示范区的建设情况
		（6）中华文明探源和考古中国工程的推进情况
	4. 提高非物质文化遗产保护水平	（1）国家级/省级/市级/县级非物质文化遗产代表性项目、代表性传承人、代表性传承团体的数量
		（2）全国非遗保护研究机构（非遗研究基地、非遗重点实验室等）的数量
		（3）国家/地方非遗专题馆、非遗传承体验中心（所、点）、乡村非遗工坊、非遗传承教育实践基地的数量和建设情况
		（4）非遗特色村镇、街区以及"非遗在社区"示范点的建设情况
	5. 加强古籍保护研究工作	（1）全国古籍重点保护单位的机构数
		（2）国家珍贵古籍名录的编纂情况，中国古代典籍（基础性古籍、出土文献、古代社会档案、散失海外的中华古籍等）和近现代重要典籍（革命文献与民国时期文献等）的整理出版情况
		（3）古籍创意产品的开发销售情况

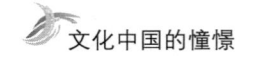

续表

目标层	准则层	指标层
（二）提高文化传承保护利用水平	6. 传承振兴民族民间文化	(1) 民间文学、民俗文化、民间音乐舞蹈戏曲、少数民族史诗、濒危技艺、珍贵实物资料的保护传承情况
		(2) 民族民间文化社团组织（如民间艺术保护协会）的数量
		(3) 中国民间文化艺术之乡的建设情况
		(4) 少数民族语言文字保护项目的推进情况，少数民族和汉族经典文献的互译出版情况
		(5) 民族民间文化系列节庆活动、展演展示活动的举办参与情况
		(6) 民族民俗文化旅游示范区的建设情况
		(7) 民族文化产品、"双语"文化产品的创作生产情况
	7. 保护和发展传统工艺	(1) 传统工艺项目的研究开发情况
		(2) 传统工艺工作站的建设情况
		(3) 传统工艺知名品牌的打造情况
	8. 推动中华文化资源数字化建设	(1) 中华文化资源（非物质文化遗产、古籍资源、少数民族文化资源、民间口头文学等）的数字化采集、保藏情况
		(2) 文化数据共享平台（包括中华文化资源数据库、国家文物资源大数据库、中华古籍影像数据库等）的开发建设情况

（三）健全现代公共文化服务体系

公共文化服务体系是维护公民基本文化权益的保障机制，既是国家文化治理能力和水平的有力体现，也是夯实文化民生保障力、有效发挥文化社会功能的重要支撑。提高公共文化服务水平，构建现代公共文化服务体系是建设社会主义文化强国的基础性策略。在公共文化服务方面，党的十九大做出"完善公共文化服务体系，深入实施文化惠民工程，丰富群众性文化活动"的顶层设计①。应构建公共文化服务评估指标体系，监测公共文化产品和服务的投入供给水平、成果享有水平，对公众的认同度、关注度、满意度和获得感进行调查分析，进一步评估公共文化资源的供需平衡程度、投入产出效率以及社会规模效益，衡量基本公共文化服务的标准化程度和均等化水平，进而检验公共文化服务体系的建设成效，监督政府公共文化服务政策的实施，推动建立以公众为导向的公共文化服务供给机制，使公民的基本文化权益得到充分保障，实现文化成果和文化福利由全民共享。文化民生保障力评估指标体系见表 7-3。

表 7-3 文化民生保障力评估指标体系

目标层	准则层	指标层
（三）健全现代公共文化服务体系	1. 提高公共文化服务供给能力	（1）财政支持力度：公共文化事业财政支出及其占财政总支出的比重，人均文化事业费及其年增长率；各类专项建设基金、政府引导基金、政府专项债券的数额，文化经费投入年增幅高于财政收入年增幅的百分点
		（2）物力保障水平：公共文化机构的数量，包括公共图书馆、博物馆、美术馆、文化馆（站）、综合性文化服务中心、艺术表演场馆（事业）、馆办老年大学等，城乡新型公共文化空间的数量，包括城市书房、文化驿站、文化礼堂、文化广场、乡村戏台、非遗传习场所等，公共文化服务设施实际建筑面积、人均建筑面积，全国公共图书馆总藏量、人均藏书拥有量，博物馆、美术馆公益性文化艺术陈列展览的场次，艺术表演场馆公益性文艺演出的场次，广播电视节目综合人口覆盖率，数字广播电视实际用户数、占家庭总户数比重，公共电视节目、电视剧的套数、播出时长
		（3）人力供给水平：公共文化服务机构从业人员数，馆办文艺团体、群众业余文艺团体的数量

---

① 习近平. 决胜全面建成小康社会 夺取新时代中国特色社会主义伟大胜利：在中国共产党第十九次全国代表大会上的报告. 人民日报，2017-10-28（1）.

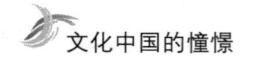

续表

目标层	准则层	指标层
（三）健全现代公共文化服务体系	2. 广泛开展群众文化活动	(1) 各类群众文化活动的开展情况：文艺活动、展览、培训班、理论研讨、讲座等群众文化活动的举办次数和服务人次
		(2) 全民艺术普及活动的开展情况：主题文艺活动、传统民俗文化活动、公益性艺术展览、惠民演出、艺术培训活动、社会艺术水平考级公益行动等群众艺术普及活动的举办次数和参与人次
	3. 促进公共文化服务提质增效	(1) 精准度：订单式、菜单式公共文化服务的供给情况
		(2) 公平性：向特殊群体（包括未成年人、老年人、残疾人和流动人口等）提供的基本公共文化产品和服务总量，公共文化服务设施免费开放水平，公共文化服务基础设施标准化建设达标率
		(3) 集成度：公共文化服务合作交流平台的建设情况，国家/地方公共文化服务体系示范区的建设情况
		(4) 参与度：全国公共图书馆的年流通人次、实际持证读者数、书刊文献外借册次、公共图书人均阅读量、日均阅读时长，博物馆、艺术馆参观人次，公益性文艺演出观众人次
		(5) 满意度：城镇/农村居民对公共文化服务的整体满意度
	4. 完善公共文化资源配置格局	(1) 城乡一体化建设情况：公共文化服务设施城乡覆盖率，城镇和农村人均拥有公共文化设施的数量比，拥有公共图书馆的县所占比重，拥有综合文化站的乡镇所占比重，拥有图书室或文化站的行政村所占比重，农村电影放映场次
		(2) 区域发展的均衡程度：发达地区和欠发达地区、东中西部地区的协调发展程度，区域公共文化机构联盟的数量、联盟内部公共文化服务资源的集成整合度，以县级图书馆、文化馆为中心的总分馆制的推行情况

续表

目标层	准则层	指标层
（三）健全现代公共文化服务体系	5. 推动公共文化服务社会化发展	（1）社会力量参与公共文化服务供给的程度：社会资金投入公共文化服务建设的增长率，社会办非盈利文化机构的数量、年增长率、占公共文化服务机构总量的比例，社会培训机构开展公益培训和展演展示活动的情况，基层公共文化设施的社会化管理运营程度
		（2）公共文化服务供需对接平台的搭建情况：全国或区域性公共文化产品和服务采购大会的举办次数、成交额
		（3）公共文化服务志愿活动的举办情况：各级各类文化志愿服务组织数、志愿者数，文化志愿服务品牌数，学雷锋志愿服务"四个100"先进典型宣传推选活动的举办情况
	6. 加快公共数字文化建设	（1）公共数字场馆建设情况：智慧图书馆、数字文化馆等数字化公共场馆机构数、覆盖率，拥有数字文化大众化实体体验空间的公共文化场馆数、数字空间的实际建筑面积
		（2）公共数字文化服务平台建设情况，国家/地方公共文化云的建设使用情况，国家云与地方云、地方云与当地智慧城市平台的对接程度，全民艺术普及云平台、艺术普及师资库、艺术普及课程库的建设使用情况
		（3）公共数字文化产品和服务的供给情况：数字艺术、沉浸式体验等公共数字文化资源的供给量，云展览、云阅读、云视听等公共数字文化品牌的打造情况

（四）推动文化产业全面高质量发展

构建文化产业发展评估体系是增强文化产业整体实力、提升文化产业综合效益的重要抓手。国际上关于文化产业的概念、行业范围以及统计口径的界定存在差异，根据国家统计局2018年发布的《文化及相关产业分类》，文化及相关产业是指为社会公众提供文化产品和文化相关产品的创作、制造、传播、展示等生产活动的集合。"十四五"规划做出健全现代文化产业体系和市场体系，推动文化产业全面高质量发展的战略部署。文化产业的可持续发展有赖于产业规模的不断扩大、产业结构的转型升级、产业布局的优化调整，以国民经济相关领域的深度融合为凭借，以文化消费能力的全面提升为动力，以文化市场的规范化管理为依托。有鉴于此，文化产业评估指标体系应全面反映文化产品和服务的生产、供给以及消费条件和能力，综合评估我国文化产业的总体规模、质量水平、结构布局和发展潜力，进一步细化各项三级指标，多角度、多层次地监测分析文化产业的发展现状，客观衡量文化产业的社会经济贡献程度，推动文化产业提质增效，实现高质量发展。文化产业竞争力评估指标体系见表7-4。

表7-4 文化产业竞争力评估指标体系

目标层	准则层	指标层
（四）推动文化产业全面高质量发展	1. 壮大文化产业规模	（1）文化及相关产业固定资产投资值，年新增固定资产值，固定资产投资增速
		（2）文化及相关产业年产值及其增长率，人均文化产业年产值及其增长率
		（3）文化及相关产业增加值及其年均增速，文化及相关产业增加值占同期国内生产总值（GDP）比重，文化及相关产业贡献率（增加值增量与GDP增量之比），文化及相关产业对国内生产总值增长的拉动（GDP增长速度与行业贡献率之乘积），文化产业贡献值年增长率与文化产业从业人员数量年增长率的比值，文化产业贡献值年增长率与政府对文化投入年增长率的比值
		（4）文化及相关产业法人单位的机构数，年末从业人员数，从业人员占第三产业从业人员比重，资产总计，营业收入，利润总额，固定资产原值增长率与营业收入增长率的比值

续表

目标层	准则层	指标层
（四）推动文化产业全面高质量发展	2. 推动产业结构优化升级	（1）数字创意、数字娱乐、网络视听、线上演播、数字艺术展演、沉浸式体验等新业态文化创意产品和服务的产值及其占文化产业总产值的比重
		（2）数字文化企业（包括数字文化内容生产传播企业、数字文化支撑技术研发企业、数字文化装备制造企业、数字文化平台企业等）的数量及其占文化企业总量的比重
		（3）知识密集型产业/专利密集型产业/版权产业增加值及其占GDP的比重
		（4）文化创意行业从业人数年增长率
	3. 优化文化产业空间布局	（1）各级各类文化产业功能区/集聚区的数量，包括区域文化产业带（群）、文化产业协同创新中心、国家文化产业创新实验区、国家级文化产业示范园区（基地）等
		（2）城乡、区域间文化产业合作项目的数量
		（3）文化产业特色乡镇（村）、乡村特色文化企业、乡村特色文化产业项目的数量
	4. 扩大和引导文化消费	（1）城镇/农村居民文化消费支出，城镇/农村居民人均文化消费支出，城镇/农村居民人均文化消费支出占人均家庭总支出比重，城镇/农村人均收入增长与人均教育文化娱乐支出增长的比率
		（2）文化产业知名商标品牌、地域特色文化品牌的数量
		（3）国家文化和旅游消费示范城市、区域文化和旅游消费中心城市、国家级文化和旅游消费集聚区、国家级夜间文化和旅游消费集聚区的数量
		（4）文体商旅综合体、高品位步行街等新型文化消费场所的数量、占地面积
		（5）各地文化消费季、消费月、消费周等消费活动的举办次数、贸易额
		（6）文化消费信贷产品和服务的种类和数量，为困难群众提供的消费补贴额
		（7）电子票、云排队、会员制等网络消费模式的普及率

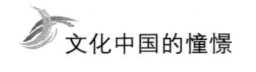

续表

目标层	准则层	指标层
（四）推动文化产业全面高质量发展	5. 加快文化市场建设	(1) 各类市场主体的培育情况：规模以上文化企业的数量与占比，年产值超过10亿元的大型文化企业（骨干文化企业、文化领军企业）的数量与占比，进入世界/中国500强的文化企业机构数、市场占有率、世界/中国排名，上市文化企业机构数，国有或国有控股大型文化企业占比，民营文化企业年产值占文化产业总产值之比
		(2) 文化体制改革推进情况：国有经营性文化单位转企改制比，转制企业经营效益增长率
		(3) 文化产品综合展示交易平台数、交易额，重点文化会展的举办次数、贸易额
		(4) 文化企业服务体系的构建情况：设立"一站式"综合服务平台的区域数，区域文化和旅游企业综合服务中心机构数，文化中介服务机构数
		(5) 文化市场监管水平与诚信建设情况：文化市场执法机构数、从业人员数，打击走私、伪劣、违禁等非法文化商品的数量，全国智慧监管平台的应用普及率与资源共享率，全国信用信息共享平台和国家企业信用信息公示系统的建设使用情况，文化行业协会数，行业文化信用满意度
	6. 深化文化与金融合作	(1) 文化投融资项目数、资金额
		(2) 政府和社会资本合作（PPP）模式的项目数，社会资金对文化产业投入增长率，国有文化资产保值增值率
		(3) 重点文化产权交易所的数量，文化企业国有资产入场交易额
		(4) 银行业金融机构成立的文化金融专业服务团队、专营机构和特色支行的数量，其他文化金融中介机构（投融资担保机构）的数量
		(5) 国家文化与金融合作示范区、文化和旅游金融服务中心的建设情况
		(6) 文化产业无形资产抵押、质押贷款业务的成交额

续表

目标层	准则层	指标层
（四）推动文化产业全面高质量发展	7. 推动文旅产业融合发展	（1）文旅产品与服务（包含旅游演艺、文化遗产旅游、研学旅游、主题公园、主题酒店、特色民宿、特色节庆展会等）的营业收入与品牌数
		（2）文旅产业融合发展载体（包含国家文化产业和旅游产业融合发展示范区、国家级文化生态保护区、国家文化公园、国家级旅游休闲城市和街区、民族民俗文化旅游示范区等）的建设情况
		（3）红色旅游和乡村旅游等文旅融合重点业态的发展情况

（五）构建创新发展生态体系

坚持以创新为驱动，构建文化创新发展生态体系，是提升国家文化软实力和核心竞争力的必然要求，是推进社会主义文化强国建设的不竭动力。人才创造力是文化发展的关键要素，加强文化队伍建设是推动文化创新的首要前提和根本保障。只有健全义务教育、高等教育、传承人、领军人才和社会培训相结合的文化人才培育体系，才能为社会主义文化强国的建设提供人才支撑和智力支持。创意和创新是文化生产的核心环节，文化产业创造力是文化活力的重要标识，需进一步落实文化产业数字化战略，以创新链服务产业链，以新产品、新业态带动文化产业转型升级。科技发展是推动文化创新的根本动力和重要支撑，需推进文化与科技深度融合，不断激发创新创造动能，进而实现文化事业和文化产业更高质量、更有效率的发展。全面评估国家的文化创新水平和效能，应从知识创新能力、人才创造能力、艺术原创能力、成果转化能力、创新经济效益等维度出发，设置文化人才储备、文艺精品创作、文化科研水平、文化创新产出等指标，在此基础上综合衡量社会各领域的创新底蕴和创造活力。文化创新创造力评估指标体系见表7-5。

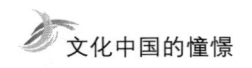

表 7-5 文化创新创造力评估指标体系

目标层		准则层	指标层
总目标	分目标		
（五）构建创新发展生态体系	1. 加强文化队伍建设	（1）加大文化人才储备	①各级各类文化机构（包括文物业、艺术表演团体、公共图书馆、群众文化事业单位、文化市场经营机构等）的从业人员数，乡土文化能人、民族民间文化传承人等基层文化人才的数量
			②各级各类文化机构专业技术人才的数量与占比，各级各类文化机构正/副高级职称从业人员数与占比
			③国家级重点学科学术带头人、文化名家工程人选、重大文化项目首席专家、文化行业科技创新人才等高层次领军人物的数量
			④国家级文化荣誉称号（包括人民艺术家、人民作家、全国宣传文化系统"四个一批"人才等）获得者人数
			⑤文化行业智库专家库、全国艺术科学专家库的成员数
		（2）加强文化教育培训	①文化教育与培训经费投入，人均文化教育与培训费
			②高等院校、职业学校与相关企业联合建设的文化人才培养基地/专业人才实训基地的数量、培训人数
			③全国高校艺术类专业的招生数、在校生数、毕业生数，文化艺术类职业院校和骨干专业的建设情况
			④文化领域大学生"双创"支持项目、"双师型"教师培养项目、青年人才扶持项目的数量
			⑤文化表演、创作、管理、评论人才研修培训班的举办次数、参与人数，面向全国基层公共文化服务队伍开展的教育培训班的举办次数、参与人数

续表

目标层		准则层	指标层
总目标	分目标		
（五）构建创新发展生态体系	1. 加强文化队伍建设	（3）提升科研理论水平	①综合性/地方性文化研究院所的机构数，人员数，年度申请的省部级以上课题数，结项课题数，出版的专著或图册数，发表的论文数，完成的研究报告数，研究成果获国际/国家/省部级奖项数
			②文化行业智库建设试点单位的数量
			③文化领域基础理论和应用研究的项目数
	2. 推进文艺精品创作	（1）提高原创能力	艺术表演团体原创首演剧目数；原创电视节目的数量，获得国际文化奖项（诺贝尔文学奖等）的数量
		（2）加大艺术创作扶持力度	各级文化部门设立的艺术创作专项资金的使用情况，各类文化精品扶持计划、文化创作工程的推进情况
		（3）完善文艺评价体系	文艺评论品牌栏目的数量，文艺新媒体评论平台的建设情况，重点评论活动的组织开展情况，全国性文艺评奖的组织开展状况
	3. 提升科技支撑水平	（1）加大财政支持	文化领域科技活动经费投入及其占财政支出的比重
		（2）培育科技创新载体	①文化领域科学研究与开发机构的数量，科技活动人员数
			②有R&D活动的规模以上文化企业数量及其占比
			③文化和旅游部重点实验室和技术创新中心、国家文化和科技融合示范基地等科技创新机构的数量
		（3）推进科技研发应用	①文化领域科学研究与开发机构R&D经费支出，R&D项目数，专利申请数，专利授权数，出版著作数，发表论文数，获国际/国家/省部级奖项的数量及其年增长率，拥有知识产权数，主导技术标准数，科研成果转化率

续表

目标层		准则层	指标层
总目标	分目标		
（五）构建创新发展生态体系	3. 提升科技支撑水平	（3）推进科技研发应用	②文化领域科技基础理论项目、核心关键技术攻关项目、应用示范项目、创新重点项目的推进情况
			③文化专利技术知识产权保护体系的建设情况：每万人高价值发明专利拥有量，每万人版权合同登记数量，知识产权执法维权专项行动次数，开展知识产权宣讲活动的场次与参与人次
		（4）加快信息化建设	①文化数据资源体系（包括国家文化大数据体系、数字文化资源库等）的开发建设情况
			②文化领域各级各类数据资源的开放共享流通程度
		（5）提升行业装备水平	①创新型装备研发和生产服务企业机构数
			②新技术、新材料在文化装备制造中的应用情况
			③文化装备制造业示范园区、示范企业和示范项目的数量
	4. 推动文化产业创新发展	（1）发展新型文化业态	线上演播、数字创意、数字艺术、数字娱乐、沉浸式体验等新兴文化产业的产值及其在国内生产总值中的占比，数字文化品牌的建设情况，数字文化与社交电商、网络直播、短视频等在线新经济的融合程度，大数据、物联网、人工智能等新技术在文化创意产品开发领域的应用情况
		（2）改造提升传统文化业态	演艺、娱乐、工艺美术、文化会展等传统文化行业的科技应用水平，与互联网平台企业的合作情况，文化产品和服务的上线上云情况
		（3）完善基础设施建设	文化产业数据中心、云平台等"云、网、端"通用基础设施的开发建设情况
		（4）支持创新平台建设	文化企业孵化器、众创空间、文化双创服务平台、互联网创业和交易平台等创新创业载体的建设情况
		（5）推进专利开发	具有自主知识产权的文化产品和服务的品牌数及其产值

(六) 提升中华文化国际影响力

党的十八大以来,我国着力推进"走出去"的文化战略,对于弘扬中华文化、扩大文化的国际影响力具有深远意义。"影响力"指一国的特色文化要素对外国民众的思想或行为所起的作用,是一国文化认同范围和程度的表征和体现,可从认知、态度、行为三个维度进行测量。在中国日益走近世界舞台中央的大环境下,需深入调研不同层次文化交流活动的开展情况,实证研究文化产品、服务和资本走出去的市场规模和市场效益,客观评估中华文化海外传播的广度和深度,构建文化"走出去"指标体系并应用于评估实践,全面衡量文化市场竞争力、对外传播力和国际影响力的现状水平,客观检验中华文化走出去的成果和实效。为更好地反映文化认同来源的多样性,指标的设计需结合权威统计数据以及海外受众反馈,将不同层面对中华文化影响力的贡献度纳入测评框架,进一步把握我国文化传播、交流、贸易、投资的总体情况、主要特征和潜在空间,明确国际社会对中华文化的知晓率、认同度和需求度,为更好地促进中华优秀文化走出去提供针对性强、可行性高的决策参考。文化对外影响力评估指标体系见表7-6。

表7-6 文化对外影响力评估指标体系

目标层	准则层	指标层
（六）提升中华文化国际影响力	1. 大力推动文化外交	（1）国家间高层互访配套文化活动的举办情况；国家间文化部门互访互动的情况
		（2）签订政府间文化交流合作协定、文化交流执行计划的数量
		（3）国际文化规则制定的参与度，包含国际重大奖项评比标准、重要国际论坛议程设定等
	2. 提升全球价值导向力	（1）中国理念、中国制度、中国方案的宣传阐释情况；相关书籍的翻译出版量，相关影视作品的制作播放量，相关宣传推介活动的举办参与情况
		（2）外国人对中华文化符号、文化价值理念的知晓度
		（3）外国人对中华传统文化、社会主义核心价值观、中国梦等中国价值理念的认同度与亲近度
		（4）外国人对中华文化形象的总体评价

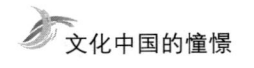

续表

目标层	准则层	指标层
（六）提升中华文化国际影响力	3. 开展多层次对外交流	(1) 海外中国文化中心、孔子学院、中外语言交流合作中心的数量、规模和覆盖率
		(2) "一带一路"人文交流情况：与沿线国家合作举办的各类品牌活动（包括文化节展、文物展览、博览会、书展、电影节、体育活动、旅游推介等）的次数与参与人次，与沿线国家合作建立的国际剧院、博物馆、艺术节、图书馆、美术馆联盟的数量
		(3) 各类文化交流活动开展情况：中国文化年（节）、旅游年（节）等国家大型文化交流合作项目、重点品牌活动的举办次数、参与人次，各类企业、行业协会、基金会、海外社团、文化团体以及公众（包括出境游客、留学生、海外务工人员、华侨华人等）开展民间文化交流活动的情况
		(4) 国际文旅情况：全年入境旅游人次，入境游客平均逗留天数、人均天消费，国际旅游外汇收入及世界排名
		(5) 国际学术交流情况：外国留学生人数，国际论坛、学术会议的举办情况，考古研究、文物保护、联合申遗等领域的合作项目数，国际汉学交流情况，中外智库合作情况
		(6) 海内外青少年文化交流情况：大型国际青少年艺术比赛/国际青年艺术周的举办次数、参与人数，进行对外文化推广的青年主播、博主的人数
	4. 提高国际传播能力	(1) 文化传播平台的搭建情况：国家新闻发布平台的点击量、订阅数、阅读量，人民日报社、新华社国外社交媒体平台覆盖率、粉丝量、稿件引用量，对外社交媒体平台的国际用户数、用户活跃度、用户黏度，对外影视播出平台的用户数、播放量，中央电视台海外频道的用户数、覆盖率，外国人对中国媒介（包括新闻出版业、电视台、互联网、政府媒体、公共媒体、商业媒体等）的信任度
		(2) 汉语教学推广情况：全球学习使用汉语的人数，将汉语教学纳入国民教育体系的国家数，国外学校汉语课程或汉语专业的开设情况，海外中国文化中心、孔子学院、中外语言交流合作中心汉语教学活动的举办参与情况，中文传播平台的建设情况，国际中文教育标准体系的构建情况

续表

目标层	准则层	指标层
（六）提升中华文化国际影响力	4. 提高国际传播能力	（3）图书、影视剧节目、演艺、艺术与工艺美术等传统优势传播载体以及网络文学、动漫游戏、数字音乐、短视频、直播等新型传播载体的开发利用情况
	5. 增强文化产业国际竞争力	（1）对外文化贸易情况：文化产业创汇能力（文化产品和服务的进口额、出口额、进出口额之比率），中国文化出口企业、文博创意机构、海外文化企业等外向型文化企业法人单位机构数、年末从业人员数、资产总计、营业收入、利润总额，自贸伙伴、新兴市场和发展中国家在我国对外文化贸易与合作中的占比
		（2）文化产品和服务的出口结构：网络文学、动漫游戏、数字音乐、短视频、直播等数字文化产品和服务的出口额及其占比，高新技术文化产品与服务的出口额及其占比，拥有自主知识产权的文化产品出口额年增幅
		（3）文化产品和服务的国际影响力：文化产品获国际重大奖项的数量，国际性知名文化品牌的数量与营销额，进入世界品牌价值500强的中国品牌数及其排名综合值，图书、期刊、报纸等传统纸质媒体的翻译出版量、传阅率，音像制品、电子出版物的境外市场营收额，影视剧节目的译制播出量、境外收视率，国产影片境外票房收入、票房排名，艺术表演团体海外演出场次、观众人数、演出收入
		（4）境外文化投资情况：文化产业境外投资流量，境外投资结构和布局，与其他国家政府以PPP（政府和社会资本合作）模式合作建设的文化旅游项目数、投资额
		（5）国际合作平台建设情况：国家对外文化贸易基地、文化贸易服务平台的数量，国内文化企业与各国合作伙伴共建的文化产业合作园区、孵化器和双创中心的数量，中国文化企业在境外设立的创意设计产品研发和体验中心的数量，中国文化企业参与境内外综合性/专业性国际贸易展会、线上展览交易会、产品宣传推介会的情况

续表

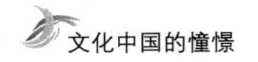

目标层	准则层	指标层
（六）提升中华文化国际影响力	5. 增强文化产业国际竞争力	（6）对外合作项目推进情况："一带一路"文化产业和旅游产业国际合作重点项目数，中日韩文化产业论坛、中国-中东欧国家文化创意产业论坛等长效合作机制的建设情况，发起/加入的文化产业国际合作联盟的数量
		（7）文化标准国际化进程：参与制定或主导制定的文化产品、技术、服务的国际标准数
		（8）知识产权保护国际合作情况：签署版权输出或引进协议的国家数和机构数，知识产权使用费年进口总额、年出口总额、进出口额比率
		（9）涉外人才队伍建设情况：涉外文化创意人才、经营管理人才和服务人才的数量，国外优秀创意人才来华创新创业的人数，国际性文化和旅游智库的机构数

第四节 在实践中不断完善文化强国评估指标体系

以推动文化大发展大繁荣为导向，构建社会主义文化强国评估指标体系影响深远、意义重大，是具有前瞻性、开创性和先导性的艰巨工程。社会主义文化建设是一项长期性的事业，文化强国评估指标体系也是一个开放性的系统，需要在实践应用中不断更新完善，在调查反馈中不断调整优化，紧贴中国文化发展实际，及时反映时代的新变化、新问题、新要求。为适应到2035年建成社会主义文化强国的紧迫需要，应建立文化监测评价的长效机制，构建适应文化强国建设的评估指标体系，在评估实践中反馈指标问题，完善指标框架，把握社会主义文化强国建设的总体进程，进一步提升对文化发展趋势的预测能力。

一、完善建成社会主义文化强国的测评机制

在搭建评估指标框架的基础上，要进一步完善建成社会主义文化强国

的测评机制，实现各项评估指数的精准度量和准确计算，确保指标体系的科学性、有效性和实用性。为实现文化数值的统计分析，要将定性要素量化分解为具体的统计指标，赋予各部分明确的指标值。由于文化自身的复杂性和多维性特征，在评估和测量实践中，指标之间往往相互交叉、纵横交错。为简化指标系统，应合理利用统计学中的降维分析方法，将诸多相关性变量重组为彼此之间相互独立的综合指标，既达到减少分析指标的目的，又不损失原有的指标信息，进而实现对数据资料的全面高效利用。

基于收集的统计资料，需要对指标数据进行极差标准化处理，使各类数据无量纲化和归一化，建立起标准化的评估指标体系，在此基础上进行量化计算与实证分析。指标权重合适与否将直接影响文化评估的科学性与准确性。因此，要对指标的相对重要程度进行主客观度量，合理确定各项指标的权重系数，选择适当的测算方式将各类数据加权汇总成一个综合指数，以衡量我国当前的文化建设状况，预测文化发展的潜在空间。此外，需要借助专家调查对现有的评估框架进行可行性分析，根据相关反馈意见进一步修改、完善指标体系。

二、构建适应文化强国建设的统计体系

从实践层面来看，合理完善的统计体系是文化评估顺利展开并发挥有效作用的重要支持条件。文化领域的监测评估以现有的统计数据为前提，建立在现行文化行业分类以及统计口径的基础之上，统计资料的准确性、可及性将直接影响文化发展指数的客观性和有效性。同国际上的先行者相比，我国的文化统计工作尚处于起步阶段，统计数据的可信度、可比性以及标准化程度较低，无法较好地满足文化强国建成指数测算评估工作的需求。

有鉴于此，应充分借鉴联合国教科文组织制定的文化统计框架和指标统计方法，根据我国的实际情况和文化工作的现实要求做出相应调整。在文化评估的目的导向下，将评估指标体系作为开展统计调查、收集统计数据的重要依据，推动建立科学可行的文化及相关产业统计制度，部署并有效落实统计与监测工作。在此基础上，应建立文化统计的长效机制，进一

步完善相关统计标准和规范，加快建设文化指标数据库，保证数据采集的连续性和稳定性，努力提升我国文化统计工作的规范化和标准化程度，为指标数据的科学采集和客观分析提供基本前提，为持续推进社会主义文化强国建设提供统计保障。

三、在实践应用中优化评估指标体系

需要在评估实践中灵活运用该指标系统，依据测算结果进行年度、地域、板块间的比较研究，结合实际情况不断调整、完善评估模型的框架结构，细化二级准则层和各项三级统计指标，以期形成科学全面的文化强国评估指标体系。对31个省（自治区、直辖市）的文化发展状况进行分析比较时，由于经济文化水平的差异以及统计口径的差别，在不影响整体评价有效性的前提下，应根据数据可得性、可操作性原则对评估指标体系进行灵活调整，删去没有相关统计口径的指标，采用更为切合本土实际的有效指标予以替代，并相应调整各项评价指标的权重，进而实现灵活全面的文化考量。

应处理好监测评估与加强建设之间的关系，在指数解读和比较研究的基础上，把握不同地区文化发展的差异性及其主要制约因素，及时总结文化建设过程中的经验与问题，找准突破口对症下药，据此形成有针对性的对策建议，精准改进各地文化建设的不足之处，进一步提高我国整体文化发展水平。评估系统是衡量判断文化政策实施情况的重要依据，应将文化指标体系作为评价考核的有效抓手，使之与政绩考核体系贯通融合，强化文化改革与发展的监督约束机制，不断改进各地公共部门的文化管理工作，确保文化政策的持续性和可靠性，全面提升我国文化治理体系的现代化水平，促进社会主义文化建设提质增效。

在2035年建成社会主义文化强国的战略部署下，构建并完善文化强国评估指标体系势在必行。有鉴于此，应立足于中国文化国情，扎实推进基础理论研究工作，明晰社会主义文化强国的基本内涵、核心价值与本质特征。在此基础上，围绕社会主义文化强国的定量测评与实证分析展开应用研究，推动概念与经验、理论与实践相互补充、互相验证，进而克服理论

的空洞性与实践的盲目性。

在新的历史起点上,应立足全国、借鉴国际、接轨世界,分步实施、有序推进社会主义文化强国评估指标体系的研究设计和推广应用工作,致力于构建形神兼备、质量兼顾的评估指标体系,完善政府与社会力量相结合的多元评价机制,全面考量我国物态文化力、制度文化力和精神文化力的发展程度,在文化建设的动态实践中不断充实、完善评估框架,使之尽早发挥监督考核和激励导向的作用,不断提升国家文化治理的科学化水平,推动社会主义文化建设事业迈上新台阶、取得新突破。

第八章 建成社会主义文化强国的实践路径

党的十九届五中全会明确提出到2035年要建成社会主义文化强国。相较于到本世纪中叶建成富强民主文明和谐美丽的社会主义现代化强国的第二个百年奋斗目标，建成社会主义文化强国对于建成社会主义现代化强国具有基础性和先导性的作用。事实上，我们距离2035年也仅有不到3个五年规划的时间，这就使得建成社会主义文化强国不仅是一个理论问题，更是一个实践问题，对建成社会主义文化强国的具体实践路径加以探讨十分必要。

对于建成社会主义文化强国的实践路径而言，需要从根本原则、中心任务、战略目标、全球视野等方面加以探讨。具体而言，建设社会主义文化强国的根本原则在于坚持党的领导，坚持人民本位；中心任务在于打造中国特色社会主义文化的价值与信念；战略目标在于以文化的现代化发展助推现代化强国建设；全球视野在于立足于世界文明多元一体、交流互鉴的广阔平台。此外，网络空间作为文化强国建设的重要阵地同样要予以重视，以网络空间建设助力社会主义文化强国实践。

第一节　根本原则：坚持党的领导，坚持人民本位

建成社会主义文化强国最关键的一点是明晰在建设社会主义文化强国的过程中需要坚持的根本原则。只有拥有明确的原则，建设社会主义文化强国才会有基本目标和根本遵循。具体而言，"社会主义"一词作为"文化强国"的修饰语，明确了我们所要建设的文化强国的根本特征。因此，在建设社会主义文化强国的过程中要将坚持党的领导、坚持人民本位作为根本原则。坚持党的领导，就是要在实践过程中牢牢掌握意识形态领导权，培育社会主义核心价值观，铸牢中华民族共同体意识；而坚持人民本位则是要以人为本，全面提高人民思想文化水平并着力满足人民美好文化生活需要。

一、牢牢掌握意识形态领导权

坚持党的领导，坚持人民本位，要牢牢掌握意识形态领导权。党的领导不是一个空泛的概念，它体现在党对于整个社会方方面面的领导，不仅是经济、政治层面的领导，更是文化、意识形态层面的领导。只有坚持党的领导，牢牢掌握意识形态的领导权，才能够真正做到坚持人民本位。

意识形态（ideology）一词最早由19世纪法国哲学家德·特拉西使用，它由idea（观念）和logos（理性）两部分组成，指的是关于观念的学说或者观念学。然而，由于特拉西这种由抽象观念上升到一般现实的思维方法被拿破仑嘲笑为一种脱离现实的推测性学说，同时拿破仑也将以特拉西为代表的意识形态家（Idéologues）指责为"空想家"，因此，意识形态（ideology）一词也被赋予了"虚假的观念"的否定性含义，而Idéologues一词也同时兼具意识形态家和空想家的双重含义。

众所周知，马克思和恩格斯并未在著作中对于意识形态一词做出明确定义，事实上他们是在批判的、否定的意义上使用意识形态这一概念的。在《德意志意识形态》中，马克思和恩格斯批判了青年黑格尔派的意识形

态家们认为观念、思想、概念的一切产物是人们的真正枷锁,只要同意识的这些幻想进行斗争就可以实现人类解放的思想,并指出意识形态不是一种独立的存在,它与物质环境之间存在着关联,"不是意识决定生活,而是生活决定意识"①。马克思和恩格斯的这一论述实际上颠覆了自特拉西到青年黑格尔派的众多意识形态家们认为现实是观念的产物的观点,将意识形态置于现实的坚实地基之上。

在之后的《〈政治经济学批判〉序言》当中,马克思进一步阐发了《德意志意识形态》中的思想:"物质生活的生产方式制约着整个社会生活、政治生活和精神生活的过程。不是人们的意识决定人们的存在,相反,是人们的社会存在决定人们的意识。"② 这便阐明了意识形态不是某种独立的存在,它的存在受到生产方式的制约。尽管马克思和恩格斯在生前并未对意识形态给予定义,但是有学者根据他们在著作中所阐发的思想,对意识形态给予了如下定义:"在阶级社会中,适合一定的经济基础以及竖立在这一基础之上的法律和政治的上层建筑而形成起来的,代表统治阶级根本利益的情感、表象和观念的总和,其根本的特征是自觉地或不自觉地用幻想的联系来取代并遮蔽现实的联系。"③ 并指出意识形态具有实践性、总体性、阶级性、掩蔽性、相对独立性等特征。

在马克思和恩格斯看来,意识形态是一种虚假的观念,并且其存在有赖于经济基础,但不可否认的是,意识形态对个人有着不可忽视的影响。人由出生到成熟不仅是一个外在身体的成熟过程,同样也是内在的思想、心智的成熟过程。在这一内在的成熟过程中,人逐渐由自然存在物转变为社会存在物。而在这一转变中,人必须要接受教化,学习同他人交流的语言、熟悉与他人交流的方式、适应社会运行的规则,而这正是意识形态发挥作用的过程。要言之,正是立足于经济基础的意识形态将社会的新生成员逐渐教化为适应社会的合格成员。所以,尽管每个人都以为自己在按照自身的意愿行动,但他们无时无刻不在受到意识形态的影响。因此,绝不

---

① 马克思,恩格斯. 马克思恩格斯文集:第1卷. 北京:人民出版社,2009:525.
② 马克思,恩格斯. 马克思恩格斯文集:第2卷. 北京:人民出版社,2009:591.
③ 俞吾金. 意识形态论. 修订版. 北京:人民出版社,2009:131.

能因为经典作家批判意识形态为"虚假的观念"便忽视意识形态领域。事实上，在马克思和恩格斯看来，意识形态对于人的束缚是真实存在的，但要将人从这种束缚中解脱出来，仅仅依靠观念的变革是不够的。

统治阶级不仅仅是在经济、政治上占据统治地位，在意识形态方面同样占据统治地位。"统治阶级的思想在每一时代都是占统治地位的思想。一个阶级是社会上占统治地位的物质力量，同时也是社会上占统治地位的精神力量。"① 这说明统治阶级在物质和精神两个方面都是占统治地位的阶级。党政军民学，东西南北中，党是领导一切的。尽管统治阶级的思想是占统治地位的思想，统治阶级应当对意识形态予以领导，但这种领导权并不是自然获得的。由于意识形态具有相对独立性，因此它并不立即随着统治阶级的变化而变化、也不立即随着经济基础的改变而改变。正基于此，在葛兰西看来，统治阶级要实现其统治不能仅仅依靠国家机器发挥强制性作用，也要夺取和行使在文化和意识形态领域的领导权，特别是对于发达工业国家的无产阶级而言，在文化和意识形态领域的斗争更为重要。在他看来，一个阶级实现统治的核心在于"同意"，而这种"同意"的取得仅仅依靠强制是不够的，必须经由意识形态领域实现。同时，他还认为，与通过暴力革命取得政权的"运动战"方式不同，无产阶级取得意识形态领导权的过程是一个"阵地战"的过程，在此过程中要不断地突破资产阶级在思想和文化领域的"堡垒和战壕"，这实际上说明了意识形态领域的斗争是长期的、复杂的，同时也说明了牢牢掌握意识形态领导权的重要性。

中国共产党在革命、建设、改革和奋进新时代的长期实践中形成了对于掌握意识形态领导权重要性的认识。1957年，毛泽东在《关于争取处理人民内部矛盾的问题》中指出："无产阶级和资产阶级之间在意识形态方面的阶级斗争，还是长时期的，曲折的，有时甚至是很激烈的。"② 这阐明了无产阶级同资产阶级在意识形态领域斗争的基本特点。党的十八大以来，党对意识形态工作重要性的认识进一步深化，习近平总书记指出：

---

① 马克思，恩格斯. 马克思恩格斯文集：第1卷. 北京：人民出版社，2009：550.
② 毛泽东. 毛泽东文集：第7卷. 北京：人民出版社，1999：230.

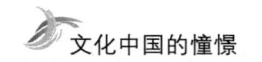

"经济建设是党的中心工作,意识形态工作是党的一项极端重要的工作。"①并提出:"能否做好意识形态工作,事关党的前途命运,事关国家长治久安,事关民族凝聚力和向心力。"② 做好意识形态工作,掌握意识形态领导权对于新时代的中国特色社会主义事业具有重要意义。

牢牢掌握意识形态领导权是文化强国的重要特征。纵观历史上的文化强国,无一不是意识形态的输出国,无一不在意识形态领域拥有绝对的话语权。在意识形态领域处于劣势地位,在国际舆论中时常"失语"的国家一定不能被称为文化强国。因此,牢牢掌握意识形态领导权,在国际上拥有较强的意识形态话语权是文化强国的必然价值诉求。

如前所述,掌握意识形态领导权是一项长期而艰巨的任务,在具体实践层面要从以下几个方面入手。

首先,掌握意识形态领导权要坚持马克思主义在意识形态领域的指导地位。马克思主义是中国共产党的指导思想,也是我们社会主义国家的意识形态旗帜,面对错综复杂的意识形态斗争形势,只有坚持好马克思主义在意识形态领域的指导地位,才能凝聚全体人民团结奋斗的思想共识,推动建成社会主义文化强国。

其次,掌握意识形态领导权要创新意识形态工作方式。以往的思想宣传和意识形态引领工作主要通过报纸、书籍、影视等传统方式进行,而现在的全媒体传播方式则拓宽了信息传播渠道,使得意识形态工作更加复杂。这就需要创新意识形态工作方式,拓宽意识形态工作渠道,以适应意识形态领域的新形势、新变化。

最后,掌握意识形态领导权要坚持人民本位。人民就是江山,江山就是人民,党的一切工作的出发点和最终归宿都是为了人民,意识形态工作同样如此。就我们所坚持的意识形态而言,它应该是以人民为中心、为人民服务的意识形态,而不是以资本为中心的或者以治理为中心的意识形态。经济增长、社会治理以及意识形态都是作为手段而存在的,其积极成

---

① 习近平. 习近平谈治国理政. 北京:外文出版社,2014:153.
② 中共中央文献研究室. 习近关于全面建成小康社会论述摘编. 北京:中央文献出版社,2016:103.

果应该真正地惠及人民。

二、培育社会主义核心价值观

坚持党的领导，坚持人民本位，要培育社会主义核心价值观。坚持党的领导，牢牢掌握意识形态领导权，在实践层面首先就要培育社会主义核心价值观，以社会主义核心价值观作为国家发展和公民生活的指南。

党的十八大报告要求，要倡导富强、民主、文明、和谐，自由、平等、公正、发展，爱国、敬业、诚信、友善，培育和践行社会主义核心价值观。2013年12月，中共中央办公厅印发的《关于培育和践行社会主义核心价值观的意见》明确提出："社会主义核心价值观是社会主义核心价值体系的内核，体现社会主义核心价值体系的根本性质和基本特征，反映社会主义价值体系的丰富内涵和实践要求，是社会主义核心价值体系的高度凝练和表达。""富强、民主、文明、和谐是国家层面的价值目标，自由、平等、公正、法治是社会层面的价值取向，爱国、敬业、诚信、友善是公民个人层面的价值准则"。可以说，社会主义核心价值观既是国家建设、社会发展的宏伟蓝图，也是个体层面的行动指南，体现了社会主义的本质要求，同时也是社会主义意识形态的具体表达。

培育社会主义核心价值观对于文化强国建设具有重要意义。习近平总书记指出："核心价值观是文化软实力的灵魂、文化软实力建设的重点。一个国家的文化软实力，从根本上说，取决于其核心价值观的生命力、凝聚力、感召力。"[1] 这说明，核心价值观对于一个国家的文化软实力，乃至国家的方方面面都具有重要作用。党的十九届五中全会提出了到2035年建成社会主义文化强国的战略目标，同时强调要以社会主义核心价值观引领文化建设。这说明，培育社会主义核心价值观是建设社会主义文化强国过程中一项重要的基础性工程。有观点认为，文化强国应具有对内的凝聚力和对外的感召力，以及时代的引领力[2]。毫无疑问，这种凝聚力、感召力

---

[1] 习近平. 习近平谈治国理政. 北京：外文出版社，2014：163.
[2] 邹广文，华思衡. 社会主义文化强国的价值内涵、实践路径与时代意义. 高校马克思主义理论研究，2021，7（4）：21-30.

和引领力都要通过核心价值观来实现。这也就要求核心价值观不仅要为一国所适用，同时要兼具国际视野，成为全人类共同的价值追求。

在实践中，发挥核心价值观的引领作用也面临不少挑战。一方面，随着我国日益向世界开放，深度参与到国际分工体系中，来自国际上的"普世价值论""历史终结论""社会主义失败论"等思潮也进入国内，冲击着人们的思想，影响着人们的价值判断，使意识形态领域的斗争形势更加复杂，为核心价值观发挥引领作用带来了巨大的挑战。另一方面，随着信息技术的发展，信息传播的媒介进一步增多，渠道也进一步拓宽，主流媒体的权威性受到冲击，各种思潮通过新媒体在互联网上大肆传播，使得主流声音被淡化甚至淹没。这实际上都给培育社会主义核心价值观带来了挑战。

在具体实践层面，培育社会主义核心价值观要从以下几个方面入手。

首先，培育社会主义核心价值观要严守舆论阵地，传播主流声音。各种社会思潮的冲击带来了意识形态领域斗争的复杂性，这种复杂性不能成为不作为的借口，而要成为勇于作为的契机。舆论领域不存在绝对的"理性、中立、客观"，每一种观点背后都有其思想根源和价值立场，因此舆论阵地如果"城门大开"，那么各种错误思想就会占领舆论阵地，挤占主流思想的生存空间。因此，培育社会主义核心价值观的首要任务就是严守舆论阵地，让核心价值观占领意识形态高地。

其次，培育社会主义核心价值观要善用全新媒介，拓宽传播渠道。在过去，主流声音的传播主要是通过报纸、电视等传统媒介进行，而现在，传播媒介的增多为核心价值观的传播提出了新的考验。如果主流媒体一味固守传统传播方式而拒斥新媒体，那么主流的声音会被弱化。因此，培育社会主义核心价值观不能固守传统传播渠道，要适应好、用好新媒体平台，让主流声音占据新媒体平台，让核心价值观通过新媒体平台深入人心。

最后，培育社会主义核心价值观要以核心价值观引领各类文化活动。人不仅是意识形态和价值观念的受动客体，同时也作为主体在同意识形态和价值观念的双向互动中接受并塑造意识形态和价值观念。因此，除了要通过媒体形式让人被动地接受社会主义核心价值观，也要通过各类文化活动，让人潜移默化地接受社会主义核心价值观的熏陶，让社会主义核心价值观内化于心、外化于行。

三、铸牢中华民族共同体意识

坚持党的领导,坚持人民本位,还要铸牢中华民族共同体意识。中华民族共同体是中国各民族以及海外华人的共同精神家园,铸牢中华民族共同体意识有利于增强海内外中华儿女的认同感和凝聚力,也有利于加强党的领导,并对社会主义文化强国建设具有积极的推动作用。

2014年9月,习近平总书记在中央民族工作会议上提出:"加强中华民族大团结,长远和根本的是增强文化认同,建设各民族共有精神家园,积极培养中华民族共同体意识。"① 有学者认为"中华民族共同体是一个涵摄政治、经济、文化、社会等多维度多层次的总体性共同体样态,在深层次上是一个文化共同体,各民族的文化认同与价值持守是其核心凝聚方式。"并认为中华民族作为一种共同体,有着"我们是谁""我们从哪里来""我们往哪里去"三重文化意蕴②。可以说,一个文化强国在本国范围内的价值诉求主要是认同感与凝聚力,而共同体意识则是这种价值诉求的具体承担者。一方面,共同的身份才能带来切实的认同感;另一方面,共同的价值追寻才能带来强大的凝聚力。

铸牢中华民族共同体意识对于建设社会主义文化强国具有十分重要的意义。中华民族共同体的文化认同能够使共同体中的个体成员将自我实现的追求自觉转化为建设社会主义现代化强国的动力,将个人实现与家国情怀融为一体。马克思反对将个体视为绝对利己主义的"唯一者",并认为人不仅不是原子式的独立存在而且始终是一个社会存在物,人的本质是一切社会关系的总和。因此,个体的自我实现始终要通过共同体来实现,而中华民族共同体的文化认同则有助于将个人追求团结在中华民族伟大复兴的愿景之下,推动社会主义现代化强国建设。同时,铸牢中华民族共同体意识有助于推动共同体成员的价值认同。共同的文化认同能够使共同体内

---

① 中共中央文献研究室. 习近平关于社会主义政治建设论述摘编. 北京:中央文献出版社,2017:157.
② 邹广文. 论中华民族共同体的文化叙事结构. 哲学研究,2021 (11):5-13.

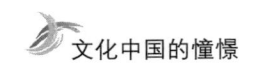

成员通过身份认同的方式将自我实现融入共同体的总体实现当中，而共同体意识所带来的价值认同则使得共同体内成员自觉地将共同体的价值追求作为个体的价值追求，这种个体与共同体价值追求的双向认同有助于共同体总体目标的实现。

就现实状况而言，中华民族共同体这一概念在国内有着广泛的群众基础，同时在国际上也有广泛的价值认同。中华民族作为一个民族国家的概念是在近代才有的，而其作为一个民族概念则自古有之。一方面，中国始终有着作为一个多民族统一国家的坚实历史基础；另一方面，近代以来中华民族多次面对外来者的入侵，在这一过程中也打下了现代民族国家意识的基础。而在国际上，海外华人华侨也具有较强的中华民族共同体意识，不少海外华人华侨会回到国内来认祖归宗或是寻亲访友，这说明即使身在海外，他们还是有很强的身份认同。但是，中华民族共同体不应仅仅带来一种身份认同，更重要的是带来一种价值认同。

从实践方面来看，铸牢中华民族共同体意识可以从以下几个方面入手。首先，铸牢中华民族共同体意识要打牢中华民族共同体的物质基础。中华民族共同体意识作为上层建筑的一个组成部分需要坚实的经济基础作为保障。其次，铸牢中华民族共同体意识要建立各民族共同的价值追求。中华民族共同体除了解决"我们是谁""我们从哪里来"的问题，同样要解决好"我们往哪里去"的问题，这就需要发挥好核心价值观的引领作用，将中华民族共同体团结在中华民族伟大复兴的旗帜之下。最后，铸牢中华民族共同体意识要推动各民族交流互鉴。中国是一个统一的多民族国家，各个民族之间的文化风俗存在差异。在中华民族共同体的文化叙事之下，这种"不同"不应成为民族交流的阻碍，而应该成为民族互鉴的契机，在此过程中要"正确处理一元主导与多元创造的文化叙事"①。在民族交流互鉴中增强中华民族共同体的文化认同，铸牢各民族中华民族共同体意识。

四、全面提高人民思想文化水平

坚持党的领导，坚持人民本位，也要全面提高人民思想文化水平。建

---

① 邹广文. 论中华民族共同体的文化叙事结构. 哲学研究，2021（11）.

成社会主义文化强国最终是要让人民享有其积极成果。因此，在建设社会主义文化强国的过程中要抓牢人民这根主线，使文化强国建设真正惠及人民。要实现这一目标，首先就是要全面提高人民思想文化水平。

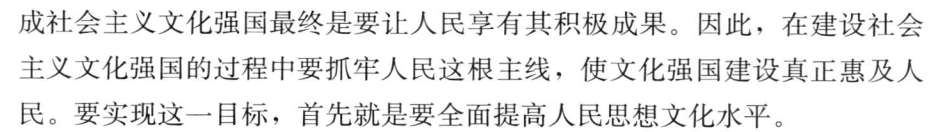

全面提高人民思想文化水平对于建设社会主义文化强国具有重要意义。人是文化的存在，不仅需要在共同体中获得物质层面的保障，同时也对国家共同体提出了文化层面的需求。从人作为社会主义文化强国建设积极结果的最终受益者这一角度来看，建设社会主义文化强国归根结底是要增强人的思想文化素质，提高人的思想文化水平。在马克思看来，人不仅是自然存在物，同样是精神存在物，人是灵与肉的二重性存在。人不仅要追求物质的丰沛，也要追求精神的充盈。因此，推动文化强国建设，从而全面提高人民思想文化水平，也是实现人的自由而全面发展的共产主义理想的题中应有之义。文化强国不是一个抽象的概念，而是无数具体个体的有机构成。众所周知，整体是由部分所构成的，没有脱离部分的整体。因此，文化强国作为一个整体概念，是离不开作为其有机构成的每一个具体个人的。从这一角度来看，建设社会主义文化强国，首先也要从个体入手，全面提高人民思想文化水平。

就具体含义而言，提高人民思想文化水平既包括教育方面的提高也包括道德素养方面的提高。一方面，现代化的教育体系已经非常成熟，能够培养出适应当前社会的人才。从某种程度来说，人只有接受了教育才能作为合格的社会成员进入社会，参与社会生活。也正是因为如此，在当今世界，接受教育已成为人的基本生存权利，从教育方面入手提升人民思想文化水平是一种最基本的提升手段。

另一方面，思想文化水平除了包含知识、技能方面的内容，还包含道德、伦理方面的内容。知识和技能可以通过学校的教育来学习，但是这并不是人参与社会生活所需的全部能力，甚至可以说不是最重要的能力。在人类尚处在封建社会甚至是原始社会的时候，道德和伦理就已经发挥重要作用了，从这个角度来说，道德和伦理是使人成为合格社会成员的基本素养。道德素养是学校、社会和家庭共同教化的结果。党的十八大报告从推进社会主义文化强国建设的全局出发，提出要全面提高公民道德素质，并将其视为社会主义道德建设的根本任务。可以说，提升全民的道德素养是提升人民思想文化水平、进而建设社会主义文化强国的必由之路。

全面提高人民思想文化水平对于建设社会主义文化强国而言具有重要意义，但是在现实层面还存在不少问题。首先，高学历人口不足。根据 2020 年第七次全国人口普查数据，我国大专及以上学历人口约为 2.2 亿人①，约占全国人口总数的 15.5%，而发达国家这一比例约为 30%。

其次，教育资源分配不均，受高等教育人口分布不均。尽管目前我国义务教育已全面普及，但是教育资源依然存在分配不均的状况。整体上来看，优质教育资源集中在一线城市以及一些东部发达省份，中西部教育资源相对匮乏。从微观角度来看，教育资源在各地分配同样不均，优质教育资源多集中于个别学校。尽管这种状况有利于培养少部分优秀人才，但由于没有让所有人都享受到相对一致的教育资源，这实际上对于全面提高人民思想文化水平是不利的。

最后，在道德素养方面仍需加强。中国自古以来就是礼仪之邦，由于深受儒家文化影响而十分重视公民道德素养建设。近年来随着对外开放程度日益加深，人民生活水平逐渐提高，但公民道德素养面临滑坡的危险，低级的物质追求正充斥着我们的生活；同时，在一些地区，一些封建糟粕思想还未得到彻底清除，这也同样影响着公民道德素养的提升。社会主义文化强国的建设离不开公民道德素养的提高，在这一方面还有很多的工作要做。

五、满足人民美好文化生活需要

坚持党的领导，坚持人民本位，要满足人民美好文化生活需要。党的二十大报告提出："明确我国社会主要矛盾是人民日益增长的美好生活需要和不平衡不充分的发展之间的矛盾，并紧紧围绕这个社会主要矛盾推进各项工作。"② 这一论断说明，当前一段时间我们党的工作的出发点和落脚

---

① 国务院第七次全国人口普查领导小组办公室. 2020 年第七次全国人口普查主要数据. 北京：中国统计出版社，2021：23.

② 习近平. 高举中国特色社会主义伟大旗帜 为全面建设社会主义现代化国家而团结奋斗：在中国共产党第二十次全国代表大会上的报告. 北京：人民出版社，2022：7.

点主要在于通过解决发展的不平衡不充分问题以满足人民对美好生活的需要。人民对美好生活的需要，不仅在于物质生活层面，同样也在于精神生活层面，物质生活丰盛但精神生活匮乏本身就是一种不平衡不充分的发展。为此党的二十大报告提出要"满足人民日益增长的精神文化需求"①。在我国社会主要矛盾发生转变的背景之下，建设社会主义文化强国也要着力于满足人民对美好文化生活的需要。可以说，建成社会主义文化强国的最终目标，一方面是提高人民思想文化水平，实现人的自由而全面发展，另一方面就是着力满足人民美好文化生活需要，实现精神文明的共同富裕。

反观现实状况，我国在满足人民美好文化生活需要方面还存在着不尽如人意之处。

首先，文化产业规模较小。2021年我国文化及相关产业增加值为52 385亿元，占GDP比重为4.56%，其中文化核心领域（以文化为核心内容，为直接满足人们的精神需要而进行的创作、制造、传播、展示等文化产品的生产）增加值为36 717亿元，占文化及相关产业增加值的70.1%②。相比之下，2021年全国农业及相关产业增加值占GDP比重为16.05%③。可以说，我国文化产业规模相对于其他优势产业而言还有较大的差距，距离满足人民美好文化生活需要的要求还有较大的提升空间。

其次，文化产品供给的数量有待增加、质量有待提高。2021年我国在新闻信息服务领域和内容创作生产领域的增加值分别为7 300亿元和12 504亿元④，规模相对较小，难以满足人民对文化产品的需要。同时，从现实层面来看，我国文化产品质量并不尽如人意。无论是书籍还是影视作品，质量与国际一流水平还存在着一定的差距。

---

① 习近平. 高举中国特色社会主义伟大旗帜 为全面建设社会主义现代化国家而团结奋斗：在中国共产党第二十次全国代表大会上的报告. 北京：人民出版社，2022：43.
② 2021年全国文化及相关产业增加值占GDP比重为4.56%. http://www.stats.gov.cn/xxgk/sjfb/zxfb2020/202212/t20221230_1891330.html.
③ 2021年全国农业及相关产业增加值占GDP比重为16.05%. http://www.stats.gov.cn/xxgk/sjfb/zxfb2020/202212/t20221230_1891328.html.
④ 同②.

再次，文化基础设施数量较少，且分布不平均。当前我国博物馆、图书馆、文化馆的数量和人均占有量与发达国家比还有较大的差距，并且此类文化基础设施的分布也不够均匀，主要集中在各直辖市和省会城市，这使得居住在县乡镇以及农村地区的人民群众难以享受到基本的文化公共服务。

最后，文化从业人员规模不足。根据国家统计局数据，2021年我国文化文物从业人员约为483万人，其中从事群众文化服务业的从业人员为190 007人，公共图书馆从业人员为59 301人，文艺科研从业人员为4 917人，博物馆从业人员为125 704人。从上述数据中可以看出，在我国每10 000人中仅有不到2人从事群众文化服务业，图书馆、博物馆等文化公共设施从业人员更为有限，从事文化艺术教学、研究的工作人员不足2万人[1]。总体来说，我国文化从业人员规模有待扩大，在各类文化公共设施中工作的人员数量不足，特别是基层文化公共设施从业人员数量亟待增加。

建设社会主义文化强国，满足人民美好文化生活需要应该从以下几个方面入手。首先，要扩大文化产业规模，健全文化产业体系。当前我国文化产业规模相对较小，与建设社会主义文化强国的要求存在着差距，也难以满足人民美好文化生活需要。为此要"坚持把社会效益放在首位、社会效益经济效益相统一，深化文化体制改革，完善文化经济政策"[2]。同时出台一系列政策，助力市场主体做大做强文化产业，对于优势行业要支持其进一步发展，对于劣势行业要加大帮扶力度。此外还要制定一套科学完整的文化产业建设方案，对标发达国家文化产业建设先进经验，发展本国文化产业。

其次，要大力提高文化产品质量。我们不能期待文化产业、文化产品会随着经济的发展便自然而然地规模扩大、质量提升，而是要主动地推动文化产品的质量提升。具体来说，可以通过有效的奖惩机制来提升文化产

---

[1] https://data.stats.gov.cn/easyquery.htm?cn=C01.
[2] 习近平．高举中国特色社会主义伟大旗帜 为全面建设社会主义现代化国家而团结奋斗：在中国共产党第二十次全国代表大会上的报告．北京：人民出版社，2022：45.

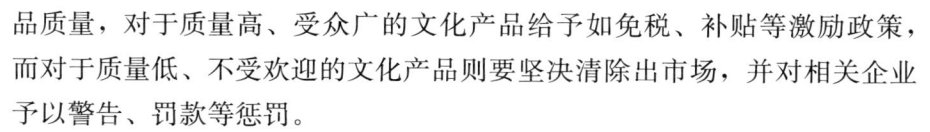

品质量，对于质量高、受众广的文化产品给予如免税、补贴等激励政策，而对于质量低、不受欢迎的文化产品则要坚决清除出市场，并对相关企业予以警告、罚款等惩罚。

再次，要扩大文化公共设施的建设和维护投入。当前我国文化公共设施面临数量不足和分布不均的双重窘境。因此，要加大相关财政投入，增设文化公共设施，确保能够为人民提供基本的文化服务，特别是要加大县乡镇文化公共设施建设投入，以实现基本文化公共服务均等化。同时也要加大文化公共设施维护投入，文化设施的建设是一个持续的过程，要想使文化设施真正惠及百姓就不能对文化设施的建设采取一建了之、完工大吉的态度，而是要对其持续投入资金和人力，以保证长期顺利运转。不少文化公共设施都因为后续维护投入不足，或是年久失修，或是为了避免折旧而在完工后便闲置起来，这实际上都是形式主义的表现。

最后，要扩大文化人才队伍、提升文化人才队伍质量。当前我国文化人才队伍规模较小，特别是基层文化设施从业人员数量难以满足人民美好文化生活需要。因此，要加大投入力度，提高基层文化从业人员待遇，以保证为人民提供基本文化服务。同时，也要着力提高文化人才队伍质量。在自媒体时代，文化从业人员中相当大的一部分都是以自媒体的形式参与到文化产业中的。但是，当前各种自媒体平台上的内容质量参差不齐，甚至有许多作者为了博眼球、炒热度不惜弄虚作假欺骗读者、观众。这样低质量的文化产品是难以满足人民美好文化生活需要的，为此需要提高作为文化产品生产者的文化人才队伍的质量，通过线上培训、集中学习、政策引导等方式，培养、鼓励文化产业从业人员产出更多高质量的文化内容和文化产品。

总体而言，坚持党的领导，坚持人民本位，是建成社会主义文化强国具体实践过程中所要遵循的根本原则，是要在建设社会主义文化强国的过程中一以贯之予以坚持的，体现了我国文化强国建设的社会主义性质和人民立场。

文化中国的憧憬

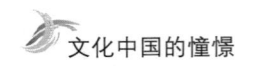

第二节　中心任务：打造中国特色社会主义文化的价值与信念

对于建成社会主义文化强国而言，中心任务在于打造中国特色社会主义文化的价值与信念。文化强国之强，核心便在于文化本身，一个国家若缺少具有强大生机活力的文化，文化之强也就无从谈起。为此，要建成社会主义文化强国，首先就是要形成一种强大的文化，作为文化强国的根本支撑。就中国而言，它既有 5 000 多年的传统文化，也有在反帝反封建斗争中形成的革命文化，还有在党的领导下逐渐形成的社会主义先进文化。如何将这三种文化有机地融合在一起，打造中国特色社会主义文化的价值与信念，是社会主义文化强国建设实践中必须面对的现实课题。具体而言，为完成这一中心任务，需要提炼优秀传统文化的精神标识，传承革命文化的红色基因，坚持社会主义先进文化的前进方向，实现优秀传统文化、红色革命文化、社会主义先进文化的有机融合，并在此过程中维护好国家文化安全的健康稳定。

一、提炼优秀传统文化的精神标识

中华优秀传统文化是中华民族传承至今的美好价值理念、价值追求的集合。坚持把马克思主义基本原理同中华优秀传统文化相结合，是习近平新时代中国特色社会主义思想的重要内容之一。习近平总书记在庆祝中国共产党成立 100 周年大会上提出："坚持把马克思主义基本原理同中国具体实际相结合、同中华优秀传统文化相结合，用马克思主义观察时代、把握时代、引领时代，继续发展当代中国马克思主义、21 世纪马克思主义！"① 这一论述实际上将马克思主义基本原理同中华优秀传统文化相结合提升到了将马克思主义基本原理同中国具体实际相结合的高度。这说明在当前一

---

① 习近平. 在庆祝中国共产党成立 100 周年大会上的讲话. 人民日报，2021 - 07 - 02 (2).

个历史时期，我们不仅要关注我们的现在，更要关注我们的过去，从我们的历史中汲取营养以更好地面向未来。

从文化强国的价值追求来看，提炼优秀传统文化的精神标识是建成社会主义文化强国的题中应有之义。纵观历史上的各个文化强国，我们不难发现，没有一个文化强国是文化的被动接受者，而是都有其鲜明的文化标识。不仅如此，历史上的各个文化强国都是文化的输出者，引得彼时其他国家竞相模仿。并且，历史上的文化强国还都是时代价值的引领者，例如被本雅明称为19世纪首都的巴黎，不仅是法国的首都，更是世界瞩目的中心，这正是因为彼时法国所倡导的自由、平等、博爱的精神得到了当时各国的广泛认可。由此看来，作为一个文化强国不仅不能忽视本国的历史和文化，更要努力从中提取优秀文化资源，并将其凝聚成为自身的精神标识。习近平总书记强调："当代中国是历史中国的延续和发展，当代中国思想文化也是中国传统思想文化的传承和升华，要认识今天的中国、今天的中国人，就要深入了解中国的文化血脉，准确把握滋养中国人的文化土壤。"[①] 这说明，要建成社会主义文化强国，进而实现中华民族伟大复兴，就一刻也不能忽视中华民族的历史和蕴含其中的优秀传统文化资源。

反观当下，中华优秀传统文化的提炼和认同还有不少短板。近代以来，中国经历了百余年屈辱历史，这一段历史打碎了彼时不少国人"天朝上国"的迷梦，中华文化自身也遭到了怀疑。中西之争、体用之争贯穿着中国近代历史，而其中不乏放弃中国传统文化的"全盘西化"主张，西方文化给传统文化带来了巨大的冲击。改革开放后，随着我国对外开放程度的日益加深，国外的各种思想文化也泥沙俱下，纷纷进入中国。特别是近年来，随着我国综合国力的逐步提升，一些国家更是加紧了对我国在意识形态领域的侵蚀。历史与现实对中华优秀传统文化的双重诘难，造成了我国有不少人熟知西方历史，不了解中国历史；崇拜西方思想家，不知道中国思想家；深耕西方哲学，不懂得中国哲学；痴迷西方文化，不关注中国文化；张口"普世价值"，不提伦理纲常；动辄希腊罗马，不问诸子百家。

---

① 习近平. 在纪念孔子诞辰2565周年国际学术研讨会暨国际儒学联合会第五届会员大会开幕会上的讲话. 人民日报, 2014-09-25 (1).

这种对本国文化的不了解、不尊重、不认同、不信任的情况是我国在建设文化强国过程之中面临的重要困难之一。

为此，在建设社会主义文化强国的过程中，中心任务之一就是提炼中华优秀传统文化的精神标识，发掘传统文化中的宝贵资源和精神财富。具体来说，提炼中华优秀传统文化的精神标识要从如下方面入手。首先，要坚持发挥马克思主义的引领作用。在近代历史上，中西之争、体用之争等争论最终都没有找到救亡图存的道路，而十月革命一声炮响为我们送来的马克思列宁主义最终指引中国人民找到了走向民族独立和复兴的道路。这说明，在从我们的历史中挖掘优秀传统文化、提炼精神标识的时候，一刻也不能离开马克思主义的引领作用。传统文化中什么是应当加以弘扬的、什么是应当加以批判的，应以马克思主义的立场、观点、方法作为评判的标准。

其次，要以"四个讲清楚"为基本遵循。习近平总书记指出："宣传阐释中国特色，要讲清楚每个国家和民族的历史传统、文化积淀、基本国情不同，其发展道路必然有着自己的特色；讲清楚中华文化积淀着中华民族最深沉的精神追求，是中华民族生生不息、发展壮大的丰厚滋养；讲清楚中华优秀传统文化是中华民族的突出优势，是我们最深厚的文化软实力；讲清楚中国特色社会主义植根于中华文化沃土、反映中国人民意愿、适应中国和时代发展进步要求，有着深厚历史渊源和广泛现实基础。"[①] 这一论述为我们在新时代看待、理解和运用中华优秀传统文化提供了基本价值遵循。

二、传承革命文化的红色基因

打造中国特色社会主义文化的价值与信念除了需要提炼优秀传统文化的精神标识以外，还要传承革命文化的红色基因。关于革命文化的具体含义，有学者认为："中国革命文化具有特定的含义，它主要是指五四运动以来，中国人民在中国共产党的领导下同西方列强及国内各种反动势力作

---

① 习近平. 习近平谈治国理政. 北京：外文出版社，2014：155-156.

斗争过程中所创造的,以马克思主义为指导,以争取民族独立和人民解放为主题,极具中国革命特色的先进文化,其中蕴含着丰富的革命精神和优良的革命传统。"[1] 革命文化是当代中国社会主义先进文化不可或缺的一部分,在抵御列强入侵、争取民族解放的过程中革命文化发挥了不可或缺的重要作用,在此过程中形成了如红船精神、井冈山精神、延安精神、"两弹一星"精神、改革开放精神等一系列伟大精神,这些精神至今具有十分重要的时代意义。建设社会主义文化强国必须利用好革命文化的宝贵资源。

传承革命文化的红色基因对于建设社会主义文化强国具有重要意义。首先,革命文化是五四运动以来中华民族争取民族独立过程中所形成的宝贵文化资源,是中华民族宝贵的精神财富。传承好、利用好这一宝贵财富对于充实社会主义文化强国的文化内涵和文化资源具有重要意义。

其次,革命文化是中国人民重要的身份标识。中国人民在争取民族独立和解放的过程中形成了革命文化,而革命文化在此过程中也给予了中国人民新的文化身份,同样在塑造着中华人民的精神品格。

再次,革命文化是文化自信的重要来源。在革命文化的塑造和影响之下,中国人民赢得了革命的胜利,实现了民族的腾飞,并在此过程中克服了对自身文化的怀疑和民族身份的自卑。例如,抗战精神、抗美援朝精神都是在中华民族同其他强大侵略者较量并取得最终胜利的过程中所生成的革命文化基因,这些历史都给予了中华民族巨大的自信心。因此,革命文化不仅是中华民族优秀品质在革命时期的集中体现,同时也是文化自信的重要精神来源。

最后,革命文化是中华民族不断奋发向前的重要精神动力。中华民族在争取独立和解放的历史上,多次面对实力远强于自身的对手,但是最终都依靠着强大的精神力量取得了最终的胜利。因此,这种精神也能够在中华民族面临新的困难和挑战时,鼓舞中华民族踔厉奋发,勇敢向前。

革命文化的继承和发扬还面临不少挑战。首先,社会上存在革命文化

---

[1] 田克勤,郑自立. 坚定文化自信的三个基本维度. 思想理论教育,2016 (9).

过时论的声音。有人认为，革命文化有其产生的时代背景，并不适用于当今社会，例如在市场经济条件下再谈论牺牲和奉献有些不合时宜，一切都要靠经济说话，因此革命文化已经过时了，不应再被提及。其次，社会上还存在企图消解革命文化历史根基的历史虚无主义思潮。这些观点试图以否认真实历史事件存在，或者通过歪曲、篡改历史的方式挖掉支撑着革命文化的历史根基，以达到否定革命文化合法性的目的。最后，社会上也存在将革命文化娱乐化的倾向。这种倾向反对权威、反对传统、反对严肃、反对崇高，认为一切都是可以也都是应当被娱乐和消费的。在这种倾向的影响下，不少文艺作品都打着所谓"戏说""改编"甚至"架空时空"的幌子，将革命文化娱乐化、庸俗化，以达到博眼球的目的。毫无疑问，上述思想都是有害的。革命文化作为中华民族的宝贵精神财富和奋发向前的精神动力，不应被消解，也不能被雪藏，更不该被娱乐化、庸俗化。

从具体实践层面来说，传承革命文化的红色基因要从以下几个方面入手。首先，推动革命文化现代化。毋庸讳言，没有什么精神和文化是一成不变、始终正确的，革命文化同样如此，它也存在与我们所处的时代不完全相适应之处。在社会主义市场经济体制之下，仅谈单纯的牺牲和奉献的确不合时宜，更有"让老实人吃亏"之嫌，但是将一切社会关系全部庸俗化为金钱关系也是绝对不可取的，为此就要保持好传承革命文化与适应时代需求之间的张力，二者均不可偏废。

其次，推动革命文化研究、传承规模化。本国的历史不因为曾在本国发生过就不必研究、学习、继承和发扬，遗忘本国历史的民族最终也会被历史所遗忘。因此，要加大对革命文化研究的资源投入，积极建设革命文化研究人才队伍，同时也要加强博物馆、纪念馆等设施的建设和维护投入，同时也要利用好新媒体渠道继承和传播革命文化。

最后，推动革命文化继承、传播严肃化。对当前社会中出现的将革命文化娱乐化、庸俗化的现象要予以严厉制止和坚决回击，并出台相关法律法规对侮辱烈士和歪曲历史的行为进行惩罚，同时也要积极引导主流声音，倡导尊重烈士、尊重历史的良好风尚。

三、坚持社会主义先进文化的前进方向

社会主义先进文化是以马克思主义为指导思想，社会主义核心价值观为基本内容，立足当代中国现实，结合当今时代条件的，面向现代化、面向世界、面向未来的，民族的科学的大众的文化。社会主义先进文化的最本质特征在于坚持马克思主义指导思想。党的十九大报告指出，"必须坚持马克思主义，牢固树立共产主义远大理想和中国特色社会主义共同理想，培育和践行社会主义核心价值观，不断增强意识形态领域主导权和话语权，推动中华优秀传统文化创造性转化、创新性发展，继承革命文化，发展社会主义先进文化"[1]。这指明了坚持马克思主义是发展社会主义先进文化的最基本内容，是发展社会主义先进文化的前提条件。而"社会主义核心价值观是先进文化建设的根本内容，先进文化建设以各种形式实践社会主义核心价值观内含着的各种先进价值理念"[2]。可以说，社会主义核心价值观是社会主义先进文化的高度凝练，而发展社会主义先进文化就是在国家、社会以及个人层面对社会主义核心价值观的具体展开。

坚持社会主义先进文化前进方向，对于建设社会主义文化强国具有重要意义。党的十九届四中全会通过的《中共中央关于坚持和完善中国特色社会主义制度 推进国家治理体系和治理能力现代化若干重大问题的决定》指出："发展社会主义先进文化、广泛凝聚人民精神力量，是国家治理体系和治理能力现代化的深厚支撑。"并要求牢牢把握社会主义先进文化前进方向，激发全民族文化创造活力[3]。由此可见，坚持社会主义先进文化的前进方向对于文化强国建设具有十分重要的意义。

一方面，坚持社会主义先进文化的前进方向有助于激发全民族创造活力，而文化强国之所以能够引领文化发展的时代方向，其根本原因就在于

---

[1] 习近平．决胜全面建成小康社会 夺取新时代中国特色社会主义伟大胜利：在中国共产党第十九次全国代表大会上的报告．人民日报，2017-10-28（1）．

[2] 郑海祥，王永贵．正确认识社会主义核心价值观与先进文化建设的关系．思想理论教育，2011（23）．

[3] 中共中央关于坚持和完善中国特色社会主义制度 推进国家治理体系和治理能力现代化若干重大问题的决定．人民日报，2019-11-06（1）．

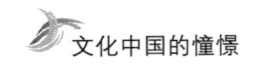

有不竭的创造创新活力作为支撑。

另一方面，坚持社会主义文化的前进方向，也是国家治理体系和治理能力现代化的重要支撑。国家的治理体系和治理能力的提升不仅需要经济发展等硬实力层面的支持，同样也需要治理理论、治理观念等软实力层面的支撑。

除此之外，文化强国的一个突出特征在于它有着极强的文化个性。如果一个国家仅追求与时代文化之间的共性，那么它只能是一个模仿者，文化强国作为时代文化的引领者而非模仿者，文化个性是其重要特征。社会主义先进文化是当代中国区别于世界上其他国家的重要文化个性之一。如果说，中华优秀传统文化和革命文化赋予我们的文化个性来自历史，那么社会主义先进文化赋予我们的文化个性则来自时代。因此，坚持社会主义先进文化前进方向，不断深化、创新社会主义先进文化的内涵对于建设文化强国而言具有十分重要的意义。

具体来说，坚持社会主义先进文化前进方向需要从以下两个方面入手。一是推动社会主义先进文化同大众文化相融合。大众文化作为市场经济条件下的一种文化消费形式，具有工业化的显著特征，其根本目的在于满足大众的娱乐消费需求。作为"市场经济条件下最为活跃的消费形式"①，大众文化与社会主义先进文化之间还存在着差异。大众文化的目的在于满足娱乐需要，因此更加易于为大众所接受，但它在价值层面上缺乏引领，内容上泥沙俱下。基于此，大众文化需要社会主义先进文化予以引导，以改变其在价值引领层面缺位的状况；同时，社会主义先进文化在传播过程中也要学习借鉴大众文化的传播学特征，使得社会主义先进文化更加易于接受、更加深入人心。在推动社会主义先进文化同大众文化相融合的过程中要注意保持好权威性与娱乐性之间的张力，既不可为了权威性而丧失传播活力，也不可为了广泛传播而将社会主义先进文化娱乐化、低俗化。

二是深化社会主义先进文化的时代内涵。先进文化之所以先进，就在

---

① 邹广文，华思衡. 社会主义文化强国的价值内涵、实践路径与时代意义. 高校马克思主义理论研究，2021，7（4）.

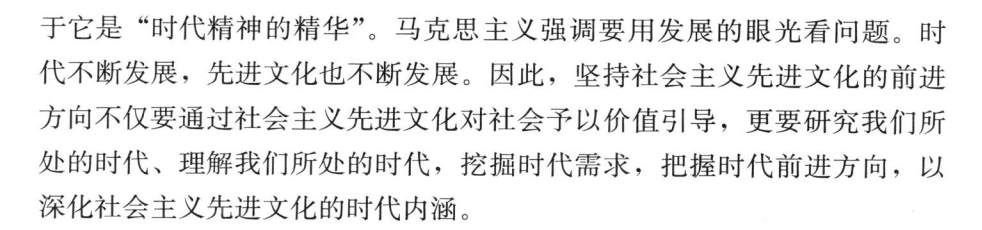

于它是"时代精神的精华"。马克思主义强调要用发展的眼光看问题。时代不断发展,先进文化也不断发展。因此,坚持社会主义先进文化的前进方向不仅要通过社会主义先进文化对社会予以价值引导,更要研究我们所处的时代、理解我们所处的时代,挖掘时代需求,把握时代前进方向,以深化社会主义先进文化的时代内涵。

四、维护国家文化安全的健康稳定

打造中国特色社会主义文化的价值与信念,其重要目的之一就是守护国家文化安全的健康稳定。习近平总书记强调:"必须坚持总体国家安全观,以人民安全为宗旨,以政治安全为根本,以经济安全为基础,以军事、文化、社会安全为保障,以促进国际安全为依托,走出一条中国特色国家安全道路。"①总体国家安全观具体包括11个方面,而文化安全也包含于其中,与政治安全、国土安全、核安全等并列。由此不难看出文化安全对于国家安全的重要性。

国家文化安全是一个系统性的概念。就其内涵而言,有学者认为,广义上指"主权国家的主流文化价值体系以及建立于其上的意识形态、社会基本生活制度、语言符号系统、知识传统、宗教信仰等等主要文化要素免于内部或外部敌对力量的侵蚀、破坏和颠覆,从而确保主权国家享有充分完整的文化主权,具备同国家政治、经济发展协调一致、良性互动与不断创新的文化系统,并在人民群众中间保持一种高度的民族文化认同"。而狭义上的文化安全则指"作为一种政治实体的主权国家的国家意识形态、价值观念、基本政治制度、人民群众的政治认同以及国家形象等主要文化要素免于内部或外部敌对力量的侵蚀、破坏和扭曲,从而确保作为政治实体的国家在其主权范围内也包括在国际上享有比较高度和一致的合法性认同"②。不难看出,国家文化安全的核心在于维护国家文化主权,确保国家主要文化要素免于来自内外部的侵蚀;就表现形式而言,在于拥有文化自主权、自决权,同时其民众对于国家文化具有高度认同。

---

① 习近平. 习近平谈治国理政. 北京:外文出版社,2014:200.
② 石中英. 论国家文化安全. 北京师范大学学报(社会科学版),2014(3).

文化中国的憧憬

当前，我国文化安全状况总体较好，但也面临不少风险和挑战。首先，来自外部的意识形态冲击，威胁着我国的文化主权。一方面，伴随着中华民族伟大复兴事业的前进步伐，"中国威胁论"等错误论调甚嚣尘上，宣称中国的强大对世界是有害的，由此赋予其阻碍中国发展的打压行为合法性。另一方面，一些所谓制度之争、体制之辨，指责中国的政治体制，试图消解党的执政基础。其次，来自外部的文化一元主义倾向正在侵蚀着我国的主流文化，影响着我国的文化自主权、自决权。这一文化一元主义倾向否认文化的多元图景，在世界范围内灌输一种西方的等于进步的、正确的，而非西方的则等于落后的、错误的思想。随着全球化的推进，这种思想也开始侵入我国，且有不少受众，这对我国的文化安全造成了很大的威胁。最后，来自内外部的种种思想的冲击弱化了民众对于国家文化的认同。崇洋媚外、否定传统的声音在当今中国越发刺耳，一些民众对优秀传统文化、革命文化、社会主义先进文化不认可，而对国外文化推崇备至。这种现象使得增强民众对国家文化认同感的任务显得愈发紧迫。

维护国家文化安全的健康稳定要从以下几个方面入手。第一，妥善应对意识形态冲击，维护国家文化主权。面对来自外部的意识形态冲击、质疑和挑战，要敢于发声、善于发声，正面应对那些针对我国的意识形态攻击。与此同时，也要搞好经济建设，坚持以人民为中心的发展理念。"历史终结论"之所以终结、"中国崩溃论"之所以崩溃，不是因为中国在意识形态领域声音响亮，而是因为几十年来中国真正实现了经济发展，真正使经济发展的成果惠及了最广大人民。第二，提倡文化多元主义，塑造当代主流文化。文化并无高低优劣之分，没有什么高人一等的文化。对于文化一元主义思想要予以明确地反对，发出文化多元主义的声音，同时也要着力塑造具有中国气派的当代主流文化，以应对来自外部的文化侵蚀。第三，打造中国文化价值理念体系，增强民众文化认同感。实际上，中华优秀传统文化、革命文化和社会主义先进文化分别回答了我们从哪里来、我们为什么行、我们要到哪里去三个重要的问题。而对于这三个问题的回答实际上构成了文化强国的基本价值支撑，也构成了三位一体的中国文化基因理念体系。必须将三者紧密衔接起来、深度融合起来，使它们相互借鉴、相互融合、共同发展、共同进步，将它们共同融合为中国文化基因理念体系，并以此增强民众的文化认同感，维护好国家文化安全。

第三节　战略目标：以文化的现代化发展助推现代化强国建设

对于建成社会主义文化强国而言，重要的战略目标是以文化的现代化发展助推现代化强国建设。近代以来，中华民族一直致力于民族的独立和解放，并以实现国家的现代化为不懈追求。党的二十大报告庄严宣告："从现在起，中国共产党的中心任务就是团结带领全国各族人民全面建成社会主义现代化强国、实现第二个百年奋斗目标。"[①] 这说明实现社会主义现代化是党在未来相当长一段时间里的重要目标。可以说，建成社会主义文化强国，也是在实现社会主义现代化的总体语境中的一个具体的战略目标。

文化的现代化发展对于现代化的整体推进具有重要作用。现代化首先是一个经济层面的范畴，它是指社会从农业文明进入工业文明的过程，在此过程中，生产力、生产方式等都发生了根本性的变化。但是，随着经济基础发生现代化转变，上层建筑同样也会发生现代化转变，这体现在政治、文化等方面。可以说，"任何一个国家或民族的现代化，客观上都是从物质层面到精神层面的社会全面性跃迁"[②]。因此，文化的现代化发展在整个现代化过程中居于重要位置，是现代化进程的必然要求。同时，作为上层建筑的组成部分，文化的现代化相对于经济的现代化具有滞后性，经济的现代化与文化的现代化存在着一定的因果关系以及时间序列上的先后顺序，所以说文化的现代化程度也标志着整个现代化的进程的完成程度。具体而言，文化的现代化发展要从文化制度、文化产业、文化服务、文化

---

① 习近平. 高举中国特色社会主义伟大旗帜　为全面建设社会主义现代化国家而团结奋斗：在中国共产党第二十次全国代表大会上的报告. 北京：人民出版社，2022：21.

② 邹广文. 中国式现代化道路的文化解析. 求索，2022（1）.

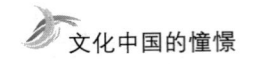

观念等方面入手。

一、实现文化制度的现代化

制度是一种起着调节作用的社会规范体系,它受制于经济基础又服务于经济基础,具体包括经济制度、政治制度、文化制度等。中国特色社会主义文化制度是"中国共产党把马克思主义基本原理同当代中国文化建设实际和时代特征相结合的成果,是社会主义国家制度和人类制度文明的重大创新"[①]。党的十九届四中全会提出了"坚持和完善繁荣发展社会主义先进文化的制度,巩固全体人民团结奋斗的共同思想基础"的要求[②],将文化制度上升到了国家治理体系和治理能力层面,这标志着党对文化建设的认识进一步深化,同时也对加强文化制度建设、实现文化制度现代化提出了新要求。

如果说制度作为一种规范体系,在经济制度上体现为对于经济运行的调节和规范,在政治制度上则体现为对于社会运行的调节和规范,那么它在文化制度上就体现为对精神生活的调节和规范。尽管在马克思和恩格斯看来,思想观念不是一种独立的实存,而是由现实的物质生活所决定的,但是他们也同样承认思想观念对人具有重要影响。因此,不能因为思想观念属于个人精神生活的组成部分就不加以规范和引导,它一旦进入公共领域,开始与他人、与社会发生关系,就应受到制度的调节和规范。人们的精神生活也需要文化制度予以调节和规范。而在我国,这种调节和规范的最终目的是"巩固全体人民团结奋斗的共同思想基础",助力社会主义现代化强国建设。

具体而言,文化制度的现代化有以下几个方面的含义。首先,文化制度的现代化是指其与现代化的经济基础相适应。实现文化制度的现代化,实际上就是要变革当前文化制度中同现代化要求不相匹配的部分,使文化

---

① 肖贵清,刘仓.中国特色社会主义文化制度:战略意义、逻辑结构、构建路径.南开学报(哲学社会科学版),2020(6).

② 中共中央关于坚持和完善中国特色社会主义制度 推进国家治理体系和治理能力现代化若干重大问题的决定.人民日报,2019-11-06(1).

制度能够助力现代化实践。其次，文化制度的现代化是指文化制度同社会主义现代化强国建设前进方向相一致。现代化的道路不是唯一的，"世界各个民族在走向现代社会的历史进程中，既要遵循现代化的一般性规律，又要顾及该民族的历史文化传统（特殊性境遇），并在二者之间达成张力性平衡"①，这就要求现代化的文化制度不仅要与现代化实践的一般规律相符合，同样也要重视中华民族的历史文化以及当代中国发展方向的实际需要。最后，文化制度的现代化是指文化制度有利于激发文化创造活力。当今世界，创新越来越成为推动经济发展、社会进步的重要推动力，在这一背景之下，现代化的文化制度只能是有利于激发文化创造力的文化制度，而不能是阻塞、窒息文化创造力的制度。

从具体实践层面来看，文化制度的现代化需要从以下几个方面实现。首先，加强和巩固党对文化事业的领导。坚持党的集中统一领导是我国国家制度和国家治理体系所具有的显著优势之一，在实现文化制度的现代化方面也同样要继续发挥这一显著优势，确保文化建设始终沿着社会主义方向前进。

其次，深化文化制度改革。在我国现有的文化制度中还存在一些同社会主义现代化建设实践不相适应的部分，例如文化法治建设水平有待提高、文化产业市场化水平较低、文化公共设施建设步伐缓慢、文化管理手段僵化等等。实现文化制度的现代化需要从上述方面入手，推动我国文化制度市场化、法治化、国际化。

再次，从中外文明成果中吸取积极经验。中国作为世界现代化实践进程中的后发国家，需要借鉴国外先进经验，不仅是在经济方面，在文化制度建设方面同样需要借鉴。在当前世界经济格局中，发达国家的第三产业，特别是文化产业占世界比重最大，在本国经济结构中也占据重要地位。马克思认为"工业较发达的国家向工业较不发达的国家所显示的，只是后者未来的景象"②。中国的文化现代化必须借鉴国外先进经验。

最后，避免厚古薄今或厚今薄古的误区。在现代化实践的语境当中，

---

① 邹广文. 中国式现代化道路的文化解析. 求索，2022（1）.
② 马克思，恩格斯. 马克思恩格斯文集：第5卷. 北京：人民出版社，2009：8.

传统与现代之间存在的是历时性的差别而非共时性的对立,因此实现现代化,特别是文化领域的现代化,并不意味着与传统文化决裂,而是要从传统文化中汲取资源。例如,在中华传统文化中,尊师重教、有教无类等,在今天仍然具有时代意义和实践价值。

二、实现文化产业的现代化

根据国家统计局编制的统计标准,文化产业所规定的文化及相关产业是指为公众提供文化产品和文化相关产品的生产活动的集合,它所涵盖的范围包括以文化为核心内容,为直接满足人们的精神需要而进行的创作、制造、传播、展示等文化产品(包括货物和服务)的生产活动。具体包括新闻信息服务、内容创作生产、创意设计服务、文化传播渠道、文化投资运营和文化娱乐休闲服务等活动,以及为实现文化产品的生产活动所需的文化辅助生产和中介服务、文化装备生产和文化消费终端生产(包括制造和销售)等活动[1]。

文化产业在当今世界经济发展中占据重要地位。尽管霍克海默和阿多诺认为文化产业的特征在于"标准化和大众生产"[2],赋予它否定性的含义,但是不得不承认,文化产业在当今世界中占据重要地位,对经济发展具有重要贡献。习近平总书记强调:"要推动文化产业高质量发展,健全现代文化产业体系和市场体系,推动各类文化市场主体发展壮大,培育新型文化业态和文化消费模式,以高质量文化供给增强人们的文化获得感、幸福感。"[3]

在发达国家,文化产业的经济贡献率较高。例如,早在2009年,美国文化产业的产值就超过计算机和电子产品、汽车、食品、纺织、化工等制造业及航天航空业,成为推动美国经济发展的重要力量。支持文化产业发展,推动文化产业现代化,可以为我国经济发展提供新的增长动能。与此

---

[1] 文化及相关产业分类(2018). http://www.stats.gov.cn/tjsj/tjbz/201805/t20180509_1598314.html.

[2] 霍克海默,阿多诺. 启蒙辩证法:哲学片段. 渠敬东,曹卫东,译. 上海:上海人民出版社,2003:136.

[3] 习近平. 习近平谈治国理政:第3卷. 北京:外文出版社,2020:314.

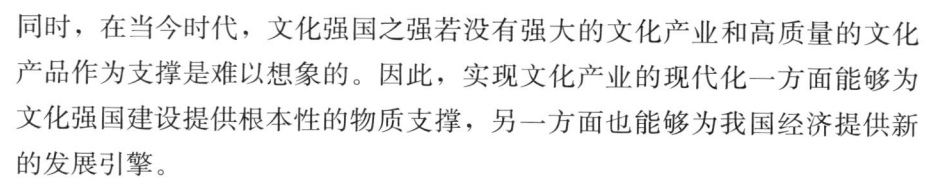

同时，在当今时代，文化强国之强若没有强大的文化产业和高质量的文化产品作为支撑是难以想象的。因此，实现文化产业的现代化一方面能够为文化强国建设提供根本性的物质支撑，另一方面也能够为我国经济提供新的发展引擎。

实现文化产业的现代化，可以从以下几个方面入手。

首先，加大文化产业扶持力度。相较于发达国家，我国的文化产业规模较小，占GDP比重较低。造成这一现状的原因则较为复杂。第一，我国文化产业起步较晚。在改革开放前，我国缺少市场化的文化产业，而仅有满足居民文化生活需要的文化事业存在。在改革开放后，我国文化事业才慢慢地市场化、产业化。而相较于其他经济部门，文化产业需要更多的投入、更强有力的经济支撑，这就使得在改革开放初期我国文化产业并未得到较大发展。第二，我国文化产业在全球价值链中地位较低。与我国各生产部门在全球价值链中的地位类似，我国文化产业在全球价值链中也处于中下游位置，少有市场主体从事价值链上游的设计以及价值链下游的营销活动，多以生产为主。事实上，位于价值链两端的市场主体普遍能够获得较高的利润，而处于价值链中游的企业则利润较低。这就使得我国文化产业看似在全球文化市场上占据着相当的份额，但是难以为相关市场主体产生利润，从而影响了我国文化产业规模的进一步扩大。第三，我国文化产业相关技术和人才积累相对薄弱。相对于发达国家在文化产业上已经工业化的状况，我国文化产业相关技术积累仍显不足；同时，与美国好莱坞等人才济济的状况相比，我国文化产业从业人员的数量和质量都有所不足。

因此，实现文化产业的现代化需要对文化产业精准扶持。针对我国文化产业规模小、起步晚的问题，要对文化产业市场主体给予更多的政策优惠、财政补贴和税收减免，鼓励文化产业市场主体做大做强。同时，对位于价值链两端的文化产业市场主体要给予更多的扶持政策，使文化产业的规模优势能够更好地转化为经济发展动能。并且，加大对文化产业相关领域的学科建设投入，鼓励校企合作，以此提升文化产业相关技术水平和文化产业人才队伍质量。

其次，推动文化辅助生产产业发展壮大。实现文化产业的现代化不只是文化产业自身的任务，同样也是其周边产业的任务。例如，工业部门现代化的重要体现在于其所使用的工具、设备，而工具和设备的进步则仰赖于"工业母机"即制造机器的机器自身水平的进步。文化产业同样如此，要实现文化产业的现代化，就要鼓励文化辅助产业、文化装备生产产业以及文化消费终端生产产业等辅助生产行业的发展壮大。2022年初，日本艺术家坂本龙一举办了一场线上音乐会，在这场音乐会上，相关演奏及录制设备多由日本雅马哈公司生产制造。这从一个侧面反映了日本强大的文化辅助生产产业能力。实际上，文化产业相对来说并非关乎国计民生的重要产业，来自国家的资源投入相对较少，更多的是依靠市场主体自身的力量发展。因此，从某种角度来说，这类与国计民生距离较远、国家资源投入较少的产业的发展状况才真正体现了一个国家的现代化水平。所以，实现文化产业的现代化，也要从其周边配套的文化辅助生产产业入手，通过增加财政补贴、进出口关税减免等政策来做大做强文化辅助生产产业。

最后，保持好文化产业发展中经济效益和社会效益的平衡。《中共中央关于党的百年奋斗重大成就和历史经验的决议》指出，"党坚持把社会效益放在首位、社会效益和经济效益相统一，推进文化事业和文化产业全面发展"[①]。这就要求在实现文化产业的现代化过程中坚持把社会效益放在首位、社会效益和经济效益相统一的原则。文化产业不同于其他产业部门，它除了追求经济效益外，还承担着弘扬社会主义核心价值观、唱响主旋律、弘扬正能量的意识形态任务以及满足人民美好文化生活需要的社会任务。因此，不能完全将实现文化产业的现代化的任务交给市场，不能单纯地追求规模的扩大、利润的增加，而是要将文化产业发展的社会效益放在首位。

三、实现文化服务的现代化

文化服务是一个内容涵盖很广的概念，它包括了新闻信息服务、出版

---

① 中共中央关于党的百年奋斗重大成就和历史经验的决议. 人民日报，2021-11-17 (1).

服务、创作表演服务、数字内容服务、内容保存服务（图书馆、档案馆、博物馆等）、创意设计服务、文化娱乐休闲服务等文化核心领域门类以及印刷复制服务、版权服务、会议展览服务、文化经济代理服务、文化设备（用品）出租服务、文化科研培训服务等文化相关领域门类[①]，这些门类共同构成了文化服务的具体内涵。从这一分类中我们可以看出，文化核心领域所包含的文化服务门类多是供居民直接消费的门类，而文化相关领域所包含的文化服务门类则更多的是为了满足市场主体需要的门类。

文化产品与文化服务共同构成了文化产业的整体，而文化产业作为一种主要为了满足精神需求而形成的产业，文化服务在其中有着更为重要的地位。但是我国在文化服务方面与发达国家还有很大的差距。在文化商品出口市场占有率方面，美国的国际市场占有率仅为中国的1.1倍，而在文化服务出口方面，美国的出口规模则是中国的45.6倍[②]，这说明我国在文化服务领域，无论是在规模上还是在国际影响力上都与世界一流水平存在着不小的差距。事实上，发达国家在文化服务领域都有着较强的实力，例如，美国的电影作品广受欢迎，日本则有深受世界闻名的动漫产业，而欧洲各国则在影视、游戏开发等领域享有良好的声誉。这说明，在文化服务领域拥有雄厚的实力是当代发达国家的重要标志，对于我国而言，要实现到2035年建成社会主义文化强国的目标，也需要深耕文化服务领域，实现文化服务的现代化。而影视、动漫、游戏作品提供的不仅是使人们精神愉悦的文化服务，同时也兼具意识形态属性。在观看美国的电影、日本的动漫和玩欧洲的游戏时，这些作品中所暗含的意识形态观念也会潜移默化地渗透到受众的思想当中。从这个角度来看，文化服务领域同样是意识形态斗争的阵地，这就使得实现文化服务现代化的任务更重要、更紧迫。

党的十九届五中全会还提出了提升公共文化服务水平的具体要求。与文化娱乐服务等领域主要满足居民的消费性需求不同，公共文化服务主要

[①] 文化及相关产业分类（2018）. http://www.stats.gov.cn/tjsj/tjbz/201805/t20180509_1598314.html.

[②] 张彬，杜晓燕. 美国文化产业国际竞争力现状及影响因素分析. 国际商务：对外经济贸易大学学报，2012（4）.

满足的是居民的基本文化需求。党的十八届三中全会通过的《中共中央关于全面深化改革若干重大问题的决定》提出了稳步推进城镇基本公共服务常住人口全覆盖的要求,提出了"基本公共服务均等化"的概念。公共文化服务作为基本公共服务的一部分,其发展程度并不尽如人意。举例来说,目前我国平均每个县级区划拥有群众文化机构数量仅为1.03个,我国人均公共图书馆藏书量仅0.79册,每万人拥有图书馆面积仅为121平方米,且我国平均每25万人才拥有1个博物馆。可以说,我国居民并未享受到足够规模的公共文化服务。

因此,实现文化服务的现代化要从市场化文化服务和公共文化服务两方面入手。针对市场化程度较高的创作表演服务、数字内容服务、创意设计服务、文化娱乐休闲服务等文化服务门类,在推进其现代化过程中要注意尊重市场规律,以市场经济的方式推动此类文化服务门类的现代化,特别是对其中有能力走出国门的市场主体,要予以更多的政策扶持。

与此同时,尽管这些文化服务门类市场化程度较高,但在尊重市场规律的同时仍要将社会效益放在第一位,不能任其完全市场化、资本化。针对新闻信息服务、内容保存服务(图书馆、档案馆、博物馆等)等社会服务性质较强的文化服务门类,则需要加速形成"有利于推进基本公共服务均等化的现代财政制度"[①]。一方面,需要加强中西部地区以及基层单位的公共文化服务设施建设,改变公共文化服务区域、城乡分布不均的现状,让每一位居民都能享受到同等质量和规模的公共文化服务。另一方面,还需要加强公共文化服务的维护投入,避免各类文化服务设施年久失修,各种文化服务内容脱离时代。服务从其本质来讲是一个过程,在时空上具有连续性,因此它始终是一种"进行时态"而非一种"完成时态",对于公共文化服务要加以持续投入,并不能因达标、考核的完成而停止对公共文化服务的投入。

---

① 习近平. 关于《中共中央关于全面深化改革若干重大问题的决定》的说明. 人民日报, 2013 - 11 - 16 (1).

四、实现文化观念的现代化

文化观念会随着现代化的进程而发生转变。在吉登斯看来，所谓现代性实际上是一种现代化、工业化所带来的"制度性转变"，它具体表现为两个结果："一是对于社会而言，它确立了跨越全球的社会联系方式的'全球化'；二是对于个人而言，它确立了西方的个人主义的价值观念与行为方式，即以自我实现为核心的'我该如何生活'的思考与追求。"① 毫无疑问，吉登斯关于现代化一定带来"西方的个人主义的价值观念与行为方式"的确立的观点带有强烈的西方中心主义色彩。诚然，随着封建生产关系的瓦解和现代生产关系的确立，个人逐渐从通过人身关系参与到共同体中转变为通过财产关系参与到共同体中，虽然个人越来越依赖共同体，但这种依赖的形式也越来越抽象——个人对共同体的依赖不再是依托于某一具体个人，而更多的是抽象的他者。基于这一转变，从人身关系中解脱出来的个人则自然会更多地思考自身的价值与意义，可以说这是现代化进程所带来的必然结果。尽管西方率先实现了现代化，这种所谓的"个人主义的价值观念"也确实肇始于西方，但这种时间序列上的先在性并不意味着概念意义上的决定性。不可否认的是，现代化进程带来了经济关系的深刻转变，因而也必然会带来文化观念的转变。

文化观念的现代化对于建设社会主义文化强国进而实现中华民族伟大复兴具有十分重要的意义。"面对中国快速发展中日益提高的厕所需求和巨大的历史欠账，面对全面建成小康社会和实现民族复兴的宏伟目标，补齐厕所问题这一公共服务体系和社会文明的短板，需要从思想认识、文化观念、政策措施、体制机制等各方面进行一系列广泛而深刻的变革。"② 尽管厕所问题仅仅是实现中华民族伟大复兴的宏大叙事中的一个小切口，但是习近平总书记仍强调这需要文化观念上的深刻转变，这恰恰说明了文化观念的转变在现代化进程中的重要意义。同社会主义现代化相适应的文化

---

① 陈嘉明. 现代性与后现代性十五讲. 北京：北京大学出版社，2006：4.
② 民生小事大情怀：记习近平总书记倡导推进"厕所革命". 人民日报，2017-11-29(1).

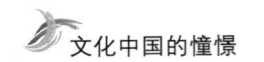

观念有利于推动社会主义现代化进程加速发展，而与社会主义现代化不相适应的文化观念则会阻碍社会主义现代化的步伐。

事实上，在当前社会中，仍然存在不少同社会主义现代化进程不相适应的文化观念。中国的现代化道路作为一种"追赶型现代化"具有"历时性问题的共时性承受"特征，即"从农业文明到工业文明，再到后工业文明，这在西方发达国家的历史发展中本来是一个历时递进的过程，然而对于20世纪后期通过改革开放走向现代化的中国而言，这种历时递进的社会发展形态却变成了共时共存的"①。这就使得当前中国面临着前现代、现代和后现代的文化观念共存的状况，因此我们也要同时解决前现代、现代和后现代的复杂问题。对于那些存在于当前社会中的、与现代化进程不相适应的文化观念则要予以变革。

具体而言，实现文化观念的现代化应该注意以下几个方面。第一，实现更平衡、更充分的发展。前现代的文化观念背后都一定会有前现代的经济关系作为基础，因此，要实现文化观念的变革，首先就要实现经济关系的变革。当前我国的发展面临不平衡、不充分的问题。一方面，在一些一线城市、省会城市，光污染、逆城市化等后现代问题正在逐步凸显；另一方面，在一些中西部农村地区，依然存在一些具有封建色彩的生产关系以及由此造成的封建宗法观念。封建观念之所以还有其生长的温床，正是因为这些地区的生产关系还相对落后。因此，要实现文化观念的现代化，首先要大力推动中西部地区的经济发展，变革落后的经济关系。

第二，对文化观念加以积极引导。文化观念作为上层建筑对经济基础具有能动的反作用。因此，实现文化观念的现代化不仅要从经济关系入手，同样也要从文化观念本身入手。对于符合社会主义现代化要求的文化观念要予以鼓励和弘扬，针对那些不符合社会主义现代化要求的文化观念要加以正确引导。

第三，从发达国家的文化观念现代化实践中汲取经验和教训。世界各国的现代化是一种个性与共性相统一的进程。一方面，世界各国国情不

---

① 邹广文．中国式现代化道路的文化解析．求索，2022（1）．

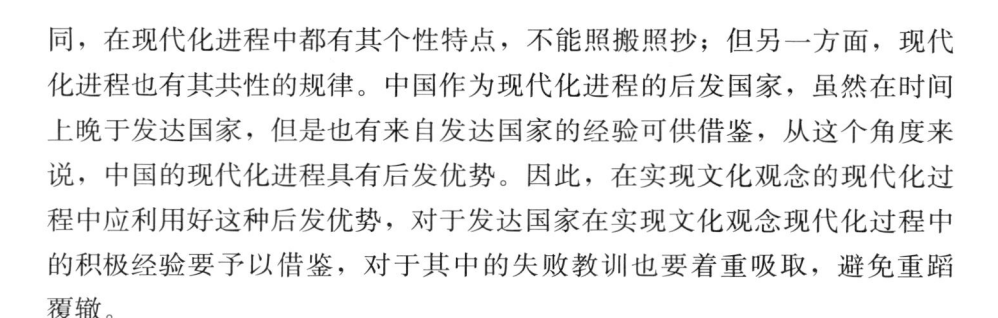

同，在现代化进程中都有其个性特点，不能照搬照抄；但另一方面，现代化进程也有其共性的规律。中国作为现代化进程的后发国家，虽然在时间上晚于发达国家，但是也有来自发达国家的经验可供借鉴，从这个角度来说，中国的现代化进程具有后发优势。因此，在实现文化观念的现代化过程中应利用好这种后发优势，对于发达国家在实现文化观念现代化过程中的积极经验要予以借鉴，对于其中的失败教训也要着重吸取，避免重蹈覆辙。

第四节　全球视野：立足于世界文明多元一体、交流互鉴的广阔平台

建成社会主义文化强国不仅要着眼于本国，同样也要有全球视野，立足于世界文明多元一体、交流互鉴的广阔平台。文化强国之强，是在同世界各国交流的过程中体现出来的，也是在与世界各种优秀文化的互鉴过程中发展起来的。因此，建成社会主义文化强国必须具有全球视野，一方面将本国的优秀文化贡献给世界，另一方面也要吸收世界优秀文化的一切积极成果，在文明的交流、互鉴、对话过程中共同守护人类文明多元一体图景。

一、推动中国文化"走出去"

就文化强国的价值内涵而言，它不仅具有对内的凝聚力，同样具有对外的感召力。纵观历史上的文化强国，无一不具有独树一帜的文化魅力，对当世和后世产生深刻的影响。因此，就社会主义文化强国建设的价值追求而言，推动中国文化"走出去"是实现文化强国战略目标的必要一环。推动中国文化"走出去"，就是要让世界了解中国、理解中国以至于学习中国。作为文化强国，要为世界贡献优秀文化因子，为推动世界文化发展贡献自身力量。

当前，中国文化"走出去"的步伐还有待加快，深度和广度也有待增加。从国际贸易方面来看，尽管文化产品的出口量相对可观，但是文化服

务贸易则存在较大的逆差①。事实上,文化产品就其本质而言是一种精神生产的产品,精神生产"目的是用于精神生活以满足人们的精神需要",尽管"精神产品和精神生产,总是包含着某些物质因素和物质过程",但是就其本质而言"精神的内容是观点、理论等精神产品"②。也就是说,精神产品尽管有其物质载体,精神产品的生产中也有物质生产,但是它在精神产品的生产中仅居于次要地位。就像一本书,其作者的写作是一种精神生产,而印刷工人将它印刷出来则是一种物质生产。在书籍这种精神产品的生产中,自然是精神生产居于更加重要的地位。但是,通过我国文化服务贸易领域存在逆差的现状可以看出,尽管我国在文化产品出口领域规模相对可观,但是我国实际上处于全球文化产业链的下游。从这个角度来看,在国际文化产业链中,中国更多扮演的是代工者这样的角色。但文化强国实际上应该处于全球文化产业链的上游,是作为精神生产者而存在的。目前我们"走出去"的更多的是代工产品,而非真正的中国思想、中国文化、中国智慧、中国方案、中国价值。

为此,推动中国文化"走出去",要从文化产品、文化创新、中国方案、中国价值等层面入手。第一,要推动中国文化产品"走出去"。商品流通是现代人类交往的重要载体,推动中国文化"走出去"首先就要推动文化产品走出去。当前我国文化产品出口规模与制造业相比还有相当大的差距,甚至在服务贸易领域还存在着逆差③。不少国内的书籍、影视作品等文化产品仅在国内出版发行,而在国外则难觅踪迹。为此,需要采取鼓励政策推动文化产品"走出去"。

第二,要推动中国文化创新"走出去"。创新能力是当今经济发展的重要推动力,也是文化强国的一个重要衡量指标。因此,推动中国文化"走出去"更重要的是推动文化创新和文化创意走出去。具体而言,要鼓励企业文化创新,并将创新成果推向海外。当前,国内市场主体更多是以

---

① 齐勇锋,蒋多. 中国文化走出去战略的内涵和模式探讨. 东岳论丛,2010,31(10).
② 王峰明. 历史唯物主义:一种微观透视. 北京:社会科学文献出版社,2014:64-65.
③ 国家统计局. 中华人民共和国2021年国民经济和社会发展统计公报. 北京:国家统计局,2022.

"模仿者"的身份而存在，国际上相当一部分人给中国产品贴上了"低质量""山寨"的标签。为了改变这一现状，需要为市场主体提供更好的创新环境，并对模仿、制假等不利于创新的行为予以严厉打击。

第三，要推动中国方案"走出去"。事实上，中国"走出去"的文化，与进入中国的发达国家文化并不完全是同一层面的文化。中国为世界所熟知的是美食、艺术等层面的文化，而中国引进的则更多是思想理论、政策制度等层面的文化。前者更多的是一种猎奇心态的文化，而后者则是更加深刻的学习心态的文化。对于一个文化强国而言，它所"走出去"的不能只是美食、艺术等层面的文化，而是要为世界贡献更多的思想、更多的方案。因此，随着中国日益走近世界舞台中央，中国也同时将中国智慧、中国方案贡献给世界，为世界文明多元一体发展贡献自身力量。

第四，推动中国价值"走出去"。对于文化强国的价值内涵而言，"文化强国要具有时代精神的引领力"[1]。文化强国不仅要向世界贡献自己的智慧与方案，也要紧扣时代脉搏，以自身价值引领时代的发展方向。因此，推动中国文化"走出去"，最终是要使中国的价值观念走出去，引领世界文化发展潮流。具体来说，价值观念是一种抽象的概念，在其传播过程当中必须要有载体。当前，中国通过在海外开设孔子学院、推动中外青年交流互访等方式传递中国价值，取得了较好的效果，在这一方面可以继续加大资源投入力度。除此之外，也要在文化产品、文化服务和文化创意的输出过程中潜移默化地传递中国价值。一种价值观念，之所以具有引领力，就在于它对原有价值观念的超越。在文化价值方面，中国价值的核心在于秉持文化多元主义立场，追求构建人类文明多元一体图景，以此超越现有的建立在资本主导基础上的中心-边缘经济结构所带来的文化一元主义价值观念。因此，在传递中国价值的过程中，要着重体现中国价值对当今世界文化图景的超越性贡献。

---

[1] 邹广文，华思衡. 社会主义文化强国的价值内涵、实践路径与时代意义. 高校马克思主义理论研究，2021（4）.

二、将世界优秀文化引进来

将世界优秀文化引进来，是当今中国开放、包容、自信的具体体现，也是作为文化强国永葆文化生命力的重要途径。纵观中国历史，每一次开放都带来了巨大的进步，而每一次封闭则都使中国落后于历史潮流。清朝闭关锁国的政策最终使中国遭到了列强的入侵，被迫打开了对外开放的大门。经过近代百余年向世界引进先进文化的救亡图存之路，中国人民最终在马克思主义的指引下找到了自己的道路。

改革开放以来，中国又一次向世界敞开了自己的怀抱，实现了物质文明和精神文明的双重飞跃。在这一意义上，习近平总书记将改革开放誉为中国共产党的一次伟大觉醒①，而改革开放就其本质而言"就是向世界文明开放，向先进生产力开放"②。当然，改革开放本质上也是向世界优秀文化开放。"文明因交流而多彩，文明因互鉴而丰富。"③ 建设社会主义文化强国势必不能将本国文化封闭起来，拒斥同其他文化的交流互鉴，而是要积极主动地将世界优秀文化引进来。

将世界优秀文化引进来，首先要引进优秀文化生产力。世界上的主要发达国家基本上都有强大的文化产业作为其经济发展的重要支柱。对中国而言，做大做强文化产业，既是现代化进程的进一步深化的客观要求，也是建设社会主义文化强国的必然追求。因此，要通过并购、合资、授权等方式引进世界优秀文化生产力，发展、壮大中国文化产业，使其积极成果惠及最广大的人民群众，并推动中国文化产业加快"走出去"的步伐。

将世界优秀文化引进来，其次要引进优秀文化创新精神。当前我国不仅是在文化领域，而且在各个领域的创新能力都亟待提高。也正因如此，习近平总书记多次强调，要把我国建设成为世界重要的创新高地。这一方面显示出了中国共产党人直面我国发展短板的强烈政治勇气和责任担当，另一方面也凸显了我国未来发展的价值追求。因此，将世界优秀文化引进

---

① 习近平. 在庆祝改革开放40周年大会上的讲话. 人民日报，2018-12-19 (2).
② 邹广文. 中国式现代化道路的文化解析. 求索，2022 (1).
③ 习近平. 习近平谈治国理政. 北京：外文出版社，2014：258.

来，需要引进优秀文化创新精神，将其厚植进我国文化产业的土壤之中，推动我国文化产业创新蓬勃发展。

将世界优秀文化引进来，还要引进优秀思想和理论。在马克思看来，任何真正的哲学都是自己时代精神的精华。而我们这个时代的任何优秀思想和理论都无一例外是对我们这个时代最深刻的理解和时代问题最深刻的诊断，要理解这个时代，并引领时代发展的脚步，就必须以具有穿透力的思想和理论作为工具。因此，要引进国外优秀思想和理论，并对之加以深入地研究和消化，为我国把握时代脉搏、诊断时代问题提供助力。

将世界优秀文化引进来，也要引进优秀治理能力和制度文化。习近平总书记指出："全面深化改革的总目标，就是完善和发展中国特色社会主义制度、推进国家治理体系和治理能力现代化。这是坚持和发展中国特色社会主义的必然要求，也是实现社会主义现代化的应有之义。"[①] 可见，治理体系和治理能力的现代化是社会主义现代化的必然追求，而治理体系和治理能力不仅是一个政治层面的问题，同样也是一个文化层面的问题。现代化的治理体系也需要现代化的制度文化与其相适应。西方发达国家作为现代化进程的先行者，在治理体系和制度文化层面的现代化步伐自然也先于中国，因而有许多先进经验值得借鉴。为此，在推进国家治理体系和治理能力现代化的过程当中，应将优秀治理能力和制度文化引进来。

三、加强不同文明之间的交流对话

一花独放不是春，百花齐放春满园。文明不是一种单一的形式，它是一种极具个性的存在，文明因历史与文化的不同，在不同国家都呈现出不同的形态。习近平总书记曾说："各国历史文化和社会制度差异自古就存在，是人类文明的内在属性。没有多样性，就没有人类文明。"而文明就其本质而言"没有高低优劣之分"[②]。文明兴盛于交流互鉴，而衰败于一家的独白。文化强国不是文化霸权，它是世界多元一体文明图景的守护者而

---

① 习近平. 习近平谈治国理政. 北京：外文出版社，2014：104.
② 习近平. 让多边主义的火炬照亮人类前行之路：在世界经济论坛"达沃斯议程"对话会上的特别致辞. 人民日报，2021-01-26（2）.

非破坏者。因此，建设社会主义文化强国要加强不同文明间的交流对话，守护人类文明多元一体图景，这不仅是文化强国的价值追求，也是文化强国的应有责任。

加强不同文明之间的交流对话，要做到以下几点：首先要加深文明间了解。交流对话的基础是相互了解，如果文明间相互没有了解，那么对话就变成了自说自话。一方面，要通过加大经费投入，扩充研究人员规模的方式，增加对世界其他文明的了解，以便与之更好地对话。另一方面，也要深入了解本国文明，这样才能更好地向世界介绍自己，同时也要创作更多对外宣传和介绍中国的材料，推动世界各国更好地了解中国。在加深相互了解的情况之下，才能够加强不同文明之间的交流对话。

其次要拓宽文明交流渠道。当前，无论是在官方层面还是在民间层面，文明间的交流对话渠道都是不够的。从官方层面来讲，可以通过增设各种常设的、多边的、多级别的交流论坛，为各国交流提供平台。从民间层面来讲，可以通过互设文化节等方式来加强民间的交流对话，并借助各类社会团体的力量，让更多的民众到他国去感受异国文化带来的冲击。

最后要倡导文明多元一体价值。加强不同文明之间的交流对话，归根结底是要将这种交流对话形成一种行动自觉。为此，就需要我们积极倡导一种文化多元主义的价值观念，而摈弃当前盛行的文化一元主义观念。世界上各个国家都有自己的历史，也都创造了灿烂的文明，不能依国家国际地位的高低判断其文明的优劣。虽然一些非洲国家在经济发展上相对落后，但是它们同样创造了独特而优美的文化。虽然发达国家在经济上领先于世界，但这并不意味着它们的文化就是完美的。文化只有姹紫嫣红之别，没有高低优劣之分。建设社会主义文化强国，中国应该倡导"各美其美，美人之美，美美与共，天下大同"的文化价值观念，与世界各国一道，共同守护人类文明的多元一体图景。

第五节　网络空间：建成社会主义文化强国的重要阵地

对于建成社会主义文化强国而言，网络空间是一个不可忽视的重要阵地。"习近平同志多次讲，过不了互联网这一关，就过不了长期执政这一关。管好用好互联网，是新形势下掌控新闻舆论阵地的关键。掌控网络意识形态主导权，就是守护国家的主权和政权。要高度重视网络斗争，把党管媒体的原则贯彻到新媒体领域。"[1] 这就说明，要建设好社会主义文化强国，网络空间是躲不开、绕不过的。同时，中国作为一个网民超过十亿人的互联网大国，具有深厚的网络资源积累，如果能够用好这一网络资源则会为社会主义文化强国建设带来强大的动力。习近平总书记强调："当今世界，谁掌握了互联网，谁就把握住了时代主动权；谁轻视互联网，谁就会被时代所抛弃。一定程度上可以说，得网络者得天下。"[2] 从这个角度上看，掌握互联网的主动权是实现中华民族伟大复兴的重要一环，网络空间是建成社会主义文化强国的重要阵地，更是实现中华民族伟大复兴的重要保障。

一、净化网络空间，构建风清气正的大众文化

大众文化（mass culture）是市场经济条件下出现的一种文化形式，它以满足都市大众娱乐需求为目的，以工业化生产为形式，是市场经济条件下最为活跃的消费形式。改革开放以来，大众文化已经成为我国居民文化生活的重要内容。而在高度发达的互联网技术的助推之下，大众文化显得越发活跃。大众文化因为其目的在于满足娱乐消费的特点，仅能满足受众对于感官刺激的追求，在价值引导层面缺乏自觉。因此，在社会主义文化强国建设过程中，对于以互联网为重要载体的大众文化加以积极引导就显得十分必要。

大众文化不因其满足娱乐消费需要便与崇高相对立，如果予以适当引导，它同样能够传递正面价值。在威廉斯看来，大众文化旧有的含义是指低等次的、炮制出来专门为了博取欢心的文化作品，而在更加现代的意义

---

[1] 坚定文化自信，建设社会主义文化强国：学习《习近平关于社会主义文化建设论述摘编》. 人民日报，2017-10-16（7）.
[2] 中共中央党史和文献研究院. 习近平关于网络强国论述摘编. 北京：中央文献出版社，2021：41.

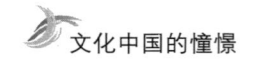

上，它是为许多人所喜爱的①。因此，从这种意义上说，大众文化并不能完全和低档次、消费主义完全画等号，就为许多人所喜爱的这一特性来看，大众文化也可以是积极向上、充满正能量的。

互联网技术在我国发展迅猛，其受众更是超过10亿人，由于互联网具有传播速度快、受众范围广、互动体验好、信息时效性强等特点，它正在成为大众文化的主要载体。因此，对大众文化加以积极引导必须从互联网领域入手。反观现实，当前我国网络空间中存在着许多不良风气。

第一，自媒体的兴起使得网络空间中真假信息鱼龙混杂、真伪莫辨。互联网的运用极大地降低了信息的编辑、传播成本，这也使得信息渠道不再为主流媒体所垄断，而是产生了新的自媒体形态。一方面，自媒体是主流媒体之外的信息渠道补充，能够使受众从多角度、多渠道获取信息，但是另一方面，部分自媒体缺乏基本的职业伦理等原因，使得自媒体的信息传播导向存在问题。举例来说，在2022年初东航坠机事故发生后，有20多人在互联网上声称错过了飞机，但实际上被证实的只有两人，同时也有不少所谓"最后一分钟视频""黑匣子录音"等出现在互联网上，混淆视听，淹没了事实的真相。这种为了博眼球而不断挑战道德底线的行为，在互联网领域还不少。

第二，资本的无序进入使得网络空间秩序混乱。在马克思看来，工业化进程使得人类的交往需求日渐增加、交往手段日渐发达。可以说，互联网就是这一交往全球化进程的产物，从某种程度上说，它自诞生起就有着为资本服务的目的，互联网天然与资本是"合谋"的关系，其时效性、匿名性、无国界性和去中心化特征非常容易被资本所利用。自媒体为了博眼球而不惜挑战人性底线的行为，可以说是资本在我国互联网领域内无序扩张造成的结果。互联网从其本质上来说是信息流的集合，但这些信息并不是均等地被受众所接受，而是呈现出一种集中趋势，少数信息获得极大的关注，多数信息可能刚一出现便石沉大海。资本自然需要利用那些获得极大关注的信息来实现自身目的，这就造成了当前互联网领域"流量为王"

---

① 刘敬东，郇庆治，陆俊. 国外马克思主义思潮评介. 北京：北京师范大学出版社，2021：356.

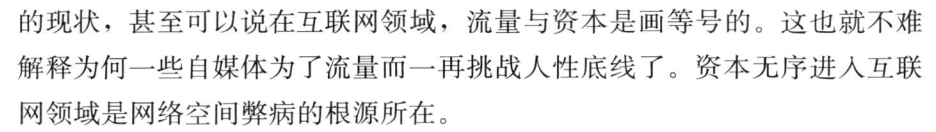

的现状，甚至可以说在互联网领域，流量与资本是画等号的。这也就不难解释为何一些自媒体为了流量而一再挑战人性底线了。资本无序进入互联网领域是网络空间弊病的根源所在。

第三，互联网匿名性的特点使得负面信息充斥网络空间。互联网从某种角度上来看就是各个站点、平台和用户之间相互连接所组成的一个整体，它呈现出一种去中心化的结构。这一去中心化的特点使得互联网的使用者能够以匿名的方式使用互联网，即使在当前许多社交媒体已经要求实名制的情况下，这种实名制实际上也并不是公开的。在这种情况下，互联网用户在社交媒体中的权利与责任实际上是分开的，由于匿名性的缘故，互联网成为一种宣泄情绪，特别是负面情绪的出口。因此，互联网中总是充斥着谩骂、对立、谣言等信息。

第四，主流媒体权威性被消解使得网络空间缺乏价值引领。在互联网普及之前，主流媒体几乎垄断了主流信息传播渠道，并且在发展过程中形成了具有权威意味的话语体系。然而，互联网的普及使得信息传播渠道被拓宽，主流媒体不再垄断信息传播渠道，进行信息传播的成本也不再高昂，一人采集、编辑、发布信息的自媒体形式成为可能。在这种情况下，主流媒体的权威性在被消解，网络空间内各种思潮、观点相互碰撞，缺乏有效的价值引领。

基于上述状况，净化网络空间，构建风清气正的大众文化应当从以下几个方面入手。首先，对互联网资本加以规制。如前所述，网络空间中不少乱象的产生都同资本为满足自身增殖目的在互联网领域内无序扩张有很大的关系。因此，要从根本上解决互联网领域内种种乱象的产生，还是要从其背后的经济根源入手。在互联网发挥其信息传播功能时，它更多地属于文化产业的范畴，因此同样要遵循"把社会效益放在首位、社会效益和经济效益相统一"的原则，不能把网络空间的主导权完全交给市场、交给资本。具体而言，第一是要设立准入清单，对于关涉国计民生的重点领域，应限制资本进入，并对其在该领域的商业行为加以规范；第二是要颠覆网络空间内"流量等于资本"的逻辑，打破流量同资本的深度捆绑，将负能量同资本画上"不等号"，根绝各类博眼球的负能量内容生长的土壤。

其次，推动互联网用户权利与责任相统一。互联网所具有的匿名性特点使得互联网用户的权利与责任相分离，造成了网络空间内充斥负能量的痼疾。为了解决这一问题，就需要使互联网用户权责统一，使互联网用户能够对其不良乃至违法行为负应有的责任。第一，继续推动互联网用户实名制。实名制可以使互联网用户可追溯。尽管在一些学者看来，作为个人存在的实体并不直接参与数字领域内的各种活动，个人是通过虚体（vir-body）来进行数字领域内的行动的①。但个人仍然是各种网络行为的主体，个体仍然需要为其在数字领域内的行为负责。因此，推动实名制进程可以强化并固定实体与虚体之间的映射，使得每一个虚体背后的行为承担者可追溯。第二，规范并统一网络空间行动准则。目前，网络空间内违规行为的判定和惩戒主体是网络平台本身，这就造成了一个内在矛盾，即维护平台活跃用户数量是网络平台的根本利益，但对用户违规行为的惩戒则会伤害这一根本利益。这就使得网络平台本身的用户规范会相对宽松，对用户违规行为的判定和惩戒也会相对温和。不仅如此，网络平台用户也会倾向于流向用户规范更加宽松的平台，这就使得网络平台几乎没有任何严格用户行为管理的动机。为解决这一内在矛盾，要确立统一的网络空间行动准则和社区规范，供各网络平台统一执行。可以由政府建立专门的用户违规行为判定和惩戒机构，以统一用户违规行为判定和惩戒的力度和标准。

最后，重塑主流媒体权威性，加强主流媒体在网络空间内的价值引领作用。互联网的普及降低了信息传播的成本，各类自媒体不仅与主流媒体共享传播渠道，同时也在模仿权威话语体系，这使得主流媒体的权威性正在被消解。过去，主流媒体的传播载体主要是报刊亭、广播电视台等由官方设立的文化机构，这就使得主流媒体信息的传播有官方作为背书。现在，信息传播的主要载体变为了微信公众号、各短视频媒体号等，这就使得主流媒体发布的信息在传播时失去了其原有的传播载体所带来的权威性。因此，有必要重塑主流媒体的权威性。具体措施包括：第一，要求各数字平台对于主流媒体特别是官方媒体所运营的账号赋予特殊且明显的标

---

① 蓝江. 一般数据、虚体、数字资本. 哲学研究，2018（3）.

识，以供受众进行识别。第二，主流媒体特别是官方媒体所开发的应用程序在应用市场中标记的开发者应统一为其主管政府机构，并要求个别应用市场对官方媒体赋予明显的特殊标识。第三，加强各主流媒体在网络空间中的曝光量，通过消息置顶、推送等方式增加主流媒体曝光量，强化网络空间的主流声音。

二、塑造网络文化，助力社会主义文化强国建设

当前，大众文化作为文化消费领域中最活跃的形式，与威廉斯、霍克海默、阿多诺等人对其进行批判时相比已经产生了巨大的变化。大众文化的主要传播载体发生了变化，由纸媒、广播电视等变为互联网，这就使得信息的传播效率更高、速度更快，这造成了监管难度的加大和主流声音的削弱，由此形成的网络文化更加贴近大众娱乐消费的需求。可以说，互联网是大众文化最好的载体，网络文化是大众文化在当下最活跃的表现形式。宣传思想工作是做人的工作的，人在哪儿重点就应该在哪儿。我国网民数量众多，很多人大部分信息都从网上获取，必须正视这个事实，把网上舆论工作作为重中之重来抓。要坚持巩固壮大主流思想舆论，实施网络内容建设工程，发展积极向上的网络文化[①]。

网络文化建设对于建成社会主义文化强国具有重要意义。当前我国网民数量已经超过10亿，网民每日的上网时间也越来越长，特别是新冠肺炎疫情的暴发更进一步加深了我国居民对于互联网的依赖。可以说，网络文化因其具有受众范围广、交互时间长的特点，已经成为当代中国文化的重要组成部分，因此，建成社会主义文化强国离不开网络文化建设。在经济基础与上层建筑的双向互动中，文化作为上层建筑并不是绝对被动的。如果能够塑造一种积极向上的网络文化，那么它便能在同互联网用户的同构互塑过程中助力社会主义现代化强国建设。

但就目前而言，我国网络文化现状同社会主义文化强国建设的要求还存在着差距。首先，从网络文化的主要内容来看还是以满足居民文化消费

---

① 《习近平总书记系列重要讲话读本（2016年版）》十一、用社会主义核心价值观凝心聚力：关于建设社会主义文化强国．人民日报，2016－05－05（9）．

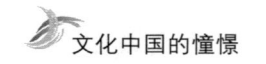

需求的文化产品和内容为主，主旋律内容以及优秀传统文化内容有待加强。其次，从网络文化的意识形态构成来看，外来的各种价值观念还有比较大的市场，对主流意识形态构成威胁。最后，从网络文化的价值追求来看，尚未形成对文化强国追求的集体自觉，没有为建设文化强国提供足够大的精神动力。

因此，要从实践层面塑造网络文化，助力社会主义文化强国建设则需要从以下几个方面入手。首先，要着力提高主旋律作品的质量。大众的并不一定就是庸俗、低劣的，大众的也可以是高雅、主旋律的。但是，如果主旋律作品的质量无法满足观众的需求，那么观众只能去选择其他作品。如果主旋律作品的质量不到位，即使通过各种手段使其在互联网中大范围传播，恐怕也只能起到负面作用。因为归根结底，互联网本身只是一种传播的途径，要让其更好地为正能量、为主旋律服务，还是要提高文化作品自身的质量。

其次，加强核心价值观引领。互联网具有去中心化的特点，使得各种声音都能出现在互联网领域之中，并且各有其受众。这使得在互联网领域的意识形态斗争形势更加复杂、激烈。但也正因为此，在互联网领域内更需要核心价值观的引领，让主流意识形态占据互联网高地。意识形态领域的斗争不会因为回避就消失不见，如果主流声音不占据高地，那么其他声音就会借助互联网传播自己的观念。因此，塑造网络文化必须要加强核心价值观引领。

最后，强化网络文化的价值导向。文化本身是具有价值导向作用的，但这种价值导向并不会自觉形成，而是需要加以引导。作为当前文化领域中最为活跃、受众最为广泛的文化形式，网络文化需要肩负起凝聚建设社会主义文化强国，进而建成社会主义现代化强国的价值共识的重要任务。为此，需要积极强化网络文化的价值引导，使之成为社会主义现代化强国建设的重要推动力。

三、发展网络经济，推动规模势能转化为发展动能

网络经济，也可以称为数字经济。中国信息通信研究院发布的《全球

数字经济新图景（2020年）：大变局下的可持续发展新动能》指出，网络经济是以数字化的知识和信息为关键生产要素，以数字技术创新为核心驱动力，以现代信息网络为重要载体，通过数字技术与实体经济深度融合，不断提高传统产业数字化、智能化水平，加速重构经济发展与政府治理模式的新型经济形态。网络经济主要包括两种形式：一种是互联网技术与传统行业相结合所产生的业态，另一种则是由于互联网技术的普遍运用而产生的全新业态。前者包括零售行业线上门店、互联网出行平台等领域，后者则包括即时通信软件、短视频平台等领域，这两种业态在我国均有较大的发展。当前我国有着较大的网络经济规模，2019年，网络经济占我国GDP比重已经达到了36.2%，总规模位居世界第二。

我国高度重视、大力支持网络经济建设。党的十八大以来，党中央高度重视发展数字经济，将其上升为国家战略。党的十八届五中全会提出，实施网络强国战略和国家大数据战略，拓展网络经济空间，促进互联网和经济社会融合发展，支持基于互联网的各类创新。党的十九大提出，推动互联网、大数据、人工智能和实体经济深度融合，建设数字中国、智慧社会。党的十九届五中全会提出，发展数字经济，推进数字产业化和产业数字化，推动数字经济和实体经济深度融合，打造具有国际竞争力的数字产业集群[①]。这些战略和政策的实施极大地促进了我国网络经济的发展。随着互联网在世界经济格局中的作用愈发重要，发展网络经济对于我国经济建设也有着越来越重要的作用。同时，新冠肺炎疫情的暴发使得世界各国之间的交流、沟通受到了阻碍，并使实体经济遭受较大冲击。在此背景下，将我国网络经济的规模势能转化为经济增长的全新动能就显得尤为重要。

尽管我国网络经济在规模上已经达到了世界领先水平，并且对我国经济发展也有着较高的贡献率，但是单从文化强国的视角来看，网络经济对于社会主义文化强国建设的推动作用还有待提高。我国网络经济规模虽然较大，但是与发达国家相比，在互联网文化产业方面还缺少高质量的内容和有影响力的品牌，没有将网络经济的规模势能有效地转化为建设社会主

---

① 习近平. 不断做强做优做大我国数字经济. 求是, 2022 (2).

义文化强国的发展动能。这种大而不强的局面，首先与我国相对落后的文化产业发展现状有很大关系。以影视产业为例，以好莱坞强大的影视产业能力为依托，美国借助互联网的力量催生出了 Disney＋、奈飞等在线影视平台，这些平台一方面生产出了许多高质量的作品，另一方面也产生了较大的国际影响力。可以说，借助互联网的力量，美国进一步巩固了其在文化产业领域的优势地位，并且更好地通过互联网实现了其价值观念的传播。在我国，文化产业本身的发展步伐较为缓慢，对互联网资源的利用不够充分。但是，在我国因互联网技术大规模运用而催生的新行业中，产生了相当多的"头部企业"。事实上，这些企业在助力文化强国建设方面有相当大的潜力可以挖掘。

发展网络经济，从实践层面而言，要从与传统行业结合的"互联网＋"行业和新兴互联网行业两个方面入手。就"互联网＋"行业而言，特别是互联网＋文化产业来说，互联网本身只是作为传播渠道而存在的，并不能代替这些行业本身。因此，发展网络经济助力文化强国建设的根本还是在于做大做强文化产业，在这一过程中用好网络这一平台，为我国文化产业的弯道超车提供助力。对于互联网广泛运用所催生的那些新业态而言，一方面要努力巩固自身优势，向世界一流水平看齐；另一方面也要自觉地为建设社会主义文化强国提供助力。就互联网技术的本质而言，它是人类交往高度发达的产物，它在马克思主义政治经济学的视域中属于流通领域的范畴，它本身并不能创造社会产品。因此，要辩证地看待网络经济的作用。它作为当前最为活跃、增长最为迅猛的经济形态，可以为我国的文化强国建设以及社会主义现代化强国建设提供有力支持。但我们也不可以完全将发展的重心放在网络经济之上，以免带来产业空心化等问题。

四、善用网络资源，讲好新时代的中国故事

习近平总书记强调："提高国家文化软实力，要努力提高国际话语权。要加强国际传播能力建设，精心构建对外话语体系，发挥好新兴媒体作用，增强对外话语的创造力、感召力、公信力，讲好中国故事，传播好中国声音,阐释好中国特色。"① 这说明文化强国建设不仅有国内层面的价值内涵,同样也有国际层面的价值内涵。文化强国不仅需要凝聚国内的共识,也要获得世界的认可,甚至引领世界文化发展的前进方向。因此,讲好中国故事,必须提高国际话语权。提高国际话语权需要以国际传播能力为依托,而随着信息技术的不断进步,国际传播变得越来越依靠互联网的力量。因此,讲好新时代的中国故事,必须善用网络资源。

事实上,在国际传播领域,中国有相当多的网络资源可以运用。以抖音、快手为代表的短视频平台的国际版在全球拥有数量众多的用户,以李子柒等人为代表的网络红人在国际互联网上也有诸多受众。同时,中国文化本身在国际互联网上也有着相当高的关注度,有着数量众多的传播者。可以说,相较于在传统传播领域存在的后发劣势,中国在互联网传播领域具有相当大的网络资源优势。

但是,目前中国在国际传播领域对于网络资源的发掘和利用还存在着一些不足之处。

第一,没有利用好短视频平台的用户基础。抖音的国际版 Tik Tok 在众多海外应用市场都是下载量最高的短视频平台,拥有着数量众多的海外用户。然而,目前对于这一庞大海外用户资源的发掘利用还不够。这一问题虽然在很大程度上是因为各出海目的国严格的监管措施而导致的,但不可否认的是,我们对短视频平台海外用户的重视是十分不够的,特别是一些官方媒体,并没有利用好新媒体渠道讲好中国故事。

第二,没有形成网络红人、意见领袖的传播自觉。当前在国际互联网上有着数量众多的中国文化传播者,其中既有中国用户,也有外国用户。但是,这些用户对于中国文化、中国声音的传播,在很大程度上都是自发形态,并没有形成对中国故事的传播自觉,有些传播的甚至是西方"有色眼镜"下的中国文化,这对于中国故事的传播是不利的。

第三,没有发挥好互联网平台的技术优势。近年来,互联网技术催生了微信、支付宝等一系列互联网平台,这些平台从技术水平、用户体验等

---

① 习近平. 习近平谈治国理政. 北京:外文出版社,2014:162.

方面来说，均处于国际领先水平。但是，由于中国本身就拥有较为广阔的国内市场，这些互联网平台企业的国际化意愿并不强烈，仅满足于对国内市场的开发。这就使得我国的不少互联网平台形成了较为封闭的生态，虽然用户数量多、盈利能力强，但都仅限于国内市场。尽管从企业经营的角度来说，这种选择对企业是有利的，但是，从国际传播的视角来看，这无疑是一种网络资源的浪费。

第四，没有激活互联网企业创新能力。从当前我国互联网企业发展状况来看，不少互联网企业都是通过将发达国家的新兴互联网业态移植到国内的方式取得成功的。模仿-移植的互联网创业模式依托中国宽广的市场蓝海取得了巨大的成功，但是只有模仿而缺乏创新的模式终归是难以为继的。模仿-移植模式，一方面会带来知识产权方面的问题，阻碍我国国际传播能力的构建步伐；另一方面也会为中国企业贴上"模仿者"的标签，使得后续中国互联网平台在出海过程中面临"外来者劣势"。这对于加强国际传播能力建设，构建对外话语体系是十分不利的。

因此，善用网络资源，讲好新时代的中国故事，要从如下几个方面入手。

首先，用好海外用户资源。我国互联网平台的海外用户主要集中在短视频平台，短视频平台最大的特点在于内容算法推荐，即根据每一个用户的浏览行为定向推荐其感兴趣的短视频内容。因此，可以通过为每一位短视频平台用户适当推送关于中华文化、新时代中国的发展成就等等关于中国的积极、正面的内容，使海外用户了解一个真正的中国，并逐渐对中国产生好感。

其次，推动网络红人、意见领袖形成讲好中国故事的传播自觉。建立正面激励机制，通过互联网平台向网络红人、意见领袖发放奖励，以此激发网络红人和意见领袖对中国故事的传播自觉。

再次，鼓励互联网平台企业国际化。中国人口众多、市场宽广的现状使得我国互联网平台企业国际化动力不足，因而形成了一种较为封闭的互联网文化生态，这种生态实际上并不利于中国声音的国际传播。当前的国际传播在很大程度上需要依靠互联网平台来进行，因此推动国内互联网平台国际化，对于传播中国声音、讲好中国故事来说就十分重要。应通过各类鼓励手段推动互联网平台走出去，特别是对于那些"天生国际化"的互联网平台要给予更多的支持。

最后，激发互联网平台企业创新活力。文化强国因具有强大的文化创新力而引领时代前进方向。在当今世界，创新能力的产生与实现都要以互联网为依托。因此，激发互联网平台创新活力，推动我国互联网企业成为互联网产业的创新引领者而非模仿者是十分重要的。它不仅能够提升我国在国际文化产业中的地位，还能创新国际传播渠道，为在互联网时代讲好中国故事创造更有利的条件。

第九章 以文化强国建设助推新时代的现代化实践

习近平总书记在庆祝中国共产党成立100周年大会上提出了"中国式现代化新道路"和"人类文明新形态"的重大论断①。党的二十大进一步指出:"中国式现代化是物质文明和精神文明相协调的现代化。物质富足、精神富有是社会主义现代化的根本要求。"② 这不仅将党的百年奋斗历程置于人类现代化演进的历史坐标中丈量,还将中国现代化实践提升到文明形态层面审视。

这一重大论断对新道路和文明新形态进行整体性把握,既是对我们党领导的中国现代化实践历程的客观描述,也揭示了中国现代化道路的"新"之所在、"新"之特质。它是超越"存在于一切文明国度中的资本主义社会"③ 的现代化路径、超越文明与资本逻辑一体化的现代化叙事,是具有独特软实力基础、鲜明新文明指向的道路。具体说来有三点关键特质:社会主义定向、占有人类现代化普遍文明成果、在自身文化的内生性演进中生成。这三者,界定了中国式现代化作为特殊的普遍性所具有的根

---

① 习近平. 在庆祝中国共产党成立100周年大会上的讲话. 人民日报,2021-07-02(2).
② 习近平. 高举中国特色社会主义伟大旗帜 为全面建设社会主义现代化国家而团结奋斗:在中国共产党第二十次全国代表大会上的报告. 北京:人民出版社,2022:22.
③ 马克思,恩格斯. 马克思恩格斯文集:第3卷. 北京:人民出版社,2009:444.

第九章　以文化强国建设助推新时代的现代化实践

本特质。

值得注意的是，从中国现代化实践的历史和目标看，这三者不是孤立按各自逻辑演进的，而是必须实现共时性演进、形成共生性生态，共同内化于今天的现代化实践。所谓人类文明新形态，实质上是这种共时共生关系的最优动态呈现。而正是这种"动态最优"，在思想与实践层面提出了一系列文化诉求，形成了文化强国的内在逻辑和建设方向。党的十八大以来的文化实践方针、方略，体现出了文化之"强"对中国现代化道路之"新"的支撑与推动作用。

第一节　把握中国式现代化道路的文化诉求

中国式现代化道路之所以与人类文明新形态形成统一的理论叙事，是因为这条道路既内生于中华民族独特的文化传统、独特的历史命运、独特的基本国情，又是在马克思主义科学理论指导下与世界历史进程同步的结果。因此，以文化强国建设推动中国的现代化实践，首先要从文化层面提炼中国式现代化道路的本质特征，由此把握新时代现代化实践的文化诉求，进而以现实性的文化方略回应这一诉求。

一、中国式现代化道路的特殊性

实践的有效性首先源自理论的科学性，中国式现代化道路最终走得通、走得好，源自马克思主义现代化理论的巨大指导作用。尽管在马克思、恩格斯的经典文献中，并没有直接以"现代化"为关键词所展开的相关讨论，但其思想的问题意识以及研究理路，包含了关于落后国家现代化的理论思考。尤其是其对德国、俄国这两种不同于西欧先发国家的现代化路径的考察，为中国从落后国家走向现代化的进程提供了坚实哲学基础与理论可能性，为现代化道路的多样性探索提供了珍贵而有力的理论支持。

马克思现代化理论的展开方式，建立在对资本主义社会运行规律研究和批判之上,其对现代社会的界定,立足于资本主义形成和演化的历史过程。针对抽象的、虚假普遍主义的"现代社会"概念,马克思曾明确指出,"'现代社会'就是存在于一切文明国度中的资本主义社会"①。这包含两个方面的意思:一方面,从现实的普遍性而言,"不同的文明国度中的不同的国家,不管它们的形式如何纷繁,却有一个共同点:它们都建立在现代资产阶级社会的基础上,只是这种社会的资本主义发展程度不同罢了"②。另一方面,从现实的特殊性而言,资本主义"或多或少地摆脱了中世纪的杂质,或多或少地由于每个国度的特殊的历史发展而改变了形态"。"它在普鲁士德意志帝国同在瑞士不一样,在英国同在美国不一样。"③ 可见,虽然马克思将资本化指认为现代化的核心特质,却已经发现在此进程中不同国家之间存在着无法归类的特殊性,所以始终将资本定义的现代化进程界定在西欧国家的限度内。

对这种特殊性的敏锐关注,鲜明地体现在马克思对德国现代化进程的考察上。马克思之前,在以黑格尔为代表的德意志古典哲学家那里,现代化进程表现为一种强大的历史理性,表现为一种已被预设的、统一的辩证运动的过程。黑格尔在面对历史的生成性时,选择将历史之外的世界精神看作现实的主体,将无数民族国家的历史悉数框入其逻辑学所预设的三个不同时代④,最终将历史的生成过程变成了另一种静止的神学体系。这种历史哲学所隐含的现实判断是:现代化过程是一条唯一的、普适性的道路。而耐人寻味的是,恰恰是黑格尔认为的处于唯一性道路上最高发展阶段的日耳曼民族,当时正受困于显而易见的落后状态。思辨哲学在现实面前的贫困,或者说,历史理性与德国现代化之间的落差,呼唤一种具有实践特质的现代化理论视野的介入。

对此,在《〈黑格尔法哲学批判〉导言》中,马克思致力于让对天国的批判回归对尘世的批判、对神学的批判回归对政治的批判,致力于打破虚幻的、历史理性的完满,回归德国落后的现实寻找现代化路径。他所深刻揭示的矛盾是,德意志古典哲学已经呈现出了现代化进程的逻辑、预设

---

①②③ 马克思,恩格斯. 马克思恩格斯文集:第 3 卷. 北京:人民出版社,2009:444.
④ 黑格尔. 黑格尔全集:第 27 卷:第一分册. 刘立群,等译. 北京:商务印书馆,2014.

第九章 以文化强国建设助推新时代的现代化实践

了现代社会的理想形态，而德国的现实却远远落后于时代，以至于"在法国和英国行将完结的事物，在德国现在才刚刚开始"①。这种时空错位，与一个多世纪前中国以落后国家身份共时性接受先进现代理念的历史境况是相似的。对此，虽然处于黑格尔法哲学批判时期的马克思尚未构筑其政治经济学基础，对德国现代化的思考还具体地诉诸"德国解放的**实际**可能性到底在哪里"，提出的路径还处在主体性哲学思路下的"形成一个被戴上彻底的锁链的阶级"②。但关注现实特殊性的考察，却埋下了马克思现代化理论中的草蛇灰线。

如果说，对德国现代化的考察，呈现了马克思对普适资本逻辑无法兼容的异质性的深刻思考，那么19世纪80年代之后，马克思对俄国社会现代化路径的考察，则体现了他超越资本逻辑主导的现代化的理论企图。此时，经历了《资本论》写作的马克思，已经有了更加系统的理论视野和更为成熟的理论工具。

在彼时的国际共产主义运动中，俄国革命与道路问题已经越来越举足轻重。相较于西欧现代化的理论版图，其在地理位置上、在发展阶段上、在文化传统上都具有特殊性，不仅关涉后发国家的现代化问题，而且关涉资本化是否具有普适性的判断。1881年2月，俄国女革命家维·伊·查苏利奇致信给马克思，希望马克思能就俄国农村公社问题做出一些解答，其实是在一个具体的历史情境下点出了上述宏大问题。而马克思用了一个月的时间回信，几易其稿，也呈现了对这个问题复杂性的反复考量。

在回信的初稿中，马克思认为保留了公有制和集体劳动的俄国农村公社的"历史环境是独一无二的！"③ 这种"独一无二"可以从两个方面加以把握：其一，从历史上看，俄国农村公社是欧洲唯一规模化而非零星保存下来的农村公有制形式，而且是以活跃的、当下生产生活方式的形式保存下来的；其二，从现实（当时）看，这种公有制形式是与资本主义制度同时存在的，资本主义所创造的物质生活条件本身能为大规模的合作劳动提

---

① 马克思，恩格斯. 马克思恩格斯文集：第1卷. 北京：人民出版社，2009：8.
② 同①16.
③ 马克思，恩格斯. 马克思恩格斯文集：第3卷. 北京：人民出版社，2009：579.

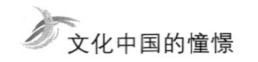

供现成物质条件。因此,"它可以不通过资本主义制度的卡夫丁峡谷,而占有资本主义制度所创造的一切积极的成果"①。

虽然,跨越卡夫丁峡谷的重要论断在正式回信中被删除了,替换为了更为审慎的一句话:"这种农村公社是俄国社会新生的支点;可是要使它能发挥这种作用,首先必须排除从各方面向它袭来的破坏性影响,然后保证它具备自然发展的正常条件。"② 但正式回信强化了一种论调,即《资本论》里所论述的必经资本主义制度的历史必然性,明确地仅限于西欧各国,而不包括俄国这样的特殊现代化样本。仅仅一年后,关于跨越卡夫丁峡谷是否可能、如何可行的问题在《共产党宣言》俄文第二版的序言中获得了更明确的答案。俄国是必须要经历西欧所经历的资本化的过程,还是"能够直接过渡到高级的共产主义的公共占有形式"? 马克思、恩格斯认为"目前唯一可能的答复是","假如俄国革命将成为西方无产阶级革命的信号而双方互相补充的话,那么现今的俄国土地公有制便能成为共产主义发展的起点"③。这意味着,如果俄国使用革命手段,同时又能带来全球共产主义运动的系统性效应,就有可能在历史的风云际会中抓住超越资本化的契机。

可以说,马克思关于现代化的研究起点从来都是特殊性的,早期由德国社会现实所激发,晚期则因俄国问题而深入。面对以资本化为共性的现代化进程,马克思一方面指认了资本化对现代化的内在驱动,另一方面则以特殊性视角来审视不同国家的现代化进程,以期在其中找寻一条不同于西欧以资本逻辑为轴心的现代化道路。实际上,也只有这一特殊性逻辑被确立起来,只有现代化的多种可能性被开掘和呈现出来,他扬弃资本逻辑的理论目的才能实现。这一特殊逻辑构成了今天我们认知现代化的重要资源,理解和把握中国式现代化道路,深层上,同样立足于马克思关于民族国家特殊现代化道路得以成立的理论设定。这些设定似可梳理为以下几点。

---

① 马克思,恩格斯. 马克思恩格斯文集:第3卷. 北京:人民出版社,2009:587.
② 同①590.
③ 马克思,恩格斯. 马克思恩格斯文集:第2卷. 北京:人民出版社,2009:8.

第一,生发于特殊文化传统的历史命运。

19世纪德国现代化进程笼罩在德意志古典哲学之下,而正是在哲学上堪称高峰的德意志古典哲学,始终遵从思辨理性原则,把历史看作目的既定的、均质化的进程。这一排斥历史生成性的现代化构筑方式,思辨性越强实践性就越弱,必然导致政治上的保守,从而从深层上阻碍德国走向现代化的进程。所以马克思早期才致力于对德意志古典哲学的批判与扬弃,其中尤其聚焦其脱离现实的思辨属性。德国因文化厚重而保守所形成的特殊命运,同中国被迫进入世界历史后的境况是相类似的;其从哲学批判开始的现代化觉醒,也与经历"西学""新学""科玄之争""新文化运动"等等文化新质进程的近代中国有共通之处。从根本上讲,文化没有"一般的",必然是"特殊的",这是马克思所设定的西欧以外的国家迈向现代化必须立足的先赋性因素。

第二,与资本主义共时存在的历史境遇。

众所周知,马克思、恩格斯批判资本逻辑的前提和基础,是充分肯定了资本主义在现代化进程中的革命作用。一方面,资本主义最大程度地发展了生产力:"资产阶级在它的不到一百年的阶级统治中所创造的生产力,比过去一切世代创造的全部生产力还要多,还要大。"① 另一方面,资本主义有效地拓展了世界市场、促进了世界历史的形成,"正像它使农村从属于城市一样,它使未开化和半开化的国家从属于文明的国家,使农民的民族从属于资产阶级的民族,使东方从属于西方"②。正是在这二者的基础上,俄国这样的后发国家获得了超越单一民族历史进程而占有资本主义成果的机会,"能够成为现代社会所趋向的那种经济制度的直接出发点,不必自杀就可以获得新的生命"③。

第三,出现社会主义革命的历史条件。

西欧的现代化进程经历了资本主义取代封建制度,再"生产出自身的掘墓人"的完整进程,而作为世界历史的被迫入场者,俄国这样的"未开化和半开化"国家处在时空压缩之中,更大的可能是将延展性的历史浓缩

---

①② 马克思,恩格斯. 马克思恩格斯文集:第2卷. 北京:人民出版社,2009:36.
③ 马克思,恩格斯. 马克思恩格斯文集:第3卷. 北京:人民出版社,2009:587.

进革命的"惊险一跃"中。在《给维·伊·查苏利奇的复信》初稿中,马克思指出,"如果革命在适当的时刻发生",那么"农村公社就会很快地变为俄国社会新生的因素,变为优于其他还处在资本主义制度奴役下的国家的因素"①。而在1882年《共产党宣言》俄文第二版的序言中,革命使命和必要性获得了更明确的指认。在马克思的时代,革命之于特殊的现代化道路的必要性还是一种基于历史规律的科学推论,在随后的20世纪里,它已经被俄国革命、中国革命这两个石破天惊的历史转折所证明。尤其是后者,最终带来了十亿以上人口共同迈入现代化的进程,这在人类历史上是前所未有的。

总的说来,马克思关于特殊现代化的研究提供了一个基本判断:并非存在一个普适于任何社会的现代化道路,而是资本逻辑自带一种试图将各种特殊性纳入其发展脉络的趋向。中国现代化作为特殊性的一种,具备上述三个设定所指向的起点的特殊性、境遇的特殊性和过程的特殊性,也由此展开了克服资本化吞噬、跨越卡夫丁峡谷的进程。因此,相对于自身和"世界上那些既希望加快发展又希望保持自身独立性的国家"而言,中国式现代化呈现了一种特殊的普遍性,而这种特殊的普遍性又首先体现在文化上;要从特殊中充分释放其普遍潜能,也首先需在文化精神与文化实践上着力。

二、中国式现代化道路的文化实践指向

马克思主义经典著作中对特殊现代化路径的考察,虽然还不可能涉及中国问题,但其展开的"特殊普遍性"的辩证法,却构成了中国现代化进程的基础逻辑,并且也提出了中国式现代化道路文化实践的可能性指向。马克思对德国的分析,涉及赓续和扬弃文化传统问题,其现实指向是,中国现代化与传统文化的演化嬗变是统一进程,处理"古今中西"的张力,既是中国式现代化的历史任务,也是中国式现代化的内生动力。马克思、恩格斯对俄国的分析,探索的是超越资本化的路径,其现实指向是,中国

---

① 马克思,恩格斯. 马克思恩格斯文集:第3卷. 北京:人民出版社,2009:582.

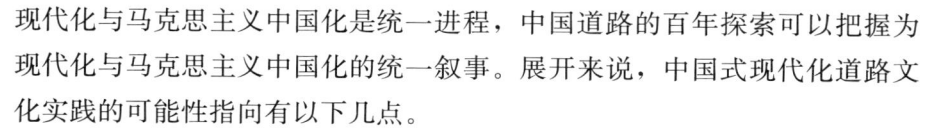

现代化与马克思主义中国化是统一进程，中国道路的百年探索可以把握为现代化与马克思主义中国化的统一叙事。展开来说，中国式现代化道路文化实践的可能性指向有以下几点。

第一，使19世纪的马克思主义理论始终保持21世纪的当代形态，以与时俱进的、中国化的马克思主义指导中国现代化实践。

作为被迫进入世界历史的后发国家，中国面临既要吸收资本主义文明成果又要抵抗资本主义（帝国主义）殖民侵略的矛盾境遇，这一特殊境遇背后的理论诉求超出了资本主义现代化理论的限度，因此洋务与新学、共和与立宪、乡村建设、实业救国、教育救国等都曾试图为中国现代化进程提供方略，但种种政治与文化实验却无一能解答中国现代化命题。只有马克思主义提供了"生发于特殊文化传统""与资本主义共时存在"之民族国家的现代化进路，并引领促成了新民主主义革命-社会主义革命这一现代化的关键条件，既成为了中国式现代化道路的科学依据和理论指引，也成为了这一"特殊普遍性"的本质规定。

重要的是，与中国的现代化建立起本质联系的，并非抽象的马克思主义，而是在这一历史性实践中生成的中国化的马克思主义。中国式现代化新道路的开拓，与马克思主义与中国具体实际相结合是统一叙事。中国革命、建设、改革、奋进新时代的伟大成就，由马克思主义中国化的三次历史飞跃所引领；中国共产党带领中国人民所进行的现代化新道路的探索，在思想理论层面反映为不断生成马克思主义创新形态、当代形态的进程。百余年来，植根于中国现代化历程的马克思主义中国化成果产生了一系列具有鲜明问题导向、实践特质的重要范畴：为人民服务、共同富裕等概念深入人心，实事求是、正确解决人民内部矛盾、实践是检验真理的唯一标准、科学技术是第一生产力等命题解答发展之问，"三个代表"重要思想、科学发展观、以人为本、中国梦、"四个全面"、"四个自信"等立根筑魂，深刻塑造了中华民族的"思想自我"。到21世纪中叶建成社会主义现代化强国，将是中国式现代化道路的里程碑，从本质上要求马克思主义在中国化中进一步展开其实践性与时代性，立足时代之基、回答时代之问，积极开启超越资本逻辑的文明形态。

第二，创造性转化、创新性发展中华优秀传统文化，使之成为人类文明新形态生成的基础资源。

中国被炮火轰入世界历史，各种现代化思潮蜂拥而入。如何看待自己的数千年日用而不觉的文化，忽然间成了一个生死攸关的问题。一个多世纪当中，各种思考求索不断，其中，有"中国文武制度，事事远出西人之上"的自守之态，有"中学为体、西学为用""守中化西"的中和之姿，也有"打倒孔家店"的决绝之念。但上述理念基本上都是持一种舍此而就彼的二元论思维，即便有一些思想家隐隐指出中国文化属于未来（如梁漱溟等），但也不可能构筑出现实的超越性路径，因为处理中国传统文化问题内在于中国现代化路径这一宏大的问题域。也即，只有对现代化的资本逻辑形成一个超越性视野，立足民族文化本位完成现代化转型才能获得可能性。

马克思现代化理论所凸显出的"特殊的普遍性"，从根本上倒置了一种判断——中国文化的异质性不是困厄，而是契机，不是应在资本化现代化当中舍弃的东西，而是克服并占有资本主义文明的立足点。它有可能改变"现代化"本身的内涵与界定，将世界历史中的现代化进程，从一种同质化进程的先后关系，变为包容性进程的多样关系。当然，这肯定不是它的原生态状态能完成的，必须经过与中国化的马克思主义、与资本主义文明的动态融合，形成与革命文化、社会主义先进文化互相浚通的活水，实现人类文明发展的普遍性与民族国家特殊性之间的历史结合，才能释放出普遍性。从目的角度也可以说，创造人类文明新形态，不是文化传统的特殊性和异质性本身就能达成的，而是必须驱万途于同归、朝向马克思扬弃资本逻辑的趋向。所以，推动中华优秀传统文化创造性转化、创新性发展其实还任重道远，涉及新质后的中国文化在世界文明中重新"出场"，对此既要怀有深厚自信，又不能骄慢视之。

第三，既秉持文化自信、又倡导文明对话，并致力于使二者内化于现代化道路。

如前所述，虽然限定在"西欧"范围之内，马克思始终认为在历史不同阶段内各民族国家共有某种内在的经济架构，资本驱动是现代化进程中

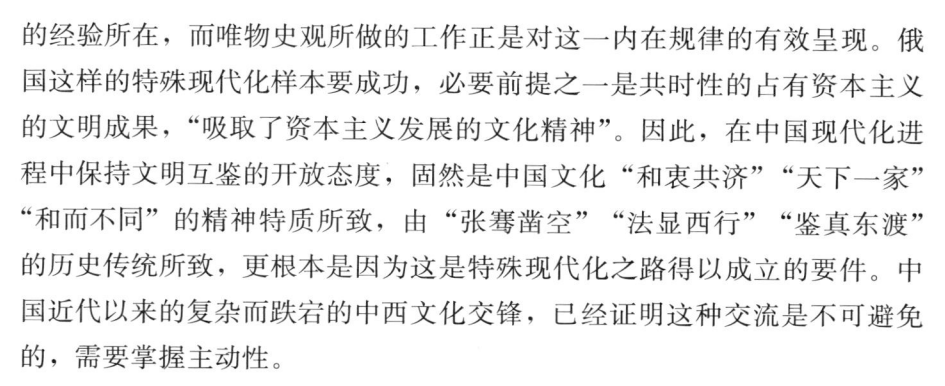

的经验所在，而唯物史观所做的工作正是对这一内在规律的有效呈现。俄国这样的特殊现代化样本要成功，必要前提之一是共时性的占有资本主义的文明成果，"吸取了资本主义发展的文化精神"。因此，在中国现代化进程中保持文明互鉴的开放态度，固然是中国文化"和衷共济""天下一家""和而不同"的精神特质所致，由"张骞凿空""法显西行""鉴真东渡"的历史传统所致，更根本是因为这是特殊现代化之路得以成立的要件。中国近代以来的复杂而跌宕的中西文化交锋，已经证明这种交流是不可避免的，需要掌握主动性。

把握这种主动性，意味着辩证把握文化自信与文化对话，认识到其本是一体两面。一方面在全球化时代树立世界性视野，在多种文化互鉴中博采众长；另一方面深深根植于本民族文化，深刻把握中国文化演进的内在指向、中国现代化进程的历史逻辑。在挺立中华文化主体性的基础上，实现推进文化开放与保证文化安全的统一打造中国特色、中国风格、中国气派的理论话语体系与提高话语体系国际融通能力的统一，"保持对自身文化的自信、耐力、定力"与"中国要永远做一个学习大国"的统一。质言之，中国式现代化道路所指向的"文明新形态"，是"人类"维度和层面的新文明，不仅有守住本民族根与魂的使命，还有实现人类文化可通约性的目标。只有凝练人类所能调集的整体性思想精华，形成既能彰显民族特色又能深刻关照人类命运的文化形态，才能凸显出具有普遍性的特殊性规定。

上述三者，不是孤立的、线性发展的，而是需要立足于马克思对特殊现代化设定的三个可能条件来统一把握，实现共时性演进、形成共生性生态。中国化的马克思主义是可以吸取既有文明的先进成果，却又独具中国特色的一种理论形态。它的这一特殊性却最为典型地彰显出马克思主义总是要与特定时代的紧密相关。并由此决定了中国式现代化道路并非僵死不变，其具体内容总是与特定时代的发展之间相互诠释、相互沟通。而中华优秀传统文化的创造性转化和创新性发展，中西文化间的交流互鉴、互相激发，必须在马克思主义中国化的发展进程下展开，朝向超越资本逻辑的现代化方向，否则就和中国近代的中西之辨之间没有质的不同。此外，倡

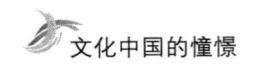

导文明对话、保持文化积极互动，本身就是中华优秀传统文化创造性转化的题中应有之义，也是其基本动力。从这个角度可以说，中国式现代化所指向的人类文明新形态，实质上是这种共时共生关系的最优动态呈现。

第二节 培育新时代现代化实践的文化动力

上述三者的动态共生关系，构成了中国式现代化道路的文化诉求，而统筹把握这种共生关系，则正是在今天的历史条件下文化自觉之所在。党的十八大以来，党中央准确研判国内国际发展大势，科学定位文化建设在"五位一体"总体布局中的重要位置，在道路、理论、制度自信基础上提出文化自信，以中华优秀传统文化为基础、以中国特色社会主义为属性、以创造人类文明新形态为引领，形成了中国特色社会主义文化的基本内涵，形成了一个有自己理念风范、民族创造、价值内涵和精神追求的开放性文化建设体系。尤其是党的十九届五中全会明确提出了到2035年建成社会主义文化强国的远景目标，是对新时代文化建设方略的概括、对新时代党中央文化建设方针的集中呈现，其展开过程将为新时代现代化实践培育强大的文化动力。

一、以文化强国建设增强文化自信，汇聚起现代化实践的强大精神力量

文化自信是更基础、更广泛、更深厚的自信。从本质上看，它是中国道路必然性与应然性的展现，是道路、理论、制度的文化底蕴之所在，是中国精神、中国价值的文化源泉；从功用上看，文化自信一旦培育起来就具有稳定性和长期性，融合渗透于道路自信、理论自信、制度自信当中，成为培育和坚持后三者的深层精神支撑、文化支撑、心理支撑，其影响深刻而长远。从文化层面推动新时代现代化实践，需要以文化强国建设培育、涵养、增强一个民族的文化自信，汇聚起强大且持久的精神力量。其发力方向包含但不限于以下方面：

首先，高度重视中华优秀传统文化的历史传承和创新发展，将其作为

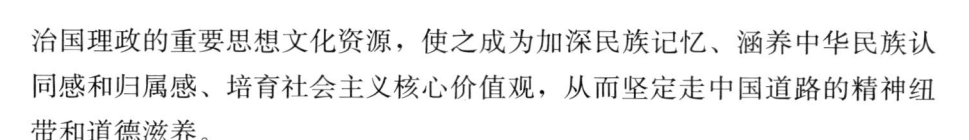

治国理政的重要思想文化资源,使之成为加深民族记忆、涵养中华民族认同感和归属感、培育社会主义核心价值观,从而坚定走中国道路的精神纽带和道德滋养。

泱泱数千年文化培育了中华民族独特的思想、价值、审美、政情、民俗,如何阐扬它一直是当代中国的紧要课题。党的十八大以来,习近平总书记从中华民族最深沉精神追求的深度看待传统文化,从国家战略资源的高度继承传统文化,从寻找中华民族现代化道路的角度发展传统文化,带领全国各族人民从延续民族文化血脉中开拓前行。道法自然、天人合一的哲学,融入了新发展理念;革故鼎新、与时俱进的精神,滋养着全面深化改革、全面依法治国的理论与实践;为政以德、清廉从政、俭约自守、力戒奢华的思想,丰富着全面从严治党、党风廉政建设的内涵;求同存异、和而不同、和谐相处的智慧,彰显出"和谐、和睦、和平"的中国风范,助推人类命运共同体的构建。凡此种种,不一而足。未来,在文化强国建设进程中,我们一方面要通过"三个独特"和"四个讲清楚"的理论,充分发挥出中华优秀传统文化赓续血脉、凝聚人心、绘就最大同心圆的功能,使之成为实现中华民族伟大复兴中国梦的基础力量;另一方面要按照时代特点和要求,推进中华优秀传统文化的创造性转化、创新性发展,赋予传统文化新的时代内涵,形成基于传统、跨越时空、融通中外、契合当代的文化活水。

其次,超越性看待"文化"在现代化实践中的根本性意义,深刻认识文化不仅是"五位一体"总体布局中的一个板块,更是"四个自信"的重要组成部分,使之成为坚定中国特色社会主义道路自信、理论自信、制度自信的根本力量。

从"两个文明"一起抓,到"三个文明"协调发展,到"四位一体"总体布局的形成,到包括生态文明建设在内的"五位一体"总体布局的全面拓展,再到将文化自信与"三个自信"并列,中国共产党在实践中不断深化对文化根本性意义的认识,不断提升对中华民族文明演进逻辑的把握能力。总的来说,文化自信既积淀着民族文化的基因,也涵养着民族文化的精神;既代表了强韧的文化根脉,也彰显着独特的文化优势,寄寓着人民的选择和愿望，连接着民族的历史和未来，内蕴着中华民族坚守正道的定力和砥砺前行的动力。我们党通过将文化自信与道路自信、理论自信、制度自信并列，完成了一次理论的完善和升华，打通了中华优秀传统文化、革命文化和社会主义先进文化，彰显了蕴含其中的、中华民族一以贯之的精神追求。在文化强国建设中，应进一步明确文化自信不仅是指对中国特色社会主义文化的自信，更是指从文化（文明）层面坚定道路自信、理论自信、制度自信，是中国人民文化精神、文化身份的基本标识，使之进一步发挥出根本性作用。

再次，深入把握马克思主义中国化的经验，在坚持把马克思主义基本原理同中国具体实际相结合的基础上，进一步同中华优秀传统文化相结合，以进一步中国化、时代化的马克思主义指导发展着的现代化实践。

中国式现代化新道路之"新"，在于它具有社会主义定向、它占有人类现代化普遍文明成果、它必须在自身文化的内生性演进中生成。这三者之间互相规定和影响，必须一体化推进，单独发展都不足构成人类文明新形态的可能。一百多年来，中国共产党作为中华优秀传统文化的传承者和弘扬者，始终遵循民族之本、坚守中华文化立场、立足中国客观实际，充分彰显出中国化马克思主义的实践性、时代性、人民性和民族性，才让这一伟大理论在黄色大地上掀起了红色狂飙。

"两个结合"的提出，正充分体现了我们党对这三个特质的深入把握，体现了对这三者相统一的高度文化自觉。一方面，中国化的马克思主义是当代人类先进文化的代表，其基本原理注入中华文化的脉络，可以使之焕发新的生机和活力，从而提炼、升华为崭新的文化形态；另一方面，马克思主义不断从实践和中华文化的土壤中吸收养分，本身就是与文化维度上的"中国具体实际"充分结合，必将以实践为基础进入新的境界，极大地丰富发展中国特色社会主义。"两个结合"是对马克思主义中国化经验规律的精准提炼，需要在文化强国建设进程中遵循。

最后，践行"不忘本来、吸收外来、面向未来"的文化发展方针，使之成为在文化实践层面处理"古今中西"问题的基本遵循与务实方案。

不忘本来即牢牢把握马克思主义和中华优秀传统文化这两个"根本"。

一方面不断推进马克思主义的创新性发展、推进马克思主义的中国化和时代化，体现出文化建设的主体性和原创性；另一方面，继承中华优秀传统文化这一中华儿女共同的精神基因，推进优秀传统文化的创造性转化和创新性发展，体现出民族性和时代性。吸收外来即对各国人民创造的优秀文明成果采取学习借鉴的态度，积极吸纳其中的有益成分，从中寻求智慧、汲取营养，体现出开放性和融通性。面向未来即为实现中华民族伟大复兴和人类更美好的未来提供正确精神指引。在服务于当下正在做的事情的基础上，既向后看，善于继承和弘扬中华优秀传统文化精华；又向前看，准确判断中国特色社会主义发展趋势和人类社会发展规律，为实现中华民族伟大复兴和构建人类命运共同体提供共通性的精神指引，体现出规律性和超越性。

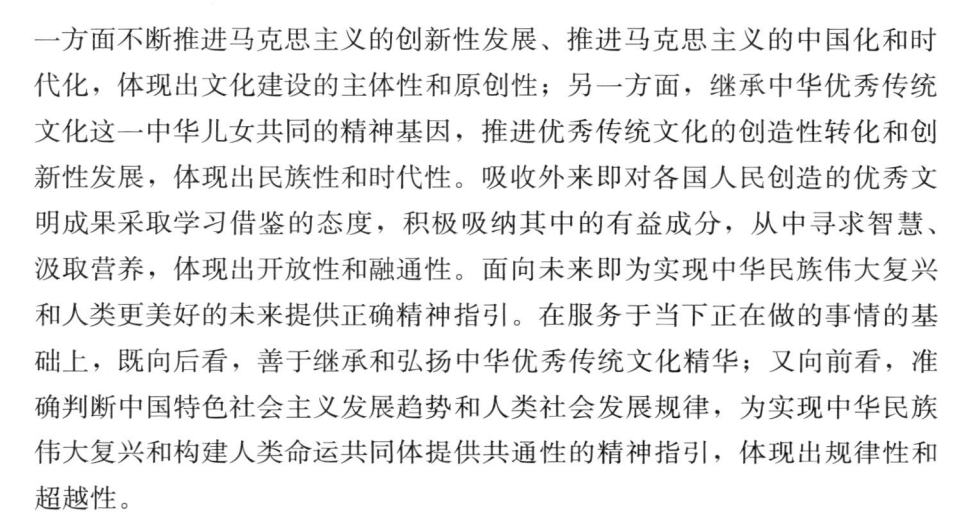

"不忘本来、吸收外来、面向未来"的科学论断，贯通了中华优秀传统文化、马克思主义思想、世界文明成果，既赋予了新时代现代化实践深邃开阔的文化视野，也提供了我们在具体理论阐述、学术对话、文化交流、新闻传播、文艺创作等领域的基本实践遵循，应在文化强国建设当中进一步予以强化。

二、以文化强国建设凝聚价值共识，为中华民族伟大复兴注入源头活水

文化价值共识是一个民族或国家在跨越时代变革中保持自我的标志，它为特定民族在全球化的时代浪潮中提供最基本、最稳定的文化力量。中国式现代化新道路是中华民族经过艰辛探索确立的正确道路，党的领导、人民主体、中国特色是其本质规定，与之相应，在文化层面则要围绕前述三个文化特质——以马克思主义为引领、中华优秀传统文化为基础、世界文明成果为借鉴展开文化实践，围绕三者融合达成共识。文化强国建设应在把握三者张力中凝聚中国社会价值共识，从而为实现中华民族伟大复兴注入源源动力。其发力方向包含但不限于以下方面。

首先，不断拓展中国梦的时代内涵，以实现中华民族伟大复兴为旨归，将民族的梦与个体的梦联结起来，将中国梦与世界梦联结起来，使之成为人民有信仰、民族有希望、国家有力量的精神引领和价值体认。

文化中国的憧憬

作为党的十八大以来党的创新理论的标志性概念之一，中国梦体现出卓越的思想文化智慧和跨越时空、超越国度的当代文化建设格局。从共时性的维度来说，中国梦意味着中华民族历经从站起来、富起来到强起来的伟大飞跃，傲然屹立于世界民族之林。从历时性的维度来说，中国梦凝聚了几代中国人的夙愿，体现了中华民族和中国人民的整体利益，是每一个中华儿女的共同期盼。它一方面彰显了人民至上的价值观，蕴含着"每个人的自由而全面发展"的马克思主义精神；另一方面体现了"达则兼济天下"的中华传统价值观，蕴含着人类命运共同体的世界情怀。

可以说，中国梦内蕴着传统中国"家国天下"的人文意蕴、道德理想、价值体认和信念践履，将个人抱负、集体记忆、民族理想和世界图景连缀在一起，生发出巨大的精神力量。我们要在文化强国建设进程中进一步丰富、阐扬中国梦的内涵，对内寻求到一个能达成最大共识、赢得最广泛认同的"最大公约数"，从而能够凝聚力量，攻坚克难；向外则传达出一个"和平的、可亲的、文明的狮子"[①] 形象，传递中华民族对全人类共同价值的持守，传递当代中国为人类和平与发展做出更大贡献的真诚意愿。由此，为我国新时代文化建设确立了坐标，为塑造大国形象和树立大国心态奠定了基石。

其次，进一步彰显社会主义核心价值观的国家稳定器功能，使其成为中华民族凝神聚魂的价值纽带，成为中国社会魂有定所、行有依归的德性力量。

以"富强、民主、文明、和谐，自由、平等、公正、法治，爱国、敬业、诚信、友善"为内容的社会主义核心价值观，为判别与处理是与非、利与弊、善与恶、真与伪等既具普遍性又具关键性的问题提供了根本遵循，明确了民族、国家、社会、个体的共同目标追求，宣示了整个社会的价值共识和发展方向，形塑了个人的价值追求和行为准则，体现了价值的"最大公约数"。社会主义核心价值观表达的是以人为本的德性文化，弘扬的是博大的德性精神，凝聚的是厚重的德性力量，既是个人的德，也是国

---

① 习近平. 在中法建交五十周年纪念大会上的讲话. 人民日报，2014-03-29（2）.

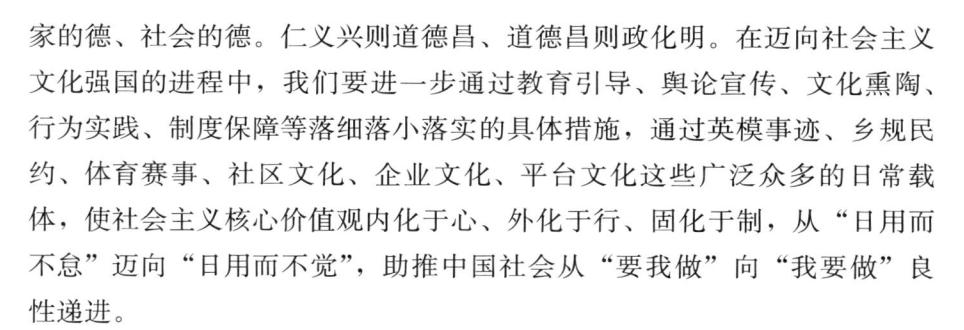

家的德、社会的德。仁义兴则道德昌、道德昌则政化明。在迈向社会主义文化强国的进程中，我们要进一步通过教育引导、舆论宣传、文化熏陶、行为实践、制度保障等落细落小落实的具体措施，通过英模事迹、乡规民约、体育赛事、社区文化、企业文化、平台文化这些广泛众多的日常载体，使社会主义核心价值观内化于心、外化于行、固化于制，从"日用而不怠"迈向"日用而不觉"，助推中国社会从"要我做"向"我要做"良性递进。

再次，做大做强新闻宣传和主流思想舆论，唱响主旋律、壮大正能量，使其发挥出举旗帜、聚民心、育新人、兴文化、展形象的范导力量。

历史证明，重视新闻舆论工作，是我们党的一个重要经验；做好新闻舆论工作，是治国理政、定国安邦的大事。党的十八大以来，习近平总书记对新闻舆论工作、宣传思想工作发表了一系列重要讲话，引领新闻舆论工作正本清源、守正创新，呈现蓬勃向上发展之势。主流媒体坚持正确政治方向、坚持以人民为中心的工作导向，尊重规律、创新方法，传播力、引导力、影响力、公信力不断增强，吸引力、感染力、亲和力、说服力持续提升。当下，面临第二个百年奋斗目标征程上更为复杂的国际国内形势，面临内宣外宣一体化的现实，新闻舆论战线须进一步增强问题意识和使命意识，既解决实际问题又解决思想问题，更好强信心、聚民心、暖人心、筑同心；必须既坚持以立为本又擅长立破并举，不断增强社会主义意识形态的凝聚力和引领力；必须既积极主动阐释好中国道路、中国特色，又有效维护我国政治安全和文化安全，彰显中国之治、传播中国之理，进一步发挥出举旗帜、聚民心、育新人、兴文化、展形象的力量，为中华民族伟大复兴凝聚起精神力量。

最后，推动形成与互联网时代深度契合的网络安全观和网络文化观，使互联网成为保障文化安全、拓展文化交流、凝聚社会共识、探索共享共治的新平台。

互联网治理是时代课题，也是各国面临的共同课题。习近平总书记强调："我们要本着对社会负责、对人民负责的态度，依法加强网络空间治理，加强网络内容建设，做强网上正面宣传，培育积极健康、向上向善的网络文化,用社会主义核心价值观和人类优秀文明成果滋养人心、滋养社会,做到正能量充沛、主旋律高昂,为广大网民特别是青少年营造一个风清气正的网络空间。"① 在这一视野下,中国的网络治理坚持"两条腿走路",既理直气壮唱响网上主旋律,加强网络伦理、网络文明建设,着力培育积极健康、向上向善的网络文化,以道德力量塑造网络生态;又努力扎牢法治篱笆,筑起法律屏障,以法治力量确保网络运行有序规范,让互联网这个"最大变量"释放出最大正能量。当下,在百年变局与世纪疫情交织叠加的背景下,互联网生态与意识形态安全面临更加复杂局面,我们应在文化强国建设中树立起整体而不是割裂、动态而不是静态、开放而不是封闭、相对而不是绝对、共同而不是孤立的网络安全观,在牢牢保障文化安全的基础上,推进融媒体发展和网信事业发展,高效应对网络攻击、积极掌握网络核心技术、着力培养全媒型专家型人才,充分发挥互联网在"了解群众、贴近群众、为群众排忧解难"上的重要渠道作用,以真正治本之策引导舆论理性、汇流网络共识。

三、以文化强国建设激发创造活力,高质量满足人民群众的精神生活需要

人民群众对美好生活的向往就是我们的奋斗目标,"十四五"规划和2035年远景目标纲要提出的我国文化发展的总要求是,坚持马克思主义在意识形态领域的指导地位,坚定文化自信,坚持以社会主义核心价值观引领文化建设,围绕举旗帜、聚民心、育新人、兴文化、展形象的使命任务,促进满足人民文化需求和增强人民精神力量相统一,推进社会主义文化强国建设。正如党的二十大报告所指出的,文化建设的重要目的之一即"满足人民日益增长的精神文化需求"②。在建设文化强国的过程中,我们要不断提供更加丰富多彩、具有更高精神品位的文化产品和文化服务,满足新时代人民群众多方面、多层次、多样化的精神文化需求,达成全社会积

---

① 习近平.习近平谈治国理政:第2卷.北京:外文出版社,2017:337.
② 习近平.高举中国特色社会主义伟大旗帜 为全面建设社会主义现代化国家而团结奋斗:在中国共产党第二十次全国代表大会上的报告.北京:人民出版社,2022:43.

极进取、健康向上的蓬勃精神状态。其发力方向包含但不限于以下方面。

首先，牢牢坚持以马克思主义为指导、符合中国国情和文化传统、高扬人民性的文艺发展道路，深入践行把社会效益放在首位、实现社会效益和经济效益相统一的文艺创作原则，为人民抒写、抒情、抒怀。

文化兼具意识形态属性和产业属性。在社会主义市场经济条件下，许多文化产品要通过市场机制实现文化再生产、文化消费和文化传播，必须遵循市场经济规律。但更为重要的是，文艺创作提供精神产品、传播思想信息、担负文化传承使命，具有鲜明的社会属性、公益属性，具有重要的精神教化和社会引导功能，在中国特色社会主义的文化实践中，更须牢牢坚持以马克思主义为指导、符合中国国情和文化传统、高扬人民性的文艺发展道路。习近平总书记更在文艺工作座谈会上指出："一部好的作品，应该是经得起人民评价、专家评价、市场检验的作品，应该是把社会效益放在首位，同时也应该是社会效益和经济效益相统一的作品。"[①] 这进一步明确了经济效益服从社会效益、市场价值服从社会价值的原则，为新形势下文化改革、文艺发展指明了方向。在达成文化强国目标的进程中，文学、戏剧、电影、电视、音乐、舞蹈、美术、摄影、书法、曲艺、杂技以及民间文艺、群众文艺等各领域都应牢牢把握这一创作原则，跟上时代诉求、把握人民需求，以充沛的激情、生动的笔触、优美的旋律、感人的形象努力创作生产出人民喜闻乐见的优秀作品，推动人民精神文化生活不断迈上新台阶。

其次，繁荣发展文化事业和文化产业，提高国家文化软实力，着力健全现代文化产业体系，使之成为激发文化创造活力的引擎，成为满足人民高品位文化需求的源泉。

党的十八大以来，以习近平同志为核心的党中央进一步厘清了文化事业和文化产业的关系：明确文化事业坚持政府主导、财政支持，保障人民基本文化权益；而文化产业坚持市场主导、企业主体，满足人民群众多层次、多方面、多样化的精神文化需求。着眼提高文化产业发展效益，进一

---

① 习近平. 在文艺工作座谈会上的讲话. 人民日报，2015-10-15（2）.

步发挥市场在文化资源配置中的积极作用,鼓励各类市场主体公平竞争、优胜劣汰,提高文化产业规模化、集约化、专业化水平,不断激活全社会的文化创造力。未来,应着力健全现代文化产业体系,坚持把社会效益放在首位、社会效益和经济效益相统一,提供更多既能满足人民文化需求、又能增强人民精神力量的文化产品。要深化文化体制改革,完善文化产业规划和政策,加强文化市场体系建设,不断扩大优质文化产品供给;要顺应数字产业化和产业数字化发展趋势,加快发展新型文化企业、文化业态、文化消费模式,改造提升传统文化业态,推动文化产业全面转型升级;要围绕国家重大区域发展战略,推动区域文化产业带建设,促进形成文化产业发展新格局①。由此,以文化事业和文化产业的"双轮驱动",满足人民多样化、高品质文化需求。

再次,统筹把握基本文化公共服务的平衡性,推动人民群众平等地享有文化资源、文化服务、文化成果的机会和权利,着力达成文化公平与文化共享。

推动文化发展、建设文化强国,从根本上说就是为了更好满足人民日益增长的精神文化生活需要,不断丰富人民精神世界、增强人民精神力量。必须坚持文化发展为了人民、文化发展依靠人民、文化发展成果由人民共享,全面繁荣新闻出版、广播影视、文学艺术、哲学社会科学事业,切实把公共文化服务提高到一个新水平,着力增强人民文化获得感、幸福感,促进人的全面发展。一方面,聚焦城乡文化发展不平衡、农村文化发展不充分问题,推进城乡公共文化服务体系建设,创新实施文化惠民工程,广泛开展群众性文化活动,推动公共文化数字化建设,促进城乡文化协调发展、共同繁荣;另一方面,加强国家重大文化设施和文化项目建设,推进国家版本馆、国家文献储备库、智慧广电等工程,加强文物古籍保护、研究、利用,强化重要文化和自然遗产、非物质文化遗产系统性保护,加强各民族优秀传统手工艺保护和传承,建设推动中华文化展现永久魅力、焕发时代风采②。由此,以文化服务的公平、共享,在亿万人民心

---

①② 黄坤明. 推进社会主义文化强国建设. 人民日报,2020 - 11 - 23 (6).

中筑牢无形的强国之基。

最后,把握中华文化在民族性与时代性张力中前行的基本规律,推动对外文化交流和多层次文明对话,让各国人民更好了解中国,让中国人民更好了解世界。

党的十八大以来,习近平总书记通过对中华文化精神的全面阐扬和对世界文明发展大势的精准把握,通过对中国梦和世界梦辩证关系的深刻阐述,通过对中华文化与世界文明深度互动的倡导,彰显了百年未有之大变局下中国文化发展的基本规律:必须把握民族性与时代性的张力,既要在全球化时代树立世界性视野,克服两极对立的思维模式,大胆借鉴、引进、消化世界优秀的文明成果,又要坚持文化自信、培养文化自觉,呵护中华文明的优秀传统;既要以宽阔的胸怀面对世界文明的多样性、在多种文化互鉴中博采众长,又要深深根植于本民族文化,认识传统、了解传统、光大传统,维护好我们在世界民族之林中独一无二的文化身份。习近平总书记的深刻论述为中国式现代化如何进一步处理古今、中西关系提供了基本视野。在推进文化强国建设进程中,我们要进一步把握中华文化在民族性与时代性张力中前行的规律,一方面以讲好中国故事为着力点,展现真实、立体、全面的中国,不断增进理解、扩大认同;另一方面搭建起中国人民同各国人民有效互动交流的桥梁,从教育、文化、社会交往多个领域提供更多中国人民认识世界、走向世界的渠道,高质量满足人民群众的精神需要。

"一个国家、一个民族的强盛,总是以文化兴盛为支撑的,中华民族伟大复兴需要以中华文化发展繁荣为条件。"[①] 在"十四五"规划和2035年远景目标里,文化强国排在首位。文化强国建设可以引领经济强国等方面的建设,提供实现其他强国目标的基础和保障。这一方面源于文化是中国式现代化道路之"新"的根本特征所在、文化强盛是新时代中国式现代化实践的关键目标;另一方面源于文化的发展能够也必须带动教育强国、人才强国、体育强国的内涵提升和快速发展,最终实现国家文化软实力的

---

① 中共中央文献研究室.习近平关于社会主义文化建设论述摘编.北京:中央文献出版社,2017:3.

显著增强。中国式现代化道路所指向的"人类文明新形态",显然不仅仅是指文化自身建设的完善和强大,更是指向文化对于综合国力的赋能,文化对于中国社会经济发展各方面的塑魂和赋能。

　　源头既清,波澜自阔。总的来说,以建设社会主义文化强国助推新时代现代化实践,原则上应向几个维度发力:一方面向历史传统沉潜,打牢大厦的地基,另一方面向时代精神开掘,形成创新发展之势;一方面彰显民族文化主体性,呵护中华民族的"根"与"魂",另一方面投入世界文明大潮,在多种文化互鉴中博采众长;一方面向内塑造中国人民的精神世界,建立起以中华优秀传统文化为基础、以社会主义核心价值观为价值取向、以文化自信为依归的文化体系,另一方面向外塑造当代中国的文化形象,推进中国形象由"他塑"到"自塑"的转变。

第三节　承担中国式现代化道路的文明使命

　　中国特色社会主义进入新时代,以习近平同志为核心的党中央通过对中华文化精神全面阐扬和对世界文明发展大势的精准把握,通过对中国梦和世界梦辩证关系的深刻阐述,通过对中国道路、中国精神、中国力量的文化表达,通过包括"人类命运共同体"在内的一系列新思想、新理念、新战略的提出,开启了进一步确立中华文化主体性的新征程,开启了文化交流互鉴的大格局。由此,不仅使民族文化融入世界文化,成为其中的一个重要构成,也在价值视野上为人类文明进步提供了中国方案。新时代的文化实践所带来的世界性效应,正是中国式现代化道路特殊普遍性的释放,而承担中国式现代化道路在世界文明层面的使命,是文化强国建设的题中应有之义。

一、以文化强国建设提升中华文化影响力

　　作为世界现代化进程中的后入场者、特殊入场者,中国式现代化实践要为世界上那些既希望加快发展又希望保持自身独立性的国家和民族提供

新的选择、有说服力的选择，必须以对这条道路的学术阐释、文化阐述、传播阐扬为载体，提升中华文化的影响力、拓展中国学术的话语权，在回答中国之问、世界之问、人民之问、时代之问的过程中，充分彰显中国之路、中国之治、中国之理。

首先，"着力构建中国特色哲学社会科学，在指导思想、学科体系、学术体系、话语体系等方面充分体现中国特色、中国风格、中国气派"①。

党的十八大以来，全面推进中国马克思主义话语体系化、推进中国特色社会主义话语体系创新，成为了中国学术界和文化界研讨的核心命题。而这一命题由社会自发的诉求转变为中国学术研究自觉意识的过程，正是由习近平新时代中国特色社会主义思想引领的。

话语体系是思想理论体系和知识体系的外在表达形式，是理论发展到一定阶段的产物，是成熟的标志、是实力的象征、是自信的体现，也是话语权的基础。基于这一视野，习近平总书记陆续提出了"三个独特""四个讲清楚""不忘本来、吸收外来、面向未来""既向内看""又向外看"等一系列带有总结性和创新性的表述，并在2016年5月召开的哲学社会科学工作座谈会上提出："要按照立足中国、借鉴国外，挖掘历史、把握当代，关怀人类、面向未来的思路，着力构建中国特色哲学社会科学，在指导思想、学科体系、学术体系、话语体系等方面充分体现中国特色、中国风格、中国气派。"② 这既深刻阐明了哲学社会科学在提高我国国际话语权方面的重要意义，也将话语体系建设与学科体系、学术体系建设一道作为构建中国特色哲学社会科学的基本内容，确立了我们在新的历史起点上建设具有自己特色和优势的学术话语体系的行动指南，将在国内国际两个维度上产生长久而深刻的影响。

从国内角度看，具有中国气派的哲学社会科学话语体系的建立和成熟，将极大推动中国经验的提炼、中国道路的阐述、中国精神的弘扬、中国力量的凝聚。

百余年来，在中国革命、建设、改革和奋进新时代的洪流中，根植于

---

①② 习近平．在哲学社会科学工作座谈会上的讲话．人民日报，2016－05－19（2）.

文化中国的憧憬

中国社会发展历程的马克思主义哲学中国化创新成果直接作用于中国人的生活实际，形成了中国风格，成为了现代中国人主体意识觉醒的精神动力。实事求是、为人民服务、正确解决人民内部矛盾、实践是检验真理的唯一标准、科学技术是第一生产力等概念深入人心，科学发展观、和谐社会、以人为本、协商民主、公平正义等话语凝聚了价值共识，而中国梦、"四个全面"、"四个自信"、"两个结合"等思想和理念正成为激励中华儿女实现中华民族伟大复兴的强大精神动力，在实现"两个一百年"奋斗目标的征程中进一步塑造中华民族的"思想自我"。

从国际角度看，具有中国气派的哲学社会科学话语体系的建立和成熟，不仅有助于我们掌握塑造"中国形象"的主动权，更有利于为人类共同面临的问题提供中国方案。

长久以来国际舞台上的"中国形象"并不是由中国话语塑造的，而是主要由西方学者、媒体和政客塑造的，他们大都以西方的思维方式来思考中国，以西方的话语逻辑来裁剪中国。强调建设中国特色的话语体系，并不是要阻断中国与世界各国的交流和沟通，而是破除对西方话语体系的盲目崇拜，改变我们在国际话语中的弱势状态，掌握话语主动权，形成与我们的大国地位相匹配的话语地位。

更重要的是，面对世界多极化、经济全球化、文化多样化的复杂情境，中国学术若能够对"中国故事"给出令人信服的解释和科学说明，若能够为人类面临的共同问题给出中国的方案，若能够将"中国经验"上升为"共同体"意义层面的概念体系和知识范式，那么，中国话语的世界意义必将彰显，中国的发展优势也终将转化为话语优势。

其次，"坚守中华文化立场、传承中华文化基因，展现中华审美风范"①。

过去几年，一些标志性的新闻事件记录了中国文艺迈向世界的脚步：2014年8月，国际译联将"北极光"杰出文学翻译奖授予中国著名翻译家许渊冲，这是国际翻译界的最高奖项第一次把目光投向中国。2015年8

---

① 习近平. 在文艺工作座谈会上的讲话. 人民日报, 2015-10-15 (2).

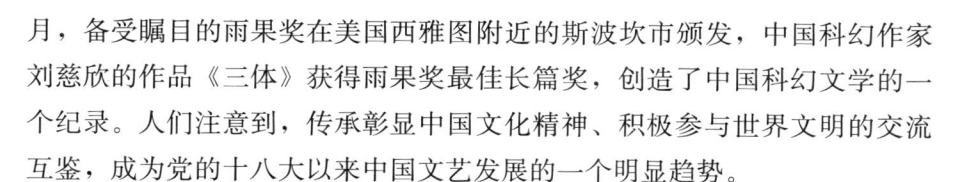

月,备受瞩目的雨果奖在美国西雅图附近的斯波坎市颁发,中国科幻作家刘慈欣的作品《三体》获得雨果奖最佳长篇奖,创造了中国科幻文学的一个纪录。人们注意到,传承彰显中国文化精神、积极参与世界文明的交流互鉴,成为党的十八大以来中国文艺发展的一个明显趋势。

在 2014 年 10 月召开的文艺工作座谈会上,习近平总书记向文艺工作者提出了讲好中国故事、传播好中国声音、阐发中国精神、展现中国风貌的时代课题,并在话语体系建设的意义上提出了"我们要坚守中华文化立场、传承中华文化基因,展现中华审美风范"的要求。随后,"运用文艺形式讲好中国故事、展示中国魅力",被作为"树立当代中国良好形象、提升国家文化软实力的重要战略任务",写入《中共中央关于繁荣发展社会主义文艺的意见》。推动优秀文艺作品走出去,不断增强中国文艺的吸引力感召力,传播中国精神、中国价值,成为越来越多文艺工作者的自觉。

传承中华美学精神、展现中华审美风范,既让中国文艺有根可寻、有本可立,又指出了其话语体系建立价值导向。中国文艺作品既需要面向全人类共同的审美向度,也需要形成民族性的审美话语,确立自己的基本话语、构建自己的命题学说、形成自己的方法思维,娴熟运用托物言志、寓理于情,言简意赅、凝练节制,形神兼备、意境深远,知、情、意、行相统一的表达手法,讲好中国故事。从实践来看,在对外传播中获得好评的作品,无不是以中华美学精神打动世界。

比如,中英联合摄制的大型纪录片《孔子》之所以在海外广获好评,是因其国际化的视角、平民化的叙事,更是因其中国哲学的厚重和中国文化的兴味;中国西游题材 3D 动画电影《大圣归来》"热映"戛纳电影节、并创造了中国动画片海外销售纪录,是源自现代魔幻电影的魅力,更源自中国人"打造自己的超级英雄"的雄心和其所表达的东方美学意境。既能把握全人类共同价值的可通约性,又能展现出民族文化的独特价值关怀,已经成为成功走向世界的作品的共同点。

近年来,从高雅文艺到大众文艺都表明,中华美学精神的阐扬以及以其为核心的话语系统建构,正在由纯理论学术问题透入鲜活的生存实践,并潜移默化地影响着国民精神和社会风貌,润物无声地改变着中外文化交往的生态,有望逐步实现中国文化角色、中国文化形象由"他塑"到"自塑"的转变。

二、以文化强国建设推动文明交流互鉴

"文明因交流而多彩,文明因互鉴而丰富。文明交流互鉴,是推动人类文明进步和世界和平发展的重要动力。"① 2014年3月,在巴黎联合国教科文组织总部的讲台上,习近平主席提出倡议,让中华文明同世界各国人民创造的丰富多彩的文明一道,为人类提供正确的精神指引和强大的精神动力,引发了全世界的关注。从2013年3月在莫斯科会见汉学家和媒体代表讲话时概括的文化交流是民心工程、未来工程,潜移默化、润物无声②,到2014年9月在纪念孔子诞辰2565周年国际学术研讨会上掷地有声的话语——"丰富多彩的人类文明都有自己存在的价值"③,到2015年9月访问美国时的恳切之言——"对不同的文化和文明,我们需要去深入了解"④,习近平总书记围绕文化交流提出了一系列有创见的思想,逐步形成了系统化的文化交往理论,在世界文明互鉴的宏大视野之下确立了中国文化开放的几个基本原则。

第一,提炼了文明多元发展的基本原则——"多彩""平等""包容"。

面对经济全球化的深入发展,如何保证各文化形态的健康交流与平等对话,保证人类核心文化价值不发生涣散?同时,又如何保证各民族文化的个性和资源不丢失,保证各个民族文化精神得以继续传承?这是20世纪以来文化交流实践中的重要课题。我们需要寻求一种超越各种具体的文化心态和文化理念的、符合人类根本利益的、同时尊重不同文化传统的地位

---

① 习近平. 在联合国教科文组织总部的演讲. 人民日报,2014-03-28(3).

② "文化交流是民心工程、未来工程":记习近平主席会见俄汉学家、学习汉语的学生和媒体代表. 人民日报,2013-03-25(2).

③ 习近平. 在纪念孔子诞辰2565周年国际学术研讨会暨国际儒学联合会第五届会员大会开幕会上的讲话. 人民日报,2014-09-25(2).

④ 习近平. 在华盛顿州当地政府和美国友好团体联合会欢迎宴会上的演讲. 人民日报,2015-09-24(2).

的交往规则和价值范导。

习近平总书记指出了推动文明交流互鉴需要秉持的"正确的态度和原则":"第一,文明是多彩的,人类文明因多样才有交流互鉴的价值。""第二,文明是平等的,人类文明因平等才有交流互鉴的前提。""第三,文明是包容的,人类文明因包容才有交流互鉴的动力。"① 2014 年 9 月 24 日,在纪念孔子诞辰 2565 周年国际学术研讨会暨国际儒学联合会第五届会员大会开幕会上,习近平总书记以中国文化"和而不同""己所不欲、勿施于人"等思想渊源为依归,再一次提出了文明对话的基本遵循,即维护世界文明多样性、尊重各国各民族文明、正确进行文明学习借鉴、科学对待文化传统等四个方面②,与在联合国教科文总部的讲话形成了呼应和互补。

多彩、平等、包容,言简意丰地勾勒出了文明多元发展、交流互鉴的基本原则框架。这里面有在民族文化交往进程中积累的经验,有在全球化和现代化的大浪淘沙中提炼的共识,有对中华优秀传统文化的提炼和总结。其中,"多彩"表达了"共同性""多样性"的对立统一,"平等"消解了"强文化""弱文化"的狭隘语境,"包容"则指向了一种成熟的文化心态。这些规则符合人类共同的伦理原则和理性精神,避免了文明对话陷入传统的"文化霸权主义"或"文化保守主义"两个极端态度,以"文明和谐"取代了"文明冲突"的认识框架,依托中国文化为世界文明对话提供了"中国方案"。

第二,培育了积极借鉴世界文明的文化心态——"中国要永远做一个学习大国"。

2014 年 5 月,习近平总书记在外国专家座谈会上强调,任何一个民族、任何一个国家都需要学习别的民族、别的国家的优秀文明成果。"中国要永远做一个学习大国,不论发展到什么水平都虚心向世界各国人民学习,以更加开放包容的姿态,加强同世界各国的互容、互鉴、互通,不断

---

① 习近平. 在联合国教科文组织总部的演讲. 人民日报,2014-03-28(3).
② 习近平. 在纪念孔子诞辰 2565 周年国际学术研讨会暨国际儒学联合会第五届会员大会开幕会上的讲话. 人民日报,2014-09-25(2).

把对外开放提高到新的水平。"① 同年9月，在印度的演讲中，习近平主席再次指出："我一直强调中国要做学习大国，不要骄傲自满，不要妄自尊大，而是要谦虚谨慎、勤奋学习，不断增益其所不能。"② 虽然自改革开放以来，中国就一直在积极融入世界，但"学习大国"这样的自我定位，却是首次提出的，从文化交往角度透露出了中国发展观和文化观的成熟。

这个定位意味着，中国既会在全球化时代树立世界性视野，在多种文化互鉴中博采众长，又会深深根植于本民族文化，深刻把握中国文化演进的内在指向、中国现代化进程的历史逻辑。"推动中华文明创造性转化和创新性发展"与"虚心向世界各国人民学习"相辅相成，共同表达出让中国文化同世界各国优秀文化一道造福人类的文化自觉。

此外，在"中国奇迹"震惊世界，中国模式、中国道路改变了传统现代化观点的语境下，提出"中国要永远做一个学习大国"，更彰显了一种博大的文化胸怀、展现了一种与时俱进的治国理政智慧，更加明确地表达出：中国是现有国际体系的参与者、建设者，是促进国际体系朝着更加公正合理方向发展的推动者，是各民族文化充分交流融合的贡献者，只会在开放中实现发展、在和平中走向复兴。

第三，确立了以中国文化造福世界人民的价值目标——"包括儒家思想在内的中国优秀传统文化中蕴藏着解决当代人类面临的难题的重要启示"。

党的十八大以来，习近平主席在多个外交场合提出以中国文化造福人类，并在一些讲话中做出了系统性的、学理性的阐释。这是文化自信和文化自觉的体现，是党中央带领全国人民从延续民族文化血脉中开拓前行的体现，同样也是对20世纪末以来西方学术界汲取中国文化、应对人类发展困境趋势的回应。

西方文化一直有一种二元论的思维方式。在这种思维方式下，人们偏好把万事万物划分成两个对立方面，并使这两个方面处于一种非此即彼的

---

① 习近平在同外国专家座谈时强调 中国要永远做一个学习大国．人民日报，2014-05-24(1)．
② 习近平．在印度世界事务委员会的演讲．人民日报，2014-09-19(3)．

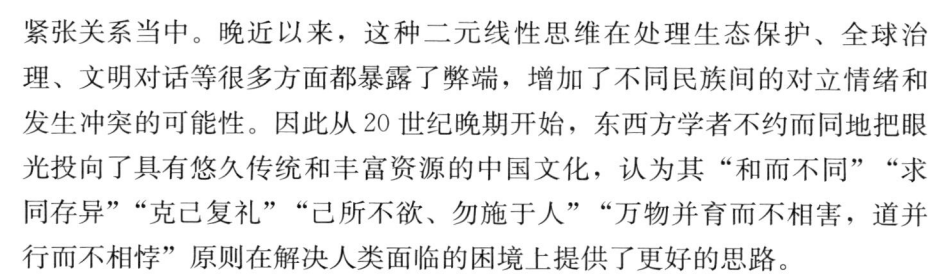

紧张关系当中。晚近以来，这种二元线性思维在处理生态保护、全球治理、文明对话等很多方面都暴露了弊端，增加了不同民族间的对立情绪和发生冲突的可能性。因此从20世纪晚期开始，东西方学者不约而同地把眼光投向了具有悠久传统和丰富资源的中国文化，认为其"和而不同""求同存异""克己复礼""己所不欲、勿施于人""万物并育而不相害，道并行而不相悖"原则在解决人类面临的困境上提供了更好的思路。

在2014年9月纪念孔子诞辰2565周年国际学术研讨会暨国际儒学联合会第五届会员大会开幕会上，习近平主席对中华文化如何解决"当代人类面临的难题"做出了具体阐释，按照生态保护、社会治理、行政伦理、民族交往、道德建设等方面梳理了中国文化和哲学中的启示。比如，关于道法自然、天人合一的思想，关于天下为公、大同世界的思想，关于自强不息、厚德载物的思想，关于以民为本、安民富民乐民的思想，关于为政以德、政者正也的思想，关于苟日新日日新又日新、革故鼎新、与时俱进的思想，关于脚踏实地、实事求是的思想，关于经世致用、知行合一、躬行实践的思想，关于集思广益、博施众利、群策群力的思想，关于仁者爱人、以德立人的思想，关于以诚待人、讲信修睦的思想，关于清廉从政、勤勉奉公的思想，关于俭约自守、力戒奢华的思想，关于中和、泰和、求同存异、和而不同、和谐相处的思想，关于安不忘危、存不忘亡、治不忘乱、居安思危的思想，等等①。这全面展现了中华优秀传统文化丰富的哲学思想、人文精神、教化思想、道德理念等，可以为人们认识和改造世界提供有益启迪，可以为治国理政提供有益启示，也可以为道德建设提供有益启发。而积极用中国文化造福人类的观点本身，也为"人类命运共同体"这一成熟文化哲学范畴的提出提供了支点。

三、以文化强国建设助力构建人类命运共同体

随着世界多极化、经济全球化、文化多样化、社会信息化深入发展，我们从未像今天这样清晰地感受到世界与我们的生活紧密关联——世界各

---

① 习近平. 在纪念孔子诞辰2565周年国际学术研讨会暨国际儒学联合会第五届会员大会开幕会上的讲话. 人民日报，2014-09-25（2）.

文化中国的憧憬

民族间的文化冲突与融合日趋加剧，世界政治格局中国家的主权观念空前强化。置身于经济全球化时代，需要我们更新思维观念，尤其是要在基于对人类命运深刻思考的前提下，形成一种健康的未来发展意识，而这不论对中国还是对世界而言都尤为紧迫。2013年3月，习近平主席在莫斯科国际关系学院演讲时向世界传递了对人类文明未来走向的中国判断："这个世界，各国相互联系、相互依存的程度空前加深，人类生活在同一个地球村里，生活在历史和现实交汇的同一个时空里，越来越成为你中有我、我中有你的命运共同体。"①

此后，他在国内国际多个场合表达、强调人类命运共同体理念，呼吁树立人类命运共同体意识。分别针对不同问题、切合不同场合、着重不同阐述角度的这些讲话组合起来，形成了一个论述体系，全面地凸显出了人类命运共同体的内涵、意义、价值目标、实现方式和操作规则，拓展和延伸了中国梦的内涵。向内，这个理论的提出，展现了中国共产党人从总体上把握中国文化命脉的眼光，提炼传统文化精髓进行现代国家治理的能力；向外，这个理论的提出，给出了世界文明走向的"中国判断"，代表中华文明向人类未来发展提出了"中国方案"。

从历史上看，它是人类在普遍交往背景下所形成的价值共识。

基于对资本全球扩张的历史判断，马克思、恩格斯曾在《德意志意识形态》中勾勒了交往发展为普遍交往、历史成为世界历史的进程，并用"共同体"或"联合体"等概念，表达了一种扬弃阶级对立的共产主义理想。1848年，他们又在《共产党宣言》中深刻指出，资本主义"挖掉了工业脚下的民族基础"，与经济全球化所开启的"世界历史"相伴随的将是一种"世界的文学"②。这种"世界的文学"，指的是人类现代性历史实践所带来的世界历史多元一体的文化景观。

当今世界，不同文明形态间的交往已经更加深入和紧密。随着资本的全球扩张和科技的迅猛发展，粮食安全、环境污染、气候变化、恐怖主义、核武器威胁等人类整体性困境同时出现，其影响是全球性的，其解决

---

① 习近平. 在莫斯科国际关系学院的演讲. 人民日报, 2013-03-24（2）.
② 马克思, 恩格斯. 马克思恩格斯文集：第2卷. 北京：人民出版社, 2009：35.

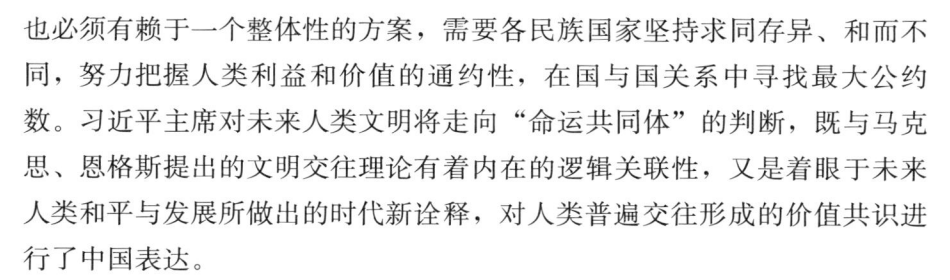

也必须有赖于一个整体性的方案，需要各民族国家坚持求同存异、和而不同，努力把握人类利益和价值的通约性，在国与国关系中寻找最大公约数。习近平主席对未来人类文明将走向"命运共同体"的判断，既与马克思、恩格斯提出的文明交往理论有着内在的逻辑关联性，又是着眼于未来人类和平与发展所做出的时代新诠释，对人类普遍交往形成的价值共识进行了中国表达。

从本质上看，它是超越了种族中心主义叙事的全球观。

不同国家利益、不同宗教信仰、不同意识形态、不同社会制度的分歧甚至对立亘古有之，与之相伴的则是各种种族中心主义的观念和行为。这种观念以自身文化的价值和理念为"取景框"，以此评判文化优劣，并试图将自身价值强加于其他人群、组织、民族、共同体或文化形态。在漫长的历史中，它深刻影响了各民族国家处理国际关系、地缘政治的立论点，间接或直接导致了现代化、全球化进程中的连续不断的纷争和冲突。

两次世界大战之后尤其是晚近以来，几乎成为偏见和曲解代名词的种族中心主义不断受到诘问，和平中求发展、竞争中求合作成为国际秩序的主流，维护全人类共同价值、以人类理性选择世界的未来，已经成为文明发展的诉求。人类命运共同体，内含着对民族国家和意识形态的超越、对"高下""优劣"文化评判框架的超越、对种族中心主义叙事的超越，正是应时顺势而生的全球观。

从特征上看，它是依托中国文化面向世界文明的文化哲学表达。

面对长久以来现代性的诸多问题，很多思想家已经充分意识到，"弱肉强食"的社会达尔文主义及"他者是敌手"的冷战思维，只能导致对抗、挑动战争，并不能给人类带来美好未来。只是，形成文化哲学意义上的既能平衡民族利益又能深刻观照人类命运的理论，需要深厚的文化渊源和长久的历史经验做支撑。

中国地域广阔，民族与宗教多元并存，在漫长的数千年文明史中，虽履险而能如夷，经百折而犹向前，始终保持着统一、和平发展的主基调。持久维持这种多元一体、差异相融文明格局的凝聚力，来自中国哲学中

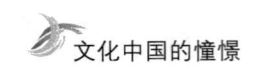

"天人一体"的宇宙观、"天下一家"的世界观、"民胞物与"的人类观、"和而不同"的中道智慧。而其内含的"道法自然""天下为公""为政以德""革故鼎新"等理念,则为今天全球意义上的生态保护、社会治理、民族交往、道德建设等方面都提供了重要启示和方法论。以习近平同志为核心的党中央,正是在充分吸收、提炼中国文化价值精神的基础上,面向世界文明提出了"人类命运共同体"理念。

从实践上看,它是具有自律性和非强制性的价值范导。

中国文化精神决定了在实践和操作层面上,人类命运共同体是靠共识和自律来达成的。其本质和特征决定了它的约束力来自人们对解决问题最优途径的认可,决定了它要依靠自律、反省、互相监督等软性方法来维系,而不是靠硬性手段贯彻执行。全球交往的历史证明,一旦用强制性手段推广"普遍性"的价值,就等于向一些强势文化提供了执行者和法官的角色,从而隐性地取消了各个文化传统之间对等的地位,使得霸权主义再度有可乘之机。

在新时代的外交实践和文化交流中,人类命运共同体的实现途径已经逐渐凸显出来。总结起来即是:建立平等相待、互商互谅的伙伴关系,营造公道正义、共建共享的安全格局,谋求开放创新、包容互惠的发展前景,促进和而不同、兼容并蓄的文明交流,构筑尊崇自然、绿色发展的生态体系①。这些明显都要靠各民族国家的协商、交流和自律完成。

中国正是自律的践行者和表率。当前,百年变局和世纪疫情交织叠加,中国经济虽然面临着下行压力,但依然贡献全球经济增量的三分之一,居世界首位。在推动经济全球化发展大势中,中国积极实施"一带一路"建设,实施高标准自由贸易区建设,牵头组建亚投行,致力于公平、互惠的全球贸易规则的达成,致力于地区合作的共赢。在全球治理体系重构大势中,中国积极参与联合国大会、巴黎气候峰会、核安全峰会、G20峰会、世界互联网大会、世界经济论坛等,并在其中发挥了关键性作用,在维护世界和平和正义,在推动区域合作、促进新兴经济体发展、提升发

---

① 习近平.在第七十届联合国大会一般性辩论时的讲话.人民日报,2015-09-29(2).

展中国家国际话语权、形成国际对话新机制新规则上付出了持续而艰辛的努力。

总的来说,人类命运共同体理念正在广泛凝聚国内国际共识,在彰显民族文化主体性的同时,日渐形成关于人类未来发展的、成熟的"中国蓝图",并已经开始对文化实践、地缘政治、大国关系、地区合作、全球治理产生实质性影响。新时代中国文化实践产生的世界性效应,既是中国式现代化道路示范性的重要表征,也是文化强国之"强"的题中应有之义。

第十章 建成社会主义文化强国的文明史意义

党的十九届五中全会明确提出,在"十四五"期间推进社会主义文化强国建设,到2035年建成社会主义文化强国。建成社会主义文化强国,既是党领导文化建设的历史自觉,也是中华民族实现从站起来、富起来到强起来的伟大飞跃的必然召唤。

新时代以来,中国正日益走近世界舞台中央并不断为人类做出更大的贡献,不断为解决人类问题贡献中国智慧和中国方案。习近平总书记站在人类历史发展的高度,应答"世界文明向何处去"的时代之问,并在庆祝中国共产党成立100周年大会上庄严宣告:中国共产党坚持和发展中国特色社会主义,"创造了中国式现代化新道路,创造了人类文明新形态"[1]。这不由让人感叹,归宗炎黄,溯源华夏,中华民族兴衰起伏如长江奔流入海,时而静似水,时而惊如雷,但其强国之魂始终如一。时至今日,中华民族重新屹立于万邦之林,全球为之瞩目,世界为之震撼,更在人类文明发展史上再留青绿、再绘华彩。

---

① 习近平. 在庆祝中国共产党成立100周年大会上的讲话. 人民日报,2021-07-02(2).

第一节　拓展人类文明发展的精神与形态

习近平总书记指出："中国特色社会主义是党和人民历经千辛万苦、付出巨大代价取得的根本成就，是实现中华民族伟大复兴的正确道路。我们坚持和发展中国特色社会主义，推动物质文明、政治文明、精神文明、社会文明、生态文明协调发展，创造了中国式现代化新道路，创造了人类文明新形态。"① 这一论断说明，人类社会发展的中国方案不仅从实践中对唯物史观的经典理论做出了理论延展，更有力回应了"实现现代化只有西方资本主义一条道路"的妄言，打破了发展中国家对西方发达国家的"现代化路径依赖"，拓展了发展中国家实现现代化的路径，进一步指明了中国共产党领导中国人民进行的百年奋斗对人类社会发展的重大贡献。

一、从迷思到科学：人类历史发展规律的艰辛探索

自人类社会诞生以来，人们透过纷繁复杂的社会现象，探寻历史发展本质规律的努力从未终止。这其中，有的坚持唯心主义立场，用神秘主义解释社会历史发展，把它归结为神的意志、命运的安排或者精神的力量；有的坚持机械决定论立场，用外在的物质规律解释历史，忽视人的主观能动性；有的坚持历史相对论观点，否认社会历史规律的客观存在，甚至走向历史虚无主义。而马克思主义科学的唯物史观，真正探清了社会历史发展的普遍规律，将人类文明流变的真正谜底揭示出来。

在中国古代，以孔孟为代表的"复古主义""历史循环论"，把历史的发展归结于天命的安排，在人类社会发展规律问题上形成了宿命论的历史观。在西方古希腊，以赫西俄德为代表的倒退史观和以柏拉图为代表的循环史观一直居于统治地位。到了中世纪，以奥古斯丁为代表的神学家们，用超自然的神灵去解释人类历史的变迁，他们把人类社会历史归结于某种

---

① 习近平. 在庆祝中国共产党成立100周年大会上的讲话. 人民日报，2021－07－02（2）.

神灵或上帝的安排。到了近代，黑格尔构建了庞大的唯心主义辩证法体系，把绝对精神作为世界的本原，认为所有展现在我们面前的事物都是绝对精神自我展开、自我实现的结果，世界万物不过是绝对精神在"正-反-合"的运动中分阶段实现出来的不同形式，将历史进程还原为一个逻辑过程，人的欲望、激情等本质力量不过是"理性的狡计"的现实表现，只不过是绝对精神实现自我目的的手段而已，以新的"神正论"的形式，返回到了奥古斯丁。与马克思同时代的青年黑格尔派，则用"类""唯一者""自我意识"等取代黑格尔的绝对精神，延续对历史过程的抽象解读。马克思曾经批判黑格尔："黑格尔历史观的前提是抽象的或绝对的精神，这种精神正在以下面这种方式发展着：人类仅仅是这种精神的有意识或无意识的承担者，即群众。因此，思辨的、奥秘的历史在经验的、明显的历史中的发生是黑格尔一手促成的。人类的历史变成了抽象的东西的历史，因而对现实的人说来，也就是变成了人类彼岸精神的历史。"[①]由于不懂得社会历史本身是人的积极的、能动的和创造性的活动的结果，也否定了社会历史有其自身的因果性、规律性，更不能揭示人的活动和社会历史规律的关系，只能把人类社会的历史发展归结于彼岸的神秘力量的意旨。

  与此同时，在文艺复兴运动和启蒙运动的过程中，随着牛顿经典力学的巨大成功，科学的理性主义成为批判宗教神学的先锋。以拉普拉斯、拉美特利、霍尔巴赫等为代表的一批唯物主义者和无神论者，用彻底的和机械的物质性原则解释世界和人，反对宗教神学，普遍认为人是物质的自然的一部分，完全受制于自然律，而不是由上帝来主宰命运。经典力学严密的理论体系、解决问题的精确性和广泛的适用性，使人们普遍建立了对其深信不疑的信仰。当时比较流行的观点认为，宇宙间的一切事物，包括生物现象和社会现象在内，原则上都可以用机械力学的方法加以解释，只要知道初始条件，就能完全推算事物的未来。他们把自然规律观念直接代入社会领域，认为万事万物都是受客观力学规律支配的，在宇宙体系中没有

[①] 马克思，恩格斯. 马克思恩格斯全集：第2卷. 北京：人民出版社，1957：108.

神的地位，无论是最大的天体还是最小的原子，无论是自然现象还是社会现象，只要知道了它们在某一时刻的一切关系和作用力，就可以确切推断它们的状况。自然主义的机械决定论反映了宏观自然过程的确定性方面，对近代自然科学的发展和反对宗教神学目的论，无疑具有重大意义。但是，这种形而上学的思维方式，把世界上的各种联系都归结为只服从于牛顿经典力学规律的单值动力学的联系，往往只用外力的推动来说明事物，看到了外在必然性却无视人的主观能动性，落入了形而上学的窠臼。马克思曾指出："从前的一切唯物主义（包括费尔巴哈的唯物主义）的主要缺点是：对对象、现实、感性，只是从客体的或者直观的形式去理解，而不是把它们当做感性的人的活动，当做实践去理解，不是从主体方面去理解。"[①]人类历史的发展实质上是一种"人化自然"的过程，是以实践活动为中介、人与自然交互作用的过程，因此，人类社会发展规律并不等同于客观的自然规律，并不只受外在必然性的影响，人的感性的物质活动在其中发挥着至关重要的作用。机械的历史决定论，恰恰是在这一点上陷入了"客体式的直观"思维的迷雾之中。

然而，以牛顿经典力学作为基础的机械决定论的形而上学性质，注定了其无法解释诸多以不确定性方式呈现出来的社会现象，人们开始放弃机械历史决定论的信仰。19世纪末期，历史主义相对论思潮开始泛起，以波普尔、哈耶克、柏林等为代表的一批理论家提出"历史自发论""历史没有规律""击垮进步思想的谎言"等一系列观点，进一步掀起对"历史规律"的批判大潮，在历史规律问题上的虚无主义一度占据了西方思想界的统治地位。历史相对论认为，历史上出现的东西都是一次性的、个别的，既不会重演和反复出现，也不能预测，而规律是以可重复性和可预测性作为前提的，因此也就无所谓历史规律的客观实在性，这就导致了历史观上的不可知论、怀疑论。历史相对论者们抓住了机械决定论的致命缺陷，充分看到社会历史规律和自然规律的根本差别，突出了不确定性在社会历史发展中的不可或缺的重要作用，这无疑是具有一定程度的合理因素和积极

---

① 马克思，恩格斯. 马克思恩格斯文集：第1卷. 北京：人民出版社，2009：499.

意义的。但是，由于他们夸大了自然规律和社会历史规律的差别，抹杀了它们不同的表现形式和发生机制背后的统一性，把不可重演的社会历史事件和不断重复的社会历史现象混为一谈，最终得出了历史没有任何规律可言的错误结论。实际上，在社会历史领域中的规律有着合目的性、主体选择性等和自然规律不同的表现形式。正如恩格斯所指出的，只有"探究那些隐藏在——自觉地或不自觉地，而且往往是不自觉地——历史人物的动机背后并且构成历史的真正的最后动力的动力"[①]，才能够揭示被繁芜复杂的社会现象所掩盖的社会历史规律。

神秘主义的历史唯心主义、形而上学的机械决定论和虚无主义的历史相对论，是关于人类社会发展规律的三种典型错误观点。前两者承认历史发展规律的存在，只是一方诉诸神秘的超验主体或无限放大的英雄个体，一方诉诸外在的客观自然规律。第三者直接否认社会历史领域存在客观规律的可能性，陷入不可知论的泥潭。究其原因在于，这些错误思潮并未找到研究历史规律真正正确的出发点，而正是从新的理论地基上，马克思、恩格斯创建了唯物史观，科学揭示了人类社会的发展规律。

恩格斯指出："正像达尔文发现有机界的发展规律一样，马克思发现了人类历史的发展规律。"[②]马克思主义的先行者通过对人类社会发展规律的揭示，用铁的逻辑驳斥了关于社会历史规律问题的各种谬论，开拓了一条不断认识真理的正确路径，为人类指明了从必然王国向自由王国飞跃的自我解放之路。

唯物史观是被历史和实践证明为科学的理论，是指导共产党人前进的强大思想武器。在这一坚守之中，无论是从中国特色社会主义进入新时代，或是到2035年建成社会主义文化强国，中国的文化形象始终是以唯物史观为根基的科学性文化，中国的文明形态也始终是以唯物史观为体系的现代化文明。中国的磅礴文化实践之路背后，是廓清各种怀疑和曲解人类社会发展规律的认识迷雾，是以全新的视野深化对人类社会发展规律的认识，是把共产主义远大理想同中国特色社会主义共同信念相统一，是坚定

---

① 马克思，恩格斯. 马克思恩格斯文集：第4卷. 北京：人民出版社，2009：304.
② 马克思，恩格斯. 马克思恩格斯文集：第3卷. 北京：人民出版社，2009：601.

中国特色社会主义道路自信、理论自信、制度自信和文化自信，突显着马克思主义科学底色。

二、从传统到现代：一个泱泱大国的文化转身

中国文化是社会主义文化，社会主义文化是马克思主义文化。中国的文化发展之路，本质上就是用科学的马克思主义理论实现文化启蒙的现代性实践。

中国特色社会主义文化发展道路，源自中华优秀传统文化，有着深厚的历史渊源和精神底蕴。从文明发展史来看，一般认为古代中国、古印度、古巴比伦、古埃及是人类四大文明发源地。在文明的发展过程中，除了古代中国外的三大文明体系都先后出现了断裂或中断，只有中华文明一直延续到了今天。中华文明之所以能够绵延数千年而不坠，一个重要的原因就在于中华文明从先秦时代以来就逐渐形成了一整套独特的价值观，包括自强不息、厚德载物、开放包容、穷变通久等。这些价值观，作为中华民族的文化基因代代相传，潜移默化影响着中国人的思想方式和行为方式，深深植根于中国人的精神，也深刻地塑造了中国的文化品格，直至今日依然是中国文化精神的基本内核。也正是这些价值观，使得中华文化兼容并蓄、海纳百川，不断自我丰富、自我革新、自我发展，在漫长历史进程中克服种种困难挑战，一次次凤凰涅槃获得新生。

中华优秀传统文化是中华民族在长期的共同生活和生产中积淀形成的精神财富，是凝聚民族认同和国家认同的"共同记忆"，也是中华民族赖以生存、共同发展的根脉和灵魂。然而，从一定意义上讲，恰恰是恢宏的文化体量，反倒桎梏了中国文化走向现代征途。

中国的文化发展道路问题，曾经是近代中国最大的文化难题。对于这道文化难题，中国共产党人在20世纪40年代给出了自己的回答——建设"民族的科学的大众的"新民主主义文化。1949年新中国成立之后，伴随着社会主义三大改造的顺利完成和社会主义基本制度的全面建立，社会主义的文化改造和文化建设也逐步展开。在"文化大革命"前的17年中，我们成功地肃清了各种非马克思主义、非无产阶级的思想观念，确立了马克

思主义、毛泽东思想的指导地位，建构了社会主义的意识形态和价值体系，巩固了执政党的文化领导权。党的十一届三中全会以后，我们曾经长期尊奉的"文艺为工农兵服务，文艺为政治服务"的方针被及时更新为"文艺为人民服务，为社会主义服务"的崭新表述，20世纪50年代制定的"百花齐放、百家争鸣"政策，在摆脱种种"左"倾错误的干扰之后，被重新确定为新时期的基本文化政策。在经历了20世纪80年代末90年代初的政治和文化震荡之后，我们党又适时地提出了"弘扬主旋律、提倡多样化"的基本文化政策。

面对文化发展的空前机遇和挑战，我们党对文化的功能和地位的认识不断调整和深化，文化发展战略也日益成熟。党的十二大报告、十二届六中全会和十四届六中全会两个有关精神文明建设的决议，都强调了社会主义精神文明是社会主义社会的重要特征的论断。党的十五大报告对文化问题设专章论述，指出社会主义现代化应该有繁荣的经济，也应该有繁荣的文化。党的十六大深刻论述了文化建设对于综合国力竞争所具有的战略意义。党的十七大报告做出了"提高国家文化软实力"的战略部署。党的十七届六中全会则提出努力建设社会主义文化强国的目标和任务。党的十八大报告再次强调要坚持社会主义先进文化前进方向，树立高度的文化自觉和文化自信，坚持走中国特色社会主义文化发展道路。党的十九大报告进一步把坚定文化自信、坚持中国特色社会主义文化发展道路提升到了关乎国家前途命运、关乎中华民族伟大复兴的高度。党的二十大报告强调围绕举旗帜、聚民心、育新人、兴文化、展形象建设社会主义文化强国。

新时代中国特色社会主义文化的发展方向，既呈现出鲜明的社会主义文化特征，也构建起一个现代化国家体系的文明样态，进而共同阐释了"中国特色"的现代含义。

第一，从文化的高度塑造强国的"根"与"魂"。

文化的现代化是全面建成社会主义现代化国家的重要内容和精神支撑。习近平总书记从很多角度讨论这个问题，包括：其一，从制度上，新时代文化制度建设坚持中国特色社会主义文化发展道路，推动中华优秀传统文化创造性转化、创新性发展，继承革命文化，发展社会主义先进文

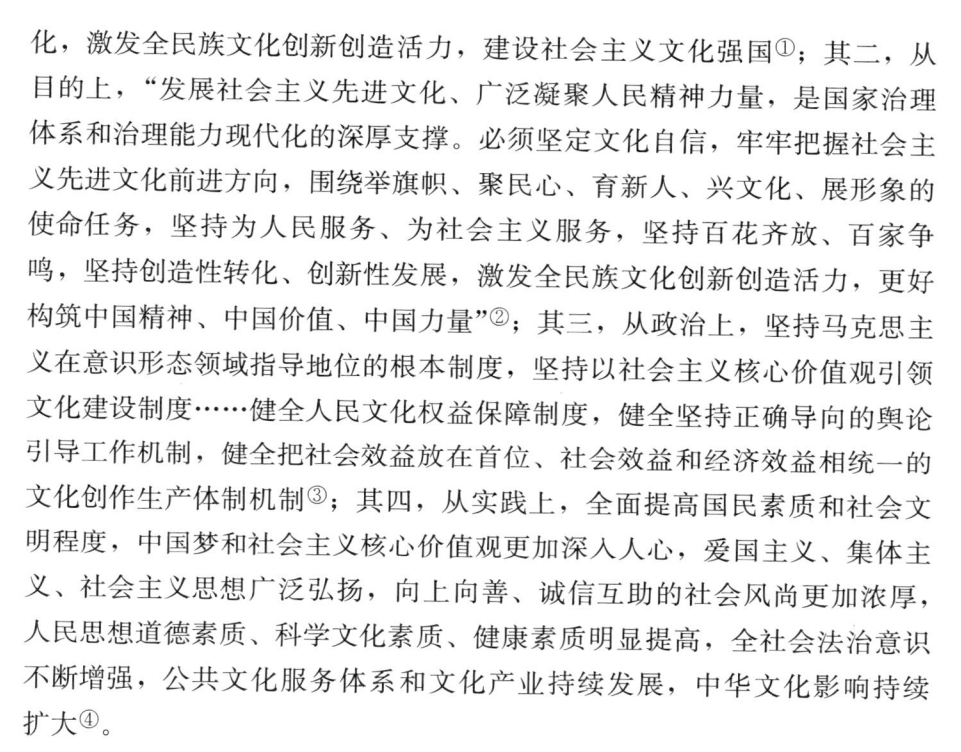

化，激发全民族文化创新创造活力，建设社会主义文化强国①；其二，从目的上，"发展社会主义先进文化、广泛凝聚人民精神力量，是国家治理体系和治理能力现代化的深厚支撑。必须坚定文化自信，牢牢把握社会主义先进文化前进方向，围绕举旗帜、聚民心、育新人、兴文化、展形象的使命任务，坚持为人民服务、为社会主义服务，坚持百花齐放、百家争鸣，坚持创造性转化、创新性发展，激发全民族文化创新创造活力，更好构筑中国精神、中国价值、中国力量"②；其三，从政治上，坚持马克思主义在意识形态领域指导地位的根本制度，坚持以社会主义核心价值观引领文化建设制度……健全人民文化权益保障制度，健全坚持正确导向的舆论引导工作机制，健全把社会效益放在首位、社会效益和经济效益相统一的文化创作生产体制机制③；其四，从实践上，全面提高国民素质和社会文明程度，中国梦和社会主义核心价值观更加深入人心，爱国主义、集体主义、社会主义思想广泛弘扬，向上向善、诚信互助的社会风尚更加浓厚，人民思想道德素质、科学文化素质、健康素质明显提高，全社会法治意识不断增强，公共文化服务体系和文化产业持续发展，中华文化影响持续扩大④。

第二，从文明的高度塑造强国的"体"与"干"。

中国共产党人在革命、建设、改革和奋进新时代的过程中，坚持和发展中国特色社会主义，以道路自信创造中国式现代化新道路和人类文明新形态。这其中包括：其一，政治文明，即尊重人民群众的历史主体地位，坚持以人民为中心的基本立场。唯物史观坚信，人民是历史的创造者和真正的英雄，这是历史主体论的核心，并且在实践中回答了社会历史的发展"依靠谁"和"为了谁"两大核心问题，其具体展现为尊重人民群众的历史主体地位、坚持以人民为中心的基本立场。其二，物质文明，即以全面

---

① 习近平. 习近平谈治国理政：第3卷. 北京：外文出版社，2020：32.
② 中共中央党史和文献研究院. 十九大以来重要文献选编（中）. 北京：中央文献出版社，2021：283.
③ 同②283-285.
④ 中共中央文献研究室. 十八以来重要文献选编（中）. 北京：中央文献出版社，2016：791.

深化改革促进社会发展,坚持不懈发展生产力,推进改革开放。习近平总书记曾指出:"改革开放是我们党的一次伟大觉醒,正是这个伟大觉醒孕育了我们党从理论到实践的伟大创造。改革开放是中国人民和中华民族发展史上一次伟大革命,正是这个伟大革命推动了中国特色社会主义事业的伟大飞跃!"① 可以说,坚持"以经济建设为中心"与"全面深化改革"辩证统一的相互运动,正是马克思主义国家物质文明体系在当代中国的理论深化与实践展现。其三,生态文明,即自然主义与以人为本的辩证统一,推进人与自然和谐共生,人的自由全面发展意味着是人和自然之间、人和人之间的矛盾的真正解决,既从自然主义的角度描述了历史发展趋势的客观性,尤其肯定了自然世界对于人类社会的基础性作用,又从以人为本的角度统合了历史发展趋势的价值旨归,进而消解了自然主义的合规律性与人本主义的合目的性之间的矛盾,因而也是对唯物史观的"历史趋势论"与"历史价值论"的实践深化,进而形成了独特的生态文明景观。其四,世界文明,即强调人类只有一个地球,各国共处一个世界,必须构建以合作共赢为核心的新型国际关系,意味着既相互对抗又相互联系,处于一种相互依存的共同体关系中。习近平总书记强调,在这种共同体中"每个民族、每个国家的前途命运都紧紧联系在一起,应该风雨同舟,荣辱与共,努力把我们生于斯、长于斯的这个星球建成一个和睦的大家庭,把世界各国人民对美好生活的向往变成现实"②。

第三,用"中国特色"丰富社会主义的现代内涵。

从传统到现代,"中国"两个字经历了一个从文化古国,到文化大国,再到文化强国的转变,似乎完成了一场跨越时空的对话。这其中,既有在马克思主义文化观层面上展开的对"中国特色"的理论建构,也有对中国共产党人独特而卓越的文化思维方式的生动展现,其背后蕴含的独到的文化思维方式,并不是某种外在的东西,而是内在于其整个文化建构和文化实践的过程与内涵之中,并必然要对当代中国文化建设起到总体范导作用。

其一,把握"中国特色"的历史逻辑。习近平总书记指出:"坚定文

---

① 习近平. 在庆祝改革开放40周年大会上的讲话. 人民日报, 2018-12-19 (2).
② 习近平. 习近平谈治国理政: 第3卷. 北京: 外文出版社, 2020: 433.

化自信，离不开对中华民族历史的认知和运用。"① 他又明确指出："中国特色社会主义不是从天上掉下来的，而是在改革开放 40 年的伟大实践中得来的，是在中华人民共和国成立近 70 年的持续探索中得来的，是在我们党领导人民进行伟大社会革命 97 年的实践中得来的，是在近代以来中华民族由衰到盛 170 多年的历史进程中得来的，是对中华文明 5000 多年的传承发展中得来的。"② 这一论断说明，"中国特色"的重要成色之一就是社会主义实践文化，它是将中华传统文化从古代引入现代的重要抓手，这体现了深刻的继承性与革命性的历史辩证法。

其二，把握"中国特色"的实践逻辑。习近平总书记指出，坚持中国道路"就要坚持中国的事情必须由中国人民自己作主张、自己来处理"③，"不论过去、现在和将来，我们都要把国家和民族发展放在自己力量的基点上，坚持民族自尊心和自信心，坚定不移走自己的路"④。这一论述彰显了文化创造的主体性在实践上的共鸣，意味着"中国特色"在人民群众的现实生活中，以生产方式和生活方式的强大塑造力，对自身物质与精神文化成果的高度抽象与凝练。

其三，把握"中国特色"的价值逻辑。习近平总书记指出，"一个民族、一个国家的核心价值观必须同这个民族、这个国家的历史文化相契合，同这个民族、这个国家的人民正在进行的奋斗相结合，同这个民族、这个国家需要解决的时代问题相适应"⑤；"培育和弘扬社会主义核心价值观必须立足中华优秀传统文化。牢固的核心价值观，都有其固有的根本。抛弃传统、丢掉根本，就等于割断了自己的精神命脉"⑥。这意味着"人"的价值基点及其体系建构在"中国特色"的语境下，关注时代、关注生活，并以此凝望"中国人民自身"的强大诉求。

其四，把握"中国特色"的文明逻辑。习近平总书记指出，"中华文

---

① 习近平. 习近平谈治国理政：第 2 卷. 北京：外文出版社，2017：351.
② 习近平. 习近平谈治国理政：第 3 卷. 北京：外文出版社，2020：70.
③④ 习近平. 习近平谈治国理政. 北京：外文出版社，2014：29.
⑤ 同③171.
⑥ 同③163 - 164.

文化中国的憧憬

明是在中国大地上产生的文明,也是同其他文明不断交流互鉴而形成的文明"①,"不论是中华文明,还是世界上存在的其他文明,都是人类文明创造的成果"②,"应该推动不同文明相互尊重、和谐共处,让文明交流互鉴成为增进各国人民友谊的桥梁、推动人类社会进步的动力、维护世界和平的纽带。"③ 这一系列重要论述,不仅明晰了中国文明在人类文明流变之中的角色与身份,还从文化哲学的层面阐明了中国道路的文明逻辑,为当代中国文化建设开拓了自主性与包容性相结合、前瞻性和对话性相促进的广阔而自信的文明格局。

三、从回响到畅想:以中国方案构建全新文明范式

党的十九大报告指出,"中国特色社会主义进入新时代,意味着近代以来久经磨难的中华民族迎来了从站起来、富起来到强起来的伟大飞跃,迎来了实现中华民族伟大复兴的光明前景"④。这一伟大实践表明了"科学社会主义在二十一世纪的中国焕发出强大生机活力,在世界上高高举起了中国特色社会主义伟大旗帜"⑤。中国正在以中国方案构建全新的现代化道路,这不仅拓展了中国特色社会主义道路、理论、制度、文化,也摸索出了一套适用于广大发展中国家的现代化途径,"给世界上那些既希望加快发展又希望保持自身独立性的国家和民族提供了全新选择,为解决人类问题贡献了中国智慧和中国方案"⑥。

第一,中国方案回应了马克思晚年的历史之问。

为了答复维·伊·查苏利奇关于俄国历史命运和世界历史必然性等问题,马克思用跨越卡夫丁峡谷的比喻来表达一种独特的革命设想,对东方世界的落后国家通过革命建立社会主义制度的合理性进行了阐发。在给查苏利奇的回信中,马克思谨慎尤甚,三易其稿,并参考了大量人类史文献,最终运用唯物史观具体分析俄国社会发展现实,得出了"有可能不通

---

① 习近平. 习近平谈治国理政. 北京:外文出版社,2014:260.
② 同①258.
③ 同①262.
④⑤ 习近平. 习近平谈治国理政:第3卷. 北京:外文出版社,2020:8.
⑥ 同④8-9.

过资本主义制度的卡夫丁峡谷,而占有资本主义制度所创造的一切积极的成果"①的重要论断。然而,对于如何在这一特殊的生产方式条件下开展社会主义革命,受时代局限的马克思也无法给出具体回答,从而留下了这个"历史之问"。而后,列宁在马克思跨越卡夫丁峡谷设想的基础上肯定了"一切民族都将走向社会主义,这是不可避免的,但是一切民族的走法却不会完全一样,在民主的这种或那种形式上,在无产阶级专政的这种或那种形态上,在社会生活各方面的社会主义改造的速度上,每个民族都会有自己的特点"②。

中国作为处于社会主义初级阶段的发展中国家,如何选择中国特有的制度和治理体系,如何走出属于自己的社会主义道路,就成了这一历史之问的应有之义。以此为使命,在民族危亡之际,中国共产党开始登上历史舞台。面对"三座大山"的压迫,"经过二十八年浴血奋斗,党领导人民……实现民族独立、人民解放,彻底结束了旧中国半殖民地半封建社会的历史,彻底结束了极少数剥削者统治广大劳动人民的历史,彻底结束了旧中国一盘散沙的局面,彻底废除了列强强加给中国的不平等条约和帝国主义在中国的一切特权,实现了中国从几千年封建专制政治向人民民主的伟大飞跃,也极大改变了世界政治格局"③。遗憾的是,党的八大形成的正确路线未能完全坚持下去。加上毛泽东同志对当时我国阶级形势以及党和国家政治状况做出错误的估计,反革命集团利用毛泽东同志的错误进行了大量祸国殃民的罪恶活动,酿成十年内乱,使党、国家、人民遭到严重挫折和损失,教训极其惨痛。因而,改革开放以来,我们"继续探索中国建设社会主义的正确道路,解放和发展社会生产力,使人民摆脱贫困、尽快富裕起来,为实现中华民族伟大复兴提供充满新的活力的体制保证和快速发展的物质条件"④。通过不断扩大改革开放,中国实现了从"站起来、富起来到强起来"的历史性飞跃,开创了"中国之治"新面貌。可见,只有

---

① 马克思,恩格斯.马克思恩格斯文集:第3卷.北京:人民出版社,2009:578.
② 列宁.列宁全集:第28卷.2版增订版.北京:人民出版社,2017:163.
③④ 中共中央关于党的百年奋斗重大成就和历史经验的决议.人民日报,2021-11-17(1).

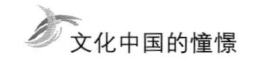

坚持从中国国情出发，才能形成符合中国实际的正确道路，进而把我国建设成为富强民主文明和谐美丽的社会主义现代化强国。这也是中国不会重蹈苏联等社会主义国家覆辙，成功跨越卡夫丁峡谷的关键所在。

第二，中国方案颠覆了西方现代性秩序的根基。

一般认为，现代性是以资本逻辑为基础建立起来的，现代生产方式或以资本为中心的生产方式决定了现代世界的基本秩序，包括经济秩序、政治秩序。资本逻辑决定了现代世界的价值顶点，其根本目的是掠夺资源和剩余价值，维持资本的运转和扩张。虽然在世界秩序中，资本逻辑往往被隐藏在"全球化""普世利益""共同利益""公共理性"等面具之下，但由于它们的最终目的永远是个人利益，因而始终是个人主义甚至利己主义原则的体现。因而，现代性不可避免地会制造一系列全球性挑战和全球性治理危机，如生态危机、和平赤字、经济放缓、单边主义等，以及遭遇严峻的挑战，包括经济不平等和不公正、地缘政治扩张和霸权，国际政治权力滥用等狭隘目的。文明秩序是世界秩序及其合法性的重要组成部分。资本逻辑在圈地划界的过程中，摧毁了一切传统的文明形式，建立了以资本为中心的文明秩序。资本文明的秩序在概念上被描述为"普世文明"，但讽刺的是，它实际上凸显的是特殊性、规模性、对立性和冲突性，与"普世"背道而驰。反而，中国所主张的文明秩序，根本上超越了西方的资本主义文明秩序，其核心思想是和而不同、平等包容。因此，中国方案直接颠覆了基于资本逻辑的利己主义价值原则，强调了一种"开放、包容、普惠、平衡、共赢"的全新设计，以此纠偏经济全球化的发展方向，构建一种"面向未来"的现代性价值。所以，中国道路自创立之日起，就遵循着人类文明发展价值性规律，坚持维护世界各国人民的共同利益，倡导尚和合、崇正义、重共享的人类文明新价值，对维护世界新秩序以及人类文明进步发展提供了新价值指引。

第三，中国方案拓展了人类社会发展的现代化途径。

人类社会的进步不是单一文明的不断发展，而是多种文明共同作用的结果。然而，长期以来，在西方中心主义的话语体系下，似乎只有西方文明才是人类文明发展的唯一模式。事实上，这就是西方国家为了掩盖西方文明背后剥削、扩张、掠夺的野蛮本质而捏造出来的所谓"西方中心主义"。随着中国走出了自己的中国道路，超越了西方道路的局限，打破了"西方文明中心"的迷信，丰富了人类文明发展道路的多样性。同时，中国道路也在世界社会主义的革命实践的意义上，突破了苏联模式的束缚，加深了对社会主义建设规律的认识，从那些过时的观念、制度和实践从束缚中解放出来，开辟了社会主义发展的新道路。中国道路的成功实践，向世界说明了"什么是社会主义"，说明了"如何坚持和发展社会主义"，指明了世界社会主义运动的方向，证明了历史没有结束，也不会结束。中国道路的成功证明，发展中国家也可以跨越卡夫丁峡谷，利用自身的"后发优势"走上现代化道路，而不必重蹈一些西方国家的覆辙，为发展中国家的现代化道路探索提供了全新的选择。在现代化道路上，中国与其他发展中国家有着相似的命运、使命和目标，都是为了改善民生、增强国力，实现国家富强、民族复兴、人民幸福。为此，中国道路的成功实践可以为广大命运相似、使命相同的发展中国家提供有益借鉴。

习近平总书记指出："中国特色社会主义是不是好，要看事实，要看中国人民的判断，而不是看那些戴着有色眼镜的人的主观臆断。中国共产党人和中国人民完全有信心为人类对更好社会制度的探索提供中国方案。"[①] 中国的现代化道路创造的伟大奇迹表明，中国共产党人尊重世界文明多样性、发展道路多样化，尊重和维护各国人民自主选择社会制度和发展道路的权利，相互借鉴，取长补短，推动人类文明进步，这样的中国智慧和中国方案具有了世界意义。

第二节　塑造世界文明图景中的中国景观

当代中国的大国崛起和民族复兴已经成为 21 世纪最显著的世界发展趋势，这一趋势必将塑造一个闪耀着中国景观的全新世界文明图景。这

---

① 习近平. 习近平谈治国理政：第 2 卷. 北京：外文出版社，2017：37.

个中国景观,建立在中国作为一个社会主义文化强国的基础之上,并以坚定的文化自信作为心理结构与形象基础,它用"多彩、平等、包容"阐发着一个全新文明形态的本质,用"交流、互鉴、共存"构建着新型文明主体之间的关系,用"共商、共建、共享"阐发了文明进步的必然形式。这些理念,深刻阐发中国人民和中华民族在文明本质、文明关系和文明发展等重大问题的根本主张,在坚持推进中国式现代化新道路和创造人类文明新形态中展现了中华民族实现伟大复兴的文化追求与天下关怀。

一、以"文化自信"构建文明心理结构与国家形象

文化是一个国家、一个民族的灵魂。习近平总书记指出:"坚定中国特色社会主义道路自信、理论自信、制度自信,说到底是要坚定文化自信"①;"文化自信,是更基础、更广泛、更深厚的自信,是更基本、更深沉、更持久的力量"②;"没有高度的文化自信,没有文化的繁荣兴盛,就没有中华民族伟大复兴"③。

文化自信的背后,是中华民族所拥有的文化积淀,是刻在每一个中国人骨子里的基因图谱,它象征着中华文化特殊却共有的文化记忆,体现了中华民族社会性的共同心理结构。这种心理机构,塑造了我们的文明,塑造了我们的永恒。习近平总书记从文化的维度把握中国特色的基本要求,从自信的维度把握中华文化的前进方向,既从理论上凝练了"坚定文化自信"这一马克思主义中国化的重大命题,又从实践上突出了中国特色社会主义文化建设的中心主题,为推进新时代中国特色社会主义文化建设提供了根本遵循。

首先,文化自信表征了中华民族上下五千年的生生不息,这是一首民族赞歌。正如习近平总书记指出的那样,"中华民族素有文化自信的气

---

① 习近平. 习近平谈治国理政:第 2 卷. 北京:外文出版社,2017:339.
② 同①349.
③ 习近平. 习近平谈治国理政:第 3 卷. 北京:外文出版社,2020:32.

度"①,"中华民族生生不息绵延发展、饱受挫折又不断浴火重生,都离不开中华文化的有力支撑。中华文化独一无二的理念、智慧、气度、神韵,增添了中国人民和中华民族内心深处的自信和自豪"②。勤劳的中国人民用自己的繁衍生息,铸造了这片深沉沃土的根本性格。在这个历史进程中,这个民族有过兴盛,有过衰落,有过世界敬仰,也有过任人宰割,但不论如何,这个民族延续了下来,一直到现在,这种生命力的深刻诠释,是中华民族文化自信的坚实根基。

其次,文化自信凝聚了一个马克思主义政党为国家人民艰苦奋斗的革命赞歌。中国共产党是在中国还处在贫穷落后的半殖民地半封建社会,面临推翻帝国主义、封建主义和官僚资本主义三座大山历史任务的条件下创建和发展起来的。国情的复杂、任务的繁重艰巨以及俄国十月革命成功经验的启示,使党在创立之日始就将马克思主义作为指导思想。马克思主义的科学性成为无数中国共产党人追求至高信仰的坚强后盾,也塑造了当代中国文化自信的理论根基。正如习近平总书记在纪念马克思诞辰200周年大会上深刻总结的:实践证明,"马克思主义为中国革命、建设、改革提供了强大思想武器,使中国这个古老的东方大国创造了人类历史上前所未有的发展奇迹。历史和人民选择马克思主义是完全正确的,中国共产党把马克思主义写在自己的旗帜上是完全正确的,坚持马克思主义基本原理同中国具体实际相结合、不断推进马克思主义中国化时代化是完全正确的!"③

最后,文化自信彰显了中国崛起的民族荣耀与屹立东方的文化自豪。习近平总书记指出:"当今世界,要说哪个政党、哪个国家、哪个民族能够自信的话,那中国共产党、中华人民共和国、中华民族是最有理由自信的。"④ 改革开放以来,中国社会发生的翻天覆地的变化,新时代以来,中华民族伟大复兴正在成为现实,一幕幕的时代实践,用厚重的声线吟唱着

---

① 习近平.习近平谈治国理政:第2卷.北京:外文出版社,2017:350.
② 习近平.在中国文联十大、中国作协九大开幕式上的讲话.人民日报,2021-12-15(2).
③ 习近平.习近平谈治国理政:第3卷.北京:外文出版社,2020:532.
④ 同①36.

由衷的自豪。这种自豪，源自中国道路是创造人民美好生活、实现中华民族伟大复兴的康庄大道；源自脚踏中华大地，传承中华文明，走符合中国国情的正确道路，把我国建设成为社会主义现代化强国；源自我们党和人民把无比深厚的历史底蕴，化作无比强大的前进定力。

在此基础上，文化自信塑造了世界文明图景中的中国形象。

"国家形象"作为对一个国家及其民众的历史、现实、政治、经济、文化、生活方式以及价值观等的综合印象，不但具有政治和外交功能，还具有商业和贸易功能，在一定程度上体现着一个国家的整体实力和竞争力。改革开放40多年，我国取得了举世瞩目的经济成就。但是我国国家形象却没有成正比地大幅提升。究其原因，科技发展、教育水平、民族文化、民众素质等软指标的影响较为深远。要提升国家形象，首先要"自塑"与"他塑"相结合。要了解海外媒体在报道有关中国形象时的主要着力点，比如，中国发展对他国的所谓"威胁"、中国能源消耗对他国的影响、中国的雾霾等环保问题、中国报道的真实性、中国国民的教育、知识产权、网络攻击、人权等问题，对于这些话题要进行有针对性的回应，要"在真实可靠上动脑筋，在可亲可敬上做文章，在入脑入心上下功夫"，增强吸引力和感染力，提高我国的文化软实力。文化自信力求通过不同文明间的对话，加强各国人民之间的理解，促进人类文明的共同进步和共同繁荣，赢得民心和人心，最终让世界了解一个真实的中国，更让世界理解一个真实的中国。

党的十八大以来，立足中国实践，着眼于实现中华文化繁荣兴盛和中华民族伟大复兴，习近平总书记深刻把握世界范围内思想文化相互激荡、我国社会思想观念深刻变化的趋势，坚持把马克思主义基本原理同中国具体实际相结合、同中华优秀传统文化相结合，从历史与现实、理论与实践、真理与价值的贯通上不断深化对社会主义文化建设规律的认识，提出一系列关于中国特色社会主义文化建设的重要论述，系统阐发新时代中国特色社会主义建设的文化方略，深刻呈现中华文化和中国精神的时代精华，实现了马克思主义文化观的时代跃升，推动了我国意识形态领域形势发生全局性、根本性转变，全党全国各族人民文化自信明显增强，全社会

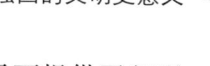

二、以"多彩、平等、包容"阐发文明本质的中国思维

一花独放不是春,百花齐放春满园。追求幸福生活是各国人民共同愿望。然而,如果把世界文明格局的变动比作一种地壳板块运动,那么,文明冲突问题就是大小板块之间碰撞冲击形成的现象。历史地看,世界文明困局总与世界政治格局的变化紧密相关。霸权的扩张和解体,总会引发影响重大的文明与文化问题。当前世界文明图景之所以呈现出碎片化加剧的趋势,就在于世界正处在板块大碰撞、大裂变之后的缓冲期,小的板块在持续游离、动荡,新的板块在不断重组、形成。

习近平总书记反复强调,人类社会要持续进步,各国就应该坚持要开放不要封闭,要合作不要对抗,要共赢不要独占。在经济全球化深入发展的今天,弱肉强食、赢者通吃是一条越走越窄的死胡同,包容普惠、互利共赢才是越走越宽的人间正道。推动全球经济治理体系朝着合作共赢方向发展,客观上为新型经济全球化创造了重要的环境。在此基础上,必须支持多边贸易体制,促进自由开放的贸易和投资,引导经济全球化朝着更加开放、包容、普惠、平衡、共赢的方向发展,促进构建开放型世界经济。习近平总书记强调:"文明因交流而多彩,文明因互鉴而丰富。"[1] 正是文明的"多彩、平等、包容"构成了人类文明宏大叙事的基点,其和而不同、百花齐放的文明景观,也体现了习近平总书记在人类文明本质问题上展现的中国思维。

第一,文明在本质上是多彩的。习近平总书记指出:"文明是多彩的,人类文明因多样才有交流互鉴的价值。"[2] 文明作为国家与民族的集体记忆,在历史上记录了人类实践活动的全部成果,这种文明景观之所以以多彩为贵,是由于世界本身的无限性恰恰体现在这种有限的展开之中,每一个文明的展开就如同总书记的比喻,花朵再美,如果只此一枝,也终归是

---

[1][2] 习近平. 习近平谈治国理政. 北京:外文出版社,2014:258.

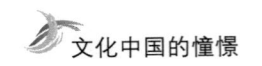

单调。多样即是可能，可能塑造无限，无限成就进步。这就正如习近平总书记指出的那样："人类文明多样性是世界的基本特征，也是人类进步的源泉。"①

第二，文明在本质上是平等的。习近平总书记指出："文明是平等的，人类文明因平等才有交流互鉴的前提。"② 文明本不应具有高低贵贱之分，因为任何一个文明都是一个国家或民族的生活实践的反映，归根结底，是类本质的人的反映。正如人是有瑕疵的存在物，世界上注定不存在十全十美的文明；正如人是有价值的存在物，世界上也绝不存在一无是处的文明。文明的平等，意味着人的平等，以及文明背后的人格实现。因而，文明的真谛，正是在平等、谦虚的态度基础上寻求和解，而那种以傲慢与偏见为目的的文明诉求，则始终无法"参透这种文明的奥妙，而且会与之格格不入"③。

第三，文明在本质上是包容的。习近平总书记指出："文明是包容的，人类文明因包容才有交流互鉴的动力。"④ 包容是最高的美德，因为包容是作为个体的人拥抱他人的主动选择。海纳百川，有容乃大。在包容的意义上，人终能克服自身狭隘的有限，而成为社会的无限；同样，文明作为人类创造劳动和智慧结晶，"一切文明成果都值得尊重，一切文明成果都要珍惜"⑤。在文明问题上，生搬硬套、削足适履不仅是不可能的，而且是十分有害的。也正因为如此，习近平总书记深刻指出："对待不同文明，我们需要比天空更宽阔的胸怀。"⑥

在"多彩、平等、包容"的基础上，中国用一种强大的文化心态来倡议一种总体性的文明。这个文明总体，意味着构建相互尊重、公平正义、合作共赢的新型国际关系，意味着构建人类命运共同体的内在要求和根本路径，意味着摒弃冷战思维和强权政治的全新权力关系，进而走出一条对话而不对抗、结伴而不结盟的国与国交往的新路。

以此为背景，面对全球文化新格局，习近平总书记提出了"共同价

---

① 习近平.习近平谈治国理政：第2卷.北京：外文出版社，2017：543.
②③④⑤ 习近平.习近平谈治国理政.北京：外文出版社，2014：259.
⑥ 同②262.

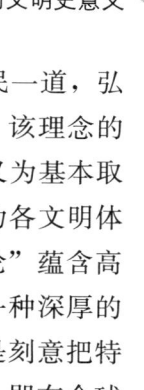

值"的理念,即中国共产党将继续同一切爱好和平的国家和人民一道,弘扬和平、发展、公平、正义、民主、自由的全人类共同价值①。该理念的意义在于,它并非以西方价值观为典范和标准、以西方中心主义为基本取向,向非西方国家推广甚至强迫非西方国家接受的价值,而是为各文明体和全世界人民所共同认可及自愿共享的一套价值。"共同价值论"蕴含高明的辩证逻辑,一方面从中华文化自身的核心价值出发,形成一种深厚的全球价值共识,因而超越了民族主义的立场;另一方面,并不刻意把特殊性渲染成普遍性,而是立足人类共同信仰的价值和共同情感,即在全球普遍性秩序之内寻求共通性的价值认同。习近平总书记的"共同价值论"立基于中国文化精神,但并不强调特殊性,不输出所谓的"中国模式",而是着力思考中国可以为解决人类面临现代性难题提供什么样的思想资源和价值观。这其中包括过去被当作中国或亚洲特有价值诉求的一些价值观,它们并不应该仅仅成为儒家文化圈的特殊价值观,如"仁""义""和""己所不欲,勿施于人""己欲立而立人,己欲达而达人"等理念已成为很多国家处理国际关系和人际关系的重要准则。因此,在对中国文化的独特价值进行继承和深入挖掘的基础上,应该根据时代的需要,不断丰富"中国精神"的文化内涵,把中国特有的价值观提到人类共同价值的高度,成为全人类都向往的一种追求和品格。

正是在共同价值的基础上,中国积极推动国际关系民主化,有利于完善以多主权国家共同行动为载体的多元秩序。将"多彩、平等、包容"的文明理念建构融入新型国际关系的民主化中,从而更好地体现"民主"这个人类共同价值。

三、以"交流、互鉴、共存"阐发文明关系的中国智慧

习近平总书记指出:"要尊重世界文明多样性,以文明交流超越文明隔阂、文明互鉴超越文明冲突、文明共存超越文明优越。"② 文明的发展与进步从来不是一个孤立的过程,在人类世界性交往格局逐步走向多元对话

---

① 习近平.习近平谈治国理政:第2卷.北京:外文出版社,2017:522.
② 习近平.习近平谈治国理政:第3卷.北京:外文出版社,2020:46.

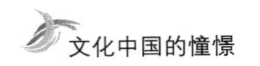

的今天,"交流、互鉴、共存"也理应成为多元文明互动交往的基本准则,这也是在文明交往问题上的中国智慧。

第一,以文明交流超越文明隔阂。人类历史反复证明,文明的相互交流与传播推动了文明的发展,这是人类文明发展的基本规律。习近平总书记明确指出:"不同民族、不同文化要'交而通',而不是'交而恶',……把对话当作'黄金法则'用起来。"① 文明交流是多元化文明关系的前提,文明交流在全球化的经济交往活动中得以实现,但最终体现的价值却远远超越资本维度的视野。文明交流在互动的过程中始终无法回避"人格"行为,它从道德、艺术、历史、信仰等层面实现形而上的对话,这种超越物质收益的对话平台及其结果,才是"黄金法则"得以落实的方法论。

第二,以文明互鉴超越文明冲突。习近平总书记指出:"历史告诉我们,只有交流互鉴,一种文明才能充满生命力。只要秉持包容精神,就不存在什么'文明冲突',就可以实现文明和谐。"② 文明互鉴是多元化文明关系的存在方式,文明互鉴是文明开放并得以保持生命力的重要方式,也是文明摆脱单一国家或民族的生产方式局限,得以在世界范围内"蒲公英式"保存的重要方式。我们认为,文明本质上是不存在冲突的,文明冲突的表象之下都是人的冲突,文明互鉴恰恰是在人的角度上,消解文明隔阂,弥合文明冲突的积极途径。在互鉴的过程中,我们看到文明的生命力与延续性得以充分的实现。

第三,以文明共存超越文明优越。习近平总书记强调:"让人类创造的各种文明交相辉映,编织出斑斓绚丽的图画,共同消除现实生活中的文化壁垒,共同抵制妨碍人类心灵互动的观念纰缪,共同打破阻碍人类交往的精神隔阂,让各种文明和谐共存,让人人享有文化滋养。"③ 文明共存是多元化文明关系的最终目的。当今世界,尽管文明冲突论、文明优越论等仍有一定影响,但人类对于多样性文明的需要却是有目共睹的。同时,在

---

① 习近平. 习近平谈治国理政:第2卷. 北京:外文出版社,2017:461.
② 习近平. 习近平谈治国理政. 北京:外文出版社,2014:259-260.
③ 习近平. 习近平谈治国理政:第3卷. 北京:外文出版社,2020:434.

人类工业化水平进一步提升的基础上,文明共存的经济困局与成本制约问题也迎刃而解,其在人类共有价值规范上积极作用,成为资本主义经济危机的破题途径之一。因而,值此百年未有之大变局,文明共存给我们克服各种陈旧秩序导致的重大挑战和风险、超越各类"鸿沟"和"赤字"以强大动力和深厚自信。

在"交流、互鉴、共存"的基础上,中国坚持对外开放这一基本国策。党的十九届五中全会强调,实行高水平对外开放,开拓合作共赢新局面。坚持实施更大范围、更宽领域、更深层次对外开放,依托我国大市场优势,促进国际合作,实现互利共赢。这是以习近平总书记为核心的党中央适应经济全球化新趋势、准确判断国际形势新变化、深刻把握高质量发展新要求做出的重大战略部署。

第一,基于新型文明关系,强调"底线思维"。过去一个时期,中国在复杂的国际和地区形势下,在维护国家主权、安全和发展权益方面更加奋发有为。一方面,对于一些西方政客的蓄意攻击,能够旗帜鲜明坚持和维护中国共产党的领导和中国特色社会主义制度,坚定不移维护民族尊严和国家利益,巩固国际社会坚持一个中国原则的格局。另一方面,面对西方世界不断的战略试探,能够坚决维护我国主权、领土完整和海洋权益,妥善处理边界争端,维护边境地区和平安宁。这既是对新型国际关系中交流、互鉴、共存的价值维护,也是对国家交往中独立自主,明确文化底线与文化边界的公开声明。

第二,基于新型文明关系,具有全球性大视野。随着中国以全新文明形态走向世界,中国目光与中国视野也必然要有世界高度,这就要求从文化的总体性上,更加系统谋划、全面协调、整体推进对周边、大国和发展中国家的文化关系,全方位、多角度、多层次地推进中国与世界之间的文明对话。例如,中国提出并稳步推进"一带一路"倡议,旨在打造更加全面、更加均衡、更高层次的经济与文化交往新格局,在亚欧非大陆乃至全球范围推进中国与世界价值体系与金融体系的深度交融。伴随中国的快速发展及其与外部世界关系的显著变化,中国日益以一个世界性大国的姿态屹立于世界,中国的言行举止更富全球视野,更具战略远见,因而要立足亚太，放眼全球，秉持大思维、大视野，在世界大棋盘上规划中国在世界文明图景中的方位与方向，构建中国的全球大战略和大格局。

第三，基于新型文明关系，明晰大国责任意识。能力越大，责任越大。新时代的中国作为一个世界性大国，有与时俱进的外交理论创新、更具全球视野的大战略布局，也在不断展现更有中国气度的大国责任。中国积极倡导并认真践行对发展中国家的正确义利观，深入参与全球治理及全球治理体系变革，为世界和平、发展和治理做出更大贡献。新冠肺炎疫情发生以来，中国积极开展抗疫国际合作，及时向国际社会通报疫情信息，毫无保留地与各国分享防控诊疗经验，为推动全球团结抗疫发挥了引领性作用。

四、以"共商、共建、共享"阐发文明发展的中国方案

经济全球化是人类社会的大势所趋。纵观人类社会发展史，世界经济开放则兴，封闭则衰。当前，世界正处于大发展大变革大调整时期，单边主义、贸易保护主义等逆全球化思潮不断升温，经济全球化进程遭遇严峻挑战。逆全球化问题具有其深刻的根源。尽管全球化促进了世界经济较快发展，全球经济蛋糕不断做大，但世界各国从全球经济增长中获得的收益却存在差异，特别是伴随着全球化程度提高，资本、技术、管理等要素配置效率提高，拥有较强竞争力的国家通过全球化释放比较优势，实现了较快的经济增长，竞争力较弱的国家可能面临着产业转移引发的产业空心化等挑战，那些认为在全球化过程中未能得到足够利益的国家出现民粹主义及民族主义的倾向，逆全球化难以回避不平衡的深刻挑战。当前，逆全球化思潮正在不断发酵，保护主义的负面效应日益显现，收入分配不平等、发展空间不平衡已成为全球经济治理面临的突出问题。

中国经济正处在转变发展方式、优化经济结构、转换增长动力的攻坚期，对外开放面临的国内外形势正在发生深刻复杂变化，机遇前所未有，挑战前所未有，机遇大于挑战。尊重全球化发展规律，摒弃逆全球化思维，推动新型经济全球化深化发展，既是推动世界经济发展的根本举措，也是营造中国对外开放稳定环境的必然选择。

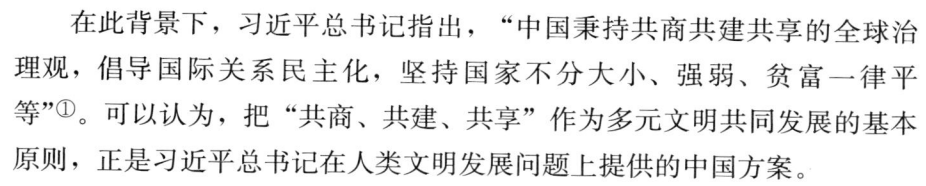

在此背景下，习近平总书记指出，"中国秉持共商共建共享的全球治理观，倡导国际关系民主化，坚持国家不分大小、强弱、贫富一律平等"①。可以认为，把"共商、共建、共享"作为多元文明共同发展的基本原则，正是习近平总书记在人类文明发展问题上提供的中国方案。

第一，坚持文明共商。不同于近代以来西方把自己视为全球事务的主宰者并着力打造西方中心主义话语的偏执心态和姿态，文明共商的根本出发点在于，它坚持高举和平、发展、合作的旗帜，充分尊重不同国家发展水平、经济结构、法律制度、营商环境和文化传统的差异，充分尊重不同国家对各自事务和全球事务的发言权，坚持国家不论大小、强弱、贫富，都可以在人类共同事务上积极建言献策，都可以围绕本国的合理需要对人类文明发展发挥积极影响并避免对别国发展道路和制度模式指手画脚。

第二，坚持文明共建。不同于二战结束以及冷战结束之后西方以对外援助等各种名目实施的国际合作模式，文明共建的根本路径在于，它强调不同国家在国际经济政治事务上的共同参与和平等合作，坚持国家不论大小、强弱、贫富，都是经济全球化和区域化的平等参与者，都可以围绕自己国家和区域的发展战略共同平等参与国际经济政治和文化活动，务实开展经济、金融、贸易、投资、教育、文化等领域的宏观政策协调，共同探讨和建立符合各国国情的合作模式，从而实现优势互补、协调并进。

第三，坚持文明共享。不同于近代以来西方殖民主义、帝国主义和霸权主义在国际政治和世界经济中以掠夺、竞争为常态而以合作、协作为非常态的思维和作为，文明共享的根本落脚点在于，它强调要充分调动不同国家和地区的积极性，实现互利共赢、共同繁荣，坚持国家不论大小、强弱、贫富，都应该远离贫困、富足安康，在努力寻找更多利益交汇点的基础上，以实实在在的合作成果，充分发挥各方面的能动性、创造性，合力推进开放、包容、普惠、平衡、共赢的经济全球化，共建共享一个和平安宁、共同繁荣、开放融通的世界。

---

① 习近平. 习近平谈治国理政：第3卷. 北京：外文出版社，2020：47.

在"共商、共建、共享"的发展模式下,中国推动共建"一带一路"旨在共同打造开放、包容、均衡、普惠的区域经济合作架构。共建"一带一路"既是中国扩大和深化对外开放的需要,也是加强与亚欧非及世界各国互利合作的需要,中国愿意在力所能及的范围内承担更多责任义务,为人类和平发展做出更大的贡献。

"一带一路"倡议基于文明互鉴的逻辑,它不是统治性力量,也不是范式性力量,而是文明型力量。"一带一路"倡议强调"去中心""非极化",不追求霸权地位,因而是全球互联互通伙伴关系体系的积极因素,共商、共建、共享是全球治理的原则,也是"一带一路"倡议的原则。所以,从文化体系的角度看,西方价值观是趋"同",是典型的范式性力量,而"一带一路"倡议价值观是倾"通",是典型的文明型力量,即承认差异,据此构建相互欣赏、相互理解、相互尊重的人文格局。范式性力量强调自身价值观应成为国际社会的"范式",外交要能够塑造人们的观点,使其对某种意识形态产生认同,是道德优越感的体现。文明型力量,不是要改造对方,而是要在个体文化自信的基础上实现彼此的文明互鉴。"一带一路"是大家携手前进的阳光大道,不是某一方的私家小路,所有感兴趣的国家都可以加入进来,共同参与、共同合作、共同受益。共建"一带一路"追求的是发展,崇尚的是共赢,传递的是希望。

因此,在文化、理念和价值层面,中国尤其重视"一带一路"理论建设与文化传播能力建设。习近平总书记在出国访问之时,常常深度挖掘并有效传播"一带一路"故事。2015年10月,习近平访问英国时对中英文化纽带娓娓道来。他说中国明代剧作家汤显祖被称为"东方的莎士比亚",他创作的《牡丹亭》《紫钗记》《南柯记》《邯郸记》等戏剧享誉世界。中国的"一带一路"倡议,不仅要打通"商脉",更要激活"文脉"。如果中国在"一带一路"建设中只讲经济利益,"一带一路"是很难持久的,只有打通文脉才能持续地激活商脉。

总之,正是在"共商、共建、共享"的基础上,中国推动共建"一带一路"就不是单方面去规划世界,而是要真正融入世界。共建"一带一路"是有深远历史意义的伟大实践,其魅力在于:一是在中国倡议的基础上，它日益成为国际共识，而且整个进程越来越凝聚全球智慧；二是这一倡议充分预示了国际社会发展的先进性，即"一带一路"不仅是"宽广之路"，更是"大道之行"。

第三节　彰显人类命运共同体的和平稳定力量

文化是一种力量。它是一个国家的凝聚力、生命力和影响力的集中体现，并且用一种更基本、更深沉、更持久的方式深刻影响着世界。人类命运共同体的理念本身，正是彰显着中国"维护世界和平、促进共同发展"的庄严承诺。这一命题本身，需要各国勠力同心，建设"持久和平、普遍安全、共同繁荣、开放包容、清洁美丽"的世界，并推动创建"相互尊重、公平正义、合作共赢"的新型国际关系，摸索出一条国与国交往的新路。在此过程中，文化的力量举足轻重，它是构建人类命运共同体的稳定器，彰显了人类命运共同体的和平稳定力量，进而引领着人类前进方向，为中国和世界开辟一条共同发展的康庄大道。

一、从未改变：和平与发展的时代主题

习近平总书记在 2018 年中央外事工作会议上指出："当前，我国处于近代以来最好的发展时期，世界处于百年未有之大变局，两者同步交织、相互激荡。"① 这深刻揭示了进入新时代的中国所面临的内外环境与条件，中国"新时代"遭遇世界"大变局"，这个大变局肯定会给世界和平稳定与中国发展安全带来不确定性和严峻挑战，但是也会带来新的机遇，从而使中国的重要战略机遇期得以延续。那么，如何认识这个百年未有之大变局？必须看到，这个大变局是在现有世界政治框架内以和平的、渐进的方式演变的。这个大变局主要体现在世界政治格局上。与世界政治格局变化相伴随，全球化、国际秩序及全球治理体系等内容也在发生微妙的变化。

---

① 习近平．习近平谈治国理政：第 3 卷．北京：外文出版社，2020：428．

首先，在经济全球化大背景下，和平与发展是时代主题。求和平、谋发展、促合作是世界潮流。当今世界，对于绝大多数国家而言，发展是第一要务，因而在和平的时代局势下寻求深入合作，以求共同发展，可以说是世界各国的理想愿景。特别是大国之间，在冷战后普遍建立了伙伴关系，基本上消除了完全对立、对抗的双边或多边关系。当然，当今世界还存在许多不利于世界和平与发展的因素。局部战争并未消除，一些地区热点问题久拖不决，许多国家间还存在领土领海权益的争端，民族宗教矛盾时常引发国家间或一国内部冲突。国际恐怖主义、宗教极端主义和民族分离主义三股恶势力冲击国际安全环境并干扰国家间关系；军备控制与防扩散形势依然严峻；国家间、地区间发展严重不平衡，滋生许多不利于和平的因素；像新冠肺炎疫情这样的大规模传染病仍然制约着世界发展，甚至还激化大国竞争，干扰世界和平。特别是一些国家仍然奉行霸权主义、强权政治以及冷战思维。

其次，当代世界格局"非西方化"与"多极化"并行发展。如果把世界政治权力分为西方世界和非西方世界，那么世界政治权力从西方向非西方世界转移的过程就是非西方化。其中，西方世界各国在经济社会发展中一直处于领先地位，以至于"西方"几乎是发达国家的代名词，后来日本加入了发达国家的行列，却成为西方列强中的一员，治理理念几乎完全西化。随着殖民体系的瓦解，原殖民地国家实现了民族独立和政治崛起，此后，一大批国家着手改革开放，探索适合本国国情的发展道路，最终实现了快速发展。不结盟运动的兴起和"第三世界"概念的出现反映了这些发展中的非西方国家经济崛起是大势所趋，非西方国家总人口占世界的85％，资源丰富，发展潜力巨大。事实上，一些发展中国家的经济增长已经高于发达国家。与此同时，苏联解体后，两极格局解体，形成"一超多强"格局，"一超"与"多强"进行着激烈的博弈，一方要打造单极世界，另一方要推进多极化。几十年来，多极化不断推进，单极"梦想"已经越来越遥远，中国、俄罗斯、欧盟、印度、日本等已经成为重要的多极力量。在主权国家和全球化双重因素的作用下，国际关系呈现出十分复杂的景象，国家之间的利益关系及矛盾错综复杂。冷战结束以来，世界各国针

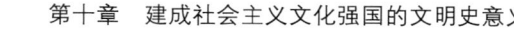

对不同的议题和利益关系或合作或斗争,形成不同的组合。

再次,在复杂的国际局势中,世界文明格局的变化愈发明显。自西方崛起以来,世界政治格局的每一次变化,都只是同一体系中大国实力对比的变化,是世界政治主导或霸权的更替。因此,过去世界政治格局的变化,只是改变了世界舞台上的主要"玩家",其根本规则从未变化。然而,随着复杂国际局势的出现,多极化带来的世界政治格局早已大不相同。多极化的过程是建立在去西方化的基础上的,在世界整体实力和大国实力的比较中,东方崛起,西方衰落,尤其明显。而这种去西方化也具有深厚的文化内涵。西方文明兴起后,非西方文明要么被西方毁灭,要么被西方同化而衰落。西方列强秉持"西方文明优越论",企图用西方文明统一世界。然而,随着非西方国家在经济和政治上不断发展壮大,非西方文明的复兴已不可阻挡。在当今世界大变局中,新兴大国十分重视民族文化的复兴。目前,作为西方世界的领头羊,美国在文化意义上正逐渐失去主导地位和影响力。这是数百年来从未有过的事情。随着发展中国家的成长,它们在世界文明格局中的地位和作用发生了历史性的变化,成为世界文明图景中的重要角色,导致了世界文明格局的变化。

最后,走和平发展道路是中国做出的重大战略抉择。习近平总书记强调:"和平与发展是当今时代的主题,也是时代的命题,需要国际社会以团结、智慧、勇气,扛起历史责任,解答时代命题,展现时代担当。"[①] 和平与发展依然是时代主题,这一点从未改变。走和平发展道路是中国做出的重大战略抉择,它将伴随中华民族伟大复兴的全过程。从文化上讲,中国的文明发端于内陆和农业,先天具有随遇而安、自力更生的调性。中国人民的血液中没有侵略他人、统治世界的基因。同时,我们也深刻认识到在人类历史上,大国争夺霸权和财富,导致战乱频发、生命凋零,在人道主义的层面上制造了诸多悲剧。"和平"这个曾经看似遥远的概念逐渐成为人类的共识。当今世界越来越成为一个自由实体的联结体,"你中有我,我中有你"将成为国际社群的主要标志,和平、发展、合作、共赢是大势

---

① 习近平. 携手共命运 同心促发展:在2018年中非合作论坛北京峰会开幕式上的主旨讲话. 北京:人民出版社,2018:5.

所趋，不可逆转。从这个意义上看，中国的"和平发展道路"顺应了世界的历史趋势和普遍趋势。因此，中国注定不会走"强国必须称霸"的道路。无论国际形势如何变化，无论中国如何发展，中国决不分裂、决不扩大、决不谋求势力范围。

走和平发展道路，是中国坚定不移的路线与理念。同时，这一理念也只有在世界各国有广泛共识与共鸣的基础上，才能实现它最大的价值。只有都走和平发展道路，各国才能共同发展，国与国才能和平相处。正如习近平总书记多次强调的，中国决不会以牺牲别人利益为代价发展自己，也决不放弃自己的正当权益。任何国家不要指望中国会拿自己的核心利益做交易，任何人不要指望中国会吞下损害国家主权、安全、发展利益的苦果。

二、破旧立新：作为一个文化概念的人类命运共同体

世界百年未有之大变局表明，当今世界正面临着种种新挑战、新困局，人类文明到了一个重要节点或十字路口，需要有识之士认真思考"世界怎么了""人类向何处去"。中国在世界政治大变局中扮演着十分重要的角色，它既是非西方国家中综合实力最强者，又是多极力量中成长最快者。世界政治大变局既给中国带来严峻挑战，也带来了难得的历史机遇。如何应对挑战，抓住机遇并化危为机，关键是谋好局，这个局一定是将中国与世界紧密联系在一起的局。习近平总书记代表已经进入新时代、正在走近世界舞台中央的中国回答了"时代之问"，答案就是构建人类命运共同体。

当代世界发展问题的形成非常复杂，涉及因素众多，但核心的因素无外乎三个：权力、发展、认同，它们背后蕴含的是力、利、理的角力。而三个因素在总体上呈现的又是一种文化对抗。权力对抗从表面上看是大国博弈，从根源上看是霸权主义的价值入侵，以美国为首的西方国家强力推行民主价值观，破坏原生国家的权力平衡，制造了无休止的内乱和严重的民族问题。发展鸿沟带来了经济全球化背景下国家、民族之间的发展差距，而其背后，依然是自15世纪末新航路开辟以来，西方国家通过先发优

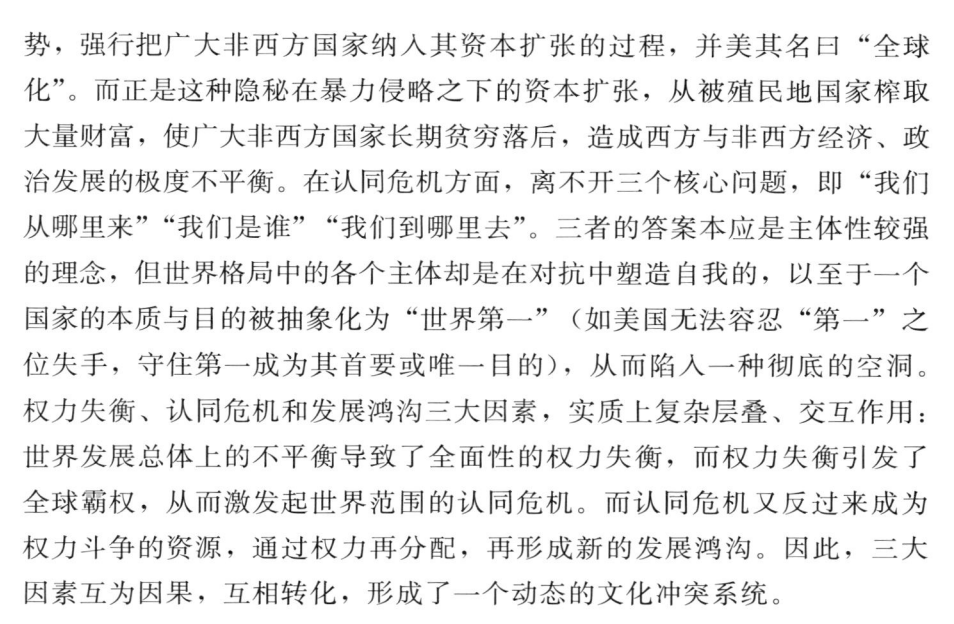

势，强行把广大非西方国家纳入其资本扩张的过程，并美其名曰"全球化"。而正是这种隐秘在暴力侵略之下的资本扩张，从被殖民地国家榨取大量财富，使广大非西方国家长期贫穷落后，造成西方与非西方经济、政治发展的极度不平衡。在认同危机方面，离不开三个核心问题，即"我们从哪里来""我们是谁""我们到哪里去"。三者的答案本应是主体性较强的理念，但世界格局中的各个主体却是在对抗中塑造自我的，以至于一个国家的本质与目的被抽象化为"世界第一"（如美国无法容忍"第一"之位失手，守住第一成为其首要或唯一目的），从而陷入一种彻底的空洞。权力失衡、认同危机和发展鸿沟三大因素，实质上复杂层叠、交互作用：世界发展总体上的不平衡导致了全面性的权力失衡，而权力失衡引发了全球霸权，从而激发起世界范围的认同危机。而认同危机又反过来成为权力斗争的资源，通过权力再分配，再形成新的发展鸿沟。因此，三大因素互为因果，互相转化，形成了一个动态的文化冲突系统。

既然是一种文化的冲突，就必然要求一种文化的解决。

在历史上，西方国家采用过殖民主义、种族主义、同化主义、多元文化主义等方式，这些方式本质上都是为了提供一种文化冲突的解决途径。然而，种族主义和同化主义给被殖民和被压迫民族带来过深重苦难，直到现在仍然是世界民族问题的主要推手。多元文化主义的提出有其历史进步性，它承认少数或者边缘群体的文化差异，也试图维护其权利，但存在很大局限性。二战之后多元文化主义的诞生，实为战后社会发展需要和移民形势的逼迫，以及政党政治的推动，从一定程度上讲，多元文化主义更像是一种经济策略或政治妥协。尤其在 21 世纪之后，作为一种策略的多元文化主义失败，其重要原因是它形成了和主流文化相互隔离、各自运行的多个平行世界。在这个背景下，人类命运共同体理念的提出，既是中国传统历史文化基因在当代的传承、提炼和升华，也是新中国 70 余年国际交往的经验概括，更是马克思主义人类社会发展规律在当今复杂时代局势下的实践回应。

作为一个文化概念，人类命运共同体理念始终认为"多元一体"不应只是政治说辞，而应成为树立正确的国家认同、民族认同和历史认同的关键。首先，人类命运共同体根植于培育中华民族多元一体的大民族观。多元一体的中华民族格局，既是我国的一大特色，也是一大优势。一体包含多元，多元组成一体，一体离不开多元，多元也离不开一体，一体是主线和方向，多元是要素和动力，两者辩证统一。纵观世界民族问题演变的历史，民族认同出现问题有两种情况：一是多元消灭一体，多元相互平行隔离；二是一体消灭多元，一体变为民族同化和政治强化。其次，树立各文化主体集大成的大文化观，建设各文化主体的共有精神家园。事实上，中华文化本来就是各民族文化的集大成者，其本身就是正确处理多元文化认同的范本，传统多元文化主义之所以失败，就在于没有形成共同的文化，各国家与民族文化孤立发展。最后，正确认识各国家与民族共同创造的大历史观，构建命运共同体的历史认同。世界民族问题说明，割裂甚至冲突的历史叙事以及由此形成的历史记忆，在很大程度上形成了民族分离的动因。就我们内部来说，中华民族的历史不等于某一个民族的历史。各民族共同开发了祖国的锦绣河山、广袤疆域，都为灿烂的中华文化和悠久的中国历史做出过贡献。同样，在世界意义上，既要强调历史进程和历史贡献的一体性和共同性，又要防止形成有悖于大历史和大文化的单一霸权主体的国家历史叙事。

  习近平总书记在纪念马克思诞辰200周年大会的讲话中强调，要学习和实践马克思主义关于世界历史的思想，并用"万物并育而不相害，道并行而不相悖"准确描绘了新时代世界历史发展的全新图景。可以说，这一论断明确了人类命运共同体深刻的理论根基与文化底色。"万物并育而不相害，道并行而不相悖"出自《礼记·中庸》，说的是世间万物，各有各的生长之道，却能共同发展而不彼此损害；日月四时，各有各的内在规律，却能并行运转而不相互冲突。这一理念充分体现了中国传统文化中的"尚和"精神，在今天仍具有很强的实践价值。西方世界在争夺主流话语地位的同时，也将其惯有的二元对立思维推向了全世界。他们常常将"不同的"看成是"对立的"，认为这些要素之间相互矛盾，难以共存。因而，要实现持久稳定，需要一种强大的外力来加以协调，这就要求一个所谓"秩序维护者"的存在。这种观点在全球化的进程中制造了大量的副产品。

例如，我们非常崇尚的"和平"概念，在现实中就异常脆弱，它不仅频频遭遇挑战，还被当作面具、当作武器，用来碾压那些被视为"异端"的价值与信念，从而掩盖一些霸权国家的真实利益诉求。同样，在历史发展的问题上，西方世界普遍认为发达国家的资本主义道路及其制度体系才是人类社会发展的最佳路径，因而对其他的历史实践不屑一顾，甚至对一些成功的道路探索蓄意抹杀。中国先贤对于"和"有着独特的哲学认知，我们倾向于从整体性的视野对"不同的"东西保持开放与包容，以海纳百川的胸襟兼容并蓄，从而实现"和而不同""协和万邦"的稳定格局。相较于各元素之间的对立，我们更看重它们之间的相互联系、彼此依赖，更加强调一种多样性的统一。而这一观点，又与马克思主义的唯物史观形成了理论上的呼应。

马克思主义认为，世界历史的发展虽然有着内在的动力结构、有着相同的价值追求，但在不同时期、不同地区、不同国家的具体实践中，却表现为不同的发展样态，呈现出不同的道路模式。马克思主义拒绝把历史道路看成是僵化的公式或模板，而是强调从辩证与发展的视角出发，尊重各国的具体实际，坚持在多元发展之中寻求共同进步。从事实上也可以看出，这种"并行不悖"的发展格局已经成为世界历史发展的全新趋势，这不仅是对马克思主义理论的科学验证，更为世界各国反思自身的发展路径提供了启示，正如习近平总书记所言："一体化的世界就在那儿，谁拒绝这个世界，这个世界也会拒绝他"①。同时，从马克思主义历史观的角度，我们通常认为社会主义与资本主义将长期并存，特别是在主权国家不仅继续存在而且仍然为世界政治基本行为主体的历史条件下，构建人类命运共同体是人类社会发展的阶段性目标。这个目标与马克思、恩格斯设想的共产主义大目标在大方向上一致，都是关照全人类的前途命运，致力于建设一个美好的世界，但是基础与状态又有着明显的区别。按照马克思、恩格斯的设想，到了共产主义社会，私有制将被消灭，与之相应，对抗的阶级也不复存在，国家也将消亡。而人类命运共同体则是在私有制、对抗的阶

---

① 习近平. 在纪念马克思诞辰200周年大会上的讲话. 人民日报，2018-05-05 (2).

级、主权国家都依然存在的基础上形成并建构着的，特别是主权国家是这个共同体的最基本行为主体。

总之，人类命运共同体理念的提出，既是中国传统历史文化基因在当代的传承、提炼和升华，也是新中国在70余年国际交往的经验概括，更是马克思主义人类社会发展规律在当今复杂时代局势下的实践回应。在此过程中，中国始终坚持立足国情、放眼世界，"既强调独立自主、自力更生又注重对外开放、合作共赢"，为构建一种崭新的全球治理模式奠定了基础。

因而，人类命运共同体既是实然的，也是应然的。在全球化时代，世界无论何国何族，不管它们在肤色、语言、文化、宗教信仰、意识形态、社会制度、发展阶段等方面有什么样的差异，都已经生活在同一个"地球村"里，已经形成你中有我，我中有你的命运共同体。然而，这个已经存在着的实然的人类命运共同体却是十分脆弱的，可能因为利益矛盾而产生国家之间、民族之间的冲突、对抗、恶斗，从而使人类社会不能有效应对各种风险和挑战，陷入有可能走向毁灭的各种"陷阱"。因此，人类命运共同体还需要不断地构建，其努力方向就是把我们生于斯、长于斯的这个星球建成一个和睦的大家庭，具体讲就是建设持久和平、普遍安全、共同繁荣、开放包容、清洁美丽的世界。

三、文化助力：命运共同体的定海神针

一直以来，中国始终致力于与世界各国勠力同心，共建人类命运共同体。然而，我们也不能回避一些地区贫富分化、环境污染、资源枯竭、疫情肆虐等顽疾，更不能无视一些国家奉行强权政策、丛林法则、贸易壁垒、干涉他国内政等行径。这些不和谐因素不仅加剧了全球局势的动荡不安，更成为阻碍人类社会和平发展的重大障碍。

在此背景下，党的十九届五中全会旗帜鲜明地提出到2035年建成社会主义文化强国，意味着中国文化必将以一种更加强健且丰满的姿态，参与到人类社会发展的历史进程中，成为彰显人类命运共同体之和平与稳定的磅礴力量。

第一,以文化之魂,凝聚人类命运共同体意义上的价值共识。众所周知,人类命运共同体是依托于中国传统文化而生成的一种价值理念。"尚和""天下""大同"等思想的具象表达描绘了人类命运共同体的重要特征,并且这与西方文化叙事中的世界景观截然不同。这样一种文化基底,凝聚了中华民族,助推了中国崛起,但它能否在世界意义上更具说服力?能否让各个国家或各个文化主体都能认同?能否在人类未来的道路选择上创造新的可能?我们建成社会主义文化强国,就是对这些问题的最好回应。在此,文化之"强"并不意味着文化霸权,而是说明我们对自己的文化足够自信,以至海纳百川,有容乃大,进而形成世界多元文化的合力。中国智慧讲求"和而不同",贵在能够包容"不同",进而保存自我、丰富自我、超越自我,诠释并践行一个国家的自我意识。中国的自我意识靠什么体现:一方面,要有文化心理上的自信,另一方面,要有主权实践上的自主。近代以来,我们选择马克思主义、选择共产党、选择改革开放、选择中国特色社会主义,每一步决策都是在实事求是的原则下,结合中国自身实际所做出的自主判断,是中国主权的重要体现。与此同时,正是由于坚持并实践了我们的自主决策,才真正实现了科学的理论逻辑与现实的历史逻辑的有机统一,取得了举世瞩目的辉煌成就。这些成就,也逐渐融入我们的文化血脉,不仅成为我们坚定道路自信的重要支撑,也是中国回归国际舞台中心,向世界贡献中国方案的重要依据,因而意义非凡。正如习近平总书记所强调的,"中国共产党关注人类前途命运,同世界上一切进步力量携手前进"[①]。只有坚守这一原则,我们才能在诸多的冲突与挑战面前共克时艰。

第二,以文化之声,唱响人类命运共同体叙事中的中国故事。毫无疑问,人类命运共同体作为人类社会未来发展的愿景理念,体现了中华民族对于世界历史的总体期待,凝聚了悠远厚重的中国智慧。在此过程中,如何讲好中国故事,如何打造中国形象,如何唱响中国声音,是我们建成社会主义文化强国必须研究的课题。当今世界是一个多样的世界,充满变

---

① 习近平.在庆祝中国共产党成立100周年大会上的讲话.人民日报,2021-07-02(2).

化、机遇与挑战,原有的国际秩序与格局正在进行深度调整,人类社会的世界性交往与差异性对话逐渐成为主流。西方世界对一些新兴国家强制输出意识形态的尝试并不成功,反之,世界各国对于寻找符合自己国情的发展模式的需求愈发强烈。在这个"变"与"不变"的辩证法中,和平是一条底线,是发展前提。在这个你中有我、我中有你的人类命运共同体中,靠单打独斗、武力威胁已经没有意义,实现合作安全、集体安全、共同安全才是解决问题的正确选择。在这个意义上,中国40多年的和平发展,正是对这一理念的标杆式例证。在此,文化之"强",主要体现在让文化真正走进生活,让文化触手可及。一方面,中国文化应深度融入世界文化主流,与各国人民的现代生活贴近,并创造出一批广泛传播的文化产品,把这种跨越时空、超越国度、富有魅力的文化精神与"中国"二字深度捆绑;另一方面,中国文化应致力于打造对话和交流的平台,完善文化交往的机制,推动微观层面的文化互动。文化的传播从来不是单向度的宣传工程,而是真实、生动的人文交融。这就需要中国声音的多元化,不仅中国媒体要对外发声,每一个中国人也要对外发声,从而让中国故事有深度,更有温度。

第三,以文化之眼,审视人类命运共同体建构中的冲突与争端。文化是历史的折射。不同的国家、不同的民族、不同的历史经历、不同的现实国情,必然造就不同的文化形态,也必然造成各种冲突与争端。因而,用文化的视角审视并化解人类命运共同体建构中的各种矛盾,将是我们建成社会主义文化强国的一个重要表现。当今时代,人类生活在一个历史和现实高度交汇的时空。这意味着,任何可能出现的问题都不会是小问题,需要世界各国共同面对;任何问题的解决都不会是简单的"提问—回答"或"自问—自答",而需要多方合作、协同推进。与传统的国际合作模式不同,中国坚持将平等作为一切国际合作的基础。一方面,我们强调国家不分大小、强弱、贫富,都是国际社会的平等成员,需要共担责任,共享红利;另一方面,中国在这个进程中作为一个倡议者与实践者,为世界创造共赢的平台,却绝不输出"中国模式",充分尊重各国的自主选择。唯有此,才能真正促进各国互利合作,共同应对威胁和挑战,实现共同安全、共同发展与共同繁荣,从而实现共赢的全新局面。在此,文化之"强",重在用文化的批判力和解释力来回答世界之问。回顾历史,当今世界格局的奠基可以追溯到欧洲启蒙运动,其带来了人的主体意识觉醒,又在经济与政治生活中具体化为"个体主义"。伴随着工业革命的爆发与资本主义的崛起,这种以权力和资本为最高目的的价值体系席卷了整个世界,不仅造就了近代以来的第一批"文化强国",也为今天的各种迷局乱象埋下了祸根。可以说,当代人类社会中的各种矛盾,与西方世界构建的"现代性"理念体系不无关系,而这本就是一个植根于文化语境的问题。以此观之,习近平总书记提出人类命运共同体的理念正是从文化的高度反省了制约着人类社会几个世纪的现代性观念,因而获得了广泛的国际赞誉。

第四,以文化之力,维护人类命运共同体架构下的新型国际秩序。"和平、和睦、和谐"作为中华民族一直以来的追求和传承,也奠定了中国永不称霸、永不扩张的总基调。习近平总书记反复强调:"中国始终是世界和平的建设者、全球发展的贡献者、国际秩序的维护者!"[1] 中国共产党更善于用文化的力量来维护世界的和平与发展,这也是我们建成社会主义文化强国的题中之义。在此,文化之"强",在于能将抽象的软实力转变成实在的硬实力。一方面,这意味着文化将深度参与到经济、政治、社会、科技等领域,从而催动各行业发展提速,实现国家总体实力全面提升,增强中国在国际舞台的话语权重;另一方面,身处高度利益捆绑的全球化格局中,世界各国也深刻意识到传统冷战思维下的国际秩序必须被淘汰,预示了以先进文化维护新兴国际秩序的路径必将成为未来的主流,以此才能筑牢全球安全的"精神堤坝"。可见,以文化之力引领全球治理的中国,为世界的和平与发展注入了正能量。

第五,以文化之心,理清"独立自主"与"合作共赢"的辩证法。一方面,独立自主是构建人类命运共同体的基础与前提。世界上并不存在一种放之四海而皆准的具体社会历史发展道路,在坚持"两个必然"和"两个决不会"辩证统一历史观的基础上,每个国家、每个民族都可以根据自

---

[1] 习近平. 在庆祝中国共产党成立 100 周年大会上的讲话. 人民日报,2021 - 07 - 02(2).

己的文化传统、历史条件和现实状况，在历史发展的一般规律的空间里，独立自主，寻找适合自己的发展道路和模式，而非照抄照搬别的国家既有的发展道路。中国共产党人提出推动构建人类命运共同体，就是在准确把握人类社会发展规律的普遍性与其表现形式的特殊性之间关系的基础上，基于中国同世界、社会主义同资本主义的关系均发生了历史性变化的时代背景，面临当今时代全人类所遇到的共同机遇和共同挑战，着眼于人类未来共同的历史命运，对马克思主义关于人类社会发展规律思想的深刻把握和创造性运用。另一方面，合作共赢是实现人类命运共同体的途径与目的。面对全球单边主义、保护主义、民粹主义逐渐蔓延发酵，国际多边秩序遭到严重挑战的复杂局面，中国共产党人以开放包容的世界交往态度，以包容性成长和共赢性合作为价值指向，创造性地提出"合作""共赢"的治理方案，是对冷战思维和零和博弈给予的积极而理性的正面应答，为实现全球安全与和平提供了具有操作性的实现路径。其中，"合作"是构建人类命运共同体的途径，"共赢"是构建人类命运共同体的目的。这种价值设定认为世界的命运应该由各国共同掌握，国际规则应该由各国共同书写，全球事务应该由各国共同治理，发展成果应该由各国共同分享。在此意义上，构建人类命运共同体，推动构建相互尊重、公平正义、合作共赢的新型国际关系，体现了中国在构建新型国际关系上的政治智慧。

习近平总书记指出要以正确的历史观、大局观、角色观看待世界。人类历史发展到今天，某个超级大国或强国集团主宰世界的时代已经一去不复返了，全球范围的政治觉醒已成大趋势，特别是在信息网络化时代。当今这个世界是由80亿人口、193个主权国家共同组成、共同享有的世界，不是少数富国强国的世界，越来越多的人民和国家不再迷信强权和霸权，而是寻求独立自主。在此背后，一个国家或民族基于其文化及生活方式等所产生的吸引力和"同化式力量"，会深刻而隐蔽地影响着人类文明的整体进程。

因而，一个真正的大国、强国必然是软硬实力兼具的国家，它不仅要拥有强大的经济和军事实力，也要拥有强有力的文化、价值、思想、理念。从长远看，为争取中国和平发展的国际认同，中国需要向世界展示真

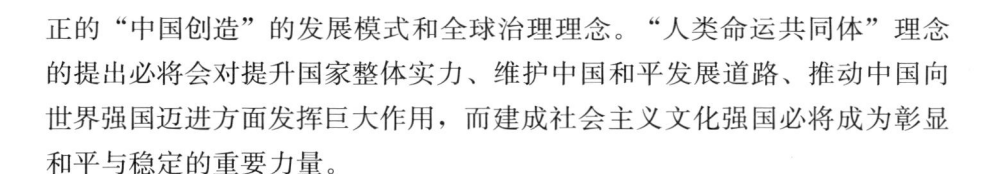

正的"中国创造"的发展模式和全球治理理念。"人类命运共同体"理念的提出必将会对提升国家整体实力、维护中国和平发展道路、推动中国向世界强国迈进方面发挥巨大作用,而建成社会主义文化强国必将成为彰显和平与稳定的重要力量。

主要参考文献

一、经典著作类

[1] 马克思,恩格斯. 马克思恩格斯文集:第1卷. 北京:人民出版社,2009.

[2] 马克思,恩格斯. 马克思恩格斯文集:第2卷. 北京:人民出版社,2009.

[3] 马克思,恩格斯. 马克思恩格斯文集:第3卷. 北京:人民出版社,2009.

[4] 马克思,恩格斯. 马克思恩格斯文集:第4卷. 北京:人民出版社,2009.

[5] 马克思,恩格斯. 马克思恩格斯文集:第5卷. 北京:人民出版社,2009.

[6] 马克思,恩格斯. 马克思恩格斯文集:第9卷. 北京:人民出版社,2009.

[7] 马克思,恩格斯. 马克思恩格斯文集:第10卷. 北京:人民出版社,2009.

[8] 马克思,恩格斯. 马克思恩格斯全集:第2卷. 北京:人民出版社,1957.

［9］列宁．列宁全集：第 12 卷．2 版增订版．北京：人民出版社，2017．

［10］列宁．列宁全集：第 28 卷．2 版增订版．北京：人民出版社，2017．

［11］列宁．列宁全集：第 39 卷．2 版增订版．北京：人民出版社，2017．

二、领导人著作

［1］毛泽东．毛泽东选集：第 2 卷．2 版．北京：人民出版社，1991．

［2］毛泽东．毛泽东选集：第 3 卷．2 版．北京：人民出版社，1991．

［3］毛泽东．毛泽东选集：第 4 卷．2 版．北京：人民出版社，1991．

［4］邓小平．邓小平文选：第 3 卷．北京：人民出版社，1993．

［5］习近平．习近平谈治国理政．北京：外文出版社，2014．

［6］习近平．习近平谈治国理政：第 2 卷．北京：外文出版社，2017．

［7］习近平．习近平谈治国理政：第 3 卷．北京：外文出版社，2020．

［8］习近平．高举中国特色社会主义伟大旗帜 为全面建设社会主义现代化强国而团结奋斗：在中国共产党第二十次全国代表大会上的报告．北京：人民出版社，2022．

三、中文图书

［1］费孝通．文化与文化自觉．北京：群言出版社，2010．

［2］张岱年，方克立．中国文化概论．北京：北京师范大学出版社，2004．

［3］卢风．从现代文明到生态文明．北京：中央编译出版社，2009．

［4］王永章，胡惠林．中国文化发展指数报告．上海：上海人民出版社，2016．

［5］习近平新时代中国特色社会主义思想三十讲．北京：学习出版社，2018．

［6］俞吾金．意识形态论．修订版．北京：人民出版社，2009．

［7］赵林．西方文化概论．北京：高等教育出版社，2008．

［8］朱义禄．儒家理想人格与中国文化．上海：复旦大学出版社，2006．

[9] 邹广文．当代文化哲学．北京：人民出版社，2007．

[10] 邹广文．文化理想与文化批判．北京：中国社会科学出版社，2020．

四、中文译著

[1] 贝尔．资本主义文化矛盾．赵一凡，等译．北京：生活·读书·新知三联书店，1989．

[2] 亨廷顿．文明的冲突与世界秩序的重建．周琪，等译．北京：新华出版社，1998．

[3] 李约瑟．文明的滴定：东西方的科学与社会．张卜天，译．北京：商务印书馆，2016．

[4] 斯宾格勒．西方的没落．齐世荣，田农，林传鼎，等译．北京：商务印书馆，1963．

五、中文期刊

[1] 郭熙保，储晓腾．文化统计指标体系的国际比较分析．电子科技大学学报（社科版），2015，17（4）．

[2] 李德顺．文化是什么．文化软实力研究，2016（4）．

[3] 李志，李建玲，金莹．国外文化强国评估指标的研究现状及启示．重庆大学学报（社会科学版），2011，17（4）．

[4] 林剑．论文化创新与创新文化．江汉论坛，2017（6）．

[5] 罗能生，谢里．国家文化软实力评估指标体系与模型构建．求索，2010（9）．

[6] 王婧，胡惠林．我国文化国情的几个基本特征：基于中国文化发展指数体系（CCDIS）的测评分析．华中师范大学学报（人文社会科学版），2017，56（2）．

[7] 熊正德，郭荣凤．国家文化软实力评价及提升路径研究．中国工业经济，2011（9）．

[8] 阎学通，徐进．中美软实力比较．现代国际关系，2008（1）．

[9] 杨新洪．关于文化软实力量化指标评价问题研究．统计研究，2008（9）．

［10］张毓强，杨晶．世界文化评估标准略论：以联合国教科文组织文化统计指标体系为例．现代传播（中国传媒大学学报），2010（9）．

［11］周国富，吴丹丹．各省区文化软实力的比较研究．统计研究，2010，27（2）．

［12］邹广文．文化自觉与文化自信 全球化时代文化软实力建构路径．人民论坛，2014（24）．

［13］邹广文．弘扬传统文化应注重人文精神的承传．人民论坛，2017（7）．

［14］邹广文，张九童．"现代性"的文化解读．社会科学战线，2019（6）．

［15］邹广文．构建体现时代精神的文化哲学．马克思主义哲学，2021（1）．

［16］邹广文．中华民族精神所彰显的自然与生命．求是学刊，2021，48（2）．

［17］邹广文．论中华民族共同体的文化叙事结构．哲学研究，2021（11）．

［18］邹广文．伟大复兴的文化底蕴和文化认同．实践（思想理论版），2021（12）．

［19］邹广文，华思衡．社会主义文化强国的价值内涵、实践路径与时代意义．高校马克思主义理论研究，2021，7（4）．

［20］邹广文．中国式现代化道路的文化解析．求索，2022（1）．

六、中文报纸

［1］习近平．在莫斯科国际关系学院的演讲．人民日报，2013－03－24（2）．

［2］习近平．在纪念孔子诞辰2565周年国际学术研讨会暨国际儒学联合会第五届会员大会开幕会上的讲话．人民日报，2014－09－25（2）．

［3］习近平．在文艺工作座谈会上的讲话．人民日报，2015－10－15（2）．

［4］习近平．在哲学社会科学工作座谈会上的讲话．人民日报，2016－

05-19（3）．

［5］习近平．决胜全面建成小康社会 夺取新时代中国特色社会主义伟大胜利：在中国共产党第十九次全国代表大会上的报告．人民日报，2017-10-28（1）．

［6］习近平．在纪念马克思诞辰200周年大会上的讲话．人民日报，2018-05-05（2）．

［7］习近平．在科学家座谈会上的讲话．人民日报，2020-09-12（2）．

［8］习近平．在庆祝中国共产党成立100周年大会上的讲话．人民日报，2021-07-02（2）．

［9］中共中央关于党的百年奋斗重大成就和历史经验的决议．人民日报，2021-11-17（1）．

［10］中共中央关于制定国民经济和社会发展第十四个五年规划和二〇三五年远景目标的建议．人民日报，2020-11-04（1）．

七、外文文献

［1］HOYNES W. The arts，social health，and the development of cultural indicators. International journal of public administration，2003，26（7）．

［2］United Nations Educational，Scientific and Cultural Organization. The 2009 UNESCO framework for cultural statistics（FCS），2009.

后　　记

本书系我主持的北京市社会科学基金重大项目暨研究阐释党的十九届届五中全会精神专项课题"到2035年建成社会主义文化强国研究"（项目编号21LLMLA001）的结题成果。

本书在研究撰写过程中，适逢党的二十大胜利召开，因此，我们围绕二十大报告的相关论述做了解读，从而进一步完善充实了本书的内容。

在课题的开题论证会上，专家评议组成员中国人民大学哲学院郭湛教授、北京大学哲学系杨学功教授、中共中央党校（国家行政学院）哲学教研部冯鹏志教授、北京市委党校袁吉富教授、北京师范大学哲学院沈湘平教授、清华大学马克思主义学院李义天教授等围绕课题提出了诸多中肯的建议。此外，在课题研究进行过程中，北京市社科联理论研究部许星主任、清华大学文科建设处段江飞副处长给予了大力支持。在这里谨致以诚挚的谢意！

课题研究的顺利完成是研究团队各位成员通力配合的结果，经过多次的学术研讨，大家集思广益、相互切磋，达成了共识，保证了课题的顺利推进。参与本课题成果具体撰写的人员如下：中共中央党校（国家行政学院）哲学教研部王纵横副教授、《光明日报》评论部刘文嘉高级编辑，中央民族大学马克思主义学院沈丹丹博士，清华大学马克思主义学院博士研究生张静、华思衡、孙维聪、杨广明、李旻嬬、尹立蒙、李晓白、仝凌。

另外，北京理工大学马克思主义学院孙利副教授、北京联合大学马克思主义学院严宗泽副教授也参与了课题的前期讨论及相关工作。在课题的前期申报以及后期修改校对环节，中央民族大学马克思主义学院沈丹丹博士、清华大学马克思主义学院博士研究生华思衡等协助我做了大量工作；中共中央党校（国家行政学院）田书为博士、大连海事大学方圆博士也对书稿提出了很好的建议。在此一并致以感谢！

感谢中国人民大学出版社对该课题研究的关注与大力支持。

邹广文

2022 年初冬于京北滟澜新宸小区

图书在版编目（CIP）数据

文化中国的憧憬：建成社会主义文化强国研究/邹广文等著. --北京：中国人民大学出版社，2023.2
（马克思主义理论研究与当代中国书系）
ISBN 978-7-300-31094-7

Ⅰ.①文… Ⅱ.①邹… Ⅲ.①中国特色社会主义-文化事业-建设-研究 Ⅳ.①G12

中国版本图书馆 CIP 数据核字（2022）第 188330 号

国家出版基金项目
"十四五"时期国家重点出版物出版专项规划项目
马克思主义理论研究与当代中国书系
文化中国的憧憬
建成社会主义文化强国研究
邹广文 等 著
Wenhua Zhongguo de Chongjing

出版发行	中国人民大学出版社				
社　　址	北京中关村大街 31 号		邮政编码	100080	
电　　话	010-62511242（总编室）		010-62511770（质管部）		
	010-82501766（邮购部）		010-62514148（门市部）		
	010-62515195（发行公司）		010-62515275（盗版举报）		
网　　址	http://www.crup.com.cn				
经　　销	新华书店				
印　　刷	天津中印联印务有限公司				
规　　格	165 mm×230 mm　16 开本		版　次	2023 年 2 月第 1 版	
印　　张	24.75 插页 2		印　次	2023 年 2 月第 1 次印刷	
字　　数	365 000		定　价	108.00 元	

版权所有　侵权必究　印装差错　负责调换